21世纪高职高专规划教材·电子商务系列

电子商务概论

（第二版）

方　程　任一波　陈　明　编著

電子工業出版社
Publishing House of Electronics Industry
北京·BEIJING

内 容 简 介

本书是“21 世纪高职高专规划教材·电子商务系列”之一《电子商务概论》的第二版，全书共分 11 章，主要内容包括电子商务概述、电子商务商业模式、电子商务技术基础、网页设计技术基础、电子商务网站建设与维护、网络营销、电子商务物流、电子商务支付、电子商务安全、电子商务的法律问题、电子商务案例及分析等。

本书结构合理，实例丰富，除可用做高职高专电子商务类课程的教材外，也可作为企业管理人员的自学用书。

图书在版编目（CIP）数据

电子商务概论 / 方程，任一波，陈明编著. —2 版. —北京：电子工业出版社，2008.2
21 世纪高职高专规划教材·电子商务系列
ISBN 978-7-121-05925-4

Ⅰ.电… Ⅱ.①方… ②任… ③陈… Ⅲ.电子商务—高等学校：技术学校—教材 Ⅳ.F713.36

中国版本图书馆 CIP 数据核字（2008）第 014119 号

责任编辑：万子芬（wzf@phei.com.cn） 特约编辑：徐 宏
印 刷：北京市海淀区四季青印刷厂
装 订：北京市海淀区四季青印刷厂
出版发行：电子工业出版社
北京市海淀区万寿路 173 信箱 邮编 100036
开 本：787×1 092 1/16 印张：17.5 字数：448 千字
版 次：2003 年 7 月第 1 版
2008 年 2 月第 2 版
印 次：2016 年 7 月第 9 次印刷
定 价：35.00 元

凡所购买电子工业出版社图书有缺损问题，请向购买书店调换。若书店售缺，请与本社发行部联系，联系及邮购电话：（010）88254888/88258888。

质量投诉请发邮件至 zlts@phei.com.cn，盗版侵权举报请发邮件至 dbqq@phei.com.cn。

本书咨询联系方式：（010）88254467；zhangls@phei.com.cn。

前　　言

人类已经进入信息时代，随着经济和社会的发展，我国同世界各地的工商企业、贸易团体等交往日益频繁。电子商务的普及已经使得国人无时无刻不在同其发生着密切联系，如网上购物、网上聊天、电子邮件、网络营销等。电子商务技术的运用如今已经非常普遍，它对传统的商业经营模式、经营理念等产生了一定的冲击。

为了能对电子商务有一个更为全面的了解，本书在第一版的基础上进行了修订，增加了大量的案例，在电子商务商业模式与电子商务物流方面也增加了相应的篇幅，旨在对电子商务领域的有关概念和使用的技术进行更为全面的介绍，同时相应减少了并不广泛使用的 EDI 技术方面的内容。按照这套教材的服务对象、特点、内容和形式要求，本书在修订过程中，仍然坚持科学性、实用性、先进性原则，并着力反映计算机应用领域的新知识、新技术、新方法，力求与计算机应用技术发展同步；注重计算机应用能力的培养，突出职业教育的特点，与教育改革同步；在编排形式上，全书每章之前设有学习要点，每章之后设有本章小结和本章检测，以方便教学和学习；在编排风格上，力求活泼新颖，重点突出，以增强学习兴趣，提高学习效率。

全书共分 11 章，第 1 章介绍电子商务的基本概念和有关问题；第 2 章介绍电子商务的商业模式；第 3 章介绍电子商务技术的有关知识；第 4 章介绍电子商务网站中的网页设计技术；第 5 章介绍电子商务网站建设与维护的内容；第 6 章介绍网络营销的有关工具和应用情况；第 7 章介绍电子商务物流的知识和技术；第 8 章介绍电子商务支付的有关问题；第 9 章介绍电子商务安全方面的有关问题；第 10 章介绍电子商务的法律问题；第 11 章介绍电子商务的案例及分析。全书结构清晰，编排新颖，实践性强，既可作为中高级职业学校的教材，也适用于各类成人教育和培训。

本书第 1 章由方程编写，第 2 章和第 11 章由陈明编写，第 3 章和第 5 章由潘红艳编写，第 4 章由郑燕编写，第 6 章由刘永军编写，第 7 章由韦群峰编写，第 8 章和第 10 章由任一波编写，第 9 章由范海绍编写，全书由方程负责组织并统稿。此外，在本书的修订过程中，得到了各有关学校的领导，特别是全国商业高等职业教育研究会和电子工业出版社的大力协助和支持，在此深表感谢。

由于编著者学识所限，书中难免会有错误和不当之处，恳请读者不吝赐教和批评指正，使本书不断完善。

编著者

2007 年 11 月于宁波

目　　录

第 1 章　电子商务概述

学习要点

- 了解电子商务产生的过程、发展现状及发展趋势。
- 掌握电子商务的含义（广义与狭义两个方面）、电子商务的分类及特点。
- 了解电子商务的框架结构及各种类型电子商务的功能。

因特网（Internet）的出现，为人类社会创造了一个全新的信息空间，随着信息技术的飞速发展和信息经济、网络经济等概念的提出，电子商务（Electronic Commerce，EC）越来越受到人们的关注。电子商务是人类经济、科技、文化发展的必然产物。它是信息化社会的商务模式，是商务的未来。本章将讨论有关电子商务的一般问题。

1.1　电子商务的产生与发展

1.1.1　电子商务的产生

电子商务最早产生于 20 世纪 60 年代，发展于 90 年代，其产生和发展的重要条件有以下几点。

计算机的广泛应用：近 30 年来，计算机的处理速度越来越快，处理能力越来越强，价格越来越低，应用越来越广泛，这为电子商务的应用提供了基础。

网络的普及和成熟：由于 Internet 逐渐成为全球通信与交易的媒体，全球上网用户呈级数增长趋势，快捷、安全、低成本的特点为电子商务的发展提供了应用条件。

信用卡的普及应用：信用卡以其方便、快捷、安全等优点而成为人们消费支付的重要手段，并由此形成了完善的全球性信用卡计算机网络支付与结算系统，使“一卡在手、走遍全球”成为可能，同时也为电子商务中的网上支付提供了重要的手段。

电子安全交易协议的制定：1997 年 5 月 31 日，由美国 VISA 和 Mastercard 国际组织等联合指定的 SET（Secure Electronic Transfer Protocol）即电子安全交易协议的出台，以及该协议得到大多数厂商的认可和支持，为开发网络上的电子商务提供了一个关键的安全环境。

政府的支持与推动：自 1997 年欧盟发布了欧洲电子商务协议，美国随后发布“全球电子商务纲要”以后，电子商务受到世界各国政府的重视，许多国家的政府开始尝试网上采购，这为电子商务的发展提供了有利的支持。

1.1.2　电子商务的发展

20 世纪 60 年代到 90 年代，基于电子数据交换（Electronic Data Interchange，EDI）的电子商务从技术的角度来看，人类利用电子通信的方式进行贸易活动已有几十年的历史了。早在 20 世纪 60 年代，人们就开始了用电报报文发送商务文件的工作；70 年代人们又普遍采用方便、快捷的传真机来替代电报，但是由于传真文件是通过纸面打印来传递和管理信息的，不能将信息直接转入到信息系统中，因此，人们开始采用 EDI 作为企业间电子商务的应用技术，这也就是电子商务的雏形。

EDI 在 20 世纪 60 年代末期产生于美国，当时的贸易商们在使用计算机处理各类商务文件的时候发现，由人工输入到一台计算机中的数据 70%是来源于另一台计算机输出的文件，由于过多的人为因素，影响了数据的准确性和工作效率的提高，人们开始尝试在贸易伙伴之间的计算机上使数据能够自动交换，EDI 应运而生。

EDI 是将业务文件按一个公认的标准从一台计算机传输到另一台计算机上去的电子传输方法。由于 EDI 大大减少了纸张票据，因此，人们形象地称之为“无纸贸易”或“无纸交易”。从技术上讲，EDI 包括硬件与软件两大部分。硬件主要是计算机网络，软件包括计算机软件和 EDI 标准。

从硬件方面讲，20 世纪 90 年代之前的大多数 EDI 都不通过 Internet，而是通过租用的电脑线在专用网络上实现，这类专用的网络被称为 VAN（Value Add Network，增值网络），这样做的目的主要是考虑到安全问题。但随着 Internet 安全性的日益提高，作为一个费用更低、覆盖面更广、服务更好的系统，其已表现出替代 VAN 而成为 EDI 的硬件载体的趋势，因此有人把通过 Internet 实现的 EDI 直接叫做 Internet EDI。

从软件方面看，EDI 所需要的软件主要是将用户数据库系统中的信息，翻译成 EDI 的标准格式以供传输交换。由于不同行业的企业是根据自己的业务特点来规定数据库的信息格式的，因此，当需要发送 EDI 文件时，从企业专有数据库中提取的信息，必须把它翻译成 EDI 的标准格式才能进行传输，这时就需要相关的 EDI 软件来帮忙了。EDI 软件主要由转换软件（Mapper）、翻译软件（Translator）和通信软件（Communication）构成。

将 EDI 标准格式的文件外层加上通信信封（Envelope），再送到 EDI 系统交换中心的邮箱（Mailbox），或由 EDI 系统交换中心内将接收到的文件取回。

EDI 软件中除了计算机软件外还包括 EDI 标准。美国国家标准局曾制订了一个称为 X12 的标准，用于美国国内。1987 年联合国主持制订了一个有关行政、商业及交通运输的电子数据交换标准，即国际标准 UNEDIFACT（UNEDI For Administration、Commerce and Transportation）。1997 年，X12 被吸收到 UNEDIFACT，使国际上用统一的标准进行电子数据交换成为现实。

20 世纪 90 年代以来，基于国际互联网的电子商务开始发展起来。由于使用 VAN 的费用很高，仅大型企业才会使用，因此限制了基于 EDI 的电子商务应用范围的扩大。20 世纪 90 年代中期后，Internet 迅速走向普及化，逐步地从大学、科研机构走向企业和百姓家庭，其功能也已从信息共享演变为一种大众化的信息传播工具。从 1991 年起，一直排斥在互联网之外的商业贸易活动正式进入到这个王国，因此使得电子商务成为互联网应用的最大热点。以直接面对消费者的网络直销模式而闻名的美国戴尔（Dell）公司 1998 年 5 月的在线销售额高达 500 万美元，2000 年在线收入占总收入的一半以上。另一个网络新贵亚马逊（Amazon.com）网上书店的营业收入从 1996 年的 1580 万美元猛增到 1998 年的 4 亿美元。三年前开办的 eBay 公司是互联网上最大的个人对个人的拍卖网站，这个跳蚤市场 1998 年第一季度的销售额就达 1 亿美元。像这样的营业性网站已从 1995 年的 2000 个急升为 1998 年的 42.4 万个。面对电子商务如此迅猛的发展趋势，弗雷斯特（Forrester）公司不得不将它对于 2002 年电子商务的预测由原来的 3270 亿美元改为 8427 亿美元。互联网已成为全球最大的互联网络，已经覆盖 150 多个国家和地区，连接了 1.5 万多个网络，220 万台主机。目前，全世界上网的人数已达 10

亿以上。

为什么基于互联网的电子商务对企业具有如此大的吸引力呢？这是因为它比基于EDI的电子商务具有以下一些明显的优势：

费用低廉：由于互联网是国际的开放性网络，使用费用很便宜，一般来说，其费用不到VAN 的四分之一，这一优势使得许多企业尤其是中小企业对其非常感兴趣。

覆盖面广：互联网几乎遍及全球的各个角落，用户通过普通电话线就可以方便地与贸易伙伴传递商业信息和文件。

功能更全面：互联网可以全面支持不同类型的用户实现不同层次的商务目标，如发布电子商情、在线洽谈、建立虚拟商场或网上银行等。

使用更灵活：基于互联网的电子商务可以不受特殊数据交换协议的限制，任何商业文件或单证可以直接通过填写与现行的纸面单证格式一致的屏幕单证来完成，不需要再进行翻译，任何人都能看懂或直接使用。

1.2　电子商务的基本概念

1.2.1　电子商务的定义

电子商务是指整个事务活动和贸易活动的电子化。它将信息网络、金融网络和物流网络结合起来，把事务活动和贸易活动中发生关系的各方面有机地联系起来，使得信息流、资金流和实物流迅速流动，极大地方便了各种贸易活动，是一种新的商业运作模式。

从贸易活动的角度分析，电子商务可以在多个环节实现，由此也可以将电子商务分为两个层次：较低层次的电子商务，如电子商情、电子贸易、电子合同等；最完整的也是最高级的电子商务应该是利用 Internet 进行全部的贸易活动，即在网上将信息流、资金流、商流和部分的物流完整地实现，也就是说，可以从寻找客户开始，一直到洽谈、订货、在线付（收）款、开具电子发票到电子报关，各项活动都可以通过网络实现。

到目前为止，还没有一个较为全面、具有权威性的、能够为大多数人接受的电子商务定义。各种组织、政府、公司、学术团体等都是依据自己的理解和需要为电子商务下定义的。下面即是各国际组织和企业对电子商务的定义。

1．国际化组织对电子商务的定义

（1）全球信息基础设施委员会（GIIC）电子商务工作委员会在报告草案中对电子商务定义如下：电子商务是运用电子通信作为手段的经济活动，通过这种方式人们可以对带有经济价值的产品和服务进行宣传、购买和结算。这种交易的方式不受地理位置、资金多少或零售渠道的所有权影响，各种国有、私有企业、公司、政府组织、各社会团体、一般公民、企业家都能自由地参加广泛的经济活动，其中包括农业、林业、渔业、工业、私营和政府的服务业。电子商务能使产品在世界范围内交易并向消费者提供多种多样的选择。

（2）国际标准化组织（ISO）对电子商务的定义如下：企业之间、企业与消费者之间信息内容与需求交换的一种通用术语。

（3）联合国国际贸易法律委员会（UNITRAL）对电子商务的定义：电子商务是采用电

子数据交换和其他通信方式增进国际贸易的职能。

（4）联合国经济合作和发展组织（OECD）在有关电子商务的报告中对电子商务的定义如下：电子商务是发生在开放网络上的包括商家与商家、商家与消费者之间的商业交易。

（5）加拿大电子商务协会给出了电子商务的较为严格的定义：电子商务是通过数字通信进行商品和服务的买卖以及资金的转账，它还包括公司间和公司内利用电子邮件（E-mail）、电子数据交换、文件传输、传真、电视会议、远程计算机联网所能实现的全部功能。

2．世界著名的从事电子商务的公司对电子商务的定义

（1）IBM 公司的电子业务（E-Business，EB）概念包括三个部分：企业内部网、企业外部网、电子商务，它所强调的是在网络计算机环境下的商业化应用，不仅仅是硬件和软件的结合，也不仅仅是我们通常意义上的强调交易的狭义的电子商务，而是把买方、卖方、厂商及其合作伙伴在 Internet、Intranet 和 Extranet 结合起来的应用。用公式表示：EB＝IT＋Web＋Business。

（2）HP 公司分别提出对电子商务、电子业务、电子消费（E-Consumer）和电子化世界（E-World）的概念。对电子商务的定义是：通过电子化手段来完成商业贸易活动的一种方式，电子商务使我们能够以电子交易为手段完成物品和服务等价值的交换，是商家和客户之间的联系纽带。

（3）Intel 公司的定义是：电子商务是基于网络连接的不同计算机间建立的商业运作体系，是利用 Internet/Intranet 网络来使商务运作电子化。电子商务＝电子化市场＋电子化交易＋电子化服务。

（4）GE 公司对电子商务的定义：电子商务是通过电子方式进行商业交易，分为企业间电子商务和企业与消费者之间电子商务。

在这些定义中没有对与错，只是角度不同。从狭义上看，电子商务是指人们利用电子化手段进行以商品为中心的各种商务活动，如公司、厂家、商业企业、工业企业与消费者个人利用计算机网络进行的商务活动，电子商务也可称为电子交易，包括电子商情、电子广告、电子合同签约、电子购物、电子交易、电子支付、电子转账、电子结算、电子商场、电子银行等不同层次、不同程度的电子商务活动。

广义上的电子商务是指各行各业，包括政府机构和企业、事业单位各种业务的电子化、网络化，可称为电子业务，包括电子商务、电子政务、电子军务、电子医务、电子教务、电子公务、电子事务、电子家务等。

1.2.2　电子商务组成的基本要素及分类

1．电子商务组成的基本要素

1）电子商务的概念模型

电子商务的概念模型是对现实世界中电子商务活动的一般抽象描述，它由交易主体、电子市场、交易事务和信息流、资金流、物流等基本要素构成。电子商务的概念模型如图 1-1 所示。

在电子商务概念模型中，交易主体是指能够从事电子商务活动的客观对象，它可以是企

业、银行、商店、政府机构、科研教育机构和个人等；电子市场是指 EC 实体从事商品和服务交换的场所，它由各种各样的商务活动参与者，利用各种通信装置，通过网络连接成一个统一的经济整体；交易事务是指 EC 实体之间所从事的具体的商务活动的内容，例如，询价、报价、转账支付、广告宣传、商品运输等。

电子商务的任何一笔交易，包含以下三种基本的“流”：信息流、资金流和物流。

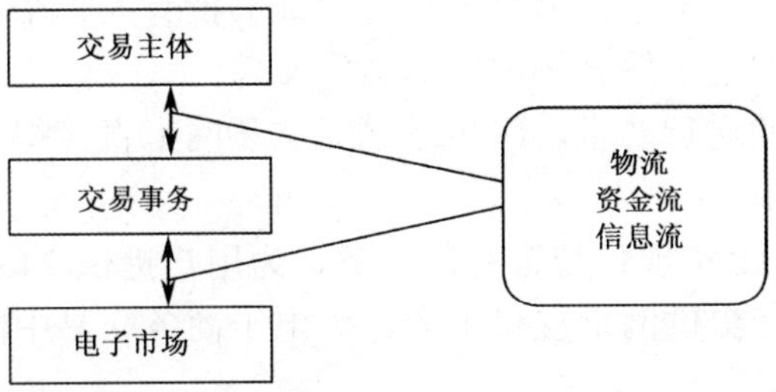

图 1-1　电子商务的概念模型

信息流既包括商品信息的提供、促销营销、技术支持、售后服务等内容，又包括诸如询价单、报价单、付款通知单、转账通知单等商业贸易单证，还包括交易方的支付能力、支付信誉、中介信誉等。每个交易主体面对的是电子市场，必须通过电子市场选择交易的内容和对象。

资金流主要是指资金的转移过程，包括付款、转账、兑换等过程。

物流主要是指商品和服务的配送和传输渠道，对于大多数商品和服务来说，物流可能仍然经由传统的经销渠道配送，然而对有些商品和服务来说，可以直接以网络传输的方式进行配送，如各种电子出版物、信息咨询服务、有价信息等。

2）电子商务的基本组成要素

电子商务的基本组成要素有 Internet、Intranet、Extranet、用户、物流中心、认证中心、银行、商家等，其基本组成示意图如图 1-2 所示。

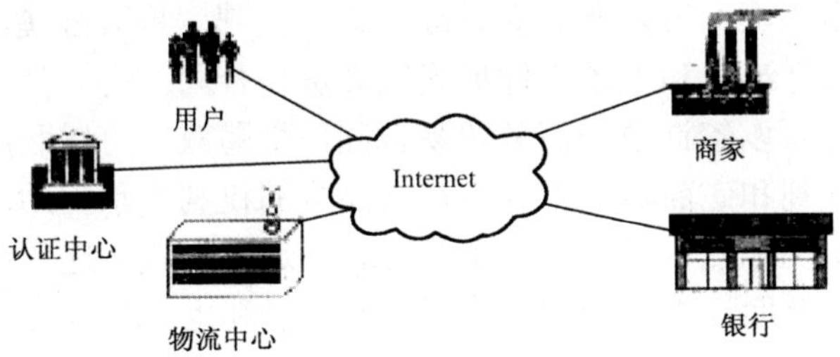

图 1-2　电子商务的基本组成示意图

Internet、Intranet 和 Extranet：Internet 是电子商务的基础，是商务、业务信息传送的载体；Intranet 是企业内部商务活动的场所；Extranet 是企业与企业以及企业与个人进行商务活动的纽带。

用户：电子商务用户可分为个人用户和企业用户。个人用户使用浏览器、电视机机顶盒、个人数字助理、可视电话等接入 Internet。为了获取信息、购买商品，还需采用 Java 技术及产品。企业用户建立企业内联网、外部网和企业管理信息系统（MIS），对人、财、物、供、销、存进行科学管理。企业利用 Internet 网页站点发布产品信息、接受订单，即建立电子商场。如要在网上进行销售等商务活动，还要借助于电子报关、电子报税、电子支付系统与海关、税务局、银行进行有关商务、业务处理。

认证中心（CA）：认证中心是法律承认的权威机构，负责发放和管理电子证书，使网上交易的各方能互相确认身份。电子证书是一个包含证书持有人、个人信息、公开密钥、证书序号、有效期、发证单位的电子签名等内容的数字文件。

物流中心：接受商家的送货要求，组织运送无法从网上直接得到的商品，跟踪产品的流向，将商品送到消费者手中。

网上银行：在 Internet 上实现传统银行的业务，为用户提供 24 小时实时服务；与信用卡公司合作，发放电子钱包，提供网上支付手段，为电子商务交易中的用户和商家服务。

3）电子商务的交易过程

电子商务交易过程可分为以下四个阶段。

第一阶段：交易前的准备。

这一阶段主要是买卖双方和参加交易各方在签约前的准备活动。

买方根据自己要买的商品，准备购货款，制订购货计划，进行货源市场调查和市场分析，反复进行市场查询，了解各个卖方国家的贸易政策，反复修改购货计划和进货计划，确定和审批购货计划。再按计划确定购买商品的种类、数量、规格、价格、购货地点和交易方式等，尤其要利用 Internet 各种电子商务网络寻找自己满意的商品和商家。

卖方根据自己所销售的商品，召开商品新闻发布会，制作广告进行宣传，全面进行市场调查和市场分析，制订各种销售策略和销售方式，了解各个买方国家的贸易政策，利用 Internet 和各种电子商务网络发布商品广告，寻找贸易伙伴和交易机会，扩大贸易范围和商品所占市场的份额。其他参加交易各方有中介方、银行金融机构、信用卡公司、海关系统、商检系统、保险公司、税务系统、运输公司，也都为进行电子商务交易做好准备。

第二阶段：交易谈判和签订合同。

这一阶段主要是指买卖双方对所有交易细节进行谈判，将双方磋商的结果以文件的形式确定下来，即以书面文件形式和电子文件形式签订贸易合同。

电子商务的特点是可以签订电子商务贸易合同，交易双方可以利用现代电子通信设备和通信方法，经过认真谈判和磋商后，将双方在交易中的权利所承担的义务、对所购买商品的种类、数量、价格、交货地点、交货期、交易方式和运输方式、违约和索赔等合同条款，全部以电子交易合同作出全面详细的规定，合同双方可以利用 EDI 进行签约，可以通过数字签名等方式确认。

第三阶段：办理交易进行前的手续。

这一阶段主要是指买卖双方签订合同后到合同开始履行之前办理各种手续的过程，也是双方贸易前的交易准备过程。交易中要涉及有关各方，即可能要涉及中介方、银行金融机构、信用卡公司、海关系统、商检系统、保险公司、税务系统、运输公司等，买卖双方要利用 EDI 与有关各方进行各种电子票据和电子单证的交换，直到办理完可以将所购商品从卖方按合同规定开始向买方发货的一切手续为止。

第四阶段：交易合同的履行和索赔。

这一阶段是从买卖双方办完所有各种手续之后开始，卖方要备货、组货，同时进行报关、保险、取证、信用等，卖方将所购商品交付给运输公司包装、起运、发货，买卖双方可以通过电子商务服务器跟踪发出的货物，银行和金融机构也按照合同，处理双方收付款、进行结算、出具相应的银行单据等，直到买方收到自己所购商品，完成了整个交易过程。索赔是在买卖双方交易过程中出现违约时，需要进行违约处理的工作，受损方要向违约方索赔。

2. 电子商务的分类

电子商务的应用范围极其广泛，因此分类方法不同，得到的结果也不同。

1）按电子商务的交易对象分类

企业与企业之间的电子商务（BtoB，B2B）：供求企业之间以及协作企业之间利用网络交换信息、传递各种票据、支付货款，从而使商务活动全过程实现电子化。

企业对企业的电子商务发展最快，已经有多年的历史，特别是通过增值网络（VAN）上运行的 EDI，使企业对企业的电子商务得到了迅速扩大和推广。公司之间可能使用网络进行订货和接受订货、合同等单证和付款。如电子贸易、电子采购、网上招标等，它采用 EDI、E-mail、电子公告板、电子传真、电子资金调拨（EFT）、网上签合同等手段，进行电子化商业活动。典型网站有阿里巴巴（www.alibaba.com）

企业与消费者之间的电子商务（BtoC，B2C）：企业和消费者之间的电子商务的典型应用是网上购物，即电子化的销售。它随着万维网（www）的出现而迅速发展起来。各网站（如 www.263.net）的电子商城均属此类。

企业与政府之间的电子商务（BtoG，B2G）：这种电子商务活动可以覆盖企业、公司与政府组织间的各种事务。例如，在美国，政府采购清单可以通过 Internet 发布，企业、公司可以以电子化方式来完成对政府采购的响应。目前我国有些地方政府已经推行网上采购。例如网上报关、网上报税、网上申领执照或营业许可、网上产权交易等涉及企业与政府之间的行为。

消费者与政府之间的电子商务（CtoG，C2G）：通过消费者对政府机构的电子商务，政府可以把电子商务扩展到福利费发放和自我估税及个人税收的征收方面。通过网络实现个人身份的核实、报税、收税等政府对个人之间的行为。

消费者与消费者之间的电子商务（CtoC，C2C）：主要指的是个人与个人进行的电子商务活动，典型的网站是一些拍卖类的网站，如易趣网（www.eachnet.com）。

2）按电子商务所依托的信息网络分类

电子商务可以按所依托的信息网络的不同分为以下几种。

基于 Internet 的电子商务：商家通过 Internet 进行信息的发布、产品的宣传以及网上销售、售前售后服务等，如虚拟商店、网上购物、网上信息服务等都适宜在 Internet 上开展。

基于内联网的电子商务：即通过内联网，完成内部信息的发布、交流、反馈；进行业务流程和人、财、物的协调与管理；加强对企业内部有关数据库及文件系统的管理；通过防火墙技术及设置门市部权限等措施保证企业机密信息的安全。

基于外联网的电子商务：相关企业之间，如企业与其供货商、代理商、大客户以及维护服务中心等，以俱乐部的形式通过外联网相互沟通信息，协同运作，实现网上实时交易过程，以便提高运作效率和效益。

基于其他网络的电子商务：如在电话网、其他增值网上的 EDI、帧中继、视频会议、视频点播（VOD）、ATM 自动存取款业务等。

3）按商业活动运作方式分类

完全电子商务：即可以完全通过电子商务方式实现和完成整个交易过程的交易。也就是说，完全电子商务是指商品或者服务的完整过程都是在信息网络上实现的。它使双方超越地理空间的障碍来做电子交易，可以充分挖掘全球市场的潜力。

不完全电子商务：即指无法完全依靠电子商务方式实现和完成整个交易过程的交易，它需要依靠一些外部要素，如运输系统等来完成交易。

4）按商务活动的内容分类

间接电子商务：指有形货物的电子订货与付款等活动，它依旧用传统渠道（如邮政服务和商业快递车）送货。

直接电子商务：指无形货物或者服务付款等活动，如计算机软件、音像制品、娱乐内容的联机订购、付款和交付，或者是全球规模的信息服务。

1.2.3 电子商务的特点

电子商务与传统商业方式不同，其优越性是显而易见的。企业不但可以通过网络，直接接触成千上万的新用户，和他们进行交易，从根本上精简商业环节，降低运营成本，提高运营效率，增加企业利润，而且还能随时与遍及各地的贸易伙伴进行交流合作，增强企业间的联合，提高产品竞争力。电子商务与传统商业方式相比，具有如下特点：

（1）精减流通环节。电子商务不需要批发商、专卖店和商场，客户通过网络直接从厂家定购产品。

（2）节省购物时间，增加客户选择余地。电子商务通过网络为各种消费需求提供广泛的选择余地，可以使客户足不出户便能购买到满意的商品。

（3）加速资金流通。电子商务中的资金周转无须在银行以外的客户、批发商、商场等之间进行，而直接通过网络在银行内部账户上进行，大大加快了资金周转速度，同时减少了商业纠纷。

（4）增强客户和厂商的交流。客户可以通过网络说明自己的需求，定购自己喜欢的产品，厂商则可以很快地了解用户需求，避免生产上的浪费。

（5）刺激企业间的联合和竞争。企业之间可以通过网络了解对手的产品性能与价格以及销售量等信息，从而促进企业改造技术，提高产品竞争力。

目前，国通、平安等多家中国券商纷纷推出网上证券经纪服务，著名财经类网站和讯网也宣布与中信合作推出网上证券经纪平台。这些迹象似乎在表明，随着网上证券交易的监管规则出台，券商围绕网上经纪业务的争夺大幕已经拉开，而网上交易这种新的证券交易方式在经过三年的探索之后，已逐渐形成星火燎原之势。

1.3 电子商务的框架及功能

1.3.1 电子商务的框架

一个完善的电子商务系统应该包括哪些部分，目前还没有权威的论述。从我们的实践来看，由于电子商务覆盖的范围十分广泛，因此必须针对具体的应用才能描述清楚系统架构。从总体上来看，电子商务系统是三层框架结构，底层是网络平台，是信息传送的载体和用户接入的手段，它包括各种各样的物理传送平台和传送方式；中间是电子商务基础平台，包括 CA（Certificate Authority）认证、支付网关（Payment Gateway）和客户服务中心三个部分，其真正的核心是 CA 认证；而第三层就是各种各样的电子商务应用系统，电子商务基础平台是各种电子商务应用系统的基础。

由于电子商务是用电子方式和网络进行商务活动，通常参与各方是互不见面的，因此身份的确认与安全通信变得非常重要，解决方案就是建立中立的、权威的、公正的电子商务认证中心——CA 认证中心，它所承担的角色类似于网络上的“公安局”和“工商局”，给个人、企事业单位和政府机构签发数字证书——“网上身份证”，用来确认电子商务活动中各自的身份，并通过加解密方法实现网上安全的信息交换与安全交易。

但是，需要强调的是，由于国情的特殊性，CA 认证中心似乎需要政府的授权，但实际上，CA 认证中心只是根据政府机构已签发的身份、资质证明文件进行审核，而并没有增加新的内容，实际上是一种更为安全的会员制，因此 CA 认证中心的商业运作性质要大过政府行为，除非以后真正由 CA 认证中心来发放电子身份证、电子营业执照等。

支付网关的角色是信息网与金融网的连接的中介，它承担双方的支付信息转换的工作，所解决的关键问题是让传统的封闭的金融网络能够通过网关面向 Internet 的广大用户，提供安全方便的网上支付功能。

客户服务中心也称为呼叫中心，与传统的呼叫中心的分别在于不但支持电话接入的方式，也能够支持 Web、E-mail、电话和传真等多种接入方式，使得用户的任何疑问都能很快地获得响应与帮助。客户服务中心不是以往每个企业独立建设和运作的概念，而是统一建设再将席位出租，从而大大简化和方便中小型企业进行电子商务，提供客户咨询和帮助。

1.3.2 电子商务的功能

电子商务可提供网上交易和管理等全过程的服务。因此，它具有广告宣传、咨询洽谈、网上订购、网上支付、电子账户、服务传递、意见征询、交易管理等各项功能。

1）广告宣传

电子商务可凭借企业的 Web 服务器和客户的浏览，在 Internet 上播发各类商业信息。客户可借助网上的检索（Search）工具迅速地找到所需商品信息，而商家可利用网上主页（Home Page）和 E-mail 在全球范围内作广告宣传。与以往的各类广告相比，网上的广告成本最为低廉，而给顾客的信息量却最为丰富。

2）咨询洽谈

电子商务可借助非实时的 E-mail、新闻组（News Group） 和实时的讨论组（Chat）来了解市场和商品信息、洽谈交易事务，如有进一步的需求，还可用网上的白板会议（Whiteboard Conference）来交流即时的图形信息。网上的咨询和洽谈能超越人们面对面洽谈的限制，提供多种方便的异地交谈形式。

3）网上订购

电子商务可借助 Web 中的邮件交互传送实现网上的订购。网上的订购通常都是在产品介绍的页面上提供十分友好的订购提示信息和订购交互格式框。当客户填完订购单后，通常系统会回复确认信息单来保证订购信息的收悉。订购信息也可采用加密的方式使客户和商家的商业信息不会泄露。

4）网上支付

电子商务要成为一个完整的过程。网上支付是重要的环节。客户和商家之间可采用信用卡账号实施支付。在网上直接采用电子支付手段将可省略交易中很多人员的开销。网上支付将需要更为可靠的信息传输安全性控制以防止欺骗、窃听、冒用等非法行为。

5）电子账户

网上的支付必须要有电子金融来支持，即银行或信用卡公司及保险公司等金融单位要为金融服务提供网上操作的服务。而电子账户管理是其基本的组成部分。信用卡号或银行账号都是电子账户的一种标志。而其可信度需配以必要技术措施来保证。如数字凭证、数字签名、加密等手段的应用提供了电子账户操作的安全性。

6）服务传递

对于已付款的客户应将其订购的货物尽快地传递到他们的手中。而有些货物在本地，有些货物在异地，电子邮件将能在网络中进行物流的调配。而最适合在网上直接传递的货物是信息产品，如软件、电子读物、信息服务等。它能直接从电子仓库中将货物发到用户端。

7）意见征询

电子商务能十分方便地采用网页上的“选择”、“填空”等格式文件来收集用户对销售服务的反馈意见。这样使企业的市场运营能形成一个封闭的回路。客户的反馈意见不仅能提高售后服务的水平，更使企业获得改进产品、发现市场的商业机会。

8）交易管理

整个交易的管理将涉及人、财、物多个方面，企业和企业、企业和客户及企业内部等各方面的协调和管理。因此，交易管理是涉及商务活动全过程的管理。电子商务的发展，将会提供一个良好的交易管理的网络环境及多种多样的应用服务系统。这样，能保障电子商务获得更广泛的应用。其特性如下所述。

普遍性：电子商务作为一种新型的交易方式，将生产企业、流通企业以及消费者和政府带入了一个网络经济、数字化生存的新天地。

方便性：在电子商务环境中，人们不再受地域的限制，客户能以非常简捷的方式完成过去较为繁杂的商务活动，如通过网络银行能够全天候地存取资金账户、查询信息等，同时使得企业对客户的服务质量可以大大提高。

整体性：电子商务能够规范事务处理的工作流程，将人工操作和电子信息处理集成为一个不可分割的整体，这样不仅能提高人力和物力的利用，也可以提高系统运行的严密性。

安全性：在电子商务中，安全性是一个至关重要的核心问题，它要求网络能提供一种端到端的安全解决方案，如加密机制、签名机制、安全管理、存取控制、防火墙、防病毒保护等，这与传统的商务活动有着很大的不同。

协调性：商务活动本身是一种协调过程，它需要客户与公司内部、生产商、批发商、零售商间的协调，在电子商务环境中，它更要求银行、配送中心、通信部门、技术服务等多个部门的通力协作，往往电子商务的全过程是一气呵成的。

1.4　电子商务展望

1.4.1　电子商务的发展趋势

1）企业对企业的电子商务将快速增长

根据市场研究机构 Forrester Research 的研究结果，企业间的电子商务活动从 1990 年的零水平成长为 1998 年的 430 亿美元，1999 年翻倍至 1093 亿，在 2000 年迈向 8430 亿美元大关，而到 2004 年就已达 27 748 亿，B2B 的快速增长并将成为电子商务的主力军。

2）移动电子商务的兴起

各种新技术，如高速宽带无线网、移动上网协议 WAP、SIM、双制式移动电话和各种界面友好的掌上设备的出现，将大大推动移动电子商务的发展。到 2004 年，移动电子商务市场已达到 2 亿美元，而通过移动电话进行的交易量每年将达到 140 亿美元，移动电子商务将使人们的消费购物行为发生根本性的变化。因此各国政府和企业都在采取相应措施，希望能抓住这个显见的商机，美国虽是 Internet 的始创者，拥有世界上最大规模的、以个人计算机为终端设备的网络，但在无线 Internet 的建设方面，日本却领先一步，目前已拥有 600 万左右的无线上网客户。

3）政府的大力支持

我国电子商务的法律环境亟待健全和完善。在电子商务法律问题上，应该注意在规范管理与鼓励创新之间求得平衡，既要看到规范电子商务发展的必要性，又要充分认识到电子商务不同于传统商务的特殊性，为我国电子商务的发展营造一个宽松而有序的法律环境。为此，政府将制定相关政策，鼓励电子商务的应用与发展，鼓励探索，鼓励迎新，同时立即着手解决电子商务法律中的紧迫问题，如电子签名和电子合同的法律效力等。

4）突破制约瓶颈

网上支付、实物配送和信用等作为电子商务系统工程中的重要环节，被视为制约我国电子商务应用与发展的“瓶颈”。1999 年以来，网上支付“瓶颈”正在迅速得到解决。2002 年，中国银联股份有限公司的成立，为解决中国的电子支付跨出了可喜的一步。

实物配送在电子商务应用与发展中的重要性，已经得到电子商务业界人士的广泛认同和重视，并尝试以各种不同的方式予以解决。在这方面，出现了一些堪称突破的可喜进展，拥有我国最大传递网络的中国邮政加盟电子商务领域，一些专门为电子商务项目服务的专业配送企业也相继出现。

5）多元化应用模式

在 B2C 模式中，网上书店和网上商场在增加网上支付功能、完善各项服务后以更大的势头发展；网上拍卖、网上商城、网上邮购等面向消费者的电子商务网站大量推出。不少电子商务企业和工商企业开始酝酿企业之间电子商务。证券电子商务也将大力发展，“网上炒股”已成为现实。

网络是一片独特的天空，我国国情又有其特殊性。怎样使 Internet 与中国国情相结合，充分发挥电子商务的优越性，实现电子商务技术和商务模式的创新，是摆在我国电子商务业界人士面前的一大课题。

1.4.2　电子商务与网络生活的关系

在熬过长达三年的萧瑟寒冬之后，中国电子商务全面回春，融资的速度超过了人们的预期，几乎可以用“井喷”来形容。IDG、老虎基金、软银等这些风险投资机构在 2003 年以来日趋活跃，它们期望在推动新一轮中国互联网企业上市当中丰厚套利。中国一些电子商务网站也因此再次获得充电，准备加大马力奔前程。其中卓越与当当一心梦想着要做“中国亚马逊”的电子商务网站，而 e 龙与携程旅行网立志要领航中国在线旅游服务行业。

随着我国电子商务全面回春，虚拟企业、虚拟银行、网络营销、网上购物、网上支付、网络广告等一大批前所未闻的新词汇正在为人们所熟悉和认同，电子商务正在散发着无穷魅力。那么，现代电子商务到底改变了什么？

1）电子商务将改变商务活动的方式

电子商务的迅速发展必将使传统的商务活动形式发生新的变化，借助 Internet，从采购到商品销售全过程都将全部电子化。传统的商务活动最典型的情景就是“推销员满天飞”，“采购员遍地跑”，“说破了嘴、跑断了腿”；消费者在商场中筋疲力尽地寻找自己所需要的商品。现在，通过互联网只要动动手就可以了，人们可以进入网上商场浏览、采购各类产品，而且还能得到在线服务；商家们可以在网上与客户联系，利用网络进行货款结算服务；政府还可以方便地进行电子招标、政府采购等。

2）电子商务将改变人们的消费方式

进入电子商务时代后，消费者的消费行为和消费需求将发生根本性的变化，表现为以下三点：第一，由于选择范围的显著扩大，消费者可以在短时间内通过网络从大量的供应商中反复比较，找到理想的供应商，而不必像现在这样要花费大量的时间、精力去“货比三家”；第二，消费者的消费行为将变得更加理智，对商品的价格可以精心比较，不再因为不了解行情而上当受骗；第三，消费需求将变得更加多样化、个性化，消费者可直接参与生产和商业流通，向商家和生产厂家主动表达自己对某种产品的欲望，定制化生产将变得越来越普遍。

3）电子商务将改变企业的生产方式

电子商务对企业生产方式的影响，可概括为以下三个方面：

一是企业生产过程的现代化。电子商务在企业生产过程中的应用，可在管理信息系统（MIS）的基础上采用计算机辅助设计与制造（CAD/CAM），建立计算机集成制造系统（GIMS）；可在开发决策支持系统（DSS）的基础上，通过人机对话实施计划与控制，从物料资源规划（MRP）发展到制造资源规划和企业资源规划（ERP）。这些新的生产方式把信息技术和生产技术紧密地融为一体，使传统的生产方式升级换代。

二是低库存生产。在实施电子商务后各个生产阶段可以通过网络相互联系，同时进行使传统的直线串行式生产变成网络经济下的并行式生产，在减少了许多不必要的等待时间的同时，也使及时式生产（Just In Time，JIT）成为可能，使库存降低到最低限度。IBM 个人系统集团从 1996 年开始就应用电子商务高级计划系统。通过该系统，生产商可以准确地依据销售商的需求来生产，这样就提高了库存周转率，使库存总量保持在很低档的水平，从而把库存成本降到最低限度。

三是数字化定制生产。电子商务的发展使数字化定制生产不仅变得必要，而且也成为可能。进入电子商务时代的消费的需求变得越来越多样化、个性化，市场细分的彻底化使企业必须针对每位顾客的需求进行一对一的“微营销”，否则，顾客如果对某家公司提供的产品不够满意，他只要点击鼠标即可轻而易举地进入其他公司的站点了。同时，电子商务使数字化定制生产变得简单可行，企业通过构建各种数据库，记录全部客户的各种数据，并可通过网络与顾客进行实时信息交流，掌握顾客的最新需求动向，企业得到用户的需求信息后，即可准确、快速地把信息送到企业的设计、供应、生产、配送等各环节，各环节可及时准确又有条不紊地对信息作出反应。数字化定制生产成功的典型是戴尔电脑公司。戴尔公司每年生产数百万台个人计算机，每台都是根据客户的具体要求组装的。尽管他们的需求千差万别，但戴尔公司通过网络与客户建立了直接的联系，只生产客户签下了订单的计算机，不仅显著降低了生产经营成本，而且让客户更加满意。

4）电子商务将对传统市场模式带来一场革命

工业经济时代的市场模式必须有许多中间环节，企业与消费者之间需有大量的批发商、零售商作为中介，这就决定了工业经济是“迂回经济”的特点。电子商务的出现从根本上减少了传统商务活动的中间环节，缩短了企业与用户需求之间的距离，同时也大大减少了各种经济资源的消耗，使人类进入了“直接经济”时代。即电子商务是在商务活动的全过程中，通过人与电子通信方式的结合，极大地提高商务活动的效率，减少不必要的中间环节，使生产“直达”消费。传统的制造业从此进入小批量、多品种的时代，“零库存”成为可能。传统的零售业和批发业开创了“无店铺”、“网上营销”的新模式，各种线上服务为传统服务业提供了全新的服务方式。

5）电子商务将带来一个全新的金融业

由于在线电子支付是电子商务的关键环节，也是电子商务得以顺利发展的基础条件，随着电子商务在电子交易环节上的突破，网上银行、银行卡支付网络、银行电子支付系统以及电子支票、电子现金等服务，将传统的金融业带入一个全新的领域。1995 年 10 月，全球第一家网上银行——“安全第一网络银行”在美国诞生，这家银行没有建筑物，没有地址，营业厅就是首页画面，员工只有 10 人，与总资产超过 2000 亿美元的美国花旗银行相比，“安全第一网络银行”简直是微不足道，但与花旗银行不同的是，该银行所有交易都透过互联网进行。

6）电子商务将转变政府的行为

政府承担着大量的社会、经济、文化的管理和服务的功能，尤其作为“看得见的手”，在调节市场经济运行，防止市场失灵带来的不足方面有着很大的作用。在电子商务时代，当企业应用电子商务进行生产经营，银行已金融电子化，以及消费者实现网上消费的同时，将同样对政府管理行为提出新的要求，电子政府或称网上政府，将随着电子商务发展而成为一个重要的社会角色。

7）电子商务将改变传统的社会秩序和法律制度

电子商务活动的国际性特征，决定了研究、整合和借鉴国际组织、各国和各地区成熟的立法经验，避免与国际通用规则相抵触。同时，电子商务所可能涉及的国家经济情报、企事业的商业利益、公民个人的隐私权利都直接或间接地反映和表现为国家利益，强调和保障国家经济安全十分重要。因此，在强调电子商务立法国际属性的同时，必须从国家经济安全的高度来审视和确定我国的电子商务立法，尊重技术自主知识产权，加强网络与电子商务核心软件及数据库的独立开发。

8）电子商务将超越国界

许多电子商务公司，无论是做实实在在的商品贸易还是提供无形的有偿服务，他们都盯上了国际市场的巨大潜在发展空间。许多政府和国际组织纷纷鼓励电子商务公司积极参与国际贸易竞争，以促进本国经济的发展和就业。尽管这种国际贸易面临高昂的运输成本、语言障碍和货款支付与结算等方面的问题，但全球经济一体化进程的提速以及电子商务法规的日趋完善，还有电子商务模式的创新，将会逐步扫清这些障碍。像 Ebay 这样迅速崛起的国际电子商务大公司就是最好的例证。

不过，由于电子商务超越了国家与地区的地理限制，国际市场和国内市场不再有明显的界限，国内竞争与国际竞争也不再有明显的区别，将使得不同国家和地区的同类商品在 Internet 上展开激烈竞争。

总而言之，作为一种商务活动过程，电子商务将带来一场史无前例的革命。其对社会经济的影响会远远超过商务的本身，除了上述这些影响外，它还将对就业、财务会计以及文化教育等带来巨大的影响。随着越来越多的人参与电子商务活动，我国的电子商务将会绽放更加灿烂的光芒。

本 章 小 结

本章主要阐述了电子商务产生的过程、发展现状及发展趋势；电子商务的定义、分类及特点；电子商务的框架结构、基本组成要素及电子商务的功能，使读者对电子商务的系统框架有初步的认识。

本 章 检 测

1．何为电子商务？按照不同的标准，可分为哪几类？

2．电子商务的交易包括哪些过程？各阶段的作用是什么？

3．使用浏览器浏览几个电子商务网站。

第 2 章　电子商务商业模式

学习要点

- 掌握电子商务商业模式的定义。
- 了解电子商务商业模式的特性和类型。
- 掌握 B2B、B2C 及 C2C 电子商务的定义及关键成功因素。
- 了解 B2B、B2C 及 C2C 电子商务的历史及发展趋势。

一个电子商务项目要想成功并持续获利，必须在商业模式上明确战略目标，企业的这种战略目标本质上表现为企业的客户价值，即企业必须不断向客户提供对他们有价值的、竞争者又不能提供的产品或服务，才能保持竞争优势。本章基于电子商务商业模式的含义，提出一个分类框架，对它们的功能和特点进行描述，并对各类商业模式进行比较。

2.1　电子商务商业模式的定义、内涵和类型

2.1.1　电子商务商业模式的定义

电子商务的商业模式是电子商务项目运行的秩序，是指电子商务项目所提供的产品、服务、信息流、收入来源以及各利益主体在电子商务项目运作过程中的关系和作用的组织方式与体系结构。它具体体现了电子商务项目现在如何获利以及在未来长时间内的计划。

2.1.2　电子商务商业模式的内涵

电子商务的商业模式主要包括以下内涵。

1. 战略目标

一个电子商务项目要想成功并持续获利，必须在商业模式上明确战略目标，企业的这种战略目标本质上表现为企业的客户价值，即企业必须不断向客户提供对他们有价值的、竞争者又不能提供的产品或服务，才能保持竞争优势。按照迈克尔·波特的竞争优势理论，这种竞争优势可以表现在产品或服务的差异化、低成本、目标集聚战略上。

产品或服务的差异化战略主要表现在以下几个方面：

（1）产品特征。公司可以通过提供竞争者所不具有的特征的产品来增加差异化。拥有特征是最普通的产品差异化形式，使用互联网能够使公司为客户提供更好的产品特征。比如，Dell 公司通过网络直销的形式，为客户提供个性化的电脑产品。

（2）产品上市时间。公司率先将产品投向市场，往往因产品是市场上唯一的，自然而然产品具有差异性了，进而可以获得丰厚的利润。电子商务的应用，可以使企业在产品的开发与设计、推广与分销等方面大大地缩短周期，取得产品的市场先机，从而战胜自己的

竞争对手。比如，网景公司曾经在线分发自己浏览器软件，使它很快就在市场上占据了主导地位。

（3）客户服务差异化。电子商务可以帮助公司更好地实施以客户为中心的发展战略。一方面，利用电子商务所提供的电子化服务，公司可以通过向出现故障的产品提供服务的快慢来差异化，大大提高公司对顾客投诉的反应速度，能够有针对性地为顾客提供更周到的服务。另一方面，由于信息更加容易获取，公司可以为客户提供大量的商品选择机会，从而使客户有更多的选择余地。公司提供的这种产品的多种组合可以使自己的产品与竞争对手具有明显的差异性。比如亚马逊书店可以在网上提供几千万种图书，而且很容易根据顾客的需求进行多种组合，这与传统的书店形成了明显的差异化。

（4）品牌形象。公司可以通过互联网来建立或强化自己的品牌形象，使客户感到他们的产品是差异化的，进而建立和保持客户的忠诚度，使得谁拥有了客户，谁就拥有了未来。

低成本战略是一种先发制人的战略，这意味着一家公司提供的产品或服务比其竞争者让客户花费更少的金钱。这种成本的降低表现在生产和销售成本的降低上。一方面，公司通过电子商务方式与供应商和客户联系，大大提高订货和销货效率，使订货、配送、库存、销售等成本大幅度降低。另一方面，通过互联网，企业可以为客户提供更加优质的服务，甚至可以让客户通过互联网进行自我服务，大大减少了客户服务成本。其实，电子商务在减少公司的产品或服务成本的同时，也可以大大降低客户的交易成本。

目标聚集战略是一种具有自我约束能力的战略。当公司的实力不足以在产业内更广泛的范围内竞争时，公司可以利用互联网以更高的效率、更好的效果为某一特定的战略对象服务，往往能在该范围内超过竞争对手。比如在竞争异常激烈的保险经纪行业中，有的保险经纪人利用互联网专门为频繁接触互联网而社交范围比较窄的研究、开发人员提供保险服务，取得了良好的经营业绩。

2. 目标客户

公司的目标客户是指在市场的某一领域或地理区域内，公司决定向哪一范围提供产品或服务，以及提供多少这种产品或服务。其中涉及两个方面的问题：

（1）客户范围。从不同的角度来考虑，公司客户范围的界定需要从两个方面入手，一方面，要将公司客户在商家和消费者之间选择，如果公司主要向商家提供产品或服务，这就是 B2B 电子商务，在每个产业中，又有不同类型、不同规模、不同技术水平的商家；如果公司主要向消费者提供产品或服务，这就是 B2C 电子商务，消费者可以根据性别、年龄、职业、受教育程度、生活方式、收入水平等特征划分为不同的类型。另一方面，要将公司客户在不同的地域内进行选择，公司要明确向世界上哪个地方销售产品或提供服务，因为互联网跨越时空的特点使得公司的市场范围大大延伸了。

（2）产品或服务范围。当公司决定向哪一领域提供产品或服务后，还必须决定向这部分市场的需求提供多少服务。例如，一家定位于大学生的互联网公司必须决定要满足他们多少需求。它可以在基本的连接服务、聊天室、电影、音乐、游戏、网上教学、考研答疑等方面来选择要提供的服务内容。

3. 收入和利润来源

电子商务案例分析的一个极为重要的部分是确定公司的电子商务项目收入和利润来源。

在现实的市场中，很多公司直接从其销售的产品中获得收入和利润，或者从其提供的服务中获得收入和利润。但是，在电子商务市场中，因为互联网的一些特性，使公司利用互联网从事电子商务的收入和利润的来源变得更加复杂。例如从事网络经纪电子商务模式的公司的收入来源至少有交易费、信息和建议费、服务费和佣金、广告和发布费等。而一个采取直销模式的公司的收入则主要来自于对客户的直接销售，也可以来自于广告、客户信息的销售和产品放置费，还可以通过削减直接向客户提供服务的成本或减少配送环节来增加利润。

从向客户提供的产品或服务中获取利润非常重要的一个环节是对所提供的产品或服务正确地定价。在电子商务市场中，大多数产品和服务是以知识为基础的，以知识为基础的产品一般具有高固定成本、低可变成本的特点，因而产品或服务的定价具有较大的特殊性，企业定价的目标不在于单位产品的利润率水平，而更加重视产品市场占有率的提高和市场的增长。而且这种产品还具有能够锁定消费者的特点，使许多消费者面临着较高的转移成本，使已经在竞争中占有优势的公司不断拉大与其竞争者的距离。

4．价值链

为了向客户提供产品和服务的价值，公司必须进行一些能够支持这些价值的活动，这些活动往往具有一定的关联性，一般被称做价值链，如图 2-1 所示。

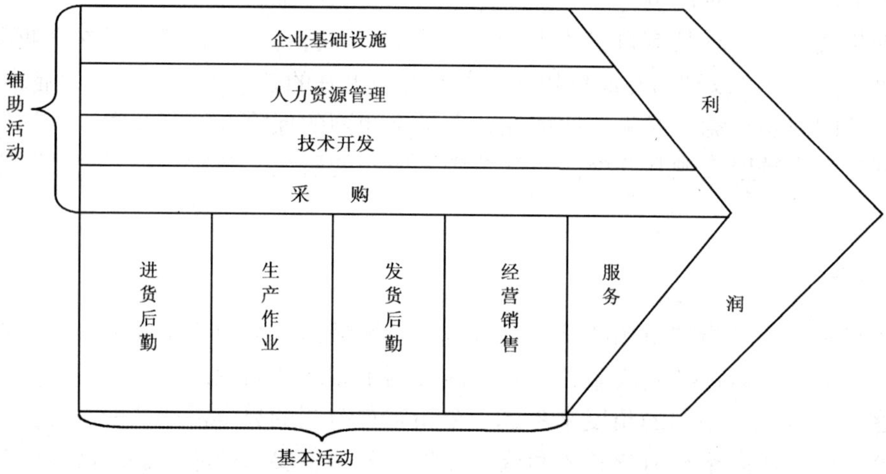

图 2-1　公司活动的价值链

在电子商务环境下，公司活动的价值链结构发生了以下革命性的变化：

（1）基本活动中的信息处理部分，如商品信息发布、客户沟通、供应和分销商订单处理乃至支付都可以通过电子商务在网上完成。

（2）基本活动中的采购、进货、发货、销售等环节的物流活动，则可以通过第三方物流加以完成。

（3）辅助活动中的人力资源管理和技术开发中的部分活动也都可以通过电子商务方式在网上完成。

5．核心能力

核心能力是相对稀缺的资源和有特色的服务能力，它能够创造长期的竞争优势。核心能力是公司的集体智慧，特别是那种把多种技能、技术和流程集成在一起以适应快速变化的环境的能力。

电子商务具有快速的实现周期，对信息和联盟也具有很强的依赖性，而且要坚持不懈地改革商务活动的方式，因此，它需要有一种能综合考虑以上所有因素的分析工具，将公司的技术平台和业务能力进行集成。经过集成后的公司的核心能力应该包括以下几个方面：

（1）资源。公司需要有形的、无形的以及人力资源来支持向客户提供有价值的一系列关键活动。有形资源包括厂房、设备及现金储备。而对于从事电子商务的公司来讲，有形资源主要表现在公司的网络基础设施以及电子商务的软硬件建设水平。无形资源包括专利权、商誉、品牌、交易秘密、与客户和供应商的关系、雇员间的关系以及不同形式存在于公司内部的知识。例如，含有重要客户的统计数据的数据库以及市场研究发现的内容。对于从事电子商务的公司来讲，这类资源往往包括公司自行设计的软件、访问者或客户的登录信息、品牌和客户群。人力资源是公司员工具有的知识和技能，是公司知识资源的载体，在知识经济时代的作用显得更加突出。

（2）竞争力。竞争力是公司将其资源转化为客户价值和利润的能力。它需要使用或整合公司的多种资源。根据翰墨（G.M.Hamel）和普拉哈拉德（C.K.Prahalad）的观点，当公司遇到客户价值、竞争者差异化和扩展能力三个目标的时候，公司的约束力就是公司的核心能力。客户价值目标要求公司充分利用其核心能力加强其向客户提供的价值。如果公司在多个领域使用其竞争力，那么这种竞争力是可扩展的。例如，本田公司设计优良发动机的能力使它不仅能够向汽车，而且能够向便携发电机、除草机提供发动机。

（3）竞争优势。公司的竞争优势来源于公司所拥有的核心能力。其他公司获得或模仿这些能力的难易决定了这些优势保持的难易程度。这些核心能力难以取得或模仿的原因往往是由于拥有这种优势的公司在发展进程上处于领先地位或者这些核心能力的形成需要较长的时间，模仿者难以短期内获得。

2.1.3　电子商务商业模式的类型

互联网的经营模式相当丰富且多元化，不仅与产业类别有联系，与企业经营类型也有很大的相关性，以下便以四位学者所提出的分类方式、交易对象及市场结构来解释电子商务商业模式的类型。

1．学者观点

表 2-1 是整理四位学者所提出的分类方式。

表 2-1　电子商务分类方式

学　者	探 讨 重 心	模 式 种 类
Paul Timmers（2000）	价值链与商业模式的关系	11 种电子商务商业模式
Michael Rappa（2002）	依照本身观察	9 种电子商务商业模式
Peter Weill 和 Michael R. Vitale（2001）	分析电子化营运的先锋型企业成功的因素	8 种电子商务商业模式
果芸（1999）	以经营模式为分类依据	5 种电子商务商业模式

2. 交易对象

依交易对象可区分为三种商业模式：

（1）企业对消费者（Business to Consumer，B2C）；

（2）个人对个人（Consumer to Consumer，C2C）；

（3）企业对企业（Business to Business，B2B）。

3. 市场结构

依市场结构分类可分为两种商业模式：垂直交易市场和水平交易市场。

经过评估后，将以学者 Peter Weill 和 Michael R. Vitale（2001）的分类方式为架构，并融入其他相关的论文或文献，将电子商务商业模式归纳出以下几种类型。

（1）直接与顾客交易模式。在直接与顾客交易的商业模式中，买方和卖方直接互动。主要是指购买行为发生时，买方付费给卖方后，卖方可以用电子（如软件）或实体（如书籍）的方式递送货物之方式。故每一种直接销售给顾客的产品或服务，可以是经由邮政或货运事业递送的实体形式，或采用互联网递送的数字形式。

直接与顾客交易模式的潜在利益，对顾客（较低的价格、较快的反应时间、自助等）和卖方（较低的销售成本、在线搜集顾客数据、可以触及较广的地理范围等）来说，都相当庞大，然而要将这些潜在利益化为利润并不容易。

（2）中介者模式。目前，互联网中最受欢迎的网站，事实上是扮演中介者的角色——位于买方卖方之间的网站。buecher.de 网络公司的经营架构图流程为：先由批发商从发行人和商店中收到书籍，并将资料放置在网站上，顾客若是在 buecher.de 的网站中选购任何书籍，则该订单会以电子化的方式传送至批发商处，再经由物流系统运送至顾客手上。

而互联网上的中介者种类广泛，每种都可以得到不同的利润来源，其来源包括：手续费、登录费、或以点选为基础的介绍费、销售佣金等，均是维系该网站是否可以永续经营的关键。

（3）广告模式。一般来说入口网站是最为人们熟知的网站类型，也是最多人使用的网站，因为大部分搜寻网站除了具备搜寻功能外，也提供各式各样的生活信息，如休闲、交友、理财等。此外还有一个重点，就是应该要对其链结或搜寻的内容特别注意，不能让消费者感到广告的内容和链结的内容两者之间有差距，才不致造成消费者的反感。

而这些网站主要的资金来源是以广告收入为主，当网站浏览人数越多，广告点选率也相对增加，因此为了吸引网友上网，这些网站除了内容必须丰富且具新鲜度外，还得增加特殊事件的营销来吸引网友目光。

（4）社区模式。这是一种新兴的网络模式类型，它通常不是单独存在的，而是依附在电子商务网站下或是搜索引擎下，主要是希望能透过网友的相互号召，以吸引更多的人潮。

此种模式的营收或价值来源包括：会员费，第三者（如产品销售商）的广告收入，协助其接触更多社区会员，广告点选费或会员购物佣金，贩卖全体用户某族群会员数据，直接销售货品或服务。

（5）网络服务（政府机构、影音媒体或电子邮件）。这类网站主要是以服务为目的，可分为免费的或是收取部分费用的，通常如果是政府网站或是学术研究单位，它们的特征是以改善民众生活质量，介绍政府公益团体，或作为与民众的互动管道为宗旨，这类网站通常不以赢利为目的。

（6）企业网站（服务或形象）。这种企业网站的经营大部分都还属于推广形象为主，只有少部分如 Amazon 是真正在虚拟世界中进行商业运作，而他们之所以想要设立企业网站有以下几点原因：整体科技环境的压力挑战；因应顾客需求；企图掌握传统商业活动中的价值。而就目前看来，大部分的企业对这类网站的经营，在认知上还有许多要加强的地方。

（7）内容提供商。透过数字形式创造、供应内容（信息、产品或服务）的企业，并透过第三者（中介者）传送内容给顾客。在实体世界，内容提供商可以是记者、唱片创作者或股票分析师。至于数字产品，包括软件、电子旅游书、数字音乐、影像都属此类内容。

其收入或价值来源包括：内容月费、根据顾客实际浏览的内容或网页数量收费。

（8）全面服务提供商。全面服务提供商模式则结合直接与顾客交易和中介者两个商业模式的优点。使用全面服务提供商模式的公司，在一个特定领域提供的服务，涵盖顾客所有需要，并由一个单一的窗口统合起来。这个领域可以是任何一个需要多重产品与服务的主要顾客领域，如金融服务、医疗保健或工业用化学制品。

其营业收入或价值来源包括：会员年费、受管理资产的固定百分比佣金、交易费、公司自制产品的利润、销售第三者产品的佣金、第三方提供者的广告费、诱导销售或提供客户相关整体数据的收入。

探讨了网站经营该具备的商业模式特性和个别类型网站实际的经营情况之后，我们可以归纳出一个结论，就是网站经营除了以顾客为主角外，也应随时注意环境的变化并做出回应。此外，还必须考虑到经营目的，提供更多的信息和服务功能，以增加顾客使用网站所感受到的附加价值，这样才能算是成功的网站商业模式。

2.2　B2B 电子商务

2.2.1　B2B 电子商务的定义

B2B 是属于电子商务的一种类型，其主要探讨企业（B）与其上下游第三方（B）之间的信息整合交易。过去企业的作业流程大多依赖人工处理，如今企业信息化已经成为竞争力的主要结构，许多公司由企业内部网络（Intranet ）构建信息流通的基础，将库存、采购、会计、营销、出货等作业流程加以整合，有效地增加了企业生产力。

另外透过网络的联系，商际网络（Extranet ）更可以结合产业的上、中、下游厂商，达到供应链（Supply Chain）的整合，如此不仅可以简化企业内部信息流通的成本，更可使企业与企业之间的交易流程更加快速。

全球 B2B 电子商务市场在全球电子商务市场中占据重要的地位，大约占全球电子商务市场 80%以上的份额。经济的全球化，网络的高速发展，大量跨国企业以及全球各国政府的大力支持都是 B2B 电子商务快速发展的推动因素。2006 年全球 B2B 电子商务市场的规模已经达到了 5.8 万亿美元，艾瑞预计未来几年全球 B2B 的年增长率将会保持在 45%左右，2010 年全球 B2B 电子商务市场的规模将达到 26 万亿美元。

2.2.2　B2B 电子商务的演进

有关 B2B 电子商务的演进是依照修改 Morgan Stanley 所整理的演进阶段，并提出 B2B

电子商务发展的四个阶段：电子数据交换网络、基本的电子商务、电子交易市集和协同商务。

第一阶段：电子数据交换网络（EDI Networks）。

所谓EDI是企业与组织之间，透过既定的各种通信标准来管制数据传输的工作。在此阶段中企业和厂商所形成的网络是封闭的，在当时信息科技技术并不普及，所需的费用昂贵，并不是所有的企业均有本钱引进。在传统阶段的EDI电子商务中，弹性低、成本很高。

第二阶段：基础的电子商务（Basic E-commerce）。

在此阶段中，买卖双方直接在网站上进行交易，并不依赖中间交易商，且贩卖商品时，是从网站一对一进行，在网站上设置在线目录，卖给专业的厂商。在此阶段，弹性变高、成本降低，但互动仍是单向，同时市场的效率并不高，且市场透明度也不高。

第三阶段：电子交易市集（Electronic Marketplace）。

此阶段中有一个新兴的事业产生——第三供应者，目的在于促使形成一个电子交易市集，提供大家一起交易的地方。在商业流程方面，也由原先的单向交易发展到双向交易，随着订单的复杂性增多，互动性愈加丰富，沟通协调日益增加。

第四阶段：协同商务（Collaborative Commerce）。

此阶段是建立在第三阶段之上，并增加一些企业运作的范围，在作业流程当中，将事前、事中、事后的观念都引入此阶段里，除了注重自己企业内部的流程运作，还透过上、下游一起协商合作的一种商业合作。特别是市场透明度，也由透明度低的传统市场，到最后沟通协调互动的程度增加，市场更加透明化。

介绍了B2B电子商务的演进后，可以将B2B电子商务整理成四个阶段，四个阶段的特色如表2-2所示。

表 2-2　B2B 电子商务四个阶段的特色

	第一阶段 电子数据交换	第二阶段 基础的电子商务	第三阶段 电子交易市集	第四阶段 协同商务
弹性	低	高	高	高
成本	高	低	低	低
支持的商业流程	批次流程	单向交易	双向交易	B2B 互动
市场透明度	低	低	高	高

2.2.3　构建 B2B 电子商务

在了解到B2B电子商务的演进后，接下来探讨B2B电子商务主要的营运架构。我们以企业内部与企业外部将B2B电子商务的建立分为两部分，对内而言是基础架构的建设，属于技术性层次，对外而言是交易市集（e-markets），属于应用的层面。

1）基础架构建设

进行交易之前，软、硬件的构建是必备的，这些技术包括了电子商务网络架构、安全机制、付款系统、企业资源规划（ERP）、供应链管理（SCM）、顾客关系管理（CRM）等。

2）电子交易市集

电子交易市集包括了买方与卖方，买方与卖方在此可透过网络交换心得、广告、拍卖、进行交易、处理存货与满足其他交易之需求，并透过通路完成交易，经营市场。在电子交易市集中的企业可以拿到价廉物美的商品，并且减少采购的时间，使企业可以减少生产成本，增加企业的竞争力。如 GM 与 Commerce One 建立的汽车业交易市集。

2.2.4　B2B 买卖双方的利益

B2B 可为企业带来什么利益？我们由买卖双方的立场来看。首先，分析买方的利益：

减少采购流程成本；

减少存货成本；

减少烦琐的采购；

更多选择和更好的价格。

其次，分析卖方的利益：

减少相关的销售成本；

接触新客户且获取新的利益；

减少订单管理的流程成本。

厂商可利用这些效果，创造一些新的商机产生，在交易市集上进行交易的用户，能更节省时间，快速达成交易行为。

2.2.5　B2B 市场关键成功因素

在了解到 B2B 电子商务商业模式后，不难发现整个模式包含了市场及公司。以下将介绍 B2B 电子商务的关键成功准则，并从市场及公司两个方面来探讨。

1. 市场关键成功准则

依市场关键成功的准则整理后，大致分为 6 个方面：巨大的市场；分裂的买者和卖者；市场接受度；过胖的连结；风险管理机制的建立；开放的环境。

（1）足量市场。电子商务的世界里，规模对企业经营来说相当重要。而足量市场是网络事业成功不可或缺的一项要素，而且市场最好是一个巨大且无效率的市场，例如，纸业、钢铁业及塑料业。然而，当市场巨大时，市场经营者必须将其无效率的部分去除，长期下来就可从中获取最多的潜在利润。但事实上，市场会长期处于无效率的状态，是因为有抗拒改革的力量存在，导致市场经营者必须花更多的时间去获得果实。

（2）买卖双方分裂。许多买方和卖方存在的分散型，对 B2B 市场的成功有很大的帮助。许多研究指出这些小型的买卖双方在在线交易上可创造很多的利润，然而产业中大部分的买方和卖方需要一段时间才能接受 B2B，但只要市场中的领导者进入后，其他人将相继进入，相信获利也随之而来。

（3）市场接受度高。由上述两个特性看，市场规模和分散性是关键的指标，但不可否认，市场接受度也是一项重要的成功因素。市场接受度越高，越能形成具有规模的市场，使分散的买卖双方进入市场。

（4）价值链长。现今环境中存在许多无价值的价值链链接。当中间商在价值链中创造的价值超越撮合买卖双方的利益时，中间商是重要且不可替代的。但在 B2B 的商业模式下，许多人工的流程可以被自动化所取代进而减少许多成本，因此，价值链所包容的中间商越多，B2B 市场就越容易成功。

（5）风险管理机制健全。传统风险控管与支付机制相当程度上仰赖双方约定的合同，来满足上述的需求，然而在面对电子交易市集不同于以往的交易类型，已经显得不适用。以国际贸易往来中最常见的付款方式——信用付款为例，其交易安全性毋庸置疑，然而其严格的授信尺度与冗长的申请流程，不免在时间效率上打了折扣，进而延宕整个企业间的交易流程，因此无法符合电子交易市集强调实时处理的特性。

新兴的风险控管机制需具备下列三种特性，才能符合电子交易市集的特殊要求。

a. 交易导向：风险控管是基于企业间交易之目的而产生的，并与产业特质以及营运模式有相当密切的关联，因此保险厂商必须从过去以时间导向的保险策略，转为以交易为导向。

b. 实时性：强调实时处理，并与其他交易流程链接。

c. 数字化：采用全球信息网作为传输平台，并进行文件数字化。

（6）开放的标准。市集要能够发挥最大效益，就必须要能够尽可能地吸引更多的买卖交易，也就是说，必须要在开放的标准之下来运作。大多数在线市集的架构，例如，Ariba 与 Commerce One，都承诺提供开放的技术标准，但尚未有一个共同标准，虽然统一的标准什么时候才会出现目前还不明朗，不过诸如 WebMethods 的新公司却已经在开发一种编译软件，可让采购商与销售商之间，甚至市集与市集之间的沟通顺畅无碍。

2．公司关键成功准则

介绍完 B2B 市场关键成功的准则，接着我们来介绍 B2B 公司关键成功的准则。

（1）专业管理。在 B2B 公司最初草创时期，管理即占有极重要的地位，特别是在垂直交易市集中交易，供货商需要评估影响的大小，决定潜在通路冲突、定价、配送、客户关系管理、品牌稀释、员工士气等。成功的 B2B 市场经营者必须拥有丰富的产业知识以及良好的产业关系。

（2）早期进入。B2B 电子商务经营，可喻为一场土地争夺战，与 B2C 相似，早期进入 B2B 市场经营是重要的。市场经营者早期进入使他们在网络交易中不会缺席。然而，比尽早进入更重要的是交易过程上执行的可靠性。真正成功的市场经营者不仅能够早期进入且不犯任何错误。

（3）结合伙伴。许多产业中，大部分的市场领导者都对关键的配送或物流伙伴建立良好的合作关系，以便支持运送他们所贩卖的产品。成功的市场经营者会借着合约锁住特别的配送商和物流商而拥有强大有力的配送与物流能力。

（4）保持中立。获利是市场上经营者的第一目标，但中立性也非常重要，中立性意指对不同的人提供相同的事物。它的意义在于使企业确保交易的公正性，并确定所有的市场参与者都明确遵守相同的游戏规则。一旦参与者感到不公平，将有损长期的成长甚至无获利的可能。

（5）获取利润。在 B2B 的市场投资中，投资者往往无法等到真正获利的时候，所以观察的重点无非是发掘能获取利润的特性是否存在，例如，产业的知识与专业在管理运用上、进入的速度、大量的潜在需求者与供货商、有力的合作关系与管道、关键的配送与物流关系及相关的中立性。

（6）公开上市。B2B 的 IPO 并非只是一股潮流，它决定投资者是否能看到未来的里程碑，公开上市是一个十分重要的竞争优势，市场经营者常有能力限制或本质上没有竞争力，当其最佳时公开上市，将能从公司中获取最多的价值，IPO 将明显地比竞争对手获得更多青睐的眼光，并帮助企业获得大量的资金来快速成长，例如，纸业的 PaperExchange。

（7）建立信任。根据 Accenture 对全美八大产业 1000 家曾经运用 B2B 网站交易的企业调查结果显示，网络上的企业用户对电子商务的需求，完全不同于个人消费者。B2C 所重视的价格、快速、简单等因素，完全不适用于企业购买者，企业愿意长期往来的对象，只有一项特点：值得信赖，有信誉的知名网站。

因此，B2B 的业者应朝向掌握提供差异化服务与加强客户服务质量的方向经营，直接与客户接触，进行客户满意度调查，实际了解它们的需求，并定期对网站进行绩效查核，建立与客户直接的互动关系，才能真正抓住企业用户。

2.2.6　B2B 电子商务发展现况

1．全球 B2B 电子商务市场概述

1）全球 B2B 电子商务市场规模

全球 B2B 电子商务市场在全球电子商务市场中占据重要的地位，大约占全球电子商务市场 80%以上的份额。经济的全球化，网络的高速发展，大量跨国企业以及全球各国政府的大力支持都是 B2B 电子商务快速发展的推动因素。2006 年，全球 B2B 电子商务市场的规模已经达到了 5.8 万亿美元，艾瑞预计未来几年全球 B2B 的年增长率将会保持在 45%左右，2010 年，全球 B2B 电子商务市场的规模将达到 26 万亿美元，2002—2010 年全球 B2B 电子商务交易额及预测如图 2-2 所示。

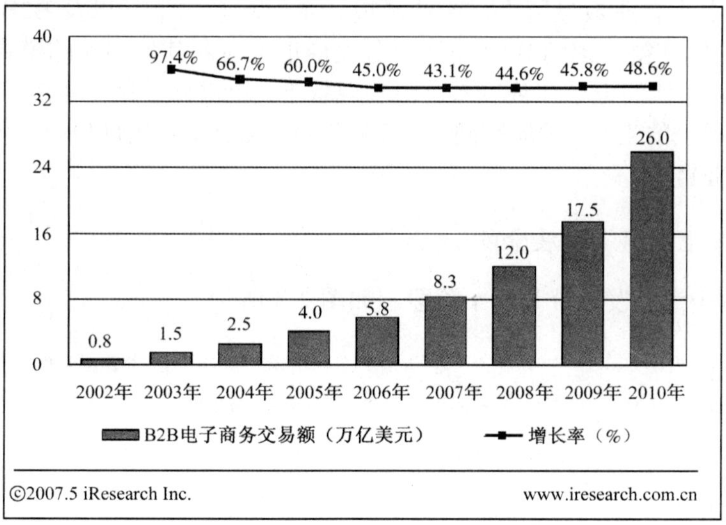

图 2-2　2002—2010 年全球 B2B 电子商务交易额及预测

2）美国 B2B 电子商务市场规模

美国 B2B 电子商务市场起步较早，在全球范围内发展也最为迅速。这与美国良好的网络状况、大量高学历的网民、完善的法律、安全的电子支付、成熟的社会信用体制等一系列情况都是分不开的。2002—2006 年间美国 B2B 电子商务市场规模始终占据全球 B2B 电子商务

市场份额的 50%以上，2005 年达到了 2.6 万亿美元。据艾瑞预计，到 2010 年将会达到 13.5 万亿美元，2002—2010 年美国 B2B 电子商务交易额及预测如图 2-3 所示。

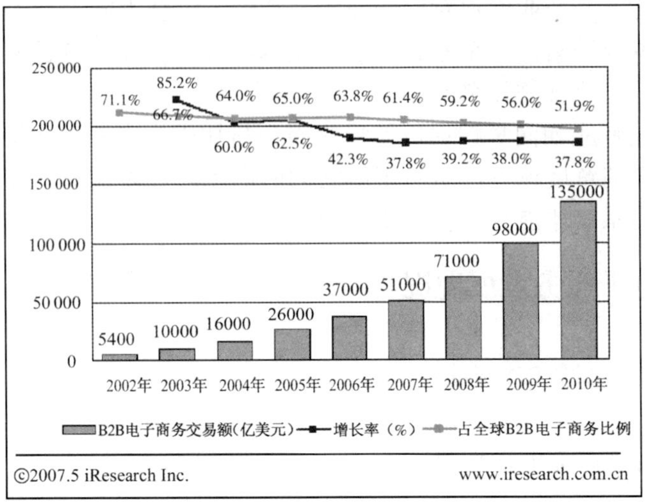

图 2-3　2002—2010 年美国 B2B 电子商务交易额及预测

2. 中国 B2B 电子商务发展概况

从 1996 年中国出现了第一笔网上交易起，中国电子商务已经走过了十年历程。B2B 电子商务在中国经历了由概念向实践的转变。

目前，中国中小企业数量巨大，产业环境、企业观念的落后以及 B2B 电子商务相关支付、物流手段的限制使得中国的 B2B 电子商务发展很难复制其他国家的模式。面对中国 3000 多万的中小企业，在他们电子商务投入有限的现状下，提供标准化服务的第三方 B2B 电子商务平台未来仍有很大的生存、发展空间。在部分垂直行业中，会出现以行业 B2B 平台为主导，服务更深入的产业链。

1）中国 B2B 电子商务发展阶段

中国 B2B 电子商务发展分为三个阶段，如图 2-4 所示。

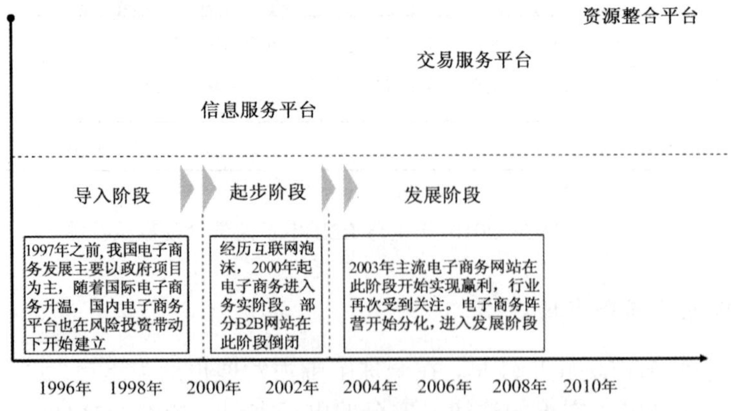

图 2-4　中国 B2B 电子商务发展阶段

2）中国 B2B 电子商务市场发展环境

中国的互联网发展道路与美国有较大不同，互联网在中国主要以媒体形式出现，并没有对传统行业产生深远影响。在所有的模式中与经济结合最为紧密的是 B2B 电子商务，众多 B2B 电子商务企业在经历了互联网泡沫后，在发展中也变得更为务实，着眼于真正为客户提供服务。中国政府也积极推进 B2B 电子商务平台发展建设。B2B 电子商务从市场环境、企业认知情况、政策法规到支付保证体系等方面都有了较大的改进，已经开始为企业带来效率和效益。

中国 B2B 电子商务发展的外部环境比较有利，政府、银行等多方已经参与到 B2B 电子商务中来，但该体系的成熟还需要一定过程。艾瑞认为，在各方面有利因素的推动下，未来五年将是 B2B 电子商务高速发展的一个时期。

表 2-3 列出了中国 B2B 电子商务平台环境发展因素。

表 2-3　中国 B2B 电子商务平台环境发展因素

有利因素	不利因素
政策、经济环境趋好	传统渠道阻力
市场潜力巨大	物流支付不成熟
外贸电子商务市场发展稳定	信用缺失
企业电子商务意识日趋成熟	缺少可用人才
市场潜力巨大	物流支付不成熟

3）中国 B2B 电子商务发展趋势

中国 B2B 电子商务发展趋势如图 2-5 所示。

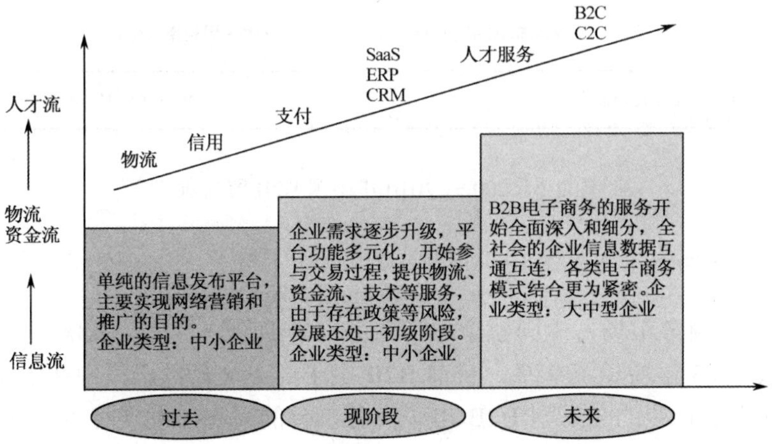

图 2-5　中国 B2B 电子商务发展趋势

以 2007 年为分界点划分 B2B 电子商务的发展，1997—2007 年中国 B2B 电子商务经过了 10 年的发展，B2B 电子商务平台已经由最初的信息发布平台，帮助中小企业推广企业产品，逐步向交易平台和服务平台过渡。

3. 中国 B2B 电子商务市场规模

1）中国 B2B 市场规模

2006 年中国的 B2B 贸易总额达到 20.8 万亿元，较 2005 年增长 15.6%，其中 67.2%来自国际贸易。中国是全球制造中心，中国的出口产品，尤其是服装和时装行业、工艺礼品行业、计算机硬件行业等在全球市场具有很强的竞争力，由于外贸的带动，艾瑞预计 2006—2010 年间中国的 B2B 贸易总额将保持 17%左右的年增长率，2010 年将达到近 40 万亿元，如图 2-6 所示。

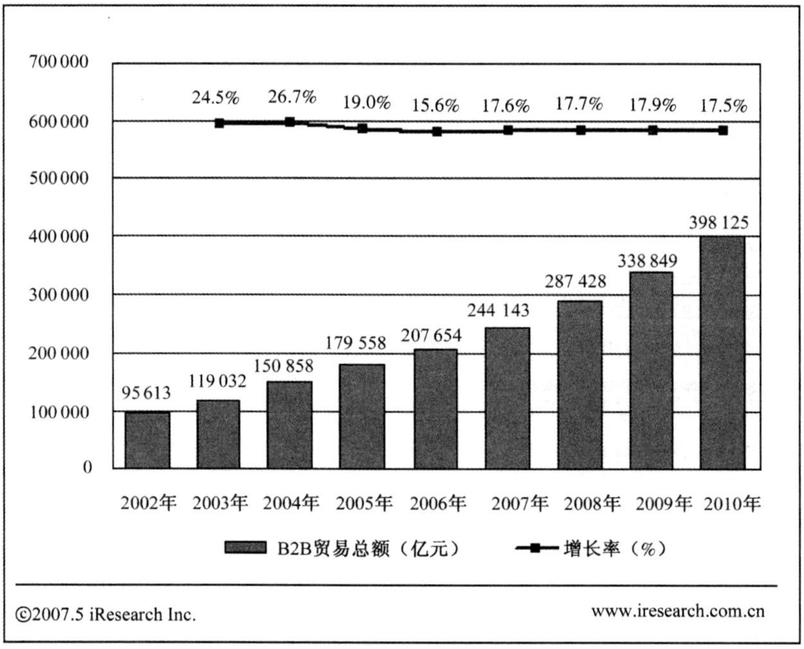

图 2-6　2002—2010 年中国 B2B 贸易额

2）中国 B2B 电子商务市场规模

中国 B2B 电子商务市场占中国整个电子商务市场的 95%左右，2006 年的交易额达到了 12 800 亿元，较 2005 年增长了 97%。目前 B2B 电子商务交易额仍集中在中小型企业和外贸交易领域，面向中小企业的交易型 B2B 电子商务平台的兴起与发展将给 B2B 电子商务市场带来新的增长机会。艾瑞市场咨询预计 2010 年中国 B2B 电子商务交易规模将会达到 7.5 万亿元，如图 2-7 所示。

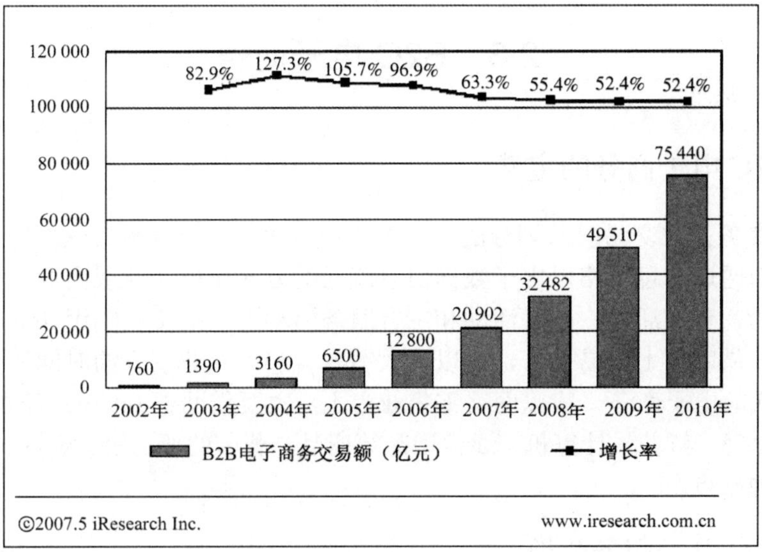

图 2-7 中国 B2B 电子商务市场交易额及预测

2.2.7 中国 B2B 电子商务市场发展趋势

（1）专业化、规模化以及两者之间的相互融合是 B2B 发展的必然趋势。水平型综合性 B2B 电子商务将向专业化方向发展，而垂直型行业性 B2B 电子商务将寻求规模化发展。行业性电子商务网站与综合性电子商务网站的合作，以及行业性电子商务网站之间的合作——行业联盟，是 B2B 电子商务发展的必由之路。

（2）综合性 B2B 电子商务服务将深入介入企业间采购和供应过程之中，服务于物流、信息流和资金流等三流协同的供应链管理，提供更加便捷的一站式服务和高增值服务，不再局限于交易信息平台的角色。

（3）新加入的 B2B 电子商务网站将创新和推出多种差异化的商务模式和竞争策略，以区别于目前领先的 B2B 电子商务网站。

（4）B2B 电子商务平台将高度重视 B2B 电子商务与搜索引擎的结合，进而出现各种综合性或行业性电子商务搜索引擎。

（5）RSS 聚合技术应用于 B2B 电子商务是 2006 年 B2B 电子商务最引人注目的网络营销应用形式。通过 RSS 技术应用，能以更加互动的形式促使营销人员与消费者、合作伙伴及潜在客户分享企业网站的最新信息。

（6）随着在线视频技术的升级和标准的统一，B2B 网络营销人员会大量应用视频广告方式。不过由于相对高昂的制作和投放成本，在未来一段时间，在线视频广告的应用者将仍以大、中型企业为主。

（7）随着 B2B 网络营销应用进一步深化，对网站流量统计的需求将显著增加，从而为更多、更深入的网络营销管理工具提供更加广泛的市场机会。

2.3　B2C 电子商务

2.3.1　B2C 电子商务的定义

B2C 电子商务是按交易对象划分的一种电子商务模式，即表示商业机构对消费者的电子商务，具体是指通过信息网络以电子数据信息流通的方式实现企业或商业机构与消费者之间的各种商务活动、交易活动、金融活动和综合服务活动，是消费者利用 Internet 直接参与经济活动的形式。借助网上交易平台，可以大大节省客户和企业双方的时间和空间，提高交易效率。这种形式的电子商务一般以网络零售业为主，主要借助于 Internet 开展在线销售活动。例如经营各种书籍、鲜花、计算机、通信用品等商品。著名的亚马逊（www.amazon.com）网站就是属于这种站点。

2.3.2　B2C 电子商务分类

按照为消费者提供的服务内容不同，B2C 模式的电子商务可以分为电子经纪、网上直销、电子零售、远程教育、网上娱乐、网上预订、网上发行、网上金融等类型。

1）电子经纪

20 世纪 90 年代初，随着科技及电子通信的迅速进步，一种新的经纪渠道——“电子经纪”（Electronic Broking）系统应运而生，并对传统的经纪提出了巨大的挑战。比如福彩双色球的投注就是一个典型的例子。

电子经纪人投注的特点是不用每次都去选号，只要第一次选好号码后定制了电子经纪人，以后系统就会自动购买所选的号码，它就像贴身秘书一样，而目前订制电子经纪人对所有手机用户都是免费开通。订制了电子经纪人，就不用担心今天又忘了买彩票了。如果中奖，手机短信还会自动通知。

1992 年 4 月，路透（Reuters）为了补充其外汇相关业务而推出了自己的电子经纪系统。1993 年 9 月，14 家实力雄厚的商业银行在伦敦共同组建了 EBS（电子经纪服务系统），一方面是为了打破路透在此领域的垄断，另一方面也起到了防范过度依赖某一系统所导致的风险的作用。与此同时，道琼斯德励（Dow Jones/Telerate）、东京外汇（Tokyo Forex）和日本 KDD 公司等在东京创办了 MINEX 电子经纪系统，后于 1995 年 12 月被 EBS 收购兼并。

2）网上直销

日本戴尔电脑在进军面向个人的市场时，便在主要个人电脑商场内开设了本公司产品专柜，展示电脑产品，但顾客在购买戴尔的产品时仍然要使用商场中的终端通过 Internet 进行。这种针对网络直销的销售方式，既维持了“高功能及低价格”的戴尔电脑的特色，又可以让顾客亲自触摸产品。日本戴尔的西村宗晃董事将这种销售形式定位为“下一代戴尔模式”。

NEC 也采取了类似的商业模式。该公司重新建立了过去提供产品目录以及产品故障支持信息的网站，并重新命名为“121ware.com”。在新的网站中向用户发行固定的 ID，向用户提供 NEC 的全部产品信息。在 121ware.com 中，网上直销只不过是其中的一个内容。

3）电子零售

美国商业部提供的最新统计资料显示，去年底电子零售额突破了 50 亿美元的大关。去年第四季度的商品零售总额是 8212 亿美元，其中在线零售额达到了 53 亿美元，在总额中所占比例为 0.6%。美国政府把网上零售数据作为一项经济指标单列表述是一项史无前例的做法，这再一次充分显示出互联网经济在美国经济中所占的重要地位。

4）远程教育

2000 年 10 月，我国第一家完全通过 Internet 技术手段进行教学的网络教育学院——中国人民大学网络教育学院开始进行第一次招生，截至目前，人大网络教育学院的学生已近万名。据中国人民大学网络教育学院介绍：2001 年人大网络教育学院在全国的 200 多个考点有 1.4 万人报名。报名学生年龄在 18～45 岁之间，涉及近 28 个省市，这些数字创下了多项中国网络教育之最。

2002 年，清华大学诞生了首批网络硕士。在清华大学 2002 年学位授予典礼上，有 6 位“特殊”的学员庄重地戴上了硕士帽，获得清华大学硕士学位。他们是清华大学远程教育首批获得硕士学位的学员，也是全国首批通过远程教育方式学习获得最高学位的学员。

5）网上娱乐

网上娱乐比如游戏、看电影、下载电影和音乐等，对于网络的速度有着较高的要求，网速的快慢直接构成了网上娱乐环境的好坏。有着接入方式简便、接入速度快两大优势的宽带，无疑成为人们网上娱乐的首选。DSL 论坛今年发布的研究报告显示，中国已经在去年超过日本和韩国，成为全球最大的 DSL 宽带市场。宽带市场的迅速发展给宽带应用带来了广大空间，为网上娱乐发展带来了无限机会。

网络游戏、视频下载以及 VOD 在线点播、mp3 音乐等网上娱乐应用层出不穷，一方面，新的多媒体技术在保证音质画质的同时将需要传输的文件越压越小；另一方面，追求个性化的时代里人们也越来越倾向于在电脑上尽情享受个人定制的内容，而不是在拥挤的娱乐场所面对人头攒动的混乱场景。

视频点播、影音下载和在线欣赏越来越受到用户的喜爱，特别是影音下载与在线欣赏成为人们除电影院、电视机等传统媒介之外一大娱乐源泉。我们从视频影音、视频点播等代表技术流媒体的应用就可以发现网上视频、音频娱乐正逐渐成为人们的宽带生活之一。

6）网上预订

人民文学出版社在推出英国女作家风靡世界的小说《哈利·波特》的中文版时，参照此书在世界各国出版发行的通例，与 800 图书网（www.book800.com）达成协议，从 2000 年 9 月 16 日开始，由 800 图书网独家承接《哈利·波特》一书的网上预订。这家网上书店承诺，该书面世，将在第一时间向预订此书的读者以优惠的价格供书。北京、上海、广州、南京等地的预订者还可享受送货上门且货到付款的服务，第一批读者还将收到出版社为此书特赠的纪念品。同时，该网站还特设“批销通道”，全国各地的图书经销单位都可以直接从网上以批发价格批量订购。

7）网上发行

2000 年 5 月，世界第三大唱片公司 EMI 顺应网上音乐发行的潮流，通过网上发行 100 张专辑和 40 首单曲，允许乐迷使用计算机下载这些数字音乐，并在视窗媒体播放器上进行播出。EMI 唱片公司的发行主管理查德考特瑞尔指出：EMI 是首家通过网上零售渠道发行如此之多唱片专辑的大型唱片公司，顾客可以在通常的零售网站中找到他们感兴趣的音乐，在付钱之后就可轻松地将其下载到自己的电脑中存储并播放。

2005 年 5 月，40 集电视连续剧《小鱼儿与花无缺》在 www.viewtoo.com 网站进行网络全球首播，这是国内电视剧发行公司第一次与专业网络宽带娱乐平台“优度宽频”进行合作。据调查显示，该剧被网友排在当年最值得期待的 10 部电视连续剧之首。

8）网上金融

2000 年 3 月初，德国最大的银行——德意志银行宣布推行“全球电子商务战略”，旨在通过与国内外网络、软件和电信等产业巨子的紧密合作，全力拓展互联网业务和电子商务，改变传统的发放信贷加收取中介佣金的经营方式，让银行所有业务进入互联网，抢滩全球虚拟金融市场，经营重点将转向金融咨询、风险管理及面向全球客户的股票、债券、金融衍生品等标准化交易，近期拟将 700 万客户中 20%的客户转为纯粹的网上客户。

2000 年年中，在日本，樱花银行和富士通公司宣布，由两家联合创办的日本首家网上银行开业。新银行的资本金为 200 亿日元左右，樱花银行和富士通分别出资 90%和 10%。由于该银行只设总店不设分店，使银行的成本得以降低，手续费和利息的设定都将对顾客有利。

2.3.3 中国 B2C 电子商务历史

1998 年是我国网上零售的萌芽阶段。北京和上海等城市开始启动电子商务工程，进行电子商场、电子商厦及电子商城的试点，开展网上购物与网上交易，尝试建立金融与非金融论证中心以及有关的标准、法规，为今后开展电子商务打下了基础。

1999 年是我国网上零售的起步点。由于信息技术的成熟，网民人数的激增及对应用型电子商务认识水平的提高，网上零售成为网络经济的一大热点吸引着很多投资者的眼球。以 8848 作为先行者的诸多网上商城、网上商场、网上商店纷纷涌现。

2000 年下半年，我国网上零售市场处于停滞阶段。纳斯达克股票市场持续跌落，中国的新浪、搜狐和网易三大门户网站在纳斯达克的股价也跌到了谷底，包括网上零售在内的整个互联网产业遭受到沉重的打击。此期间暴露出了我国网上零售的诸多问题，如重技术，轻商务观念；停留在简单模仿和移植国外的电子商务经营模式，缺乏调整和创新；只强调资本运作，而忽视经济效益。许多电子商务网站的经营模式和营利模式受到投资者的置疑，在得不到资金支持的情况下，许多购物网站纷纷倒闭。

2002 年开始，伴随着互联网环境的好转，国内的零售网站进入更加务实的阶段，网上零售市场出现反弹，交易额持续增长。尤其在 2003 年非典期间，电子商务的优势凸显得淋漓尽致，中国电子商务潜在的巨大需求市场，也得到充分展现和释放。同时购物网站积极思考营利方式和战略规划，从而重新受到投资者的青睐。与此同时，电子商务的支撑环境，包括物流配送、支付等初具规模和体系。

2004 年开始，伴随着网上交易信用体制的逐步完善、网上安全支付系统的逐步普及以及线下物流配送网络的逐步扩大，消费者的网络购买习惯逐渐形成，B2C 网站的数量、规模都进入了高度膨胀期。网站的经营模式趋于合理，在地理分布上，由北京、上海、广州等城市逐渐开始向沿海及东部、中部的各大城市扩散。我国网上零售产业开始呈现蓬勃、健康、稳定的成长态势。

2.3.4　B2C 电子商务发展现况

1．全球 B2C 电子商务交易额

2003 年全球 B2C 电子商务交易额为 2037 亿美元，2004 年为 3000 亿美元。2005 年全球 B2C 电子商务交易额达到 4100 亿美元，2005—2010 年复合增长率为 29.6%，预计 2010 年全球 B2C 市场交易额能达到 15 000 亿美元，如图 2-8 所示。

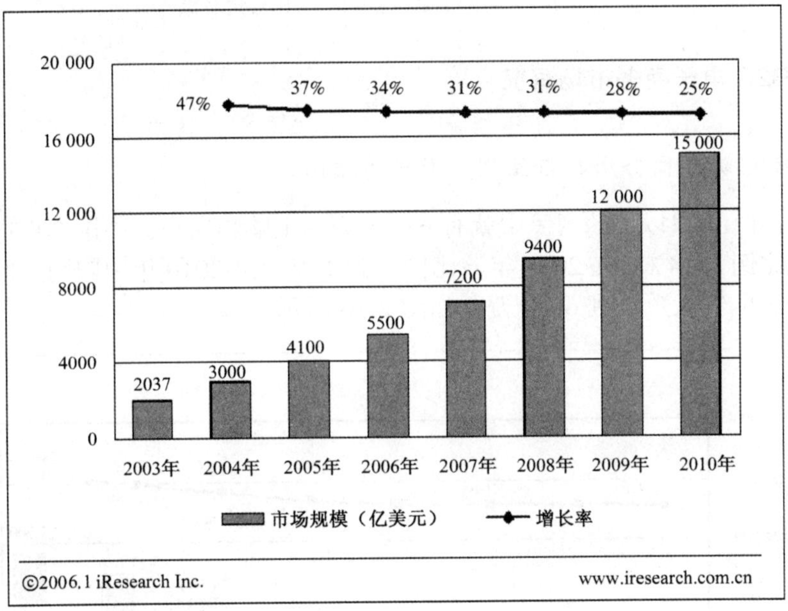

图 2-8　全球 B2C 电子商务交易额

2．美国 B2C 电子商务市场交易额

2003 年美国 B2C 电子商务市场交易额为 960 亿美元，2004 年为 1250 亿美元。2005 年美国 B2C 电子商务市场交易额达到 1600 亿美元，增长率达到 28%。2005—2010 年复合增长率为 24%，预计 2008 年美国 B2C 电子商务交易额超过 3000 亿美元，2010 年达到 4700 亿美元，如图 2-9 所示。

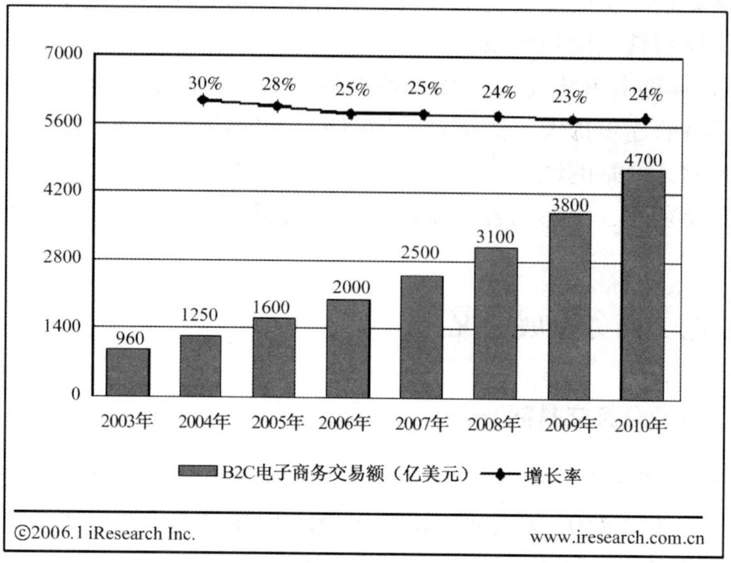

图 2-9　美国 B2C 电子商务市场交易额

3. 中国 B2C 电子商务市场概况

1）中国 B2C 电子商务用户占互联网用户的比例

美国 2005 年 14 岁以上的网民中就有 61.8%为网上购物用户。中国 2005 年 B2C 网上购物者占网民的比例为 14%，在 2006 年该比例达到 15%。到 2010 年中国网上购物的比例预计达到 28%，网上购物人数达到 6500 万，如图 2-10 所示。

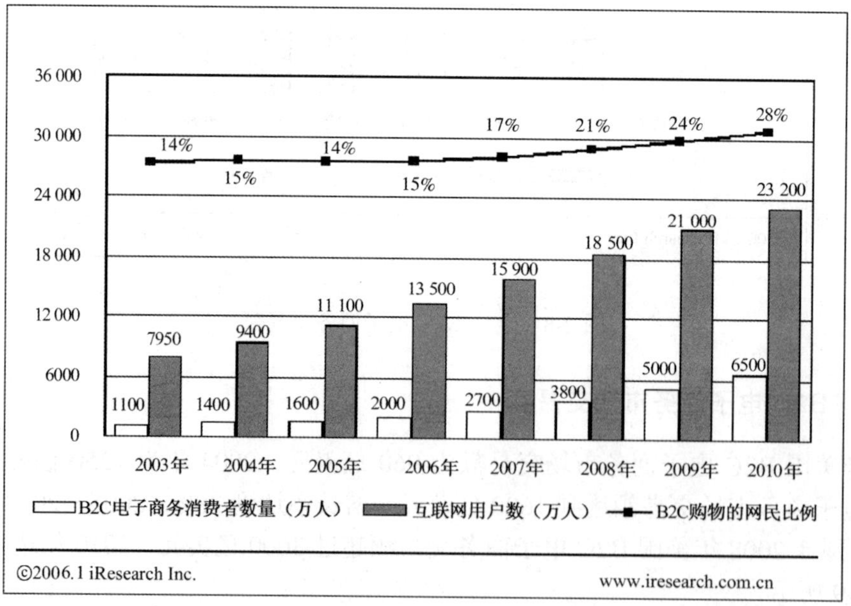

图 2-10　中国 B2C 电子商务用户占互联网用户的比例

2）中国 B2C 电子商务交易额

图 2-11 是中国 B2C 交易额情况，2004 年中国 B2C 购物交易额为 42 亿人民币，2005 年该数字达到 56 亿人民币，增长率为 33%。随着国内网上购物环境的进一步好转，2005—2010 年复合增长率为 52%，预计 2010 年将达到 460 亿人民币。

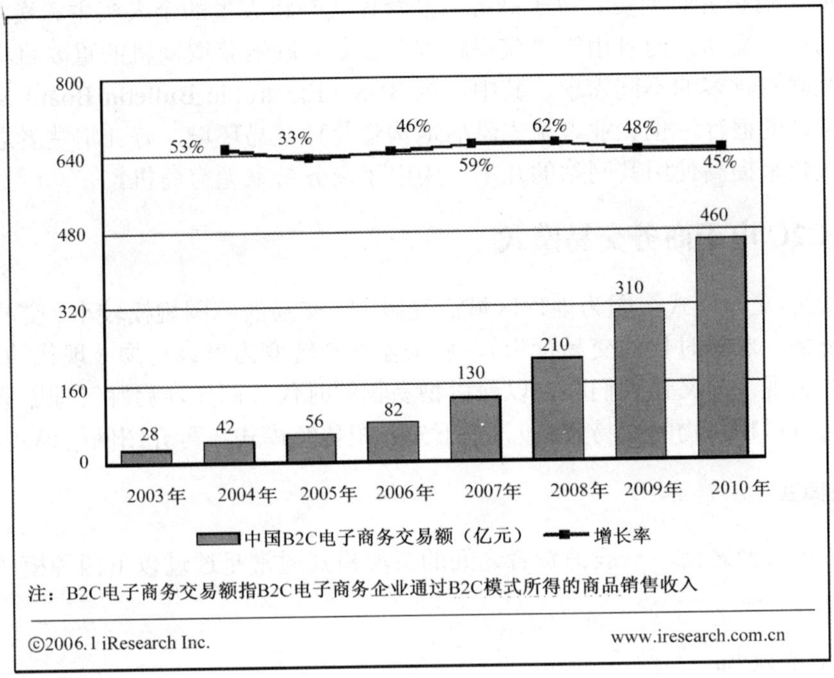

图 2-11　中国 B2C 电子商务交易额

2.3.5　中国 B2C 电子商务市场发展趋势

我国 B2C 电子商务市场规模的扩大，一是由于互联网用户数量的增加进一步扩大了电子商务的用户基础，二是由于现有用户对于 B2C 电子商务的接纳程度和认可程度不断提高。而支付、物流和信用环境的逐步改善，也为 B2C 电子商务提供了越来越好的发展环境。

各种电子商务模式（B2B、B2C 和 C2C）相互渗透，B2C 电子商务与 C2C 电子商务的界限日益模糊，传统销售与网上销售相结合，各类资源优势互补。一些 B2C 电子商务网站开始涉足 C2C 电子商务领域，一些企业电子商务平台服务商进入网上零售甚至个人拍卖市场，或将电子商务直接融入企业业务流程。

随着一些领先的 B2C 电子商务企业不断扩展业务、展开收购，以及不同类型的电子商务企业之间的不断融合，B2C 电子商务市场集中度将不断提高，并为 B2C 电子商务行业带来重新洗牌的机会。

B2C 电子商务不断突破有形商品的局限，向数字商品和服务扩展，既填补 B2C 电子商务市场的空白，也使电子商务优势得以充分发挥。图铃类 B2C 电子商务市场蓬勃发展，数字商品和服务的交易规避了 B2C 电子商务中普遍存在的物流难题，与手机绑定的方式也使支付环节大大完善。数字商品和服务的 B2C 电子商务发展前景十分看好。

2.4　C2C 电子商务

2.4.1　C2C 电子商务定义

所谓 C2C（消费者对消费者电子商务）经营模式是将大量的个人买主和卖主联系起来，以进行商品的在线交易。而且由于“获得顾客”已是互联网获取商机的重要目标，因此企业也开始迎合互联网顾客的不同需求。其中，像 BBS（Electronic Bulletin Board System）之类的二手交易网站的盛行，也让业者争先恐后地构建此种交易环境，好让消费者之间通过增加上网浏览的次数来提高使用其网站的几率，为电子商务带来无穷商机。

2.4.2　C2C 电子商务交易模式

传统的 C2C 交易模式会因为地理区域而受限制，交易的范围规模较小，交易的方式开始仅限于以物易物（农村时代的交易行为），后来才逐渐转变为以钱易物（现代的交易行为）。但是互联网的出现，却又让人们回到以前以物易物的时代（例如，启胜管理服务有限公司网站上就可以从事以物易物的交易方式）。以下先介绍传统模式，再介绍网络模式。

1．传统模式

在网络尚未普及之前，一般消费者之间的买卖模式通常是透过以下四种模式来找买主或卖主。

1）透过中介机构

由于某些交易过程需要高度的专业知识，消费者也不熟悉其过程，为消费上的方便性，消费者就会选择交由具有专业知识的机构来办理，这点与房屋中介类似。尽管这种交易方式很方便，因中介机构会抽取佣金，所以花费相对也较高；同时，消费者也需要对该机构的信誉要有一定程度的了解，否则可能会因为贪图一时的方便，造成日后难以处理的问题，例如买到建筑质量低劣的房屋等问题。

2）以口头询问亲朋好友

当人们不需要高度的专业知识就能决定购买行为时，通常会通过询问身边的亲朋好友，或是透过其他友人的协助来达成交易。

以上两种情况其交易方式均透过中介者来执行，个人卖方与买方的交易都透过中介者来进行，但假如中介者在经手这项交易时有着从中获取利益的目标（如当铺、房屋中介、个人掮客），这时候就有可能因为中介者企图采取行动以获得利润最大化，而导致交易过程的效益损失（指不符合个人卖方与个人买方双方的效益）。以一家当铺的经营来说，为了当铺的利益最大化，会故意低估个人卖方所当物品的实际价值，以压低价格；同样地，面对个人买方时，却又蒙蔽一些实际且必要的信息，或吹嘘物品的质量，为求以高于实际价值的价格卖出，这样当铺的经营者才有更大的利润空间。久而久之，买卖双方都了解透过这样的中介者交易，将存在太多的信息不对称，因此这类交易将会花费比一般交易更长的交易时间（因为人们需要花费更多的考虑时间，或是要收集更健全的信息），而且交易的风险也会增加。

3）透过报纸广告

登报是很常见也很方便的交易模式，但是，对于登报者而言，在众多的报纸种类中，要如何选择类型，应该要占多大版面，或登报天数等都是值得考虑的问题，而且刊登后有可能会出现效果并不如意或交易未达成的情形。

4）透过宣传单

有些情况是由交易的发起者自己来制作宣传单，虽然这样既省钱又省力，但人们并不知道宣传效果如何，尤其是有机会达成交易的人，却不知道对方的信誉程度。此外，张贴传单也会造成环境脏乱，因此，这也不是一个很有效的方法。

以上四点都有一些共同缺点，主要是因为在交易信息未公开的情况下，会造成买卖双方皆无法确定其得到的价格是不是所谓的最低价。如此，可能导致其中任何一方会产生利益损失的情形出现。另外，从经济学的角度来看，对社会福利也是一种无谓损失。

2. 网络模式

由于传统的模式会产生利益损失，所以有业者想借由网络信息流通方便的特性，让双方以更快、迅速且完整透明的方式，清楚地了解价格、产品质量等影响交易的因素，以提高顾客对业者的信任。例如永庆房屋就提供此种在线服务，让顾客买卖双方都能安心地在线交易。所以在网络中，也逐渐发展出较具特色的 C2C 交易模式。这里就国内发展最为成熟的电子布告栏（BBS）以及网络竞标来进行解说。

1）电子布告栏

电子布告栏指的是计算机程序在网络上的各种不同传输方式之一，其他还包括有 FTP、E-mail、www 等方式。由于互联网近来的飞速发展，使得此项目应用的发展一日千里，例如数字图书馆、电子商店等。

像电子布告栏这类的传输方式，其功用就是提供一种交易平台，让网上会员能自由地传递信息或进行在线交易等。它能使买卖双方通过张贴布告的方式寻找交易对象，让有意进行交易者能主动响应对方。其好处是不需要任何交易成本，且具有高度的便利性，但缺点在信任机制与商品质量问题上。

2）网络竞标

所谓的网络竞标指的是透过网络，来对产品进行标价的经营方式。例如像“酷必得”实时竞标网站就是提供网络拍卖的实例，它向顾客提供安全的在线竞标交易环境，且网站还直接与银行信用卡系统联机，增加付款上的方便性。

它的交易模式是消费者在网站浏览各项商品目录后，选择自己感兴趣的商品进行竞标。一旦得标后，就以得标主的身份来进行订购。在此系统会与银行联机，检查消费者的信用状况，确定无误后才完成交易，各厂商会根据自己的物流系统，将消费者选购的商品进行交货。

3）网上拍卖

这是 C2C 模式中最具代表性的，所谓的网上拍卖是将传统拍卖移转为电子作业方式，标价机制从本质上来说是相同的，但网上拍卖的交易方式较为节省成本、提高效率。而且在网上拍卖是不需要有形的场所，可以在任何时间、地点进行交易。无论是白天或是晚上，买卖双方都可以进行越洋、跨洲际交易。除此之外买主不一定是商人，任何想卖掉商品的个人都可以透过网站拍卖找到买主。

2.4.3　C2C 电子商务关键成功要素

本节将由策略面、技术面及营销面三个层面来简要叙述 C2C 经营的关键成功要素。

1．策略面

1）提早卡位策略

事实上，C2C 电子商务是一个进入门槛不高的产业，甚至一个人的网站也可以提供该服务，只要凭借适当的管理交易机制，提供留言板功能就可以上线使用。因此，如何克敌制胜地掌握市场就非常关键了，只要先比对手进入市场，掌握了一群有这方面需求的网友，基本上就有了很重要的资源。

2）掌握利基市场

利基是 Niche 英文名词的译称，它是指在市场中通常被大企业所忽略的某些细分市场，本策略提供给进入市场较晚的厂商，借着掌握利基市场切入 C2C 电子商务模式的一种方式。举例而言，在 C2C 的交易模式中，仍然存在着一些需要专业人士协助鉴别的物品交易，例如：钻石、房地产等，如果能够掌握到这群需求的顾客，提供专业知识方面的协助服务，仍然有发展的前景。

3）推广本身网站

这是针对相对小型、区域性的 C2C 网站适合的策略。对于这些网站，由于自身资本不足，很难与全球性网站竞争，但是仍然可以由区域性市场的深耕经营，获得全球性网站的购并青睐，如台湾的拍卖王与买卖王就是一个很好的例子。

2．技术面

1）健全信用评级

在 C2C 的交易模式中，最让人担心的就是买方出了钱，却得到了不符合卖方所宣称的物品，或者卖方担心将物品邮寄出后，却收不到买方的钱。一个 C2C 网站必须减少使用者这方面的顾忌，最好的方法之一就是建立良好的顾客信用评级。在网站建立了健全的游戏规则后，网站的使用者能依循这样的游戏规则进行，才有安心的交易产生。

2）善用推播机制

C2C 网站有个特点，因为产品都是由其他的使用者所提供，所以网站永远无法确切掌握目前自己网站提供了哪几种、几个物品的交易，换言之，一个网友也无法确立这家网站是否有自己所需的产品。此时，推播技术就扮演很重要的角色，所谓推播技术就是指网站必须定期或不定期地将网站内提供交易的物品主动让用户知道，如此一来，使用者才有上站的可能，当然，如果能个人化、一对一地提供相关信息，更能够增加其竞争优势。

3）提供辅助功能（公证、保险）

这是针对一些贵重、专业的物品所做的服务。在一般的店面交易中，也注重这方面的问题。因此，一个 C2C 网站也不该忽略这些服务的提供。

4）建立安全机制

C2C 网站要做到用户的评级以及交易控管，就必须确实掌握用户的数据。因此，一家具有一定规模的 C2C 网站必然会累积了大量的用户数据，这时候网站的安全机制就显得很重要，不能让使用者的个人资料外泄，以增加网站的信用。

3. 营销面

1）掌握适当时机

善用时机推行营销活动或事件：如母亲节、父亲节、圣诞节、情人节等，利用此种方式再辅以煽动力十足的促销活动（如一元起标价），以提高销售量并增加获利。

2）提高知名度

在网站的营销活动中，借着广告、新闻等媒介来提高本身的知名度，因为知名度是网站成功与否的一项重要的关键，尤其是 C2C 网站，在竞争激烈的市场环境中其知名度高，表示愿意使用该网站的消费者较多，如此一来才有较高的获利。

2.4.4　C2C 电子商务发展现状

1. 中国 C2C 电子商务市场用户规模

如前所述，网上交易给买卖双方带来不少的好处，这正是电子商务发展的优势所在。但其优势的发挥依赖于其他外部环境，如物流、支付、信用、网络安全等。伴随着近年来国内相关环境的逐步改善，电子商务也逐步充分地显示出其优势，这是促使人们越来越喜欢使用网上交易的手段。

综观 2001—2005 年中国 C2C 电子商务市场用户数的发展可以发现，2001 年 C2C 电子商务用户数为 250 万，此后一直保持稳步增长，2005 年达到 2245 万，2001—2005 年中国 C2C 电子商务市场用户规模的年均复合增长率（CAGR）高达 73.1%，如图 2-12 所示。

当然，并不是所有的注册用户都能进行交易，2005 年活跃用户的比例为 30%左右。综观

2001—2005 年中国 C2C 电子商务市场活跃用户数的发展可以发现：2001 年 C2C 电子商务活跃用户数为 60 万，此后一直保持稳步增长，2005 年达到 718 万，2001—2005 年中国 C2C 电子商务市场活跃用户规模的年均复合增长率（CAGR）高达 86.0%，如图 2-13 所示。

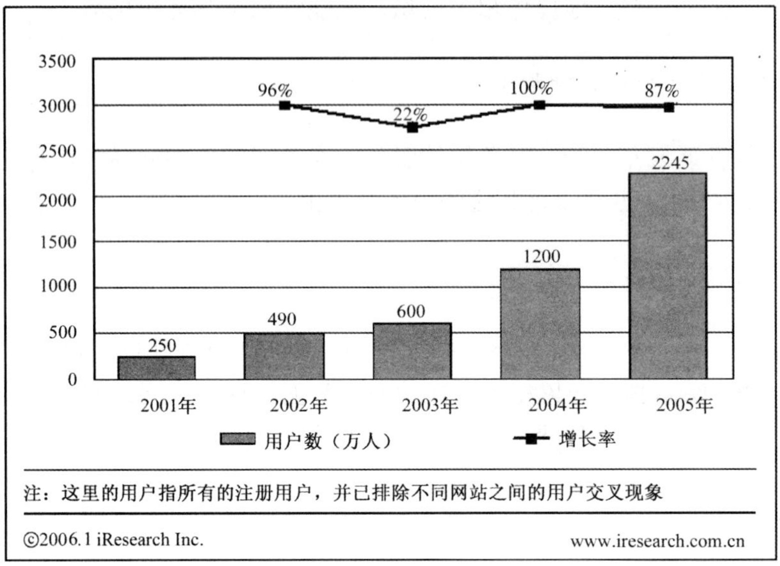

图 2-12　2001—2005 年中国 C2C 电子商务市场用户规模及增长率

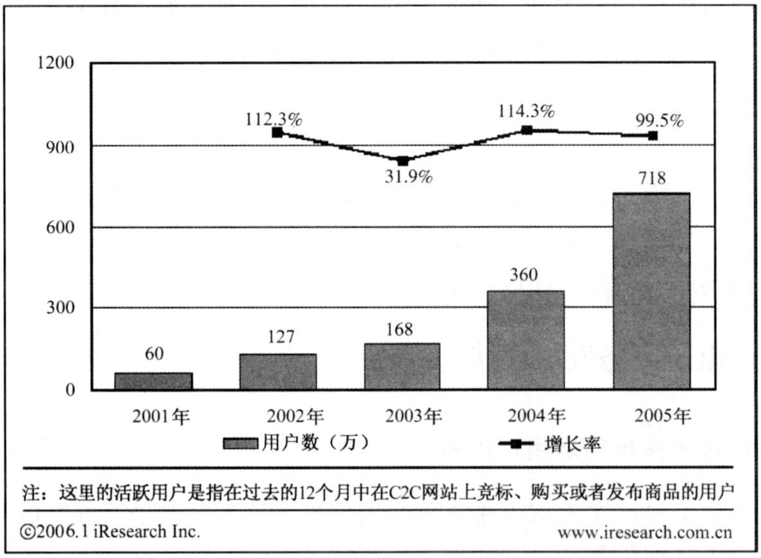

图 2-13　2001—2005 年中国 C2C 电子商务市场活跃用户规模及增长率

2. 中国 C2C 电子商务市场交易额

作为互联网的重要应用形式之一，近年来 C2C 电子商务在世界范围内一直以很快的速度成长，在中国也是如此。伴随着各项环境的改善和成熟，近年来中国 C2C 电子商务发展的市场交易额逐年迅速提高，其中以 2005 年的发展最为迅速。2001 年中国 C2C 电子商务市场交易额仅为 4.0 亿元，到 2005 年该市场交易额高达 137.1 亿元，年均复合增长率（CAGR）高达 142.0%，如图 2-14 所示。

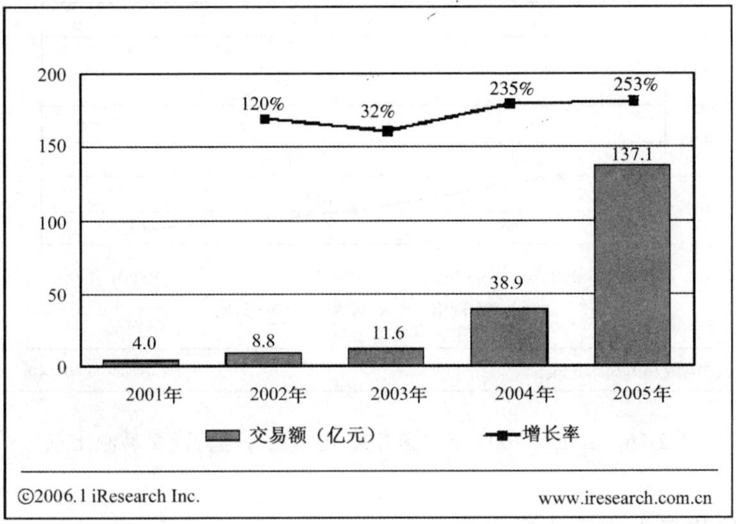

图 2-14　2001—2005 年中国 C2C 电子商务市场交易额及增长率

3. 中国 C2C 电子商务运营商交易额比重

2005 年中国 C2C 电子商务运营商交易额比重进一步集中，其中，淘宝市场份额首年超过易趣（eBay），交易额比重达到 58.6%，超过易趣 36.4%的比重 22.2 个百分点。与此同时，其他 C2C 电子商务运营商交易额比重仅为 5.0%。如图 2-15 所示。

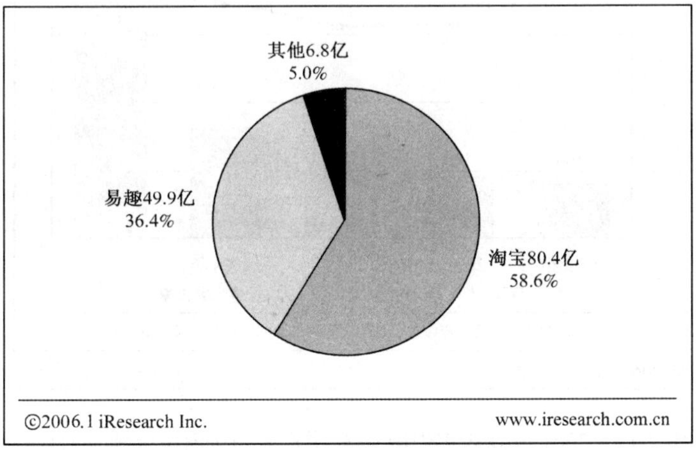

图 2-15　2005 年中国 C2C 电子商务运营商交易额比重

通过 iResearch 对中国 C2C 电子商务的统计数据可以看出，自 2003 年至 2005 年，淘宝交易额比重逐渐增加，从 2003 年的 7.8%增长至 2005 年的 58.6%。与此同时，易趣的交易额比重则有所降低，从 2003 年的 72.4%减少至 2005 年的 36.4%，如图 2-16 所示。

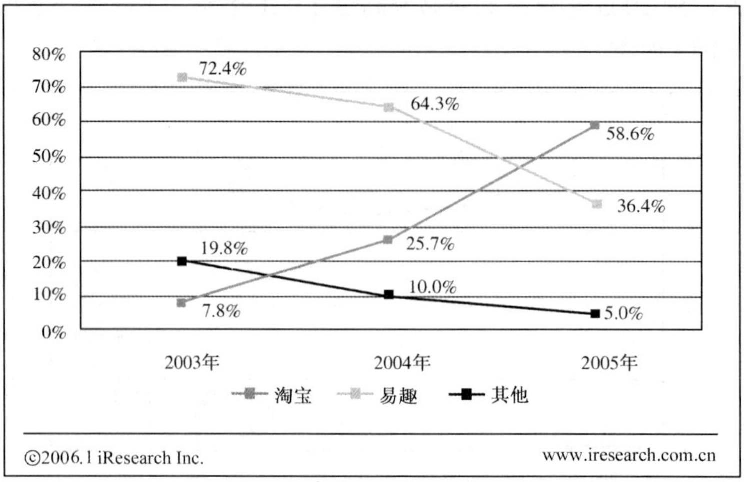

图 2-16　2003—2005 年中国 C2C 电子商务运营商交易额比重

4．中国 C2C 用户人均年消费金额

随着互联网的发展，人们越来越习惯于通过网络进行购物，且年均购物金额有较大的提高。就所有的注册用户而言，2001 年中国 C2C 电子商务市场的用户人均年消费金额 160 元，到 2005 年该金额高达 611 元，年均复合增长率（CAGR）达 39.8%，如图 2-17 所示。

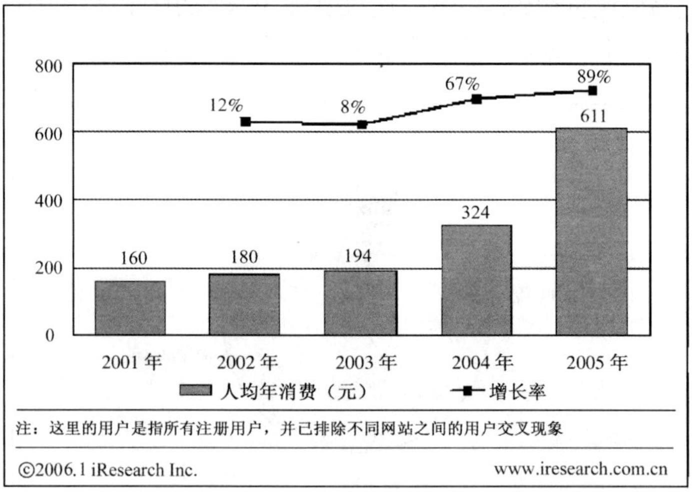

图 2-17　2001—2005 年中国 C2C 用户人均年消费金额及增长率

而就其活跃用户来说，2001 年中国 C2C 电子商务市场活跃用户的人均年消费金额 667 元，到 2005 年该金额高达 1909 元，年均复合增长率（CAGR）达 30.1%，如图 2-18 所示。

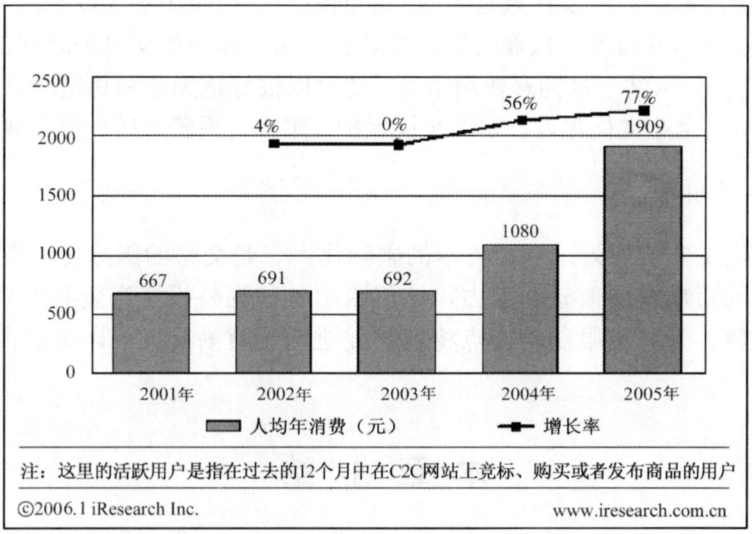

图 2-18　2001—2005 年中国 C2C 活跃用户人均年消费金额及增长率

2.4.5　中国 C2C 电子商务市场的发展趋势

1）用户数量和交易额较快攀升

未来 5 年之内中国 C2C 电子商务市场的用户数量将会进一步增长，交易额将会持续增长。各项环境的改善，使得网络购物的优势进一步凸显，越来越多的人将进行网络购物，交易额也有较大的提高。预计到 2010 年中国 C2C 电子商务市场的注册用户数将达到 7200 万人，其中活跃用户数将达到 2700 万人，交易额将可能达到 1100 亿元。

2）竞争加剧，导致市场快速走向成熟

如前所述，中国 C2C 竞争相当激烈。随着进入者的增多，竞争将会更加剧烈。主要表现为资金的大量投入，竞争将产生两方面的结果。一方面，竞争机制实现优胜劣汰。一些 C2C 网站逐步完善自身的管理和服务，为交易双方提供良好的交易环境，积累了庞大的顾客基础，形成明显的网络经济效应；而一些小网站则不堪重负，逐渐退出市场。另一方面，市场的竞争吸引了各界的极大关注，培育了人们网上交易的习惯，加深参与度，给 C2C 市场带来繁荣。

3）多模式融合与创新，尽显资源优势

在目前情况下，B2C 型网站也会到 C2C 网站经营，同时 B2C 网站本身也常常采取联营招租的形式，而企业交易平台的厂商也可能进入零售或者个人电子商务市场。各种电子商务模式（B2B、B2C 和 C2C）相互融合，尤其是 B2C 和 C2C 的界限逐渐模糊，竞争与合作同在，充分发挥资源互补优势，尽显市场经济的活力。

4）收费是必然，但是还需待以时日

即使目前中国的 C2C 电子商务市场以免费为主流，并且这种主流至少还将延续几年的时间。但是收费是必然的趋势，现在只是个时间的问题。收费至少产生以下两方面效应：一方面，能提高网上经营的诚信度，只要交费，像随意开店、靠虚假交易骗取诚信积分等现象将大有好转；另一方面，网站一旦拥有费用来源，便可以很好地加强和稳定网站的各方面建设，包括员工在职培训、企业文化建设、知识产权保护、顾客关系管理等，壮大网站成长的力量。

5）国际化趋势明显

这里的国际化主要表现为：一是资本的国际化；二是交易的国际化。中国 C2C 电子商务无疑具有极好的市场发展前景和潜力，这将吸引各种国外投资资金的大规模进入；另一方面，互联网开放、无时空限制的特点将有利促进国际贸易的发展，促进商品在不同国度之间的流通。

本章小结

本章主要阐述了电子商务商业模式的定义、特性及类型；B2B 电子商务、B2C 电子商务及 C2C 电子商务的定义、分类、关键成功因素及发展趋势，使读者对电子商务商业模式的定义、特点、关键成功因素和发展趋势有初步的认识。

本章检测

1．何为电子商务商业模式？其特点是什么？可分为哪几类？
2．B2B 电子商务的关键成功因素包括哪些？
3．C2C 电子商务模式和传统模式的区别？

第3章 电子商务技术基础

学习要点

- 了解网络的概念及分类。
- 了解数据通信的原理。
- 掌握几种常用的Web数据库的使用。
- 了解EDI的概念、组成及实现过程。

电子商务系统是在计算机技术、网络技术和数据资源管理技术的基础上构筑的。电子商务系统中最基础的技术是Internet，可以说电子商务是在Internet的发展和推动下产生和发展的。

3.1 网络技术

3.1.1 网络技术基础

1. 网络的概念

在不同的时期，从不同的侧面，人们对计算机网络有不同的定义，随着计算机技术和通信技术的发展，计算机网络的概念也在不断变化。目前较为公认的定义为：将两台以上具有独立功能的计算机，通过通信设备和线路连接起来，所构成的以实现资源共享为目的系统。

对计算机网络的定义，可以归纳为三个方面：

（1）联网的计算机是可以独立运行的，与早期的多终端计算机系统有根本的区别。

（2）计算机之间通过通信线路实现信息交换，这里的通信线路可以是近距离的，也可以是远程的，既可以是电缆、光纤等“有线”介质，也可以是红外线、无线电、激光或通信卫星等“无线”介质。

（3）联网的目的是实现资源共享，包括硬件资源、软件资源和信息的共享。

2. 网络的分类

计算机网络可以有不同的分类方法，一般多以计算机网络分布区域的大小，将计算机网络分为局域网（Local Area Network，LAN）、广域网（Wide Area Network，WAN）和城域网（Metropolitan Area Network，MAN）。

局域网的分布距离一般在数千米以内，其基本特征是，由某一个单位或团体所建立与管理。局域网具有速率高、差错率低、成本低廉、组网方便灵活等优点。

广域网的地理分布距离大，一般在数十千米以上，其通信线路一般由通信部门提供。广域网的传输速率较低。Internet就是广域网的典型代表。

城域网是介于局域网和广域网之间的一种区域性网络，其分布距离一般在几十千米，城域网的速率较广域网要高，能将城域内企业、机关、学校和公共服务部门的局域网连接起来，成为较局域网规模更大的网络，实现区域内的资源共享。

3．网络的结构与组成

1）计算机网络的一般结构

计算机网络的一般结构如图 3-1 所示。一般可将计算机网络分为两个部分：

资源子网——负责网络数据处理，由主机、终端及有关软件组成。

通信子网——负责网络通信，由节点交换机、集中器、网络连接器和通信线路等组成。

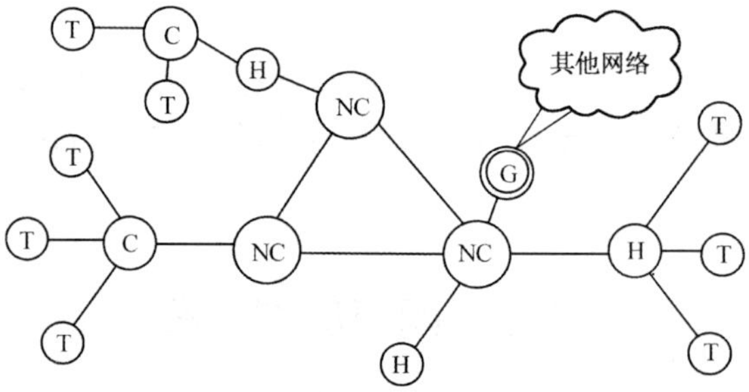

图 3-1　计算机网络的一般结构

2）计算机网络各组成部分的作用

主计算机（Host）：计算机网络中，主计算机（简称主机）负责数据处理和网络控制，可以由大型机、中型机、小型机和微型机担任，其在网络中的角色可以是服务器或工作站。服务器是为其他计算机提供硬件（如大容量磁盘、打印机）和软件（程序和数据）资源服务的计算机。根据服务器所提供的服务，服务器可分为文件服务器、通信服务器、数据库服务器等，在 Internet 服务中，可以有 WWW 服务器、邮件服务器、FTP 服务器等。服务器一般由性能较强的型计算机或高档微型计算机担任，工作站是用户网络的前端窗口，用户通过工作站请求网络服务、访问网络的共享资源。工作站一般由普通微型机担任。

终端（Terminal）：终端是网络用户进行网络操作、实现人机对话的工具。与工作站相比，终端没有独立的本地处理能力，必须通过集中器连接到主机才能工作。

节点交换机（Node Computer）：节点交换机又称通信处理机。它负责网络中的信息传输控制。在局域网中也可不专门设置节点交换机，而由主机承担。

集中器（Concentrator）：集中器的作用是将多个终端集中起来，再通过远程通信线路与节点交换机或主机连接，以提高通信效率，降低费用。

网络连接器（Gateway）：网络连接器用于连接其他网络，可实现不同网络信息格式、通信协议、寻址方式等的转换。根据其他网络结构的不同，网络连接器可以是中继器、网桥、路由器或网关。

网络传输线路：图 3-1 中各设备之间的连线表示通信线路，它们可以采用有线通信线路（双绞线、同轴电缆、光导纤维）或无线通信线路（无线电、微波、通信卫星等）。

实际的计算机网络不一定包括图 3-1 中的所有部件，例如局域网一般只使用主机（服务器、工作站）和传输线路，当局域网要和其他网络连接时，才会用到网络连接器。

3）局域网的基本组成

局域网一般由网络服务器、工作站、网络适配器（网卡）、传输介质和网络软件五个部分组成，如图 3-2 所示。

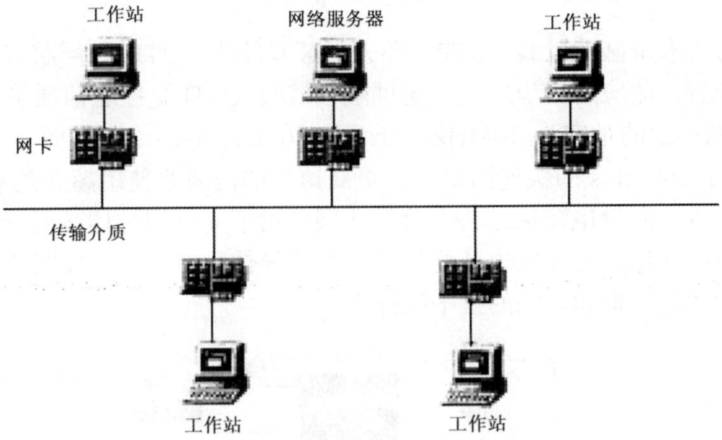

图 3-2 局域网的基本组成

网络服务器：局域网的网络服务器一般是在一台高性能的微机上，安装网卡和网络操作系统软件而成。每一个局域网至少需要一台网络服务器，它的性能直接关系到整个局域网的效率，选择和配置好网络服务器是组建局域网的关键环节之一。

对网络服务器的要求是：运行速度快、内存和硬盘容量大。以目前市场行情，可选择奔腾 CPU、256MB 内存、30GB 以上的高速硬盘配置的微机，也可使用品牌厂家的专用服务器产品。

工作站：工作站是用户访问网络共享资源的窗口，一般是在一台普通 PC 上安装网卡和网络工作站软件而成。工作站微机可根据工作站处理任务的要求配置，通常应包括主机、显示器、键盘、鼠标、磁盘（软盘和硬盘）。有时出于网络安全或成本考虑，工作站可不配磁盘，构成“无盘工作站”。

网络适配器（网卡）：网卡的作用是连接计算机与传输介质，实现信息与信号的转换、发送和接收。选择局域网网卡主要考虑以下几个方面。

（1）网卡的传输速率。目前常用的网卡速率有：10Mb/s、100Mb/s 和 10/100Mb/s 自适应网卡，网卡的速率要根据所采用网络的速率选择。

（2）网卡的总线位数。根据网卡与主机连接的总线插槽的位数，网卡可分为 16 位的 ISA 卡和 32 位的 PCI 卡，对于奔腾 CPU 以上的微机，应选择 PCI 卡以得到更高的传输速率。

（3）网卡与传输介质的接口。常见的有与同轴电缆连接的 BNC 接口和与双绞线连接的 RJ45 接口，应根据局域网使用的传输介质选用。

传输介质：传输介质是网络中传输信息的物理媒体。局域网中常用的传输介质有双绞线、同轴电缆和光导纤维等。而广域网还使用红外线、无线电、微波、激光和通信卫星等传输介质。

（1）双绞线。双绞线由一对绝缘的铜导线互相扭在一起组成，对称扭绞可以减小导线间的电磁干扰。实用的双绞线是将 4 对双绞线封在一个塑料保护套内，如图 3-3 所示。

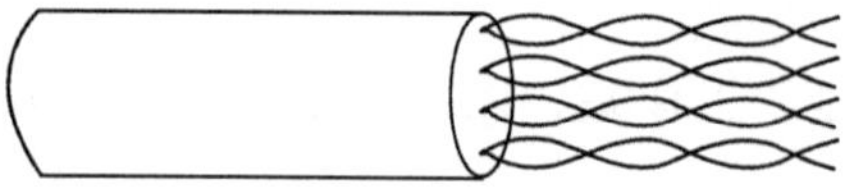

图 3-3　双绞线

双绞线又分为有屏蔽双绞线（STP）和无屏蔽双绞线（UTP）。屏蔽双绞线的抗干扰性较差，但其价格便宜，故应用较为广泛。无屏蔽双绞线（UTP）按通信质量分为 5 类。局域网中常用的 3 类双绞线的带宽为 16MHz，可用于 10Mb/s 的网络中，而 5 类双绞线的带宽为 100MHz，适用于 100Mb/s 的快速网络中，更高速率的网络要使用超 5 类双绞线。

（2）同轴电缆。同轴电缆从结构上分为 4 层，由于 4 层圆柱体在同一轴线上，故称同轴电缆。轴心是中心导体，内外依次是绝缘层、网状导体和保护套，如图 3-4 所示。这种结构使同轴电线有较宽的带宽和较强的抗干扰能力。

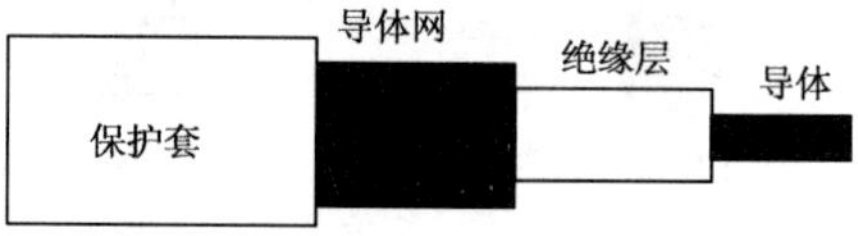

图 3-4　同轴电缆

同轴电缆按带宽可分为基带同轴电缆和宽带同轴电缆；按阻抗可分为 50Ω和 75Ω同轴电缆；按直径又分为粗、细同轴电缆。目前在局域网中广泛使用的是 50 欧的基带同轴电缆。

（3）光导纤维电缆。光导纤维电缆简称光缆，由纤芯、包层和护套制成，其结构见图 3-5。

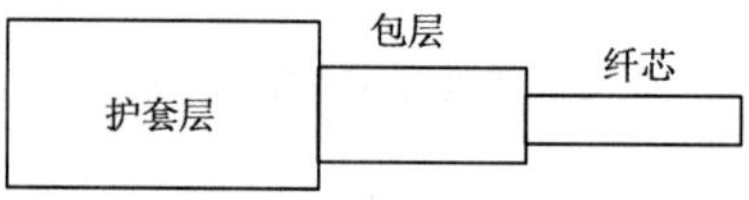

图 3-5　光导纤维电缆

纤芯是一种非常透明纯净的细纤维丝，光波在光纤中传输速度与电磁波相同，而且衰减极小，所以光缆具有传输速率高、衰减小的特点，是目前高速、宽带网络的主要传输介质，但光纤也有价格高、不易衔接和分支的缺点。

网络操作系统软件：网络操作系统是整个网络的核心，是实现网络通信、控制和管理的软件。人们选择某一种形式的网络时，很大程度上是在选择网络操作系统。目前在局域网中应用较为广泛的网络操作系统有：

（1）微软公司的 Windows NT 和 Windows 2000 网络操作系统。

（2）Novell 公司的 NetWare V4.x 和 V5.x 网络操作系统。

（3）AT&T 公司和 SCO 公司的 UNIX 网络操作系统。

（4）免费公开源代码的 Linux 网络操作系统。

上述网络操作系统各有其不同的优势，目前在小型局域网中，Windows 网络的市场占有率较高。

3.1.2　网络通信技术基础

我们已经一般性地讨论了计算机网络的概念和一些互连设备，现在来讨论一下网络通信中的技术，主要讨论两个重要的网络体系，即 OSI 参考模型和 TCP/IP 参考模型。

1．计算机网络的分层体系结构

在计算机网络通信中，两个网络用户要想实现通信，他们必须采用相同的语言，他们之间信息交流的形式、方式和时间都应遵从某种规则，这些规则的集合称为协议。

由于通信双方所使用的网络系统可能各不相同，相互之间的通信任务是一个十分复杂的过程。为了简化对这种复杂系统的研究工作，网络技术人员采用了一种“分而治之”的处理方法，将复杂的问题划分为若干个彼此相关的功能层次模块来处理，每个层次模块负责处理相对简单的功能，并向下一层提出服务请求，完成上一层提出的服务请求。这就是所谓的“分层体系结构”。在分层体系结构中，通信双方共同遵守相同层次的约定和规则（即同层协议），并对相邻层次遵守层间“接口协议”。

2．国际标准化组织（ISO）的 OSI 参考模型

为了使各计算机网络软硬件厂商按照统一的分层体系结构研究制造网络产品，国际标准化组织于 1982 年颁布了开放系统互连（Open System Interconnection，OSI）参考模型，使得全球所有的计算机网络实现了标准化，为网络互连提供了条件。OSI 参考模型的结构见图 3-6。

图 3-6　OSI 参考模型

OSI 参考模型将网络通信功能分为 7 个层次，从低层向高层依次为：物理层、链路层、网络层、传输层、会话层、表示层和应用层。其划分原则为：

（1）网络中任何节点都划分为相同的 7 层结构，每个相同的层次都有相同的功能；

（2）同一节点相邻层次之间通过接口实现通信；

（3）各层位用下层提供的服务，向上层提供服务；

（4）不同节点的同层之间按照同层协议实现同层通信。

在 OSI 模型中，下 4 层主要提供通信传输功能；上 3 层提供用户与应用程序之间的处理功能。在局域网中，下 3 层的功能在网卡中实现，上 4 层由网络操作系统来控制。

3. IEEE802 通信标准

为规范局域网产品标准，电子电气工程师学会（the institute of Electrical and Electronic Engineer，IEEE）于 1980 年成立了 802 委员会，专门从事局域网标准化工作，该委员会对 OSI 的 7 层模型进行了简化，发明了针对局域网的 802 通信标准，802 通信标准仅描述了低两层协议（网络层和数据链路层），对高层并未指定，但局域网通信时由于低层都采用了统一的 802 协议标准，所以都可以互相连接。802 通信标准由 802.1～802.11 一系列协议组成，其中最常用的是 802.3，它规定了目前应用最为广泛的以太网（EtherNet）标准。

4. TCP/IP 协议标准

TCP/IP （传输控制协议/网际协议）是一组通信协议所组成的协议集，其中最重要的两个协议就是 TCP 和 IP 协议。在网络通信的发送端，TCP 协议负责将数据分解成数据包，在数据包头部加上发送和接收节点的名称和其他信息；在接收端，TCP 协议负责将收到的数据包重新组装成文件。IP 协议主要的任务是提供相邻节点之间的数据传送和为数据传送提供正确的路径。TCP/IP 协议是由美国国防部高级研究计划局 ARPA 于 20 世纪 60 年代开发出来的，后来 UNIX 操作系统将其作为自己的标准网络协议，举世闻名的 Internet 也以 TCP/IP 为标准网络通信协议，随着 Internet 的普及，现在几乎所有的网络操作系统都支持 TCP/IP 协议了。TCP/IP 协议集中还有其他协议，如文件传输协议 FTP、点对点协议 PPP、串行 IP 协议 SLIP、简单邮件传输协议 SMTP 等，这些协议都是 Internet 中常用的通信协议。

1）IP 地址

IP 地址是区别 TCP/IP 网络上每一台计算机的唯一标识。IP 地址由 32 位二进制数组成，为了表示方便，一般用点分十进制表示法：将 32 位二进制数分为 4 字节，每个字节转换成一个十进制数字段，各段之间用“.”分割，每个字段中的数字在 0～255 之间。

例如“武汉热线”邮件服务器的 IP 地址为：202.103.0.111。每个 IP 地址又可分为两部分，即网络号部分和主机号部分。网络号表示其所属的网络段编号，主机号则表示该网段中该主机的地址编号。按照网络规模的大小，IP 地址可以分为 A、B、C、D、E 五类，其中 A、B、C 类是三种主要的类型地址，D 类专供多目传送用的多目地址，E 类用于扩展备用地址。

（1）A 类 IP 地址。一个 A 类 IP 地址由 1 字节的网络地址和 3 字节主机地址组成，网络地址的最高位必须是“0”，地址范围从 1.0.0.0 到 126.0.0.0。可用的 A 类网络有 126 个，每个网络能容纳 1 亿多个主机。需要注意的是网络号不能为 127，这是因为该网络号被保留用做回路及诊断功能。

（2）B 类 IP 地址。一个 B 类 IP 地址由 2 字节的网络地址和 2 字节的主机地址组成，网络地址的最高位必须是“10”，地址范围从 128.0.0.0 到 191.255.255.255。可用的 B 类网络有 16 382 个，每个网络能容纳 60 000 多个主机。

（3）C 类 IP 地址。一个 C 类 IP 地址由 3 字节的网络地址和 1 字节的主机地址组成，网络地址的最高位必须是“110”。范围从 192.0.0.0 到 223.255.255.255。C 类网络可达 209 万余个，每个网络能容纳 254 个主机。

IP 地址是 Internet 上计算机通信的数字标识，是计算机进行信息交换时所必需的，信息数据分解、打包、传送、解包和合并都依赖于 IP 地址，因此 IP 地址可以说是计算机环境的通信地址。

2）域名

数字形式的 IP 地址很难记忆，而且也不直观。因此，人们用代表一定意思的字符串来表示主机地址，这就是域名，域名的英文名为 Domain Name 。例如，202.103.0.111 主机用域名可表示为：public.wh.hb.cn。用域名表示 IP 地址具有便于记忆、表示直观的优点。如上例中的主机可顾名思义理解为：中国湖北武汉的公共邮件主机。域名采用分级结构，由用“.”分割的多个字符串组成，高级域在右边，最右边为一级域名。一级域名代表国家代码或最大行业机构，由于 Internet 起源于美国，所以美国不用国家域名，凡没有国家代码的域名表示在美国注册的国际域名。常用一级域名见表 3-1。

表 3-1　常用一级域名

国家代码	域名	cn	jp	ca	uk	fr	ru
	含义	中国	日本	加拿大	英国	法国	俄罗斯
机构代码	域名	com	edu	gov	mil	org	Net
	含义	商业组织	教育组织	政府部门	军事部门	各种组织	网络服务

二级域名是一级域名的进一步划分，如 cn 下又可分为 edu、com、gov、net 等，子级域名是二级域名的进一步划分，例如，武汉热线域名 wuhan 是 net.cn 的一个子域，武汉热线的完整域名为 wuhan.net.cn。

3）域名解析

域名便于人们记忆和识别主机，但计算机只能识别 IP 地址，IP 地址与域名的互相转换称为域名解析。域名解析是由域名服务器（Domain Name Sever，DNS）来完成的。Internet 上的每一个域，都必须设置 DNS，负责本域内主机名的管理并与其他各级域名服务器相配合，完成 Internet 上 IP 地址与主机名的查询。比如，我们在浏览器输入 www.chinaitlab.com，会自动转换成为 202.104.237.103。

3.2　数据通信技术

无论采用什么样的模型及方式来实现电子商务，其实现的过程都不可避免地采用各种各样的通信技术。了解一些通信技术的基础知识将有助于我们对电子商务系统的认识和使用。

为了了解数据通信技术的基本概念，首先必须了解如下几个术语的含义。

数据（Data）：对客观事实的描述与记载的符号。数据可以是数字、文字、声音、图形、图像等形式。

信息（Information）：数据的集合、含义和解释。

信号（Signal）：数据的电磁波表示或称电子编码。

3.2.1　数据通信与数据通信系统

数据可分为模拟数据与数字数据。模拟数据是连续的值，如声音就是连续的波形；而数字数据是离散的值，如整数。

数据在传输前必须变成适宜的信号。信号也可以分为模拟信号和数字信号。模拟信号取随时间连续变化的电磁波（通常采用正弦波），用幅度、频率、相位等表示要传送的信息。数字信号是一系列的电脉冲，用不同的电平表示二进制的 1 和 0。

模拟数据和数字数据都可以用模拟信号和数字信号表示，因而都可以用这两种信号传播。传输信号的介质称为信道。信道也同样可分为模拟信道和数字信道。需要注意的是，模拟信号只能在模拟信道上传送，数字信号只能在数字信道上传送，而数字数据可经过数模变换在模拟信道上传输，模拟数据则可经过模数变换在数字信道上传输。

这样，数据表示成信号通过信道传输的数据通信过程就有了多种组合方式。如果信源发出的数据转变成模拟信号在模拟信道中传输，这种通信方式叫做模拟通信；如果信源发出的数据转变成数字信号在数字信道中传输，这种通信方式叫做数字通信。比如传统的电话使用模拟通信技术，而现在广泛使用的“一线通”电话则是采用数字通信技术。

数据通信是一种通过计算机或其他数据装置与通信线路，完成数据编码信号的传输、转接、存储和处理的通信技术。数据通信系统就是以计算机为中心，用通信线路连接分布于各地的设备，实施数据通信的系统。一般点对点通信系统模型可用图 3-7 来表示。

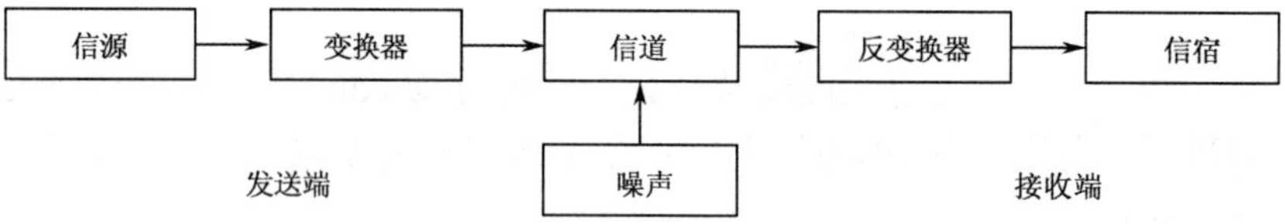

图 3-7　通信系统模型

图中，信源指发送信息的一端，信宿指接收信息的一端。变换器和反变换器均为信号变换装置，分别将信号变为适宜信道传输或信宿处理的类型。

3.2.2　数字数据网

数字数据网（DDN）是利用数字传输通道（光纤、数字微波、卫星）和数字交叉复用节点组成的数字数据传输网，为用户提供各种速率的高质量数字专用电路和其他新业务。

DDN 由用户、DDN 节点、数字通信和网络控制管理中心组成，其网络结构图如图 3-8 所示。

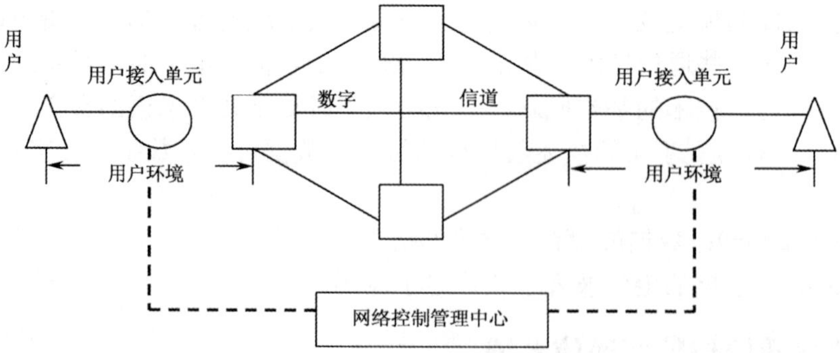

图 3-8　DDN 网络控制管理中心

DDN 的显著特点是：采用数字电路，传输质量高，网络时延小，通信速率可根据需要选择；电路可自动迂回，可靠性高；一线可以多用，既可以通话、传真、传送数据，还可以组建会议电视系统，开放帧中继业务，做多媒体服务，或组建自己的虚拟专用网络。DDN 提供的各种通信业务主要应用情况如下。

1）一点对多点通信业务

该业务的主要特点是数据信息流可从一点同时传送到多点，使多点同时获得同一种信息，可以是数据信息、图像信息和语言信息；可应用于信息公布（股票、新闻等）、信用卡验证、金融事务、商业销售点、数据库服务、预订系统、行政管理等领域。例如，深圳、上海证券交易所利用 DDN 同时向全国公司传送股市行情，方便广大股民进行操作。再例如，城市交通的监视系统可利用 DDN 传送各交通路口的交通状态，及时进行交通管制。

2）语音/G3 传真业务

DDN 可以提供模拟专线业务，在一条线路上同时支持电话和传真，支持标准的语音压缩，质量优良。此外，DDN 也适用于用户交换机的连接。该业务可应用于电话与传真以及长距离的交换机联网等场合，例如，一个集团总公司所在地在北京，分公司在外省，分公司就可利用 DDN 的话音/传真业务与总公司直接相连；分公司也可以利用 DDN 把自己的用户交换机直接总公司交换机，实现区域内拨号。

3）VPN 业务

VPN（Virtual Private Network）的意思是虚拟专网。所谓“虚拟”是指客户并没有真正拥有一个物理网，而是基于 DDN 智能化的特点，利用 DDN 的部分网络资源所形成的一种网络，这种专用网络可根据客户需要而设置。VPN 可以支持数据、语音及图像业务，也可以支持 DDN 所具有的其他业务。在 DDN 网管中心的授权下，VPN 可以有自己的网络管理站，客户利用 VPN 网络管理站可以对其租用的 VPN 进行灵活的调度和管理。该业务主要适用于部门、行业或集团客户，如银行、铁路、民航、统计局、石化公司等。他们可以利用 VPN 组建自己的专用计算机网络，不仅通信质量好，安全可靠性也总是能得到保证，而且避免了重复投资，节省远距离联网费用。

4）帧中继业务

帧中继是为客户之间提供直到 ITU-TG.922 链路层核心功能的永久性虚电路连接，符合 ITUTI.122 建议。它利用 DDN 的优点支持客户高速数据传输，增加网络吞吐量，提高了传输的利用率。该业务具有传输速率高、时延小的特点，可满足局域网的业务量要求，为局域网的互连提供了理想的手段。另外，公用 DDN 在北京、上海和广州分别设置国际出入口局，用于疏通国际数据业务，为国际数据业务提供数据传输通道。

3.2.3　无线通信技术

移动通信（Mobile Communication）可以说是目前通信领域中增长最快者之一。随着人们越来越多地要求在任何地方、任何时间，以任何方式都能获得信息的需求，无线数据信息的传递从简单的寻呼进入到多媒体的信息业务，数据传输的方式也越来越多。

通信网可以从宏观上划为接入网和核心网两大类。在过去的几十年间，无论是交换设备还是传输设备都经历了几代的更换，核心网正在越来越快地更换和应用最先进技术。随着未来数据业务、多媒体业务主导地位的确立，整个电信网正朝着宽带化、分组化、综合化、个人化方向发展。进入 20 世纪 90 年代以来，接入网领域开始变得十分活跃，光纤技术和无线接入技术在接入网中的应用飞速增长。接入网，特别是宽带无线接入网络成为 21 世纪电信网研究、开发和建设的热点。无线接入网的实现主要有以下几种类型。

1）蜂窝移动通信系统

“蜂窝”是通信地域中的一个子区，形状为六角形。整个通信区域划分为若干个“蜂窝”，相互衔接。通过“频率复用”技术使得整个系统不必占用太多的频率资源。采用蜂窝技术的无线接入系统技术成熟，比较易于实现且覆盖范围比较大，比较适合于农村等地理位置偏远的地区使用。比较典型的有 450MHz 系统、基于 GSM 和 CDMA 的系统等。

2）数字无绳电话系统

它是 20 世纪 90 年代发展十分迅速的领域，可看成是有线固定电话终端的延伸，无绳电话系统采用了 32Kb/s 的 ADPCM（自适应差分脉冲编码调制 Adaptive Differential Pulse Code Modulation）语音编码技术，话音质量已基本接近有线的话音质量，突出特点是灵活方便。

3）移动卫星接入系统

通过同步卫星实现移动通信联网是一种理想的无线接入方式，可以真正实现任何时间、任何地点、与任何人的移动通信。个人卫星移动通信近年来已逐渐成为移动通信产业发展的热点。移动卫星通信系统尽管多种多样，但若从卫星轨道来看，一般可分为静止轨道、中轨道以及低轨道三类移动卫星通信系统。当前正在开发的卫星移动通信系统中以中、低轨道的系统为主。

4）无线局域网

无线局域网（Wireless LAN，简称 WLAN）是计算机网络与无线通信技术相结合的产物。它不受电缆束缚，可移动，能解决因有线网布线困难等带来的问题，并具有组网灵活、扩容方便、与多种网络标准兼容、应用广泛等优点。

3.3　Web 数据库技术

3.3.1　Web 数据库的概念

数据库是指按照一定的结构和规则组织起来的相关数据的集合，是存放数据的“仓库”。据此可将网络数据库定义为以后台数据库为基础的，加上一定的前台程序，通过浏览器完成数据存储、查询等操作的系统。数据库技术是计算机处理与存储数据最有效、最成功的技术，而计算机网络的特点是资源共享，因此，数据与资源共享这两种技术的结合就成为今天广泛应用的 Web 数据库（也叫网络数据库）。

一个 Web 数据库就是用户利用浏览器作为输入接口，输入所要的数据。浏览器将这些数据传送给网站，而网站再对这些数据进行处理。例如，将数据存入后台数据库，或者对后台数据库进行查询操作等，最后网站将操作结果传回给浏览器，通过浏览器将结果告知用户。网站上的后台数据库就是 Web 数据库。通常，Web 数据库的环境由硬件元素和软件元素组成。硬件元素包括 Web 服务器、客户机、数据库服务器、网络等。软件元素包括客户端必须有能够解释执行 HTML 代码的浏览器，如 IE，Netscape 等；在 Web 服务器中，必须具有能执行可以自动生成 HTML 代码的程序的功能，如 ASP，CGI 等；具有能自动完成数据操作指令的数据库系统，如 Access，SQL Server 等。

3.3.2　基于 Web 的数据库系统体系结构

Web 数据库所采用的体系结构是三层或多层体系结构。客户机访问数据库是通过 Web 服务器及中间件完成的。其体系结构如图 3-9 所示。

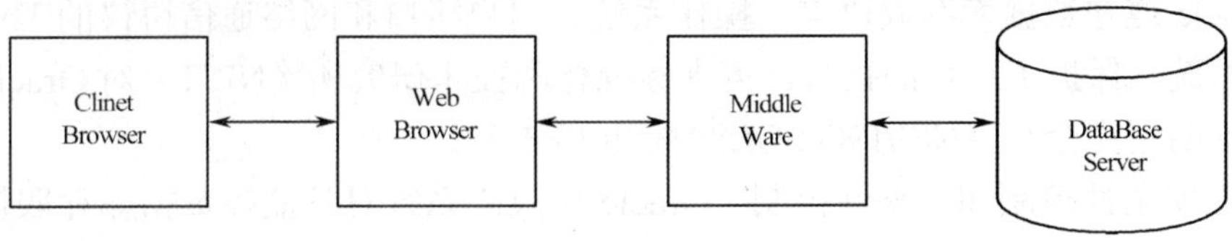

图 3-9　Web 数据库体系结构

3.3.3　几种常用 Web 数据库的比较

当前比较流行的 Web 数据库主要有 SQL Server、MYSQL 和 Oracle。这三种数据库适应性强，性能优异，容易使用，在国内得到了广泛的应用。

1. SQL Server

它是微软公司从 sybase 获得基本部件的使用许可后开发出的一种关系型数据库。目前最新的版本是 SQL Server 2000，但 SQL Server 7.0 仍在广泛使用。由于均出自微软之手，使得 SQL Server 和 Windows、IIS 等产品有着天然的联系。事实上以 Windows 为核心的几乎所有微软的软件产品都采用了一致的开发策略，包括界面技术、面向对象技术、组件技术等，这样在微软的软件中很多都可以相互调用，而且配合得非常密切。因此如果用户使用的是 Windows 操作系统，那么 IIS、SQL Server 就应该是最佳的选择。

2. MYSQL

这是当今 UNIX 或 LINUX 类服务器上广泛使用的 Web 数据库系统。它于 1996 年诞生于瑞典的 TEX 公司，支持大部分的操作系统平台。MYSQL 的设计思想快捷、高效、实用。虽然它对 ANSI SQL 标准的支持并不完善，但支持所有常用的内容，完全可以胜任一般 Web 数据库的工作。由于它不支持事务处理，MYSQL 的速度比一些商业数据库快 2～3 倍，并且还针对很多操作平台做了优化，完全支持多 CPU 系统的多线程方式。在编程方面，MYSQL 也提供了 C、C++、Java、Perl、Python 和 TCL 等 API 接口，而且有 MyODBC 接口，任何可以使用 ODBC 接口的语言都可以使用它。更重要的是，MYSQL 的源代码是公开的，可以免费使用，这就使得 MYSQL 成为许多中小型网站、个人网站追捧的明星。

3. Oracle

它是 Oracle 公司开发出的一种面向网络计算机并支持对象关系模型的数据库产品。它是以高级结构化查询语言为基础的大型关系数据库，是目前最流行的客户/服务器体系机构的数据库之一。目前广泛使用的版本是 Oracle 8i，它之所以备受用户喜爱是因为它具有以下突出的特点。

（1）支持大型数据库、多用户和高性能的事务处理。Oracle 支持最大数据库，其大小可达到几百千兆，可充分利用硬件设备；支持大量用户同时对数据库执行各种数据操作，并使数据征用最小，保证数据的一致性；系统维护具有很高的性能，Oracle 每天可连续 24 小时工作，正常的系统操作（后备或个别系统故障）不会中断数据库的应用；可在数据库级或子数据库级上控制数据的可用性。

（2）Oracle 遵守数据库存取语言、操作系统、用户接口和网络通信协议的工业标准。它是一个开放系统，保护了用户的投资。英国标准化和技术研究所（NIST）对 Oracle Server 进行过检验，证明它完全与 ANSI/ISO SQL89 标准相兼容。

（3）实施安全性控制和完整性控制。Oracle 为限制系统对各监控数据库存取提供可靠的安全性，并为可接受的数据指定标准，保证数据的完整性。

（4）支持分布式数据库和分布式处理。Oracle 为了充分利用计算机系统和网络，允许将处理分为数据库服务器和客户应用程序处理，所有共享的数据管理由数据库管理系统的计算机处理，而运行数据库应用的工作站集中于解释和显示数据。通过网络连接环境，Oracle 将存放在多台计算机上的数据组合成一个逻辑数据库，可被全部网络用户存取。分布式系统像集中式数据库一样，具有透明性和数据一致性。

上面介绍的三种数据库产品是目前最常用的三种大型关系数据库系统，它们虽然在体系结构和操作方法上有许多相似的地方，但是在应用环境上还是各有侧重的。一个应用系统在选用数据库时，首先要考虑性能和价格两个因素。表 3-2 列出了这三种数据库在性能和价格上的对比情况，在使用时，不同的系统应针对实际情况采用合适的方案。

表 3-2　三种数据库性能与价格比较

数据库系统	MySQL	SQL Server	Oracle
数据库使用	全免费	费用按连接计算，费用较高	按计算机主频计算，费用较高
操作系统及费用	Linux，免费	NT，价格较高	Linux，全免费；windows NT，Solaris，价格较高
速度	较快	快	最快
容量	较大	较大	大
备份、恢复	较好	好	最好

从用户的技术水平以及国内软件应用的现状来看，SQL Server 应该是一个较好的选择，尤其是对初学者而言。

3.4　EDI 技术基础

EDI 是 20 世纪 60 年代发展起来的、融现代计算机技术和远程通信技术为一体的产物。最早的计算机主要用于科学和军事领域，在 20 世纪 60 年代，计算机通过电子记账机（ERMA）首次进入商业应用领域。EDI 作为企业间商务往来的重要工具，最早用于制造业、运输业等大型企业，20 世纪 80 年代得到了真正发展。随着 Internet 电子商务的迅速发展，EDI 又得到了除大型企业外的各中小企业的关注。

3.4.1　EDI 的概念

国际标准化组织（ISO）将 EDI 定义为：将商业或行政事务按照一个公认的标准，形成结构化的事务处理或信息数据结构，从计算机到计算机的电子数据传输。联合国国际贸易法委员会 EDI 工作组（UNCITRAL/W G.4）对 EDI 的法律定义为：EDI 是用户的计算机系统之间的对结构化的、标准化的信息进行自动传送和自动处理的过程。从这两个定义中可以发现，EDI 具有信息标准化、电子传输化、计算机处理等特点。以上定义均表明 EDI 应用有它自己特定的含义和条件，即：

（1）EDI 是交易双方之间的文件传递；

（2）交易双方传递的文件是特定的格式，采用的是报文标准；

（3）双方均有自己的计算机系统或计算机管理信息系统；

（4）双方的计算机（或计算机系统）能发送、接收并处理符合约定标准的交易电文的数据信息；

（5）双方计算机之间有网络通信系统，信息传输是通过该网络通信系统实现的，信息处理是由计算机自动进行的，无须人工干预和人为介入。

这里所说的数据或信息是指交易双方互相传递的具备法律效力的文件资料，可以是各种商业单证，如订单、回执、发货通知、运单、装箱单、收据发票、保险单、进山口申报单、报税单、缴款单等，也可以是各种凭证，如进出门许可证、信用证、配额证、检疫证、商检证等。

3.4.2　EDI 系统的组成及实现过程

从 EDI 的定义不难看出，EDI 包含了三个方面的内容，即数据标准化、EDI 软件和硬件、通信网络。

1. 数据通信网络是实现 EDI 的技术基础

早期的 EDI 通信是采用贸易伙伴之间的专用通信网络实现的，但随着贸易伙伴数目的增多，当多个企业的计算机直接通信时，会出现由于计算机厂家不同、通信协议相异以及工作时间不易配合等问题，造成相当大的困难。为了克服这些问题，许多公司逐渐采用第三方网络与贸易伙伴进行 EDI 通信，即增值网络（VAN）方式。它类似于邮局，为发送者与接收者维护邮箱，并提供存储转送、记忆保管、通信协议转换、格式转换、安全管制等功能。因此通过增值网络传送 EDI 文件，可以大幅度降低相互传送资料的复杂度和困难度，大大提高

EDI 的效率。目前国内已有专门从事 EDI 通信服务的网络营运商。例如，中国公用电子数据交换业务网（CHINAEDI）由新建的北京、广州、天津、武汉、南京、沈阳、西安、郑州、长沙、杭州和海口 11 个节点，再加上原有的上海、青岛和深圳 3 个节点组成，全网共有 14 个 EDI 节点，在北京设有全国网管中心。CHINAEDI 网面向全社会各个行业提供服务，并可作为专用 EDI 网的公共转接和交换中心，这样形成了全国性的各行业的数据信息大流通、大交换，用户开展 EDI 应用将不受地理、行业的限制。CHINAEDI 网还拥有国际和我国港澳地区出口权，国内 EDI 用户可以通过它与国外 EDI 用户通信，不必自己租用国际电路与国外 EDI 业务网相连。

2．EDI 软件及硬件是实现 EDI 的内部条件

1）EDI 软件

EDI 软件的功能是将用户数据库系统中的信息，译成 EDI 的标准格式，以供传输交换。由于 EDI 标准具有相当的灵活性，可以适应个同行业的众多需求。然而，每个公司有其自己规定的信息格式，因此，需要发送 EDI 电文时，必须用某些方法从公司的专有数据库中提取信息，并把它翻译成 EDI 标准格式再进行传输，这就需要 EDI 相关软件的帮助。

EDI 软件包括以下几部分。

（1）转换软件：转换软件可以帮助用户将原有计算机系统的文件，换成翻译软件能够理解的平面文件，或是将从翻译软件接收来的平面文件，转换成原计算机系统中的文件。

（2）翻译软件：将平面文件翻译成 EDI 标准格式，或者将接收到 EDI 标准格式翻译成平面文件。

（3）通信软件：将 EDI 标准格式的文件外层加上通信信封，再传送到 EDI 系统交换中心的邮箱，或从 EDI 系统交换中心的邮箱内，将接收到的文件取回。

2）EDI 硬件

EDI 所需的硬件设备大致有：计算机、通信线路及联网设备。

（1）计算机：企业现有的计算机，一般都能满足 EDI 的要求。

（2）通信线路：随着接入技术的迅速发展，现在可以选择用于 EDI 的通信线路已越来越多。一般采用普通电话线路，如果对传输速率有较高要求，可以考虑使用 ISDN 或 ADSL，甚至租用专用线路 DDN 或 X2.5 等。

（3）联网设备：联网设备与选择的通信线路有关，目前，采用电话线路进行通信是最为普遍的方法，因此调制解调器（Modem）是最常见的硬件设备。如果选择其他通信线路，则必须选相应的联网设备。

3．标准化是实现 EDI 的关键

各个企业的计算机应用软件通常是按照企业内部自身的要求而设计的，如果要求每个 EDI 贸易伙伴都修改自己的应用软件以便与其他的贸易伙伴互相通信，这是不现实的。因此，贸易伙伴之间必须共同讨论、制订一套公用的标准用于表示交换的数据。在 EDI 标准上，UN/EDIFACT 标准已经成为 EDI 标准的主流。它是联合国欧洲经济委员会（UN/ECE）下属的第四工作组（WP4）在 1986 年制定的《用于行政管理、商业和运输的电子数据交换》

标准——EDIFACT（Electronic Data Interchange For Administration，Commerce and Transport）。EDIFACT 已被国际标准化组织 ISO 接收为国际标准，编号为 ISO 9735。

EDI 的工作过程可用图 3-10 表示。

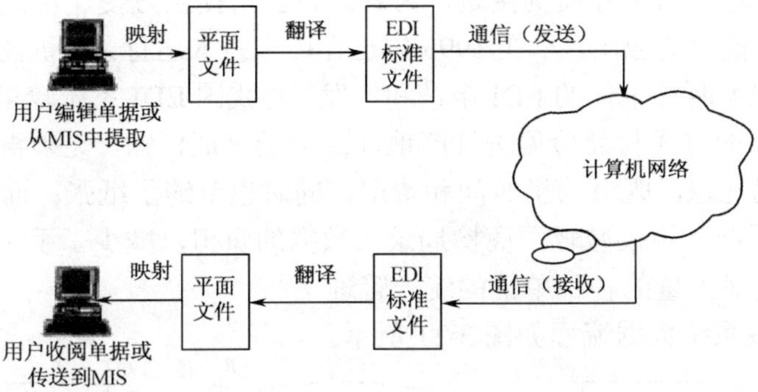

图 3-10　EDI 的工作过程

1）映射——生成平面文件

EDI 应用系统将用户的应用文件（如单证、票据）或数据库中的数据，组成一种标准的中间文件。这一过程被称为映射（Mapping）。平面文件是用户通过应用系统直接编辑、修改和操作的单证和票据文件，它可直接阅读、显示和打印输出。

2）翻译——生成 EDI 标准格式文件

翻译是将平面文件通过翻译软件〔Translation Software〕生成 EDI 标准格式文件。EDI 标准格式文件，就是所谓的 EDI 电子单证，或称电子票据。它是 EDI 用户之间进行贸易和业务往来的依据。EDI 标准格式文件是一种只有计算机才能阅读的 ASCII 文件。它是按照 EDI 数据交换标准（即 EDI 标准）的要求，将单证文件（平面文件）中的目录项，加上特定的分割符、控制符和其他信息，生成的一种包括控制符、代码和单证信息在内的 ASCII 码文件。

3）通信

这一步由计算机通信软件完成。用户通过通信网络，接入 EDI 信箱系统，将 EDI 电子单证投递到对方的信箱中。EDI 信箱系统则自动完成投递和转接，并按照通信协议的要求，为电子单证加上信封、信头、信尾、投送地址、安全要求及其他辅助信息。

4）EDI 文件的接收

接收过程是发送过程的逆过程。首先需要接收用户通过通信网络接入 EDI 信箱系统，打开自己的信箱，将来函接收到自己的计算机中，经格式校验、翻译、映射还原成应用文件。

最后对应用文件进行编辑、处理和回复。在实际操作过程中，EDI 系统为用户提供了 EDI 应用软件包，包括应用系统、映射、翻译、格式校验和通信连接等全部功能。其处理过程，用户可看做是一个“黑匣子”，不必关心里面具体的过程。

3.4.3 EDI应用实例及发展

商检单证作为外贸出口的一个重要环节之一，利用 EDI 技术，可以提高单证的审核签发效率，加强统一管理，与国际惯例接轨，为各外贸公司提供方便、快捷的服务。

EDI 技术在商检中的应用，早在 1995 年已在广东投入运行，提供商检原产地证 CO 和普惠制产地证 FORMA 两种单证的 EDI 申请和签发，是我国 EDI 系统较早的一个应用实例。外贸公司可通过 EDI 的方式与商检局进行产地证的电子单证传输，无须再为产地证的审核、签发来回地跑商检局几趟，既节约了时间和费用，同时也节约了纸张。而对于商检局来说，有了 EDI 单证审批系统，不仅减轻了商检局录入数据的负担，减少了手工录入出差错的机会，同时也方便了他们对大量的各种单证的统一管理。

商检 EDI 审签系统数据流程如图 3-11 所示。

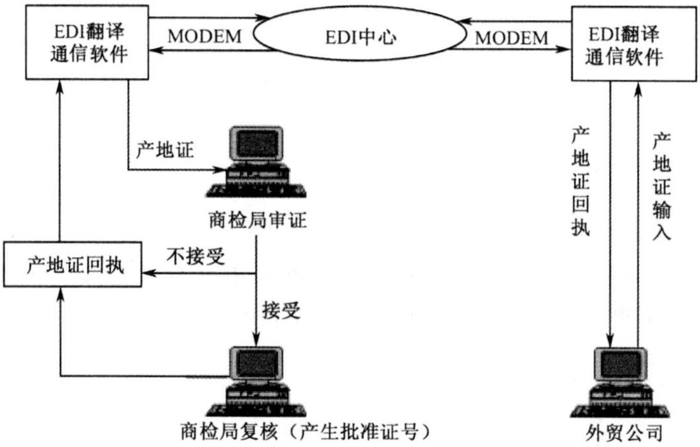

图 3-11　商检 EDI 审签系统数据流程图

20 世纪 90 年代中期随着专业的"EDI 中心"增值服务的出现及行业标准逐步发展成通用标准，加快了 EDI 的应用和跨行业 EDI 的发展。但是基于专用网络的传统 EDI 也存在着明显的弱点：如初期投资成本较高，专用网络连接使得大多数中小企业难以承受运作费用等。随着 Internet 的发展与普及，给 EDI 带来了新一轮发展机遇，基于 Internet 的 EDI 成为当前 EDI 发展的方向，Internet 在环境、技术、经济上都为 EDI 创造了良好的条件，因而 WWW/EDI、OPEN EDI、Internet EDI 成为当今电子商务的焦点之一。

Internet 使 EDI 从专用网络扩大到公共网络，以 Internet 作为互联手段，可以极大地扩大参与 EDI 交易的范围，并且可以为 EDI 提供一个较为廉价的服务环境，以满足大量中小企业使用 EDI 的需求。

XML（可扩展标识语言，Extensible Markup Language）的逐渐成熟将改变 Web 页面的数据质量，也为 Web 数据与 EDI 数据接口提供较好的解决办法。XML 支持结构化的数据可以详细定义数据对象的数据结构（如描述产品），详细定义该产品的厂商、品名、产品号、产地等信息。不仅为标识产品提供方便，而且 XML 数据很容易按厂商、品名等归类、排序，还可为特殊的要求增加注释，这种既结构化又具灵活性的页面描述语言非常适合与 EDI 数据平滑对接，为 EDI 走上 Internet 提供了数据转接的技术支撑。

在 Internet 上进行商业数据交换需满足以下安全性要求：保密性、完整性、不可抵赖性与身份认证，这些安全性要求在技术上已经成熟。随着 Internet 的发展，与电子商务相对应的商业化进程正在加快，这为 Internet EDI 早日投入商业运作奠定了基础。“EDI 中心”在原有软硬件网络通信平台的基础，增加 WWW 三层结构（浏览器、WWW 服务器、Web 数据库），可组成综合电子商务平台，既利用了传统的 EDI 资源，又连接上 Internet，使 EDI 单证在公网与专网上跨网传递。最简单的应用就是中、小企业可以通过浏览器和 Internet 连接，执行 EDI 交换：“EDI 中心”根据用户需求开发相应的单证放在 Web 站点上，Web 单证就成为 EDI 应用系统的接口，用户登录到站点商，填写单证提交给 Web 服务器，通过 Web 服务器的合法性检查，由 XML/ EDI 服务器把通常的 Web 信息转换成 EDI 信息，后面的处理就与传统的 EDI 处理一样。很明显，这种解决方案对中、小企业来说负担得起，只需一个浏览器与 Internet 连接就可以完成，EDI 软件和映射的费用都花在“EDI 中心”端服务器上。随着我国经济的高速发展、通信设施的日益完善和 EDI 系统的日益普及，EDI 技术势必成为未来商业、企业的现代化工具之一，也必将引起商贸等诸多领域的革命，引起人们生活方式的重大变革。

本章小结

本章主要介绍了电子商务技术体系中的网络技术、数据通信技术、Web 数据库技术及 EDI 技术。

本章检测

1. OSI 参考模型的作用是什么？分哪几个层次？
2. 简述数据通信系统的构成。
3. 简述 TCP/IP 协议模型。
4. 什么是 EDI? EDI 有哪些特点？
5. 简述 EDI 系统的工作过程。

第 4 章　网页设计基础

学习要点

- 了解 Internet 的基础知识。
- 了解网页设计的基础知识。
- 理解脚本的作用。
- 了解目前常用的动态网页技术。
- 了解 Dreamweaver、Fireworks 和 Flash 这三种常用网页设计工具的特点。

随着 Internet 的迅速发展和普及，它和电子商务已经成为近年来最热门的话题，信息技术正在潜移默化地渗透到人类生活和工作的各个领域。利用 Internet 可以开展信息服务，宣传企业形象和产品，进行电子商务活动、网络娱乐、网络教育、地理导游、网上股票交易、网上购物、远程医疗，在网上直播各种娱乐节目，进行软件下载等，Internet 已经成为现代社会人们生活和工作的重要部分。因此，网站开发成为一项相当重要的实用技术。

当前在 Internet 或内部网上，WWW 已成为最重要的服务和共享资源的手段，而 WWW 服务器的信息都是以网页形式提供的。从基础知识入手，了解网页制作技术中最基本、最实用的知识是制作网页的前提。在此基础上，通过了解目前常用的网页设计工具，为以后深入地学习和应用网页制作软件打下一定的基础。

为什么网页可以在 Internet 上传播？为什么可以被电脑所识别？网页是如何被浏览的？在制作网页前，首先要解决好这些问题。

“千里之行，始于足下”，要设计制作网页，首先要清楚地了解和掌握一些有关网络的基础知识以及与网页制作相关的概念。下面先来学习一些有关网络和网页的基础知识。

4.1　网页设计的基础知识

在介绍网页设计的一些基本概念之前，必须首先了解 WWW。WWW 是“World Wide Web”的缩写，其含义是“全球网”，很多人又形象地称其为“万维网”，它是 Internet 的一部分，由大量的电子文档组成，是一种建立在 Internet 上的、全球性的、交互的、多平台的、分布式的信息资源网络。这些电子文档又称为网页（Web），它们存储在世界各地的计算机中。每个网页可以有多个指针和链接。它是以超文本传输协议（简称 HTTP）为基础，提供面向 Internet 的信息查询服务，WWW 服务可以让用户用统一界面的信息浏览系统查询 Internet 上的各类信息。WWW 在服务上采用的是客户机/服务器模式，信息资源以一种用超文本语言（Hypertext Language）编写的 Web 页形式存储在 Web 服务器中，这些 Web 页面信息既能同时存放在同一台 Web 服务器上，也能分开存放在不同的 Web 服务器上，页面之间通过一种称为超链接的方式相互连接起来。用户在用特定的 Web 客户端程序（浏览器）访问 WWW 服务器上的信息页面时，还可以通过 Web 页上的超文本链接很方便地访问其他

Web 页面资源，而不用关心该页面与上一页面是否在同一服务器上，WWW 工作原理示意图如图 4-1 所示。

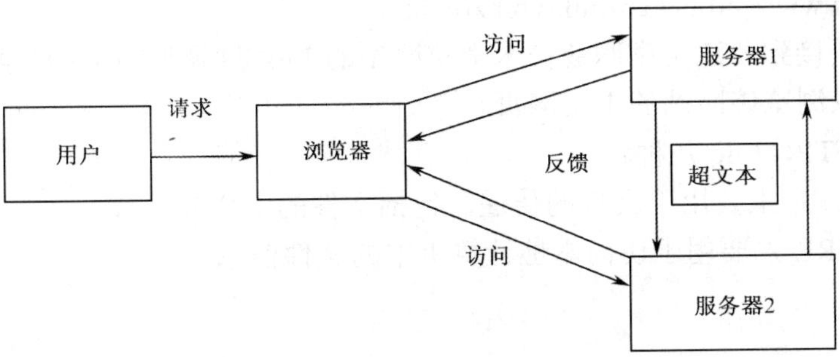

图 4-1　WWW 工作原理示意图

4.1.1　浏览器

Web 中的信息交流是双向的，我们一方面可以通过浏览器浏览所需要的信息，另一方面，我们可以通过 Web 服务器建立网站、发布信息。此外，我们还可以在网上进行交谈、讨论、广告宣传等活动。

目前，浏览 Web 已经成为 Internet 最主要的服务，它是以超文本传输协议在 Internet 上传送以超文本标识语言（HTML，Hyper Text Markup Language）编写的网页内容，从而进行信息交流。

浏览者在访问 Web 时，由浏览者本地的计算机（客户端）向存放网页的远程计算机（Web 服务器）发出一个请求。远程计算机在收到请求后，将所需要的浏览内容（即网页）发送给本地的计算机。

浏览器是阅读 WWW 上信息资源的一个软件，安装在客户端。如果用户在本地机上安装了 WWW 浏览器软件，就可以在包含各种表格、图片的交互式动态网页中，阅读其相关信息，也可通过网页向服务器的数据库查询数据。浏览器的作用是在网络上与 Web 服务器打交道。用户只需要通过选择关键字，就可以链接到相应的网页，而不必知道对方的物理地址、IP 地址等信息。

浏览器有许多种类，目前常见的有 Microsoft 的 Internet Explorer（IE）与 Netscape 的 Communicator（NC）。它们的友好界面和简单的使用方式为 WWW 的广泛应用奠定了坚实的基础。

4.1.2　URL 与超链接

在网页设计过程中，我们经常会碰到统一资源定位器、超链接这两个概念。我们要熟悉并了解它们的定义和用途。

1．URL

每一个 Web 页在 WWW 上都有一个唯一的 URL 地址（统一资源定位器，Uniform Resource Locator），用于指定信息的位置。Web 浏览器通过 URL 发送到 Web 服务器请求页面服务，而 Web 服务器使用 URL 中的信息进行定位和显示页面。根据使用的协议不同，URL

形式也不同，最常用的形式有 HTTP。URL 的语法如下：

http://网页地址/目录/…/文件名称。

例如，http://www.zjbti.net.cn/link/yb/hzbx.htm。

上述网址将链接到浙江工商职业技术学院网站的 link 目录下的 yb 目录中的 hzbx.htm，回车后，我们可以浏览该网站的中文网页。

其次，还有 FTP，File 几种。

FTP 开头的 URL 主要用于文件的传递，包括文件的上传和下载。

File 开头的 URL 主要用于访问本地计算机中的文件信息。

2. 超链接

超链接为畅游网络提供了方便，是网页制作中使用得比较多的一种技术。超链接是用预先准备好的文本、按钮、图像等对象与其他对象建立一种链接，也就是在源端点和目标端点之间建设一种链接。目标端点是 WWW 的其他资源，例如另外一个网页、一个声音文件、网页的另外一个段落或是 WWW 中的任何资源等，而且这些资源可以存放在任意一个服务器上。在浏览网页时，如果用鼠标单击超链接，就会跳转到超链接所指向的资源，就可以从 Web 上下载信息。

网页设计中有两类超链接：一类是超文本链接、一类是超媒体链接。

超文本链接(Hyperlink)是利用超文本在 Web 页面之间进行跳转，所谓超文本(Hypertext)是 WWW 服务的信息组织形式，它与普通的文本是有所区别的，它在普通文本中包含了可以链接到其他文本的特殊文字，平时超文本以文本内容的形式显示在文本中，但为了方便用户辨别，一般在表现形式上又不同于其他文本文件，用户既可以浏览超文本本身所带的信息，也可以用鼠标单击文件中已经定义好的超链接的关键字，显示与该关键字相关的文字资料。例如，Dreamweaver MX 的帮助功能使用的就是这种超文本的形式（出自 Dreamweaver MX 软件安装目录中 Help 文件夹下的 dwusing.chm 程序），如图 4-2 所示。

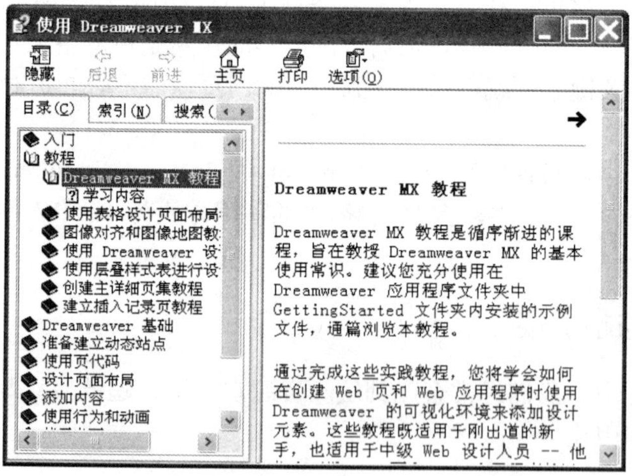

图 4-2　Dreamweaver MX 的帮助功能

在上面的这个实例中，可以通过图 4-2 中左边窗格中的超文本来决定右边要显示的内容。当鼠标指针经过带有超链接的文本时，鼠标指针会由“箭头”形状变成“手”的形状，所指示的文本有时会出现一些“提示”，如出现下划线或改变颜色，使用户知道这是一个超文本。

超媒体（Hypermedia）进一步扩展了超文本所链接的信息类型。用户不仅可以从一个文本跳转到另一个文本，而且可以激活一段音乐、显示一个图形、播放一段动画。超链接工作方式如图 4-3 所示。超媒体文件就是由文字、影像、图片、动画、声音综合在一起的文件形式。

在超链接中，链接路径是通过 URL 来确定的。

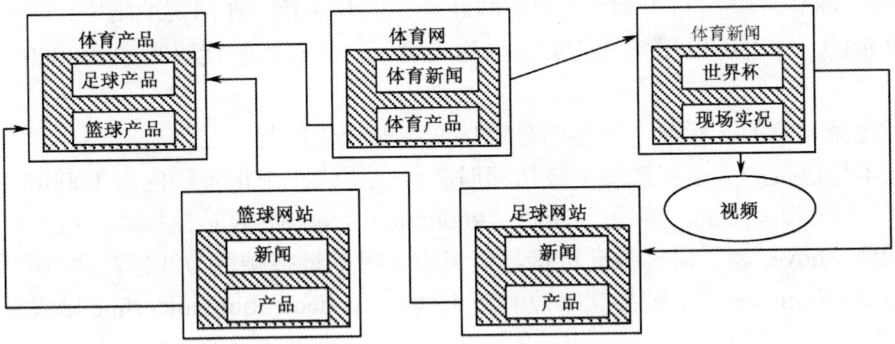

图 4-3　超链接工作方式示意图

4.1.3　CSS 样式表

不管用什么工具软件制作网页，都在有意无意地使用 CSS。用好 CSS 能使网页更加简练，同样内容的网页，高手做出来文件大小只有别人的几分之一，CSS 在其中的作用是不言而喻的。

CSS 是 Cascading Style Sheet 的缩写，译作"层叠样式表单"。它是 W3C（World Wide Web Consortium）组织批准的一种网页元素定义的规则，用于控制网页样式并允许将样式信息与网页内容分离的一种标记性语言。正确使用 CSS 样式，可以方便地格式化页面或者制作动态网页。简单地说，这里的样式是指预告定义好的、格式化文档的工具，是一系列控制文本显示外观的格式化属性的组合。通过设置 CSS，我们可以随意地控制网页中字体的大小、颜色等，便于统一网站的整体风格；可以方便地为网页中的各个元素设置背景颜色和图片并进行精确的定位控制；可以为网页中的元素设置各种滤镜，从而产生诸如阴影、辉光、模糊等只有在图像处理软件中才能实现的效果；可以与脚本语言相结合，在网页中实现很多动态滤镜效果。

下面我们就来简单说明 CSS 的语法和在网页中的编辑。在使用 CSS 前，先要对 CSS 的基本语法有所了解。

下面我们来看一段 CSS 代码：

```
p { font-family: "宋体"; font-size: 12px; line-height: 12pt; color: #000000}
td { font-family: "宋体"; font-size: 12px; color: #000000}
a:link { color: #0000ff; text-decoration: none}
a:visited { color: #666666; text-decoration: none}
a:active {color:green;text-decoration: none;}
a:hover{color:#ff0000;background-color:#ff9900;text-decoration: underline }
```

第一行和第二行的 p、td 标签，分别定义了网页中文字和表格中文字的字体、大小和颜色。由于网页中的文字基本上都放置在表格中，所以需要定义表格中的文字属性。

font-family: "宋体"——指定网页中的字体。

font-size: 12px——制定字体的大小。可以用 12px 或者是 9pt。这两种字体大小在 800 和 1024 的分辨率下都比较好看。

line-height: 12pt——行与行之间的距离。

color: #000000——字体的颜色。 #000000 表示的是黑色。在网页编辑中，颜色是用十六进制数来表示的。你也可以用颜色的英文名称来表示，如红色的代码写成#ff0000，也可以写成 red。

第三行至第六行的 a 标签，指定的是链接文本的变化控制。

link 表示超链接的文本在链接未被访问时的颜色，代码中指定颜色为 0000ff（蓝色）。visited 表示链接被访问过后的颜色为灰色（#666666）。active 表示鼠标点击链接时链接的文本颜色为绿色。hover 表示鼠标指向链接，但未点击时的链接颜色为红色，背景颜色为橙色。

text-decoration:none 表示链接文本没有下划线。text-decoration: underline 则表示链接文本有下划线。

怎么样把 CSS 添加到页面中，即怎么才能让编辑好的 CSS 对页面元素起作用呢？

一般来说，有两种方法。一种方法是直接把 CSS 代码粘贴到 HTML 中。比如把一段代码粘贴入 HTML 代码之间就可以了。不过这样做，只是定义了这个页面的 CSS。如果一个网站有很多页面的话，一个一个页面粘贴代码是不大可能的。所以还是建议大家用第二种办法。就是将 CSS 代码生成一个*.css 的文件，然后将这个文件链接到所需的页面上。这样做一个很大的好处就是，可以把网站上所有页面都链接到一个 CSS 文件，一旦这个 CSS 文件修改，那么所有的页面风格也随之改变。

以 Dreamweaver 中链接 CSS 文件的方法为例：单击 CSS 样式窗口右下角的“编辑样式表”，就可以打开“编辑样式表”窗口，在此窗口单击“链接”，在弹出的对话框中选择“浏览”，选择已经编辑好的 CSS 文件，如图 4-4 所示。

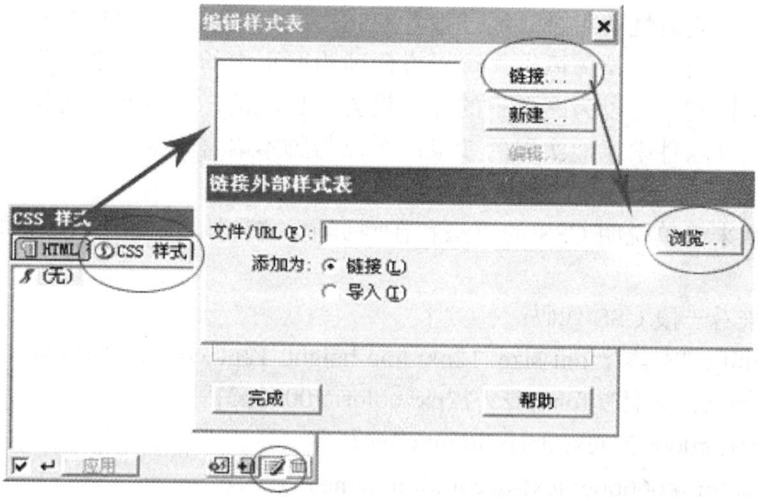

图 4-4　链接 CSS 文件的方法

下面我们用 Dreamweaver 的 CSS 编辑器来编辑 CSS 文件。在 CSS 样式编辑器中单击右下角的“新建样式”按钮，弹出“新建样式对话框”。按图中的设置选择相应的选项，最后“确定”，就会弹出一个对话框，以定义新建的 CSS 文件的文件名和存放位置。如图 4-5 所示。

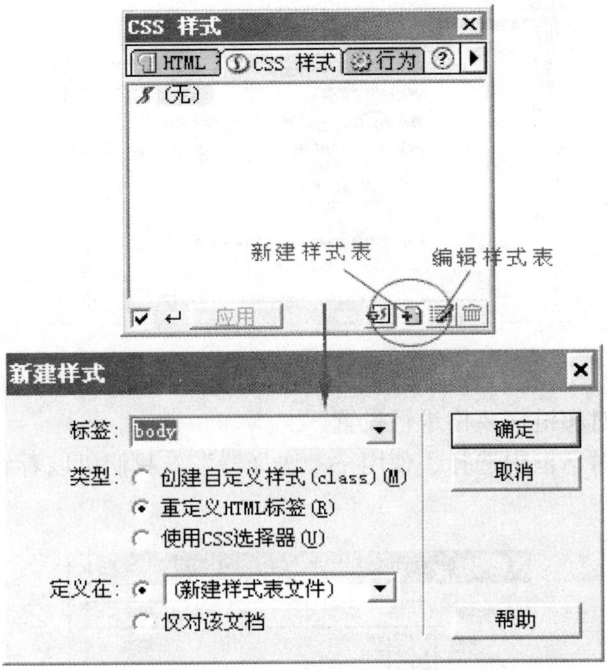

图 4-5　用 CSS 编辑器编辑 CSS 文件

设置完成后再单击 CSS 样式编辑器的“编辑样式表”按钮，就可以看到如图 4-6 所示的对话框。

CSS 代码中我们已经知道，常用的要重新定义的 CSS 标签是 p、td 和 a。在上面的对话框中选择“新建”。如图 4-7 所示的设置就是重新定义 p 标签。

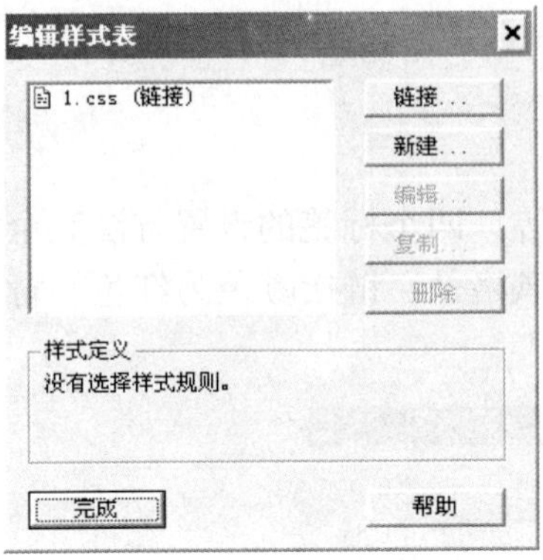

图 4-6　编辑样式表

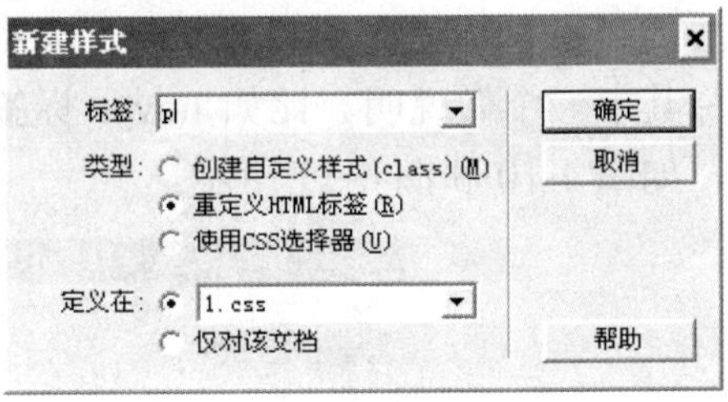

图 4-7　新建样式

单击“确定”按钮，就打开了 CSS 编辑器。这里才是真正的 Dreamweaver 的 CSS 编辑器。

如图 4-8 所示对话框中的设置就是对 p 标签的设置。通过这个设置，定义了网页中文字的字体、大小、颜色和行高。td 标签也是用同样的方法设置。也就是在上面“新建样式”的对话框中将标签改为 td 就可以了。重新提一下，p 标签是指对网页中元素的设置，td 标签是指对表格中元素的设置。

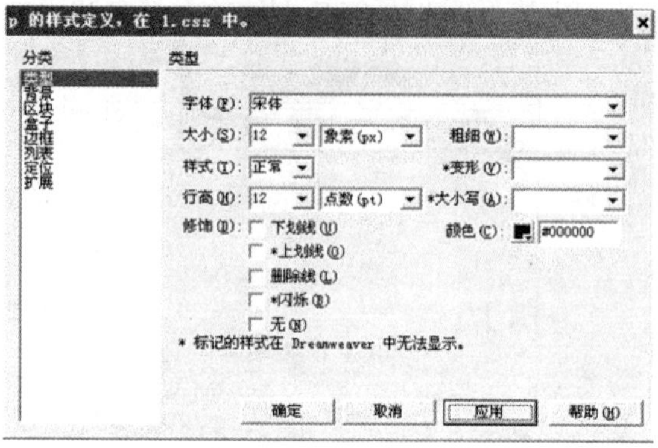

图 4-8　对 p 标签的设置

接下来就是如何对超链接风格进行设置。

在“新建样式”对话框中选择“使用 css 选择器”，我们可以看到标签里出现四个选择项，如图 4-9 所示。

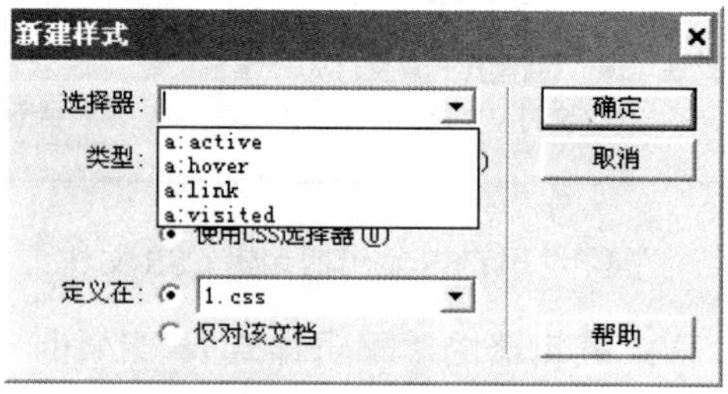

图 4-9　“新建样式”对话框

a:active 表示鼠标点击链接时链接风格；

a:hover 表示鼠标指向链接但未点击时的链接风格；

a: link 表示超链接的文本在链接未被访问时的风格；

a:visited 表示链接被访问过后的风格。

链接的风格包括链接文字的颜色、大小、背景颜色等。四个标签的设置方法完全相同，我们选择其中一个做说明。比如 hover 标签定义的链接风格是：链接颜色为红色，背景颜色为橙色，如图 4-10 和图 4-11 所示。

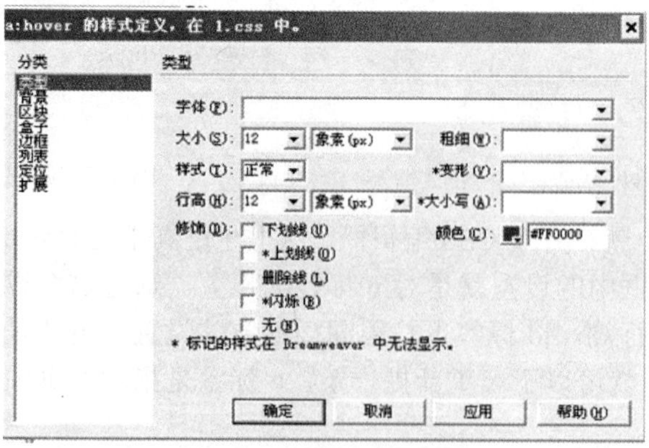

图 4-10　hover标签定义的链接风格（1）

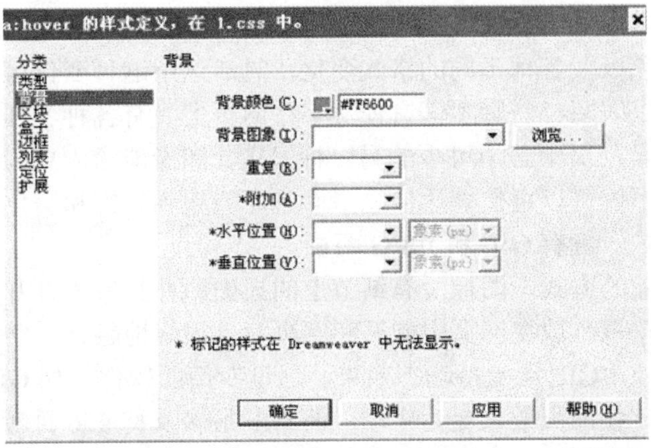

图 4-11　hover 标签定义的链接风格（2）

4.1.4　网站与网页

简单地说，网站就是许多相关网页有机结合而形成的一个信息服务中心，是一个存放在网络服务器上的完整信息的集合体。它包含一个或多个网页，这些网页以一定的形式链接在一起，成为一个整体。当然，网站还包含网页中的相关素材，如图片、动画等。网页是网站的组成部分，是一张页面，可以看成是一个单一体，是网站的一个元素。网页里可以有文字、表格、图片、声音、视频、动画等。

1．网站

在 WWW 上，信息是通过一个个网页呈现出来的，是用户在浏览器上看到的一个个画面。网站的设计者将要提供的内容和服务制作成许多个网页，并且经过组织规划，让网页互相链接，然后把相关的文件存放在 Web 服务器上。只要用户连入 Internet 就可以使用浏览器访问到这些信息。这样一个完整的结构就称为“网站”，又常常称为“站点”。现在的网站不仅可以向用户发布信息，而且还为用户提供各种各样的网络服务，如电子邮件服务、资源下载、域名服务和主页空间服务等。

2．网页

网页是 WWW 中的基本文档，是用 HTML 或者其他语言（JavaScript、VBScript、ASP、JSP、PHP 或 XML 等）编写的文档，该文档可以用 WWW 的方式在网上传播，并被浏览器识别、翻译成 Web 页面形式显示出来。

现在的网页一般分为两大类：一类是静态网页（扩展名为 htm、html 等）；一类是动态网页（扩展名为 asp、jsp、php 等）。

程序是否在服务器端运行，是区别静态网页与动态网页的重要标志。在服务器端运行的程序、网页、组件，属于动态网页，它们会随不同客户、不同时间，返回不同的网页，例如在后面介绍的 ASP、PHP、JSP 等。运行于客户端的程序、网页、插件、组件，属于静态网页，例如 html 页、Flash 等，它们是永远不变的。

网页一般包含以下几种基本元素。

（1）文本：文本是网页最基本的元素，网页上大量的内容都是用文字来表达的，而且由于文字所占的空间非常小，下载速度非常快，所以在网页中应用非常广泛。网页上的文字可以有大小、字体、颜色以及各种不同的格式变化，灵活运用这种变化可以使网页看起来生动活泼，另外我们还可以编写一些脚本语言使文字在网页上具有各种各样的动态效果。

（2）图像：图像是网页中必不可少的另一种元素。图像能给人更为强烈的视觉冲击，产生更深的印象。图像不仅可以直接表达信息，而且还能起到装饰和美化网页的作用。在网页里经常使用的图像格式一般有 GIF 和 JPEG 两种。

GIF 采用无损压缩的方式，图像没有细节上的损失，并且解压打开的速度非常快。同时 GIF 图像还支持透明背景，放在网页中能够和网页背景很好地融合，结合得像一个整体，视觉效果非常协调。另外，GIF 还支持动态效果，通过专门的软件（如 GIF Animator）可以制作出动态的 GIF 图像，使网页效果更为生动。但 GIF 最多支持 256 种颜色，不适合照片、风景画等颜色丰富的素材的压缩。

JPEG 使用先进的压缩算法，使文件比 GIF 格式的图像文件小，因而下载速度更快。JPEG 支持高达 1670 万种颜色，非常适于存储颜色丰富的画面，如风景画、照片等。

（3）多媒体元素：网页中的多媒体元素有许多种，常用的有三种：音频、视频和动画。常用的音频文件格式有声音文件 WAV 和 MIDI 音乐文件，常用的视频格式有 RM、AVI、WMV 等格式，常用的动画文件有 FLASH 动画（SWF 格式）和 GIF 格式。请注意，一些多媒体元素要在网页上显示、播放需要安装相应插件才行。

（4）超链接：超链接使网页与网页、网站与网站之间相互连接成为一个有机的整体，用户只需点击鼠标就可以轻松转到所需要浏览的网页上。具体内容前面已有介绍，这里就不再提及了。

（5）脚本程序：用于扩充网页功能而能在网页上直接解释的程序语言，常见的有显示访问的时间、让文字在屏幕上滚动等。

那么如何理解主页？它与网站是什么关系？它是网页吗？主页指网站的首页，是用户在浏览器地址栏里输入网址后网站自动打开的默认页面。而且网站的其他页面都会通过超链接与这个主页相连，这些页面我们通常称为子页面。用户要访问感兴趣的子页面，只要单击主页上相应的超链接就可以了。因此主页就像一份报纸的头版，通常用来作为一个站点中的目录或索引。由于主页在一个网站的所有网页里处于中心地位，所以经常又有人用主页来代替网站的称呼，如个人网站称为个人主页，网站的欢迎词也经常写着“欢迎访问我们的主页”。

首页的主名一般定义为 index 或 Default，如果首页类型是静态网页，那么首页名称一般为 index.htm、Default.htm 或 index.html、Default.html，如果首页是动态网页类型并是用 ASP 语言编写的，那么首页名称为 index.asp 或 Default.asp。

4.1.5 HTML 知识

网页的基本语言是 HTML 语言，这是一种纯文本的格式语言，通过各种标记对网页上的文字、图片、动画、声音等页面元素进行描述，例如文字的字体、颜色等。HTML 文件运行在 Web 浏览器上，在运行该文件时，只需在地址栏中输入文件地址即可。

用 HTML 编写的超文本文档称为 HTML 文档，它能独立于各种操作平台。HTML 文档通常以.html 或者.htm 作为扩展名。我们可以采用任何一个文本编辑器进行编写，通过浏览器来解释执行。通常，采用的文本编辑器是 Windows 自带的记事本来编辑。当然，我们也可以利用目前较流行的可视化软件来制作网页，它们会根据用户的可视化操作自动生成 HTML 代码，同时也可以直接在软件的代码视图中直接编写代码。我们如果平时想了解某些网页的源代码，可以在用 IE 浏览器打开相应网页后，执行“查看”菜单下的“源文件”命令，就可以用记事本软件查看到这个网页的源代码文件。

虽然 HTML 语言描述了文档的结构形式，但并不能精确地定义文档信息必须如何显示和排列，而只是建议 Web 浏览器应该如何显示和排列这些信息，最终呈现在用户面的显示结果取决于 Web 浏览器本身的显示。

接下来我们就通过 Windows 操作系统自带的记事本软件来制作一个简单网页，让大家来了解 HTML 语言的一些基本使用方法，使大家对组成网页的 HTML 语言代码能有个整体认识。

单击“开始”菜单，从“程序”的“附件”中找到“记事本”程序，单击“打开”按钮。

将以下代码完整正确地输入到记事本软件中：

```
<HTML>
    <HEAD>
      <title>欢迎大家光临</title>
    </HEAD>
    <BODY>
      <P>这是我用记事本编写的第一个网页</P>
  </BODY>
</HTML>
```

选择菜单“文件”|“另存为”命令，出现对话框，如图 4-12 所示，将对话框中的“文件名”改为“1.htm”，注意必须加上扩展名.htm 或.html，前面的主名可以随意。然后单击“保存”按钮，将文件保存起来。

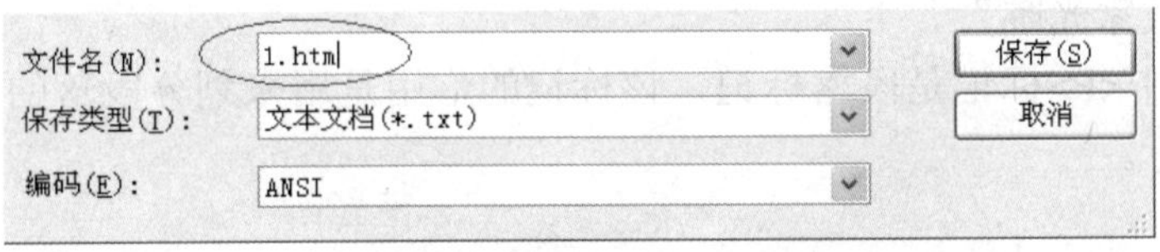

图 4-12　“另存为”对话框

双击打开刚才保存的文件，如图 4-13 所示。

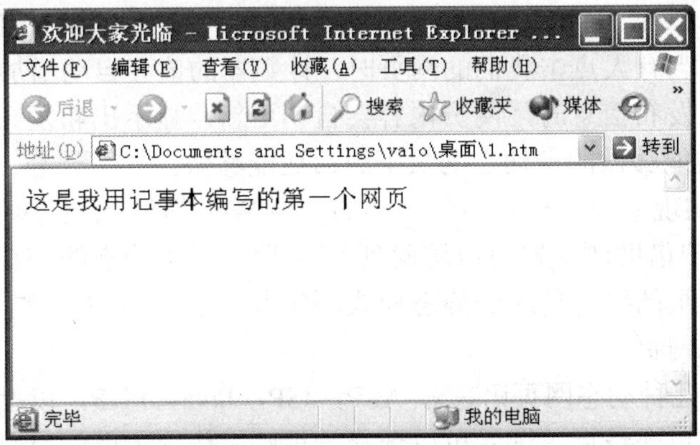

图 4-13　用记事本保存的第一个网页

接下来，我们对这段代码来进行分析，通过这段代码来了解学习网页文件的结构。

HTML 语言中所有的标记都要用<>括起来。

HTML 标记的基本格式是：<标记>内容</标记>。

Html 语言中的标记一定是成对的，其中“<标记>”表示某种格式或者功能的开始，而后面的“</标记>”表示这种格式或功能的结束。标记不区分大小写，每个标记必须相互对应、有头有尾；标记可以相互嵌套，但不能交叉嵌套。

正确：

```
<标记>
  <标记 1>
  </标记 1>
</标记>
```

错误：

```
<标记>
  <标记 1>
  </标记>
</标记 1>
```

所有 HTML 文件都必须用特定的标记“<HTML>”起头，表示这是个网页文件，以下内容一直到</HTML>都是网页内容。

网页内容包括两大标记，其他标记都包括在两大标记内。第一个标记是<Head>，这个标记内包含着和文件有关的一些头信息；第二个标记是<Body>，整个网页的内容都写在这个标记内。

<Head>标记中的<Title>标记的作用是用来在浏览器的标题栏中显示网页的标题，如这个网页中的“欢迎大家光临”。

<Body>标记中<P>标记是段落标记，该标记的作用是用来划分段落的，并在段落与段落中插入一个空白行。

4.2　动态网页技术

Internet 在技术上的显著进步是动态网页的出现。那么，到底什么是动态 HTML 呢？简而言之，动态 HTML 就是一种即使在网页下载到浏览器以后仍然能够随时变换的 HTML，如计数器就是动态的，当有人点击我们的网页时，计数器的值会自动增加；BBS 论坛也是动态的，当用户在论坛上发布信息时，网页内容会自动更新，显示出新发布的信息及相关回复。这就是说，HTML 中能够做的一切在网页下载后还能够做。

动态 HTML 的实现手段同样是多种多样的。当 Web 刚开始流行时，HTML 是编写网页的唯一可用语言，用户借助浏览器可以访问到 Web 服务器上静态的、具有超链接的网页。Java 语言的出现改变了网页的这种传统的静态模式，通过在网页中添加一些利用 Java 编写的小程序就可以制作出动态网页。

目前，最常用的几种动态网页语言有 ASP，JSP，Java，PHP，以上各有其优缺点和适用环境。经过本节的简单介绍后，读者可以选择一种语言作为主要学习对象。

4.2.1 ASP 技术

以 JScript 为基础的 ASP 是微软的 Windows IIS 系统自带的脚本语言，利用它可以执行动态的 Web 服务应用程序。ASP 的语法非常类似 Visual BASIC，学过 VB 的人可以很快上手，ASP 也是这几种脚本语言中最简单易学的开发语言。但 ASP 也是这几种语言中唯一的一个不能很好支持跨平台的语言。

那么究竟什么是脚本呢？其实脚本是由一系列的脚本命令所组成的，如同一般的程序，脚本可以将一个值赋给一个变量，可以命令 Web 服务器发送一个值到客户浏览器，还可以将一系列命令定义成一个过程。要编写脚本，必须要熟悉至少一门脚本语言，如 VBScript。脚本语言是一种介于 HTML 和诸如 JAVA、Visual Basic 等编程语言之间的一种特殊的语言，尽管它更接近后者，但它却不具有编程语言复杂、严谨的语法和规则。如后面所述 ASP 所提供的脚本运行环境可支持多种脚本语言，譬如 JScript 等。ASP 的出现使得 Web 设计者不必再为客户浏览器是否支持而担心，就算在同一个.asp 文件中使用不同的脚本语言，因为所有的一切都将在服务器端进行，客户浏览器得到的只是一个程序执行的结果，只需在.asp 中声明使用不同的脚本语言即可。

与一般的程序不同，ASP 程序无须编译。当然，同其他编程语言一样，ASP 程序的编写也遵循一定的规则，如果想使用脚本语言编写 ASP 程序，那么服务器上必须要有能解释这种脚本语言的脚本解释器。当安装 ASP 时，系统提供了两种脚本语言：VBScript 和 JScript，而 VBScript 则被作为系统默认的脚本语言。

从本质上说，ASP 本身并不是一种脚本语言，它只是提供了一种使镶嵌在 HTML 页面中的脚本程序得以运行的环境。但是，要学好 ASP 又必须掌握它的语法和规则。我们只做简单介绍。

ASP 程序其实是以扩展名为.asp 的纯文本形式存在于 Web 服务器上的，你可以用任何文本编辑器打开它，ASP 程序中可以包含纯文本、HTML 标记以及脚本命令。你只需将.asp 程序放在 Web 服务器的虚拟目录下（该目录必须要有可执行权限），就可以通过 WWW 的方式访问 ASP 程序了。要学好 ASP 程序的设计，必须掌握脚本的编写，那么接下来，通过建立一个 ASP 程序来使读者了解该技术，这个程序有自动监测浏览时间并根据不同时段动态显示不同页面内容的功能。读者在操作时，将以下代码剪贴到你的文本编辑器中，并存为 test1.asp：

```
<html>
<body>
<FONT COLOR="Green">
<% If Time < #12:00:00# And Time >= #00:00:00# Then %>
早上好，今天天气真好啊!
 <% ElseIf Time < #19:00:00# And Time >= #12:00:00# Then %>
下午好 !
 <% Else %>
嗨！今晚你有没有加班!
 < % End If %>
< /body>
```

```
< /html>
```

程序中“< % %>”符号是标准的 ASP 定界符，而“<SCRIPT></SCRIPT>”之间的就是脚本语言。ASP 不同于脚本语言，它有自己特定的语法，所有的 ASP 命令都必须包含在<%和%>之内，如：< % test="English" %>。

然后将 test1.asp 保存在 Web 服务器的虚拟目录（如：aspsamp/）下，并在浏览器中用 HTTP 的方式进行浏览，如：http://yourcomputername/aspsamp/test1.asp，你将会新奇地发现，你的页面活起来了。虽然，这只是一个非常简单的实例，而且这一功能完全可以通过 JavaScript 完成，但是不难发现使用 ASP 要比 JavaScript 简洁、迅速得多，而且运用这种方法，你完全可以轻而易举地使你的网页在不同的时段展示不同的风格。

经过更深入的学习之后，你会体会到当工作量较小的时候无法体现出 ASP 的好处，然而一旦数据量剧增，你将会深刻地体会到 ASP 动态网站给你带来的感受。

通过上面的介绍，可以感受到 ASP 脚本语言非常简单，因此其代码也简单易懂，结合 HTML 代码，可快速地完成网站的应用程序。不过，正因为 ASP 很简单，所以单纯使用 ASP 所能完成的功能也是有限的，COM（Component Object Model）技术的出现弥补了 ASP 的不足，微软提供了 COM/DCOM 技术，极大拓宽了 ASP 的应用范围，使得 ASP 几乎具有无限可扩充性。正因为 ASP 简单而易于维护的特性，ASP 是小型网站应用的最佳选择。

4.2.2　JSP 技术

先看一个小程序 HelloJSP.jsp：

```
<html>
<head>
<title>JSP 小程序</title>
</head>
<body>
<%
String Str = "JSP 小程序  ";
out.print（"Hello JSP!"）;
%>
<h2> <%=Str%> </h2>
</body>
</html>
```

是否与 ASP 程序非常相似？但是，它却是另一种流行的技术——JSP。上面的程序是最基本、最简单的例子。 JSP 是由 Sun Microsystems 公司于 1999 推出的新动态网页技术标准，是以 Java 为基础的 Web 开发技术，在传统的网页 HTML 文件中加入了 Java 程序片段和 JSP 标记就构成了 JSP 网页。利用这一技术可以建立先进、安全和跨平台的动态网站。JSP 具备了 Java 技术的简单易用，完全的面向对象，具有平台无关性且安全可靠。

总的来讲，JSP 和 ASP 在技术方面有许多相似之处。两者都是为基于 Web 应用实现动态交互网页制作提供的技术环境支持。同等程度上来讲，两者都能够为程序开发人员提供实现应用程序的编制与自带组件设计网页从逻辑上分离的技术。不过两者是来源于不同的技术规范组织，其实现的基础——Web 服务器平台要求不相同。ASP 一般只应用于 Windows NT/2000

平台，而 JSP 则可以不加修改地在绝大部分的 Web Server 上运行，其中包括了 NT 的系统，从一个平台移植到另外一个平台，JSP 甚至不用重新编译，符合一次编写，多平台运行的 Java 标准，实现平台和服务器的独立性，因此 JSP 的适应平台更广，这是 JSP 比 ASP 的优越之处。其次，基于 JSP 技术的应用程序比基于 ASP 的应用程序易于维护和管理。

JSP 的这些特性，使不少国外的大型企业系统和商务系统都使用这项技术。

4.2.3　Java 应用

Java 是由 Sun 公司创立、开发的语言。注意：JavaScript和 Java 虽然名字相似，但Java Script是 Netscape 公司为了扩充 Netscape Navigator 浏览器功能而开发的一种可嵌入在 Web 主页中的编程语言。利用 Java 可以在网页上加入各式各样的动态效果，它是制作动态网页的好工具，代表了新一代的 Web 技术。

Java 技术是 20 世纪业界出现的最重要的技术之一，目前 Java 是互联网上最流行的编程语言之一。它是一种通过解释方式来执行的语言，语法规则和 C++类似。由于 Java 是一种编程语言，要想掌握它，需要有一定的计算机程序设计基础。然而对于网上的 Java 小应用程序（Java Applet），无须学会 Java 就可以使用，只要稍作改动就可放在网页上使用。Java Applets 是动态的、交互的，它的主要特点如下：内联视频，变化文本及动画、音频，交互性强，自动刷新。

Java 不但是一种跨平台的通用编程语言，同时也是一种通用于各种计算机网络、特别是互联网的技术。Java 可以运行于任何微处理器，用 Java 开发的程序可以在网络上传输，并运行于任何客户机上。因此，Java 非常适合于企业网络和 Internet 环境，现在已成为 Internet 中最受欢迎、最有影响的编程语言之一。

4.2.4　PHP 技术

1994 年，Rasmus Lerdorf 首次设计出了 PHP 程序设计语言。1998 年 6 月，PHP.net 发布了 PHP 3.0 声明。发布以后，用户数量才真正开始猛增。对于 Java 存在由简入繁的演变趋势，PHP 简单易学，因而，受到广大开发者的欢迎，目前全球大约有 2200 万个网站使用 PHP，而且数量还在稳定增加中。应用 PHP 开发的成功案例有许多，比如，MediaWiki——著名的维基百科（Wiki）程序，如此庞大的条目只用 PHP+MYSQL 支持。

为什么 PHP 会如此受欢迎呢？最大的原因是：PHP 是完全免费的开源产品，不用花钱，可以不受限制地获得源码，可以从中加进你自己需要的特色。网站上有许多现成、免费的、容易拿到，且已经做好的网站软体，如行事历、网站管理、新闻、报名系统、电子报、天气预报等免费的应用组件供下载安装使用，这对没有程式经验的人来说是好的进入点，也符合中小企业低成本建置网站的需求。

总的来说，PHP 是一种易于学习和使用的服务器脚本语言。它大量地借用 C 和 Perl 语言的语法，语法结构很像 C 语言，并结合 PHP 自己的特性，使 Web 开发者能够快速地写出动态页面。PHP 的跨平台特性让程序无论在 Windows 平台还是 LINUX、UNIX 系统都能运行自如。

与 ASP、JSP 一样，PHP 也可以结合 HTML 语言共同使用；它与 HTML 语言具有非常好的兼容性，使用者可以直接在脚本代码中加入 HTML 标签，或者在 HTML 标签中加入脚本代码从而更好地实现页面控制，提供更加丰富的功能。

与 ASP、JSP 相比，PHP 的优点有：安装方便，学习过程简单；兼容性强；扩展性强；可以进行面向对象编程等。并且，PHP 提供了标准的数据库接口，几乎可以连接所有的数据库，尤其和 MYSQL 数据库的配合更是“天衣无缝”。

当然 PHP 并不是十全十美的，因为结构上的缺陷，它只适合编写小型的网站系统。

4.3　网页制作工具

4.1 节和 4.2 节学习了网页制作的一些基础知识，对网页制作有了一个大概的了解，也用记事本软件用编写源代码的方法编写了几个网页。虽然可以使用 HTML 直接编写网页，但也有一些专用的网页开发工具。

美国 Macromedia 公司的 Dreamweaver、Fireworks 和 Flash 软件是专业网页制作的优秀套件，被许多用户称为网页制作的梦幻组合。在网页设计和网页创建过程中，一般需要对网站的结构及网站各类文件进行管理，对网页页面、图像、动画进行设计、制作与编辑。Macromedia 公司从实际应用的角度出发，充分考虑了网页设计和网站建设的各项要求，对这三款软件的功能进行了合理的划分。Dreamweaver 主要完成网页设计和网站管理，Fireworks 主要进行图像的设计与编辑，Flash 主要开发适应网络传输的流媒体动画。同时这三款软件又是一个有机的整体，不仅有着基本相同的软件界面和操作方法，而且对一些共性的功能给出了相同的定义，因此大大减少了设计者的学习时间，综合使用这套软件便能够设计出理想的网页。下面来介绍这三款软件的主要功能和特点。

4.3.1　Dreamweaver

Dreamweaver 是由 Macromedia 公司推出的。从对基于 CSS 的设计提供领先的支持到手动编码功能，Dreamweaver 在一个集成和高效的环境中为专业人员提供了必需的工具。Dreamweaver MX 2004 版本不仅在原先的功能上有了很大的提高，同时也更加强调了界面的美观。我们将用有限的篇幅来介绍用 Dreamweaver MX 2004 建立和管理网站。

在网页制作中，我们设计的网页和相关素材，一般都要求存放在同一个文件夹内，这样对自己方便，对维护和管理网站也很方便，特别是将网站发布到服务器上时，这点尤其重要。我们建立站点的目的也在此。因此，我们在用 Dreamweaver 软件设计制作网页之前，应先将站点建立好，同时将做好的网页全都保存在这一个站点内。Dreamweaver MX 软件的站点管理器的功能非常强大，通过它，我们对站点的管理将会非常方便。

1. 站点的创建

创建站点，其实就是绑定一个文件夹，通过站点的相关功能，我们不仅可以创建空白网页、创建各网页之间的相互关系，而且与网页相关的素材都会自动放到这个文件夹中。

接下来我们用创建“美乐电器网”实例来阐述如何建立一个站点。

第一步选择菜单“站点”|“新建站点”命令（如图 4-14 所示）或者在右侧“文件”功能面板中选择“站点”卡片，然后选择“定义站点”（如图 4-15 所示），会出现如图 4-16 所示的站点定义向导 1。

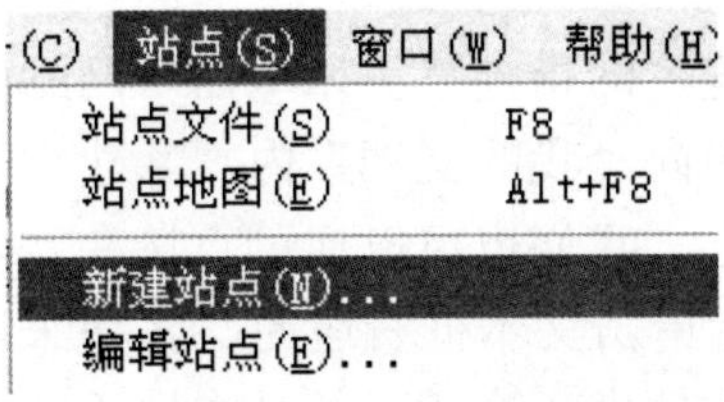

图 4-14　“站点”菜单“新建站点”命令

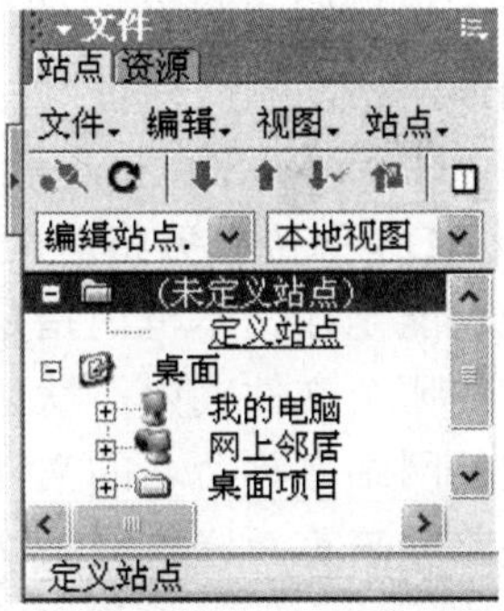

图 4-15　站点面板

如图 4-16 所示，在文本框中输入网站的名称，以便在 Dreamweaver 中识别该站点。站点名称可以是任何名称，可以随意取。这里我们输入“美乐电器”，然后单击下一步(N) >进入另一个向导。

第二步向导询问您是否要使用服务器技术，选择“否”选项指示目前该站点是一个静态站点，没有动态页。选择“是”选项则需要进一步选择动态网页类型，如图 4-17 所示。这里，我们制作的网站是一个静态网站，所以，选择“否”，然后单击下一步(N) >进入下一步向导。

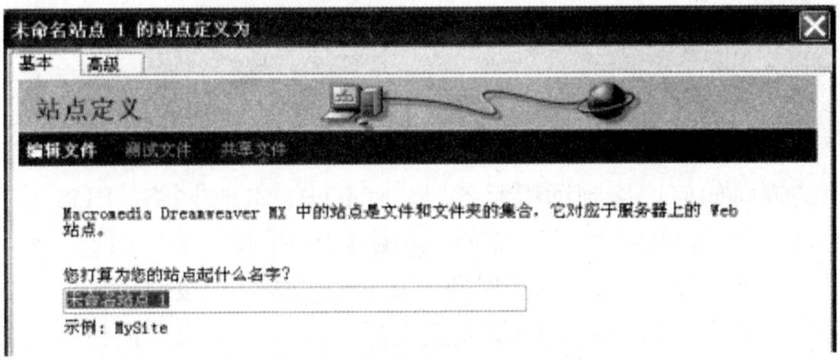

图 4-16　站点定义向导 1

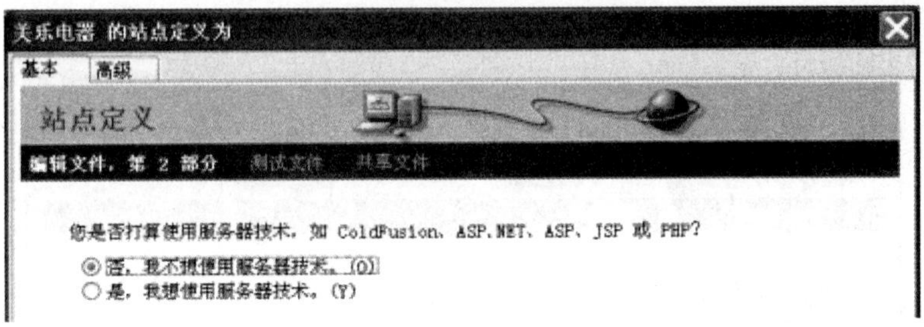

图 4-17　站点定义向导 2

第三步向导主要实现两个功能。

第一个功能是指定网页存放的处理方式。

“编辑我的计算机上的本地副本，完成后再上传到服务器（推荐）”：适合在不连接网络、单机、还没申请 WWW 服务或网络状态不好的情况下编辑、制作网站。

“使用本地网络直接在服务器上进行编辑”：适合网络状态很好、网速很快的情况下远程修改、制作网站，从而保证网站上的内容实时更新。

“使用 FTP 或 RDS 直接在服务器上进行编辑”：适合本地能随时上网，通过远程网站提供的 FTP 或 RDS 上传服务将对网站进行更新的情况。

第二个功能是在文本框内指定站点所指向的位置，即指定“美乐电器”网站的网页存放在本地硬盘的哪个文件夹内，默认的文件夹一般都指向“我的文档”内，并建立一个以上一步向导指定的网站名称命名的文件夹，如图 4-18 所示。我们也可以通过直接在文本框中输入其他文件夹路径来重新修改网站文件夹的位置，或者单击文本框右边的按钮来选择其他的文件夹。指定好的文件夹就是你所建立的网站的根文件夹，注意必须是本地盘的文件夹，完成后单击 下一步(N) > 按钮进入下一个向导。

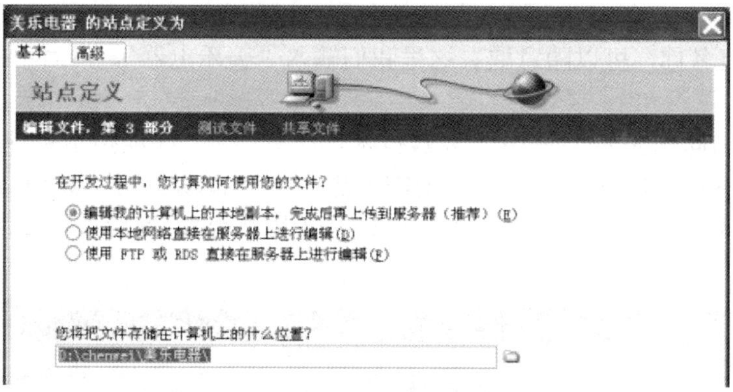

图 4-18　站点定义向导 3

第四步向导是询问如何连接到远程服务器，有 FTP、本地/网络、RDS 等方式，如果没有远程服务器，我们这里可以选择“无”选项，如图 4-19 所示。再单击 下一步(N) > 按钮进入下一步骤。出现如图 4-20 所示显示您的设置概要。单击 完成(D) 按钮完成站点的设置。

至此，我们将“美乐电器”网站的站点建立好了，在“站点”面板上会显示站点中所有的文件和文件夹，如图 4-21 所示。但目前站点中不包含任何文件或文件夹，我们可以通过“站点”面板来新建网页文件和文件夹，当站点中存在文件时，可以像使用资源管理器一样来管理网站的文件，如复制、粘贴、删除、移动和打开文件等。

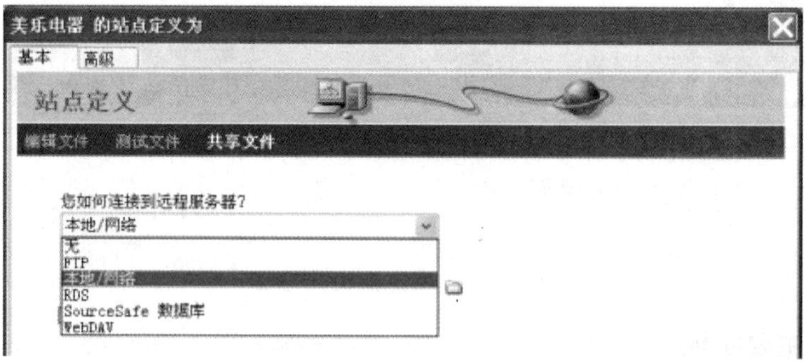

图 4-19　站点定义向导 4

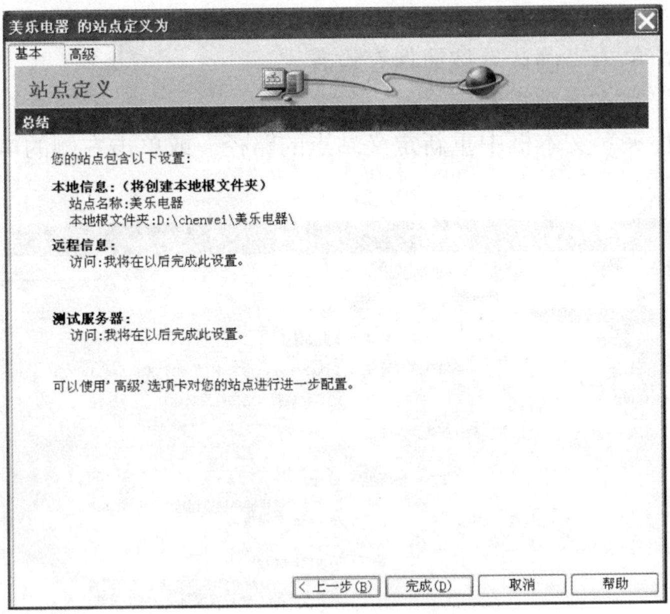

图 4-20　站点定义向导 5

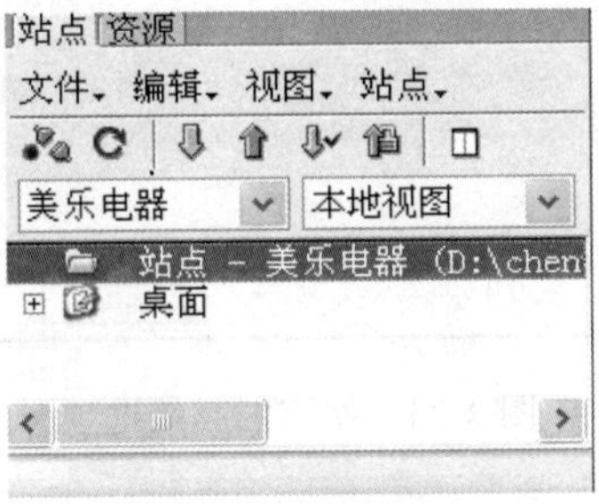

图 4-21　新建好的站点

2．站点的管理

网站内所有的文件和文件夹都会显示在站点管理器内。所有文件都会放在为网站定义的目录中，这个目录就是网站根目录，而且一个网站建立好后，下次启动 Dreamweaver MX 时会自动打开这个网站，用户所创建的每一个文件都会保存在这个网站内。通过站点管理器，可以实现网站的大部分功能。接下来我们就用站点管理器来管理网站。

选择“站点”面板中刚新建的“美乐电器”站点下的“编辑站点”选项，如图 4-22 所示，出现如图 4-23 所示“编辑站点”对话框，选择右边的“编辑”命令。

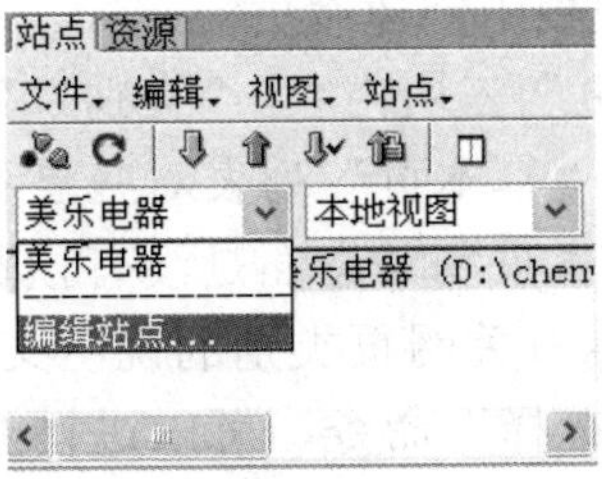

图 4-22　“编辑站点”选项

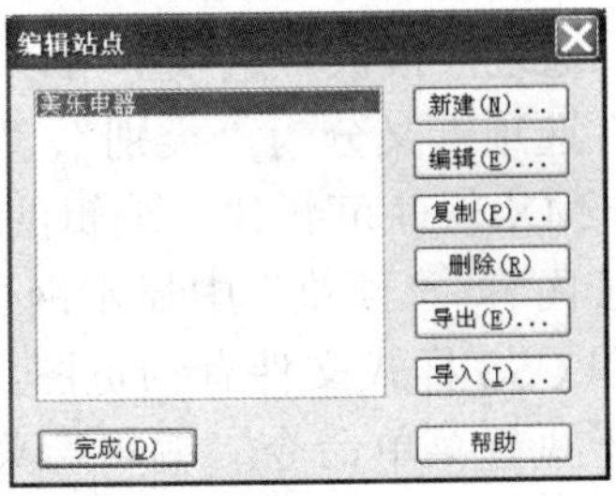

图 4-23　“编辑站点”对话框

弹出如图 4-24 所示的“高级”卡片，在卡片的左边选择相应的选项，右边就会出现相应的信息，修改好后，单击“确认”按钮保存设置。

在“站点名称”文本框中重新定义站点的名称。

在“本地根文件夹”文本框中重新定义站点的路径，或单击右侧的图标，重新选择根文件夹。

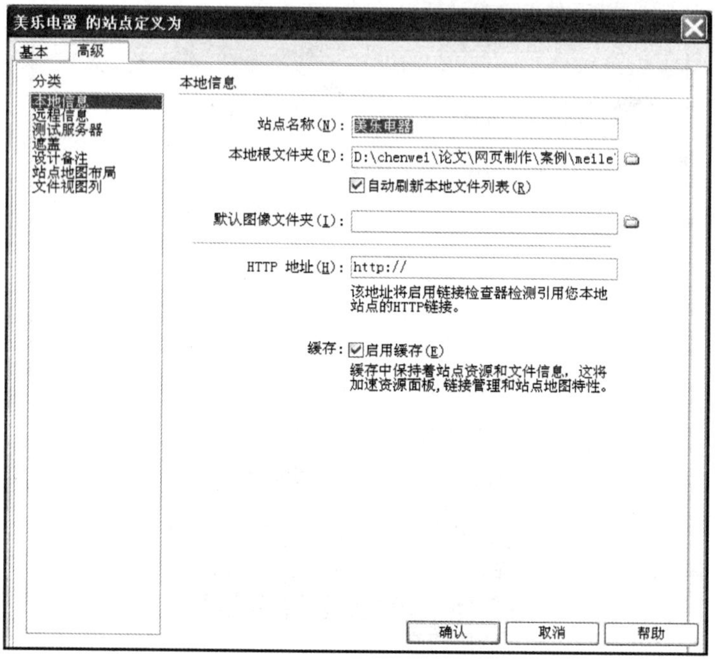

图 4-24　站点的高级选项

3. 创建网站的文件和文件夹

上面建的站点就像一个空空的大房子，没有隔间，也没有家具。现在就要学习如何在网中建立网页文件和文件夹，建立文件夹的目的是方便对文件进行分类管理。接下来我们就来学习如何新建网页和网页文件夹。

在 Dreamweaver MX 中创建网页的方法主要有两种：

一种是传统的通过文件菜单的方式创建网页文件。打开菜单“文件”|“新建”命令，或用快捷键 Ctrl+N，便可打开“新建文档”对话框，如图 4-25 所示。

“新建文档”对话框包括“常规”和“模板”两个选项卡。通过“常规”选项卡可新建通用的网页，包括基本的 HTML 网页、动态网页、CSS 样式表等 Dreamweaver MX 支持的基本文件类型。通过“模板”选项卡可以选择模板并从模板中创建网页。

“常规”选项卡又分为“类别”、“基本页”、“预览”三块内容。“类别”列表中列出了 Dreamweaver MX 软件可新建、编辑的所有文件类别。“基本页”列表对应显示“类别”列表选项下的子内容。“预览”中显示网页的预览图，基本页和动态面是没有预览图的，模板页、框架集和 CSS 样式文件有预览图。“描述”中显示有关网页类别的说明文字。“参数选择”项相当于执行菜单命令“编辑”菜单下的“参数选择”命令，可以进行有关文件类型的设置。

我们也可以通过“模板”选项卡用模板来新建网页。

在本例中，选择“常规”选项卡中的“基本页”，再选择“基本页”中的“HTML”选项，最后单击 创建(R) 按钮，就可以创建出网页了。

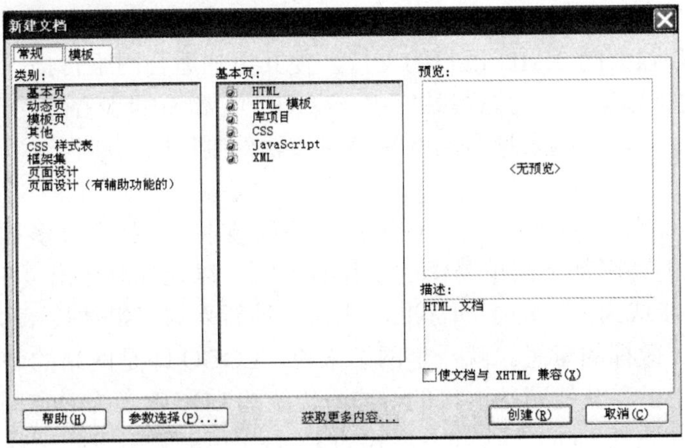

图 4-25　“新建文档”对话框

4. 网页的各种属性

网站有自己的各种设置和属性，网页也如此。针对网页的各种属性设置很简单，只需在快捷菜单上选择“页面属性”，或在“修改”菜单中选择“页面属性”命令即可。在这里就不详细介绍了。

5. 文本的格式化

文字是网页中使用最多的元素，除了因为它能携带人们所需的更多信息外，还因为它们能通过不同的排版方式、不同的设计风格排列在网页上，给人以美感。所以对文本的处理在网页设计中占了很大的比重，能否对各类文本灵活运用，是决定网页设计是否美观、有创意以及能否提高工作效率的关键。

使用 Dreamweaver 的“显示设计视图”，我们可以像编辑 Word 文档一样编辑网页文件。Dreamweaver 软件文本的编辑操作，如复制、删除、剪切等操作与 Word 类似。我们也可以实现图像的插入与设置以及其他媒体的插入与使用。

Flash 动画由于其制作的动画文件所占空间小，质量高，并具有边下载边播放的特点。从而在网络上广为流传，成为当今互联网上各家网站率先考虑使用的动画类型。我们通过 Dreamweaver MX 软件可以很轻松地在网页上插入 Flash 动画。

音频文件的格式有很多种。在互联网上最常用的音频文件有 MIDI 格式、WAV 和 MP3 格式。使用浏览器浏览网页，一般只能访问特定的几种网页元素：文本、图片等，如果想浏览其他类型的媒体对象，必须借助插件。将相应媒体的插件下载到浏览器中，才能播放相应的媒体。

对 Dreamweaver 的学习请参看 Dreamweaver 使用指南。

4.3.2 Flash

Flash MX 是 Macromedia 公司推出的动画制作软件开发包，Flash MX 主要应用于网页设计、多媒体创作等领域，功能十分强大。其出色的网页动画制作功能和较小的文件容量，加上对一些脚本语言和强大的 XML 语言的支持，使其更加适合网络传播。网页设计人员可以利用 Flash MX 创建出导航栏、动态网站标志（LOGO）、带有同步音频的动画，甚至完整的、视觉丰富的动画网站。现在越来越多的网站利用该软件制作网站广告，以求得令人震撼的视觉效果 。

Flash 具有许多优点，包括图像好、使用流式播放技术、支持多种多样的文件格式，以及操作简单等。Flash 的动画加上简单易学的动作脚本就可以让你制作出爱不释手的网络游戏。总之，Flash 已经逐步成为网页动画的标准，成为一种新兴的多媒体技术发展方向。

LOGO 是标志、徽标的意思。就一个网站来说，LOGO 即是网站的名片。一般出现在网站首页的左上角或用于和其他网站链接的标志。传统的 LOGO 多为静态图片，但用来友情链接的 LOGO，使用动态的 LOGO 比静态形式的 LOGO 更能吸引人的注意。本节通过实例学习如何用 Flash 制作一个动态 LOGO，使大家对 Flash MX 有一个基本的了解。LOGO 效果如图 4-26 示，LOGO 左边为中国环境保护徽图案，右边为网站名称及网址，在“中国环保”文字上不断以绿色色块来回闪过。本 LOGO 主要利用 Flash 遮罩动画制作。制作步骤如下所述。

1. 绘制环境保护徽图案

创建绘图对象比较简单，选择工具箱里的某种绘图工具，例如铅笔工具、椭圆工具、文本工具等，只需要单击工具（工具按钮凹下时表示选中），就可以在工作区中进行绘图操作。

元件是 Flash 中可以被不断重复使用的一种特殊对象。在动画中运用元件可以显著地减小文件的体积。Flash 中有 3 种元件类型，分别是“图形”、“电影剪辑”、“按钮”。创建元件有 3 种方法，即将现有的对象转换为元件、建立空元件后再编辑该元件以及导入元件。

启动 Flash MX 软件。执行菜单“修改”|“文档”命令，打开“文档属性”对话框。在“文档属性”对话框中设置文档尺寸为宽 120px，高 60px，其他为默认值，结果如图 4-27 所示。

调整场景编辑区大小。执行菜单“查看”|“缩放比例”命令，选择“200%”。在工具箱中选择“椭圆工具”，单击“属性”面板中笔触颜色按钮，调出调色板，再单击调色板上边的按钮，设置为无笔触颜色；单击“属性”面板中的填充颜色按钮，调出调色板，在颜色选择器中选择绿色（#009933），如图 4-28 所示，此时，“属性”面板中的设置如图 4-29 所示。拖动鼠标在场景中画一个如图 4-30 所示的椭圆。

图 4-26　环保 LOGO

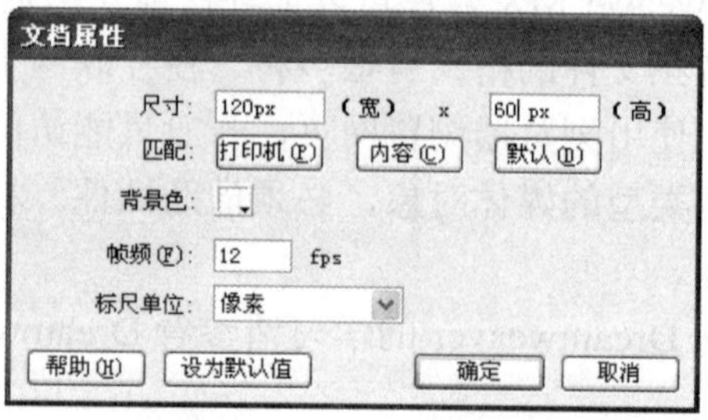

图 4-27　“文档属性”对话框

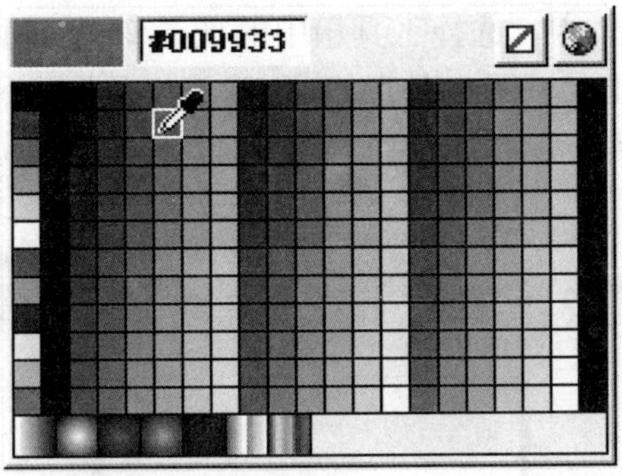

图 4-28　调色板

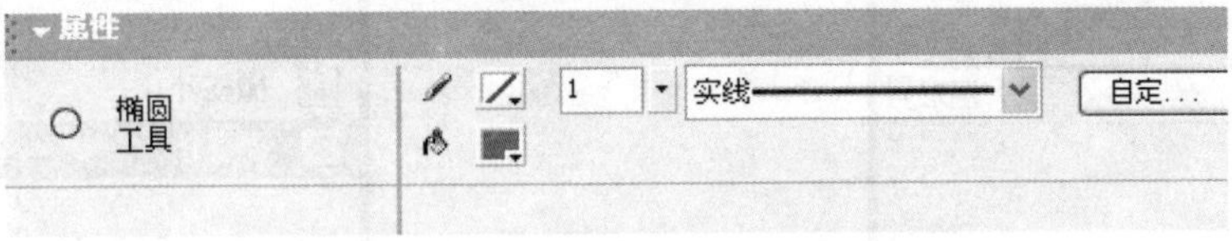

图 4-29　椭圆工具的“属性”面板 1

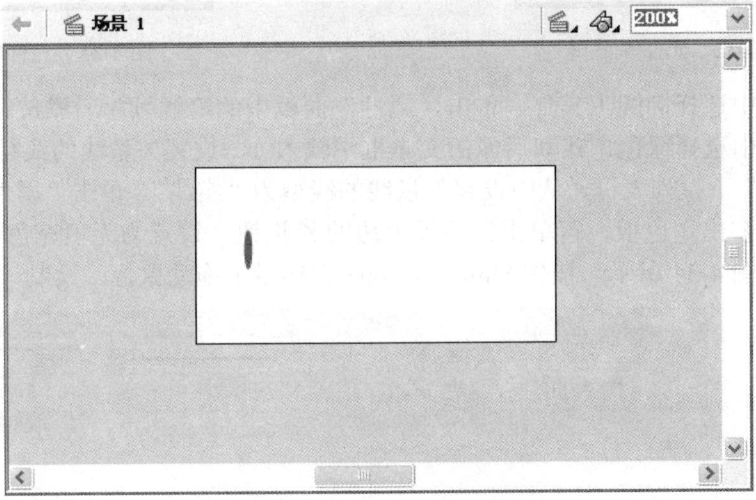

图 4-30　场景中画的椭圆

绘制橄榄叶，在工具箱中选择箭头工具，用鼠标选中所画的椭圆，执行菜单“插入”|“转换为元件”，出现“转换为元件”对话框，给元件命名为“橄榄叶”，元件行为为“图形”，如图 4-31 所示。

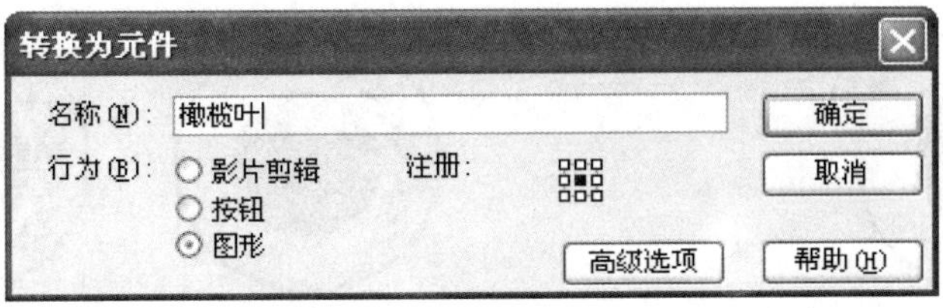

图 4-31　“转换为元件”对话框

制作橄榄枝。执行菜单“窗口”|“库”命令，打开元件库窗口，如果 4-32 所示，将库

中的“橄榄叶”元件拖入场景中，选择工具箱中的任意变形工具，调整两片橄榄叶的位置和方向，再用工具箱的铅笔工具画一条直线，用箭头工具选中所有图形，执行菜单“插入”|“转换为元件”，出现“转换为元件”对话框，给元件命名为“橄榄枝”，元件类型为“图形”，此时元件库如图4-33所示。

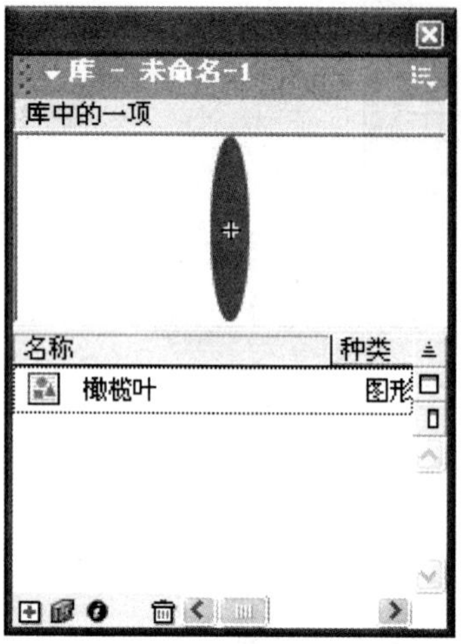

图4-32　元件库窗口1

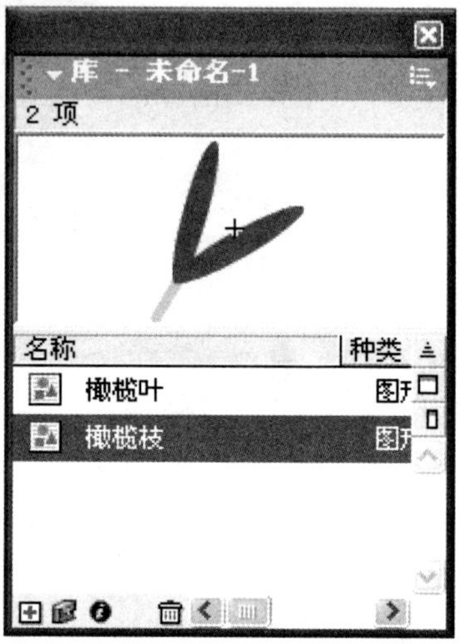

图4-33　元件库窗口2

在工具箱中选择椭圆工具，单击“属性”面板中的笔触颜色按钮，弹出调色板，在颜色选择器中选择绿色，在其后面的文本框中输入1，设置矢量线的线粗为1像素，再打开“笔触样式”下拉列表框，从中设置矢量线的线型为“实线”。单击“属性”面板中的填充色按钮，弹出调色板，再单击调色板上边的按钮，设置为无填充色。此时，“属性”面板中设置如图4-34所示。按住Shift键，同时在场景上拖动鼠标，绘制一个正圆。

图4-34　椭圆工具的“属性”面板2

再利用椭圆工具在刚才的圆内绘制一个圆，此时场景中图案如图4-35所示。

从元件库中拖出6个橄榄枝，并使用任意变形工具调整它们的方向，使它们如图4-36所示排列。

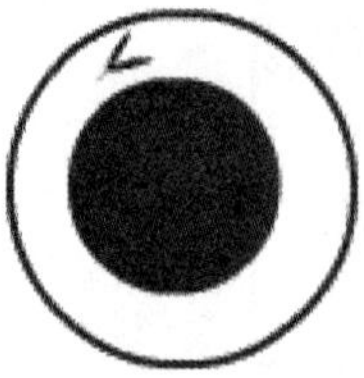

图4-35　椭圆工具所绘的2个圆

图4-36　橄榄枝

选择工具箱中的箭头工具，按住 Ctrl 键依次单击场景中的 7 个橄榄枝，按 Ctrl+C 复制，按 Ctrl+Shift+V 粘贴，执行菜单“修改”｜“变形”｜“水平翻转”使它和左边的橄榄枝对称排列，再从“库”中拖出 2 个橄榄叶，结果如图 4-37 所示。

单击图层面板上的锁定图层按钮，将“图层 1”锁定，单击图层面板左下方的“插入图层”按钮，在“图层 1”之上新建“图层 2”此时“图层面板”如图 4-38 所示。

图 4-37　2 个橄榄叶

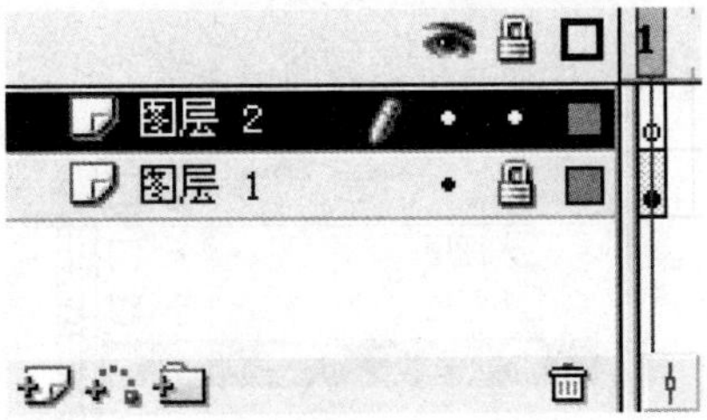

图 4-38　在“图层 1”之上新建“图层 2”

选择工具箱中的椭圆工具，设置图的填充色为红色（#FF0000），无笔触颜色，按 Shift 键拖动鼠标在“图层 2”绘制一个正圆，如图 4-39（a）所示。选择工具箱中的钢笔工具，填充色和笔触颜色设为蓝色（#0066FF），绘制一座山峰，如图 4-39（b）所示。选择工具箱中的直线工具，在山峰下面绘制几条直线段，如图 4-39（c）所示，最后选择工具箱中的文本工具，输入文字 “ZHB”，如图 4-39（d）所示。

（a）　（b）　（c）　（d）

图 4-39　制作中的环保 LOGO

2. 创建动画

形变动画：形变动画指的是图形动画，适用对象为图形。可以制作出的动画效果包括移动、缩放、旋转、填充渐变、变形、对象的加速和减速等。

遮罩层是 Flash MX 图层的一种类型，可以通过遮罩层中的图形，看到下层（被遮罩层）中的内容，可以对遮罩层中的图形建立动画，也可以对被遮罩层中的图形建立动画，从而制作出奇特的动画效果。

单击图层面板上的锁定图层按钮，将“图层 2”锁定，单击图层面板左下方的“插入图层”按钮，在“图层 2”之上新建“图层 3”，此时“图层面板”如图 4-40 所示。选择工具箱中的文本工具，输入文字“中国环保”及域名“www.hb.com”，并用工具箱中的直线工具绘制一条直线，如图 4-41 所示。

按 Ctrl+A 选中所有的文字，连续按两次 Ctrl+B 将所选文字打散。在图层 3 第 30 帧向下拖动鼠标，选中所有图层的第 30 帧，如图 4-42 所示。按 F5 将各层帧延长，如图 4-43 所示。

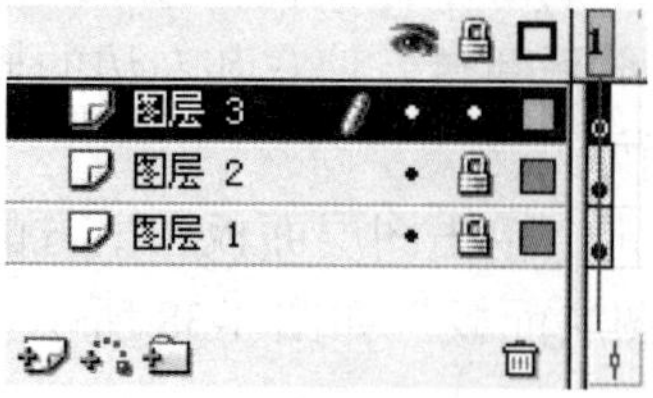

图 4-40　图层 2 上新建图层 3

图 4-41　图层 3 中的文字

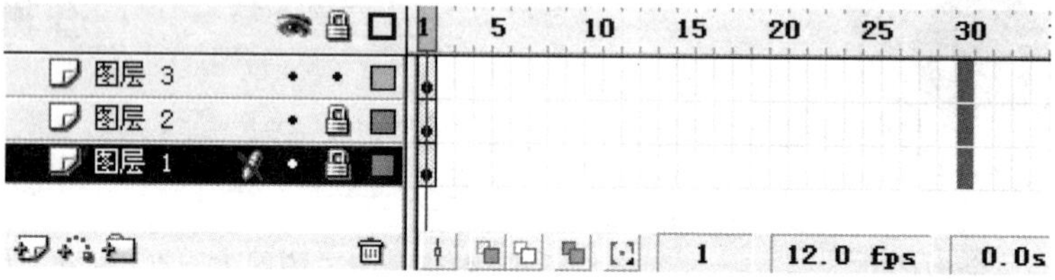

图 4-42　选中各层第 30 帧

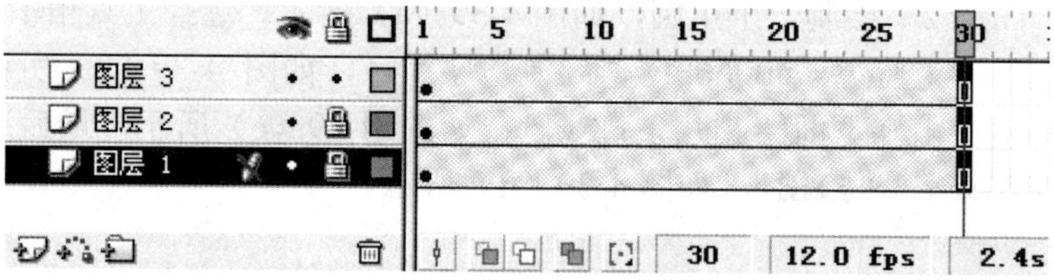

图 4-43　将各层帧延长

选中图层 3，在图层 3 上插入图层 4 和图层 5，此时时间轴面板如图 4-44 所示。

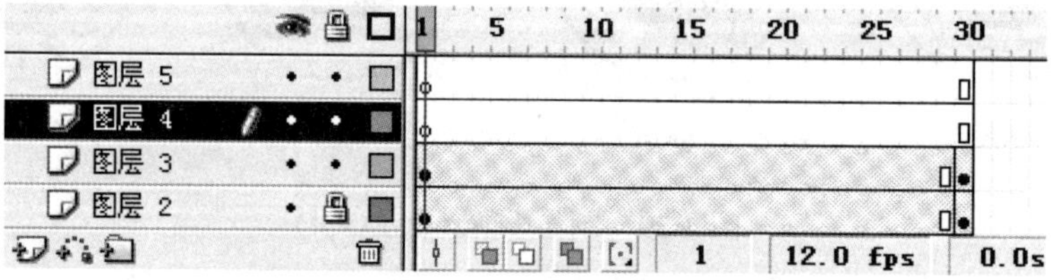

图 4-44　插入图层 4 和图层 5

单击图层 3 第 1 帧，选中此帧，单击右键，在弹出的菜单中选择“拷贝帧”，选中图层 5 第 1 帧，单击右键，在弹出的菜单中选择“粘贴帧”，使第 5 层和第 3 层内容相同。此时时间轴面板如图 4-45 所示。

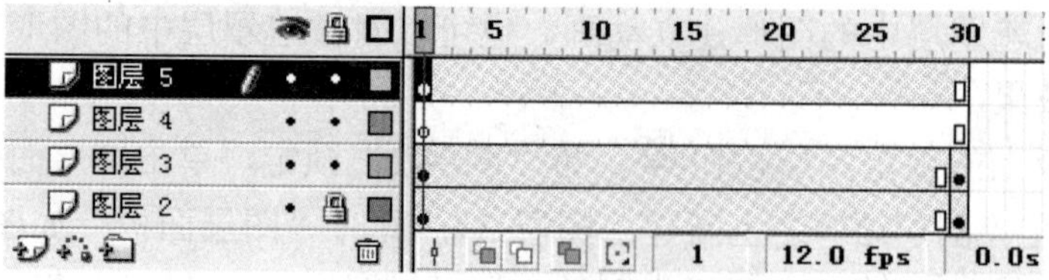

图 4-45　复制图层 3 第 1 帧到图层 5 第 1 帧

选中图层 4 第 1 帧，选择工具箱中的矩形工具□，笔触颜色设为无，填充颜色为绿色（#009900），拖动鼠标在场景中画一个矩形。如图 4-46 所示。单击图层 4 第 15 帧，单击右键，在弹出的菜单中选择“插入关键帧”，同样，在第 30 帧再插入关键帧，此时时间轴面板如图 4-48 示。选中图层 4 第 15 帧，移动矩形至字的右侧，如图 4-47 所示。

图 4-46　图层 4 第 1 帧矩形位置

图 4-47　图层 4 第 15 帧矩形位置

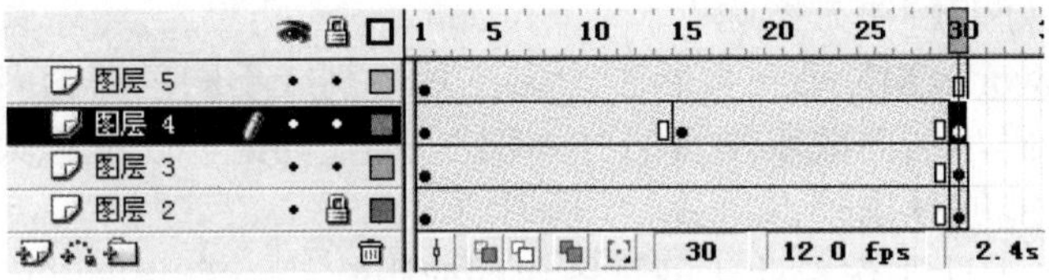

图 4-48　时间轴面板 2

单击图层 4 第 1 帧和 15 帧中的任意一帧，再单击属性面板上的补间下拉菜单，从中选择“形状渐变”，创建形状渐变动画，如图 4-49 所示。同样，在图层 4 第 15 帧和 30 帧间创建形状渐变动画。此时时间轴面板如图 4-50 所示。

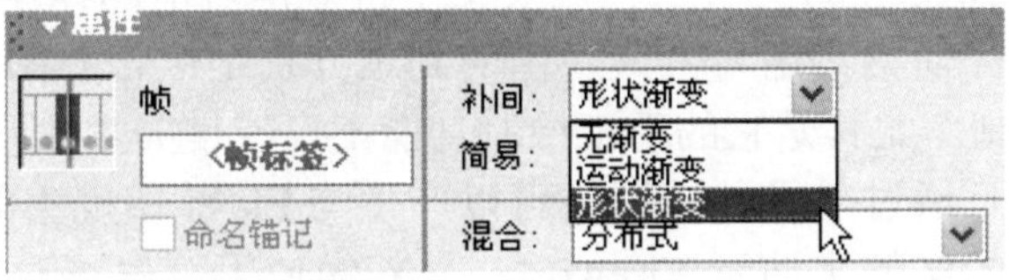

图 4-49　创建动画

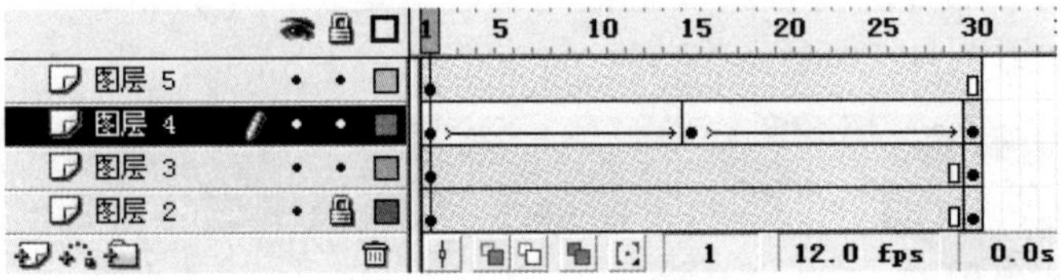

图 4-50　时间轴面板 2

选中图层 5，单击右键，在弹出的菜单中选择“遮罩层”，创建遮罩层动画。此时时间轴面板如图 4-51 所示。

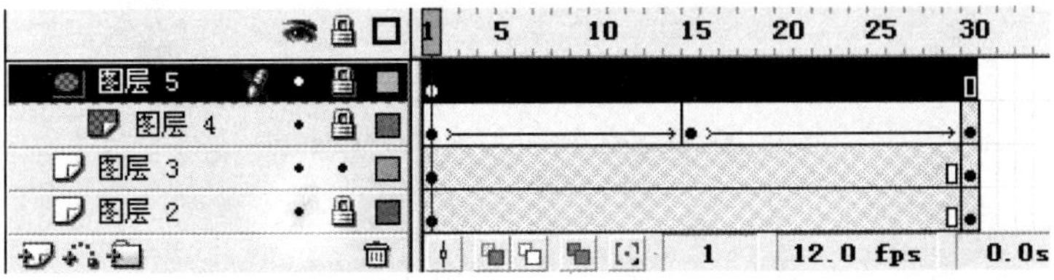

图 4-51　时间轴面板 3

动态 LOGO 创建完成，按 Ctrl+Enter 测试动画。

4.3.3 Fireworks

已经做过网页的读者一定都知道，网站好，网页就得小。在不减少内容的情况下，网页做得越小越好。而给网页瘦身最有效的方法就是减小图片的尺寸，但当不得不在网页中放入一大幅图像时，是否还有更好的解决方法呢？切图就是一个不错的方法，为了尽量保持图形的完整又不庞大，我们可以将一整幅图片按照相近的色区切割成多个小图片，并将每个小图片保存为色深较浅的 gif 图形。这样可以达到又漂亮又快捷的效果。但传统的切图工作十分烦琐，许多设计者都是使用 Photoshop 类软件将图一片片分好，然后再分别保存为不同色深的 gif 图像，虽然可以自动执行命令集，但实际工作量依旧十分惊人，而且非常容易切错尺寸。那么，是否有更好的解决方案呢？

这里介绍的 Fireworks MX 就可以将一个大图片分割成不同色深的多个小图片，并且生成相应的网页文件或代码，从而减小网页的“体积”。不仅如此，功能强大的 Fireworks MX 可以制作静态切图，更能够导出动态特效。

Fireworks 是用来设计制作专业化网页图像的应用软件，可以切实帮助网页设计者解决所面临的特殊问题。使用 Fireworks 可以在一个专业化的环境中创建和编辑网页图形，对图形进行动画处理，添加高级交互功能以及优化图像。除此之外，我们可以使用 Fireworks 创建和编辑位图和矢量图像、设计网页效果（如弹出菜单）、修剪图形等。Fireworks 与 Macromedia 的其他产品一起提供了一个真正集成的 Web 解决方案。

值得一提的是，Fireworks 的文字工具以及文字特效是目前图像编辑软件中最强大，最完善的。它的制作动画同样非常实用、有效，由简到难分别是：合并图像形成动画—使用符号生成动画效果—手工绘制。尤其是它的手工绘制功能不仅能使美术爱好者充分发挥其想象力，创造出可爱的原型，而且通过工具的应用，可以产生与 Flash 相媲美的动画效果。

我们将以一个简单的实例来演示 Fireworks MX 的使用。先请看最终效果图，如图 4-52 所示。

现在我们来画菜单部分的内容。其实很简单，就是画一个方框、一个圆，然后组合，加上渐变就可以了，如组图 4-53 所示。

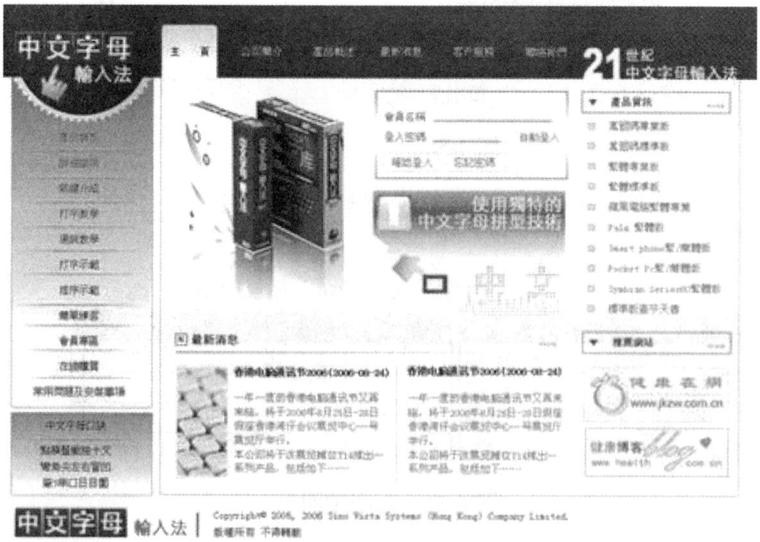

图 4-52　效果图

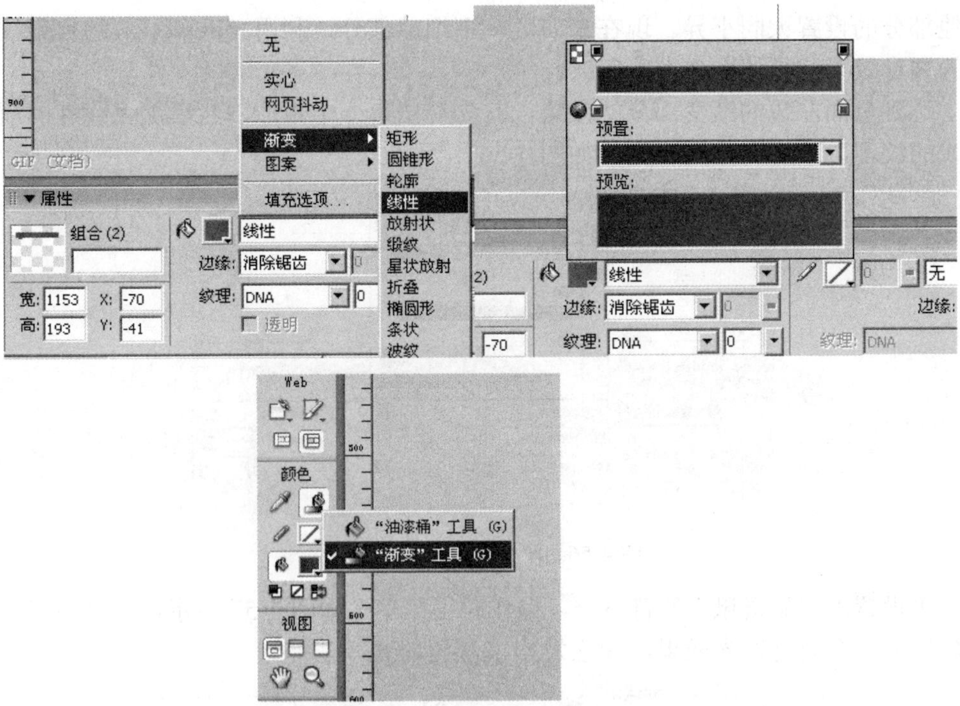

图 4-53　菜单部分内容的实现

下面来画一个类似徽章的东西，创意是类似奖状上贴的那个获奖标志一样，会让网站生动一点。这里选择多边形，如图 4-54 所示。

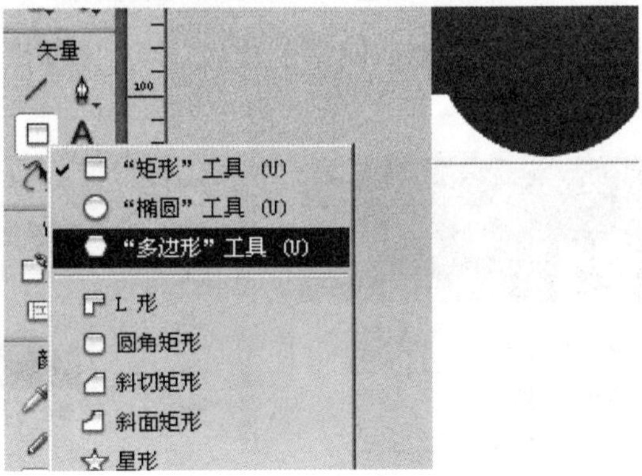

图 4-54　选择多边形

设置如图 4-55 所示，在操作时注意图层顺序，在本例中拖动到下层就可以了。

图 4-55　选择图层顺序

本例中，这个图层固定了以后通常就不动了，所以要进行锁定；否则随着鼠标移动，很容易使图移位。在图层区域单击后将出现一个小锁，这样无论怎么操作图层都不会进行改动了。

其他部分的设置大同小异。现在来研究一下细节部分，利用 Fireworks 的自带纹理创造出良好的视觉效果，具体操作如下所述。

为了达到页面左边的渐变部分的效果，首先拉出来一个矩形，然后加上线性的渐变，加上对角线的纹理，最后调整透明度，如图 4-56 所示。

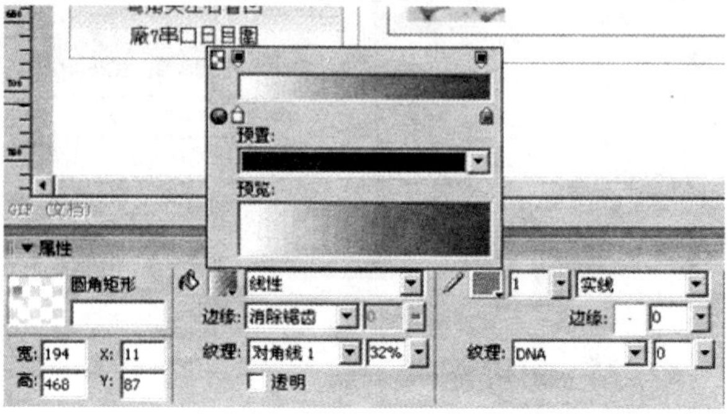

图 4-56　渐变部分的效果实现

接下来设置“产品资讯”的背景框，操作时很简单，如图 4-57 所示，一个矩形，外框为红色；矩形加一个内部发光效果，使它发出浅灰色的光。

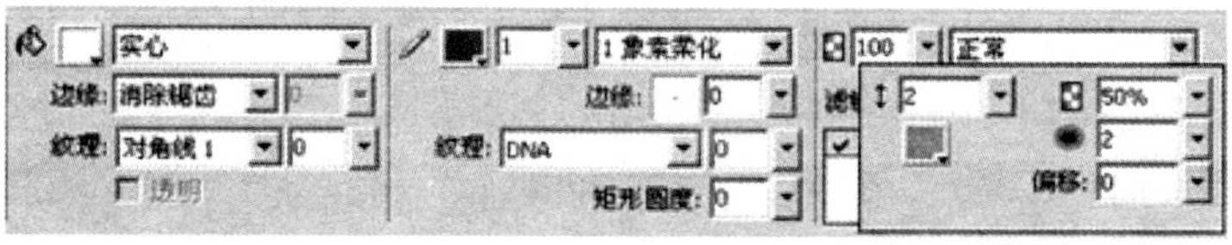

图 4-57　设置“产品资讯”的背景框

最后设计右上角，使之产生一个类似网格的底纹。我们绘制一个矩形，再加上一个蒙版、一个渐变就可以了，如图 4-58 所示。

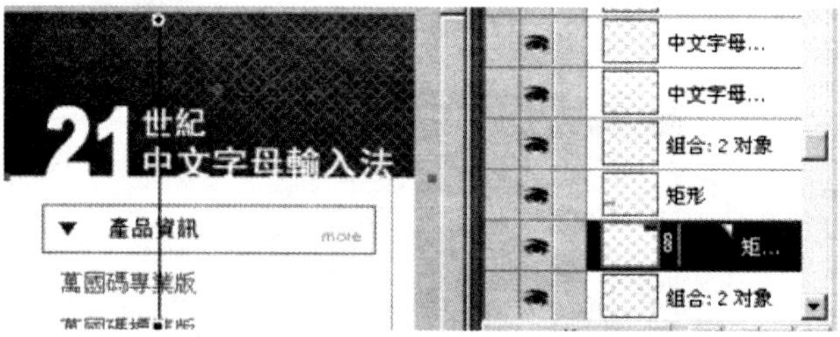

图 4-58　产生一个类似网格的底纹

经过深入的学习后，如果熟悉了常用的方法和流程，用 Fireworks 设计网站是非常方便的。由于篇幅有限，在这里没有详细地罗列 Fireworks 的功能，读者可以参看 Fireworks 的使用指南。

本 章 小 结

本章介绍了与网页制作有关的一些基本概念和常用术语，对目前流行的动态网页技术通过比较的方式分析了它们的优缺点以及适用的环境，对制作网页最常用的工具——Macromedia 公司的三个软件 Dreamweaver、Fireworks 和 Flash，通过具体的实例演示了其应用方法。了解掌握这些知识对于今后的学习是十分有益的。

本章检测

1. 填空题

（1）WWW 是__________的缩写，其含义是__________，很多人又形象地称其为__________。

（2）常用的浏览器有__________和__________。

（3）现在网页基本可以分为__________和__________两大类。

（4）对于网站，我们通常又称做__________。

（5）HTML 是 Hyper Text Markup Language 的缩写，意思为__________。

（6）在 Dreamweaver 中，对网站的管理是通过__________来进行的。

（7）Dreamweaver 是__________公司推出的网页制作工具。

（8）Flash 是一种__________工具软件。

（9）常用的动态网页技术有__________、__________和__________。

（10）CSS 指____________________。

2. 选择题（单项）

（1）HTML 是一种（ ）语言。

A. 高级语言　B. 低级语言　C. 超文本标识语言　D. 汇编语言

（2）WWW 的作用是（ ）。

A. 文件传输服务　B. 发送电子邮件　C. 浏览 WWW 客户端软件　D. 远程登录

（3）可以链接到其他网站的或其他数据上的文本为（ ）。

A. 超媒体　B. 超文本　C. 超文本标识语言　D. 超链接

（4）下面（ ）文件属于静态网页。

A. abc.asp　B. abc.doc　C. abc.htm　D. abc.jsp

（5）下面（ ）不是网页编辑软件。

A. Dreamweaver　B. CuteFTP　C. Word　D. Flash

（6）下面（ ）文件不是网站的主页。

A. index.html　B. Default.jsp　D. index1.htm　D. Default.php

（7）Dreamweaver MX 是（ ）公司的产品。

A. Adobe　B. Corel　C. Microsoft　D. Macromedia

（8）网络元素不包括（ ）。

A. 文字　B. 图片　C. 界面　D. 视频

（9）下列（ ）软件是用于网页排版的。

A. Flash MX　B. Photoshop7.0　C. Dreamweaver MX　D. CuteFTP

（10）文本被做成超链接后，鼠标移到文本，光标会变成（ ）形状。

A. 手形　B. 十字形　C. 向右的箭头　D. 没变化

3. 选择题（多项）

（1）下面关于超链接说法错误的是（ ）。

A. 超链接包括超文本链接和超媒体链接两大类

B. 超文本链接可以链接所有类型的文件

C. 超媒体链接只能链接各类多媒体文件

D. 超链接不仅可以用于网页，还可以用于其他各类文档

（2）下面哪些不属于网页的多媒体元素（　　）。

A. 音频　　B. 视频　　C. 动画　　D. 图片

（3）下面关于 HTML 语言说法错误的是（　　）。

A. HTML 的意思是“超文本标记语言”

B. HTML 是用于编写网页的统一的语言规范

C. 我们经常用记事本编写网页

D. 网页的头标记是 Head

（4）Dreamweaver MX 通过（　　）面板管理站点。

A. 站点　　B. 文件　　C. 资源　　D. 结果

（5）CSS 可能改变的性质有（　　）。

A. 字体　　B. 文字间的空间　　C. 列表　　D. 颜色

（6）常用的网页浏览器有（　　）。

A. Internet Explorer　　B. Netscape Navigater

C. Powerpoint　　D. Word

（7）URL 的作用有（　　）。

A. 定位主机地址　　B. 定位网络资源地址

C. 一种通信协议　　D. 电子邮件地址

（8）URL 由三部分组成，第一部分有（　　）。

A. Web 服务器地址　　B. IP 地址　　C.主页路径　　D. 访问资源的类型

4. 问答题

（1）什么是 WWW 服务？

（2）WWW 服务的工作原理是什么？

（3）什么是超文本链接？什么是超媒体链接？

（4）静态网页和动态网页有何不同？

（5）什么是 Web 服务器？

（6）ASP、JSP、Java、PHP 技术的特点。

5. 操作题

（1）用记事本编辑一个 IE 标题栏显示“欢迎大家访问！”，网页内容是：

“我会努力学习网页制作技术！”

“我一定能制作出精美的网页！”

（2）设计一个个人网站，要求：

创建一个个人网站，不同的媒体素材建立文件夹，主页中个人照片，必要的地方有动画加以渲染，网站要能充分体现个性，表现自我。

（3）练习使用样式表编写自己的网页。

（4）在记事本中输入下面的代码，把它保存为一个超文本文件，并运行之。

```
<HTML>
<style>
```

```
a | text-decoration:none;font-style:italic;
background-color:transparent ;
color:blue |
a:hover | font-style:normal;
background-color:#0099ff
color:white
</style>
<ol style="osition:relative;left:70;top:30;text-align:left;font:30pt'Comic Sans MS'; ">
网页制作应掌握的基础知识:
<li><a herf=#>HTML</a>
<li><a herf=#>CSS</a>
<li><a herf=#>JavaScript</a>
<li><a herf=#> DHTML </a>
<li><a herf=#>Active Server Pages</a>
</ol>
</ HTML >
```

（5）阅读 DreamweaverMX 的帮助文件，了解超链接的形式和使用。

（6）用 Dreamweaver 创建“美乐电器”网站，并用站点管理器建立存放图像的 image 文件夹和主页文件，用 CSS 层叠样式表对网站的文字和链接进行加工。

（7）用 Flash 创建一个有水波纹效果的 Banner 动画。

提示：

① 创建一个动画文档，执行菜单“文件” | “导入到库”命令，导入一幅图像。

② 参考如图 4-59 所示的时间轴面板，在“背景一”和“背景二”层中分别放置导入的图片，如图 4-60 示，注意两层中图片的位置稍微左右错开一段距离。

③ 在“波纹”层第 1 帧用笔刷工具绘制如图 4-61 所示的线条。在“波纹”层第 20 帧绘制如图 4-62 示的线条。

④ 在“波纹”层创建形状渐变动画。

⑤ 右击“波纹”层，选择“遮罩层”。完成制作。

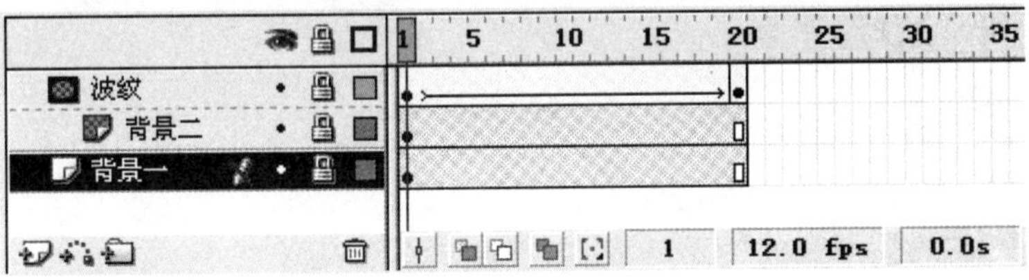

图 4-59　时间轴面板

图 4-60　背景图片

图 4-61　波纹层第 1 帧

图 4-62　波纹层第 20 帧

第 5 章　电子商务网站建设与维护

学习要点

- 了解并掌握电子商务网站的概念和功能。
- 了解并掌握电子商务网站的规划。
- 了解并掌握电子商务网站的设计与实现。
- 了解并掌握网站维护。

电子商务离不开 Internet，也离不开网站，网站通常被称为门户站点，是企业为合作伙伴、客户等提供访问企业内部各种资源的统一平台。那么，网站究竟在电子商务中有什么作用，如何充分挖掘网站这种特殊的沟通工具来实现电子商务的目的，这是在建立网站前必须研究的问题。随着信息技术的发展，网站在电子商务中的作用也在不断扩展和延伸。

5.1　电子商务网站概述

5.1.1　电子商务网站的定义

电子商务网站是指着重提供网上电子商务活动的网站，它是企业在 Internet 上宣传和反映其形象和文化的重要窗口，是企业开展全球性电子商务的一个平台。

电子商务网站是在软硬件基础设施设计下，通过 Internet 相互连接起来的，为用户提供网页服务（Web Server）、数据传输服务（FTP Server）、邮件服务（Mail Server）、数据库服务（Database Server）等多种服务的信息载体，是企业开展电子商务的一个平台。它通常以虚拟主机或主机托管的方式进行存放和运作，网站拥有固定的域名。

电子商务网站是树立企业形象和实现现代化办公的标志，是与用户交流及沟通的窗口；是买方和卖方信息交汇与传递的渠道；是企业或商家展示其产品与服务的舞台；是企业或商家体现其形象和经营战略的载体。它具有对网站进行在线管理的功能，如对产品图片和文字进行编辑、修改、删除、替换，能及时反映公司最新动态，介绍新产品；还能收集新老客户资料，进行等级管理，实现对一些保密资料分级浏览；为方便客户在线订购，可以开辟商务洽谈室进行在线洽谈；还可以由公司设置一些主题进行网上调查，也可由访客提交一个主题来开展讨论。

总之，电子商务网站是一个真正符合国际商务惯例的网站，具有国际商务功能的先进国际电子商务平台，可以充分利用互联网作为媒体的一面，利用其在信息存储、检索、传播方面优于传统媒体的特点，创造出电子商务世界新的商务模式。

5.1.2　电子商务网站的主要功能

随着网络和信息技术在国际贸易和商业领域的广泛应用，电子商务已成为各国商务发展的一大趋势。而电子商务网站的建立是企业能否顺利开展电子商务的前提。同时，网站是企业进行形象宣传、产品展示推广、与客户沟通、信息互动的阵地，建立自己的网站有利于企业树立自己的网上品牌，对企业的长远发展、企业文化和企业品牌建设都有非常重要的意义。

以下是企业的电子商务网站应具有的功能。

（1）企业形象宣传功能。企业在电子商务网站中可通过自己的 Web 服务器、网站主页（Home Page）和电子邮件（E-mail）在全球范围内做广告宣传，在 Internet 上宣传企业形象和发布各种商品信息，用户使用网络浏览器可以迅速找到所需的商品信息。与其他各种广告形式相比，在网站上发布广告的成本最低廉，而给顾客的信息量却最为丰富。

（2）信息编辑功能。企业在电子商务网站中不仅可以用文字、图片、动画等方式宣传自己的商品，而且可以介绍自己的企业、发布企业新闻、介绍企业领导、公布企业业绩、提供售后服务、举办产品技术介绍等。网站上的信息更新比任何传统媒介都快，通常几分钟之内就可以做到内容更新，从而使企业在最短的时间内发布最新的消息。

（3）咨询洽谈功能。企业在电子商务网站中可借助非实时的电子邮件、新闻组（New Group）和实时的讨论组（Chat）来了解市场和商品信息，洽谈交易事务。如有进一步的需求，还可用网上的白板会议（Whiteboard Conference）、公告板 BBS 来交流即时的信息。在网上的咨询和洽谈能超越人们面对面洽谈的限制、提供多种方便的异地交谈形式。

（4）网上商品订购功能。企业在电子商务网站中通过 Web 服务器电子邮件的交互传送实现用户在网上的订购。企业所在的网上订购系统，通常都是在商品介绍的页面上提供十分友好的订购提示信息和交互式表格，并可以通过导航条实现所需功能。当用户填完订购单后，系统回复确认信息单，表示订购信息已收到。电子商务的用户订购信息采用加密的方式，使用户和商家的商业信息不会泄漏。

（5）网上支付功能。企业在电子商务网站中实现网上支付是电子商务交易过程中的重要环节，用户和商家之间可采用信用卡、电子钱包、电子支票和电子现金等多种电子支付方式进行网上支付，采用在网上电子支付的方式节省了交易的开销。对于网上支付的安全问题，现在已有实用的 S E T 协议来保证信息传输的安全性。电子账户交易的网上支付由银行、信用卡公司及保险公司等金融单位提供电子账户管理等网上操作的金融服务，用户的信用卡号或银行账号是电子账户的标志。电子账户通过用户认证、数字签名、数据加密等技术措施的应用以保证电子账户操作的安全性。

（6）用户信息管理功能。企业在电子商务网站通过账户信息管理系统可以完成对网上交易活动全过程中的人、财、物及本企业内部的各方面进行协调和管理的任务，实现个性化服务和管理。

（7）服务传递功能。企业在电子商务网站中通过传递系统将客户所订购的商品尽快地传递到已订货并付款的用户手中。对于有形的商品，服务传递系统可以对本地和异地的仓库在网络中进行物流调配，并通过快递完成商品的传送。而无形的信息产品如软件、电子读物、信息服务等则立即从电子仓库中将商品在网上直接传递到用户端。

（8）销售业务管理功能。企业在电子商务网站通过销售信息管理系统，可以及时地收集、处理、传递与利用相关的数据资料，并使这些信息有序而有效地流动起来，为组织内部的 ERP、GRM、MIS 等管理系统提供信息支持。该功能按照商务模式的不同，包括的内容也是有区别的。例如，公司销售业务管理功能包括订单处理、销售额统计、价格管理、货单管理、库存管理、商品维护管理、用户反馈等；经销商销售业务管理功能包括订单查询、处理、进货统计、应付款查访等；配送商销售业务管理功能包括库存查询、需求处理、收货处理、出货统计等。

5.2　电子商务网站的规划

5.2.1　电子商务网站内容规划的原则

企业网站作为在 Internet 上展示企业形象、企业文化，进行电子商务活动的信息空间，其内容的设计是一项重点，它最直接地影响到一个网站受欢迎的程度。在内容设计过程中我们应该遵循以下几项基本原则。

1．提供新颖、精辟、专业的信息内容

企业建立网站的目的是为了提供一定的内容，用户需要根据这些内容进行电子商务的开展，而用户访问网站的主要目的是寻找自己感兴趣的信息。因此，企业要提高其电子商务网站的访问率，增加企业的效益，就必须先在信息内容上多下工夫。信息内容要新颖、精辟、专业、有特色。内容设计要有组织，形式与内容要和谐统一。同时信息内容要及时更新，网页的内容应是动态的，只有内容不断更新，才能长期吸引浏览者，每次更新的网页内容要尽量在主页中提示给浏览者。

2．注意网站的运行速度

很多人在网站设计的过程中，过多地使用各种网页设计技巧，而忽视了网站运行速度的问题。值得注意的是，目前很多用户是通过调制解调器（MODEM）拨号访问 Internet 的，因此必须要考虑用户得到他们所需要信息花费的时间。例如，通过低速 MODEM 下载一幅大的图像或动画就要花很长的时间。太长的下载时间和缓慢的 Web 查询只能令客户望而生畏，他们将中断访问或不再访问你的站点。市场专家估计，一个站点一般需要 5 次访问才能留住一位客户。因此，在设计与组织页面内容时，我们应注意如下问题：

1）避免使用太大的图片

在页面中尽量避免使用体积太大的图片，如果必须使用，可事先在图形优化软件中进行分割、优化，然后在页面中使用。还可以使用压缩软件，在尽量保证图片质量的前提下，获得体积最小的图片。

2）不要滥用尖端技术

网站设计的新技术层出不穷，如 Flash 动画。在页面中要慎重使用尖端技术，因为用户永远是为信息而上网的，毫无节制地在客户面前卖弄新的视觉技术，其效果只能适得其反，因为这样不仅分散用户的注意力，还会增加网页的下载时间。

3．使客户访问和购买方便

1）完善的检索和信息交互能力

对于一个电子商务网站来说，合理地组织自己要发布的信息内容，以便让消费者能够快

速、准确地检索到要查找的信息，是其内容组织成功的关键。当用户进入一个网站后如果不能迅速地找到自己要找的内容，那么这个网站很难吸引住浏览者。因此，有必要将一些信息进行分类，并提供对各种信息入口的检索功能。让消费者快速地找到他想要的产品，甚至连相关产品也列出来，以刺激客户的购买欲。同时，网站要有一定的交互能力，如采用及时的留言簿、反馈表单、在线论坛等方式以方便用户与企业网站进行信息的相互交流，加强企业与客户的联系，这样，企业在网上进行产品销售和服务的机会才会增加。

2）方便用户访问和购买

对于电子商务网站来说，购买方便原则是最重要的原则之一，为此要减少用户购买过程中的干扰信息（如广告等）。要为用户提供个性化的服务，与用户建立一种非常和谐的亲密关系。要使订购流程清晰、流畅，如用户下订单的流程是否清楚，是否随时可以中断订购流程，订单上是否有所买的产品及其价格，运费是内含还是外加，货物几天内收到，货款的支付方式，产品退货的处理，对于交易安全的保证以及使用何种交易技术等。要尽可能地提供商品的细节，越详细越好，必要时提供产品的详细图片，以激发用户的购买欲。目前电子商务网站中普遍引入购物车系统以方便用户访问和购买。

5.2.2　电子商务网站整体风格规划

设计一个有独特风格且有创意的网站是所有网站设计者梦寐以求的，但这却是一个难题，难就难在没有一个固定的模式可以参照和模仿。给定一个主题，任何两个人都不可能设计出完全一样的网站。下面介绍的就是网站的整体风格及其创意设计方面的知识。

1．网站整体风格的确立

风格是指站点的整体形象给浏览者的综合感受，整体形象包括站点的 CI 设计（标志、色彩、字体、标语）、版面布局、浏览方式、交互性、文字、语气、内容价值、存在意义、站点荣誉等诸多因素。例如，我们觉得网易是平易近人的，迪斯尼是生动活泼的，IBM 是严肃的，这些都是网站给人们留下的不同感受。

网站的整体风格包括网站的主题风格和装饰风格。

1）网站的主题风格

网站的主题风格是图形界面设计之前必须要解决的重要问题，它是图形设计的出发点。可以从以下 3 个具体步骤来确立网站的主题风格。

（1）主题风格是建立在有价值的内容之上的，首先必须保证内容的质量和价值。

（2）明确站点给浏览者留下的印象，可以从表 5-1 所示的几方面来理清思路。

（3）经过第二步印象的“量化”后，还需要进一步找出其中最有特色的材料，也就是最能体现网站风格的材料，并以它作为网站的特色加以重点强化、宣传。例如，再次审查网站名称、域名、栏目名称是否符合这种个性，是否易记。审查网站标准色彩是否容易联想到这种特色，是否能体现网站的性格等。在此提供一些具体方案，仅供参考：

a. 网站的徽标尽可能地出现在每个页面上，如页眉、页脚、背景。

b. 突出网站的标准色彩。文字的链接色彩、图片的主色彩、背景色、边框等尽量使用与标准色彩一致的色彩。

c. 突出标准字体。在关键的标题、菜单、图片里使用统一的标准字体。

d. 想出一条朗朗上口的宣传标语，把它做在 Banner 里，或者放在醒目的位置，告诉大家网站的特色是什么。

e. 使用统一的语气和人称，即使是多个人合作设计，也要让读者觉得是同一个人完成的。

f. 使用统一的图片处理效果。比如，阴影效果的方向、厚度、模糊度都必须一样。

g. 创造一个站点特有的符号或图标。例如，采用自己设计的花边、线条和点等。

h. 展示网站的荣誉和成功的创意。

i. 告诉网友自己真实的故事和想法。

网站风格的形成不是一次定位的，应该在实践中不断强化、调整和修饰。

表 5-1　站点风格内容示例

序　号	问　题	内 容 分 类
1	站点描述	创意性、专业性、实力派（技术）、有美感、有冲击力
2	站点色调	热情的红色、幻想的天蓝色、聪明的金黄色
3	站点印象	一份早报、一辆法拉利、一群拥挤的广场、杂货店
4	站点个性	思想成熟的中年人、狂野奔放的牛仔、自信憨厚的创业者
5	站点特别之处	可以信赖、信息最快、交流方便

2．网站的装饰风格

在设计好网站的主题风格之后，就要考虑网站的装饰风格，常用的有以下几种。

1）组织性装饰风格

组织性装饰风格依赖于已经存在的小组、系统或组织的结构。如果想要建一个卖百货的网站，网站的装饰风格就应该像一个超市，产品按类型（如罐装蔬菜、乳制品、谷类食品、快餐、家居用品等）进行分类。要注意：复制企业或公司的组织结构通常不是一个好主意，因为买东西的顾客是不会关心超市的组织结构的。

2）功能性装饰风格

功能性装饰风格涉及的内容与在其他环境实现的功能相似。例如，Photoshop 是一种图形软件，有很多功能性装饰风格，如剪切、复制和粘贴图形，就像你在日常生活中用剪刀和胶水一样。

3）可视性装饰风格

可视性装饰风格基于多数人在我们的文化中熟悉的常用图形元素。如果设计一个音乐网站，在这个网站中用户可以听音乐，可能会用随处可见的 CD 机上的“开始”、“停止”和“暂停”标志作为界面中的图标。开始探索装饰风格时，从集中所涉及的人和他们的想法开始，回顾和评价每一种装饰风格，不要贬低不喜欢的建议，因为装饰风格的效果不会立刻显现。通过把内容清单的不同部分与每种装饰风格对应起来确定网站的主要部分。

在尝试了一段生动有趣的经历后，一定要为网站选择一种装饰风格或基本原理。记住：没有完美无缺的装饰风格，所以不必顽固地坚持一种风格，可以把几种装饰风格中最好的部分结合到一起。

5.3 电子商务网站的设计与实现

5.3.1 网站设计要求

无论建立一个为员工提供服务的企业内部网站、向合作伙伴或者供应商提供产品和服务的商业网站、销售产品或为消费者提供服务的零售网站，还是建立一个发布新闻和其他多媒体信息的传媒和娱乐网站，作为一个成功的网站设计，应当满足以下几个方面的要求。

1）网站必须有良好的可扩性

企业网站的建立不可能一步到位，一方面随着企业的不断发展，越来越多的业务将在网上开展。例如一个生产企业，最开始只是建立一个企业网站进行信息发布和企业形象宣传等业务；接下来，该企业与销售商、零售商合作建立 Extranet，开展产品网上订购业务和原材料的网上采购业务。企业网站的扩展应该是在原有系统的基础上进行的，充分利用网站的原始资源，因此要求在最初设计网站时，充分考虑网站的可扩充性，例如，选择开放的、有良好的兼容性的电子商务应用服务器和 Web 服务器，采用符合国际标准的电子商务技术等。

2）高效率的并发处理能力

网站能够经受住每日百万，甚至千万的访问量及大量的并发请求。对于一个网站来说，基于 Internet 的用户是潜在的、无法准确估计的，尤其在某些高峰期，因此在选择网站的 Web 服务器时，应特别注意服务器对并发请求的处理能力，具有良好的排队机制，防止在大访问量时出现死机的情况。

3）强大的管理工具

网站的结构可以是分布式，但必须是可集中管理的，维护一个网站的正常运转不是一件简单的事情。一方面要及时更新网站的内容，保证网站信息的时间性，如果一个网站在一个月内，内容和形式都不进行任何更新，用户就会对网站失去兴趣，会怀疑“网站是否还活着”。因此在设计网站时，对于信息更新频繁的，如新闻类网站，应该有一个信息发布的系统，方便网站信息的维护。另一方面，还需要保证网站的正常运转，及时发现网站服务器的异常情况。通常具有一定规模的网站都是分布式的，例如，网站的 Web 服务器就有可能是由几台机器集群构成的。因此，一个功能强大的网站管理控制台对于一个网站的良好运转是必需的。

4）与企业已有信息资源的整合

网站必须能够与现存的企业应用系统紧紧地整合。电子商务系统中的门户网站与一般的 Internet 网站主要区别是：门户网站与企业的内部系统是紧密联系在一起的，门户网站所发布的信息主要来源于企业的内部信息，只有两者的紧密结合才能充分发挥电子商务系统的长处，促进企业的发展。因此，在设计电子商务系统时，应该充分考虑网站与现存企业应用的整合，许多 IT 厂商提出的电子商务解决方案中都包含企业整合的产品。

5）网站必须确保提供 7×24 h 的服务

电子商务系统为企业提供了一个合作伙伴、供应商和客户直接联系做生意的方式，它为企业提供了新的机会，更加贴近客户，而且 Internet 使企业的合作伙伴和客户遍布全球。为了给客户提供更加优质的服务，就要求企业的电子商务系统是 7×24 h 全天候方式运作的。

6）良好的容错性能

网站应该具有良好的容错性，能保证交易的完整性。电子商务系统中运行的程序大多都是关键性的业务，如在线的股票交易，因此，在系统设计时，要考虑网站的可恢复性，一旦出现硬件错误或软件的意外事故，必须保证所有正在进行的交易信息是可恢复的，并与原有数据保持一致。

7）支持多种客户端

网站的要求不仅仅能被 WWW 浏览器访问，同时还应该能被手机、Palm 等多种客户端所访问，所提供的一些应用对于来自企业内部和外部的不同种类的客户端都是可用的。

8）安全的运行环境

网站还必须有强大的抗攻击能力，网站必须是安全的。

5.3.2　商务网站的基本元素

电子商务系统的商务网站的基本组成元素如图 5-1 所示。主要包括企业员工、普通消费者、供应商、采购商。这些参与者通过商务网站完成相互之间的交流、合作、买卖交易等，商务网站为满足他们的要求，可能需要建立相关的电子交易市场（Market Place）、网络虚拟社区等，与此同时，为了满足企业之间的协作，商务网站需要完成供应链管理等支持。

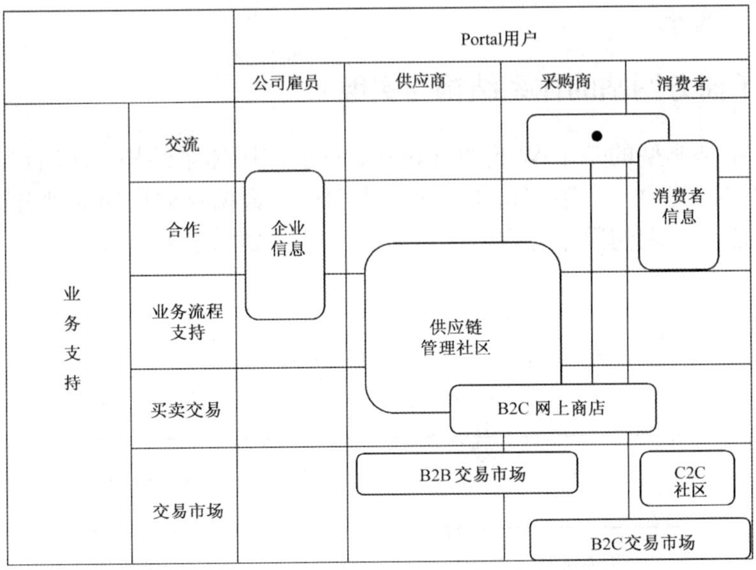

图 5-1　商务网站的基本组成元素

根据商务网站之间组成元素的相互关系及商务网站需要提供的功能，商务网站可分为企业信息网站、供应链管理社区、消费者门户网站、B2C 网上商店、B2B 交易市场、C2C 社区等类型。

为了达到网站设计的基本要素，一个企业的网站应该由以下的构件组成。

（1）应用服务器。主要用于企业较大规模电子商务应用的开发、发布和管理，同时实现与企业原有系统的集成。例如，SUN 的 iplanet，IBM 的 Webs phere、BEA 的 Weblogic。

（2）工作流和群件子系统。主要用于使工作人员和商业伙伴能通过 Internet 共享资源、协同工作。

（3）内容管理子系统。简化企业网站的产品管理，提高效率，并将相应的、经过筛选的内容发给最终用户。

（4）目录服务器。企业使用它来管理防火墙内外的用户、资源和控制安全权限，同时为用户的通信和电子商务交易提供一个通道。

（5）性能优化工具。改善网站服务质量，包括流量管理、动态数据缓存、网络动态负载、知识管理等。

（6）邮件和消息服务器。使企业和服务提供者能为所有员工、合作伙伴和客户社区提供商业级的通信架构。

（7）个性化信息服务。在实时分析用户数据的基础上提供 one-to-one 的交易平台。通过对用户行为更好地理解，企业能跟踪、分析和理解网站用户。

（8）搜索引擎。为用户提供更广范围的资源。

（9）安全服务器。包括数据安全、应用安全和交易安全。其基本内容有用防火墙阻止对网络的非授权访问，在安全和个人的角色授权基础上，只需要一次登录就可以访问所有的网站应用，通过提供一种对在线交易的每一方的可信任的授权方式，帮助客户、合作伙伴和员工实现 Internet 应用。

（10）网站服务器。将各种网站的信息发布给用户。

以上构件是网站建设通常所需要的，针对企业的自身特点及网站规模的大小、应用的类型，可以有不同的选择。

5.3.3　电子商务网站的体系结构与实现

电子商务网站是典型的基于 Web 的分布式、三层应用体系结构，即用户界面层、应用逻辑层和数据存取层。其中，应用逻辑层把用户界面层和数据存取层明显地分离出来，把客户端的用户界面与服务器端的数据存取隔离开来，其结构如图 5-2 所示。

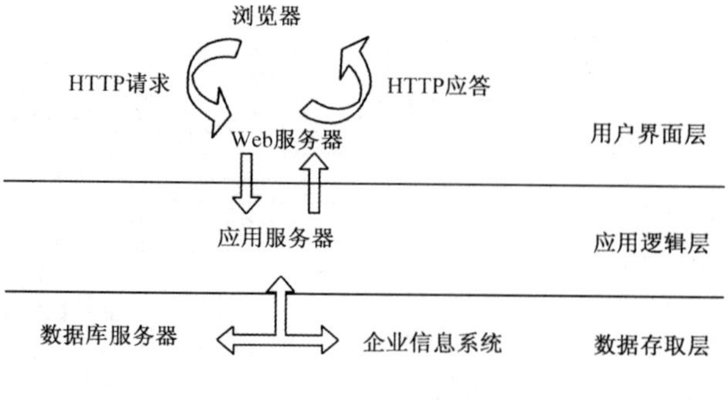

图 5-2　电子商务网站的体系结构

Web 通信的基本原理：客户在浏览器向 Web 服务器发出 HTTP 请求，Web 服务器接到请求后，将启动相应的进程来响应这一请求，并将处理的结果以 HTML 文件的形式返回到浏览器，客户浏览器对其进行解释并显示给用户。Web 服务器要与数据库服务器进行交互，则必须通过应用服务器才能实现。

（1）浏览器指的是在客户端浏览 Internet 信息的软件，也称为 Web 浏览器。通常使用的浏览器是美国微软公司生产的 Internet Explorer（即 IE）及美国网景公司生产的 Netscape Navigator。

（2）Web 服务器是指计算机信息资源的存放主机。

（3）应用服务器指的是可以调用 Web 服务器中的数据库数据、超文本内容和其他应用程序，常用的中间件有 CGI、ASP、JSP、JDBC、WEBAPI 等。

1. 用户界面层及相关技术

用户层用于为最终用户提供一个友好的用户界面，接收用户提交的事件，并将处理结果返回给用户。这一层作为应用的前端和“窗口”，决定了用户对网站优劣的评价和总体印象。网站从总体上来说是“客户端独立”的、中间层业务逻辑相同的和多样化的用户接口。这些客户端包括基于浏览器的 HTML 客户端、基于 Java 的客户端、传统的 C/C++应用、Powerbuider 客户端及 Visual Basic 客户端。

“客户端独立”允许利用阶段式的、分步的方法来构建应用系统。采用 Client/Server 结构在扩充新的用户接口时，需要对整个应用系统进行全局的调整。而采用“客户端独立”结构能够快速地建立或局部地增加新的功能。因此，将用户层从业务逻辑中分离出来，对于阶段性的分布开发是必需的。

在用户层除了使用最基本的 HTML 语言外，通常还利用 JavaScript Internet 脚本语言，以及 Java Internet 程序开发语言。JavaScript 程序运行在客户端，能够完成用户事件获取、数据提交前的合法性校验、错误检查和实现动画效果等功能。利用 Java 语言开发的 JavaScript 程序运行于服务器端，负责实现与业务逻辑层的交互，从业务逻辑层获得数据，并将用户提交的信息传给业务逻辑层。而基于 Java 语言的 JSP 程序则实现数据的动态显示，它将 JavaScript 程序获得的数据形成相应的 HTML 页面传给客户端。

为了适应电子商务应用的各种需求，新的用户层技术不断涌现，XML（可扩展标志语言）和 RDF（资源描述框架）是当前两种最新的对用户层产生重大影响的技术。XML 能够以一种结构化的文本方式来表述数据；RDF 提供一种统一的、可互操作的方法通过 Internet 在程序间交换元数据。

2. 应用逻辑层与实现

应用逻辑层是电子商务系统的核心，也是系统建造过程中的难点和重点。应用逻辑层包括商务应用（程序）、支持平台（包括应用服务层、应用支持层和基础支持层）。

支持平台向上层（商务应用）提供的服务主要包括：表达、商务支持、运行支持、开发和集成服务。构成支持平台的技术产品至少应当包括 Web 服务器、应用支持软件、集成与开发工具、计算机主机、网络及其他系统软件、部分集成开发工具，它们被集中在一个称之为“应用服务器”的软件包中，所以，应用逻辑层在物理上可以简化为以下 3 部分。

（1）应用软件（实现商务逻辑）。

（2）应用服务器（为应用软件提供软件支持平台）和其他支持软件。

（3）计算机主机及网络（为应用软件提供硬件支持平台）。

构造应用逻辑层的任务是选择合适的应用服务器及其他支持软件，开发实现应用逻辑的应用软件系统。

3. 数据层及实现

构造数据层的关键是开发电子商务系统与外部系统、内部信息资源的接口，完成系统集成。

数据层的数据源主要包括既有信息系统（如 ERP 系统等）的数据和企业的数据库、企业与协作伙伴之间交换的数据、企业与银行之间交换的数据、企业与认证中心之间的认证数据、企业与其他商务中介交换的电子数据。

由于企业应用逻辑层处理过程是一个从市场、销售、采购到客户服务的整体，所以必须将商务逻辑处理过程所涉及的数据集成在一起，因此构造数据层的任务是：实现电子商务系统与企业内部和外部信息系统之间的网络互联，并确保安全的网络环境，基于应用服务器平台的商务应用系统与企业内部数据的共享。

5.4　电子商务网站的维护

当一个网站建设完毕，并已经发布，网站的建设者松了一口气。然而，这并不意味着网站工作的结束，而是网站工作的刚刚开始。也就是说，网站建设绝不是一劳永逸的事，最重要的并不是建设的过程，而是建设之后投入运行过程中的网站维护与管理工作。国内不少企业投资建设了网站，网页一经发布就以为可以坐等收益了，指望网站马上可以发挥巨大的作用，取得神奇的效果。可是过了几个月，包括市场、客户在内一点反应都没有。事实上，企业网站是否产生应有的效益，很大程度上依赖于网站的丰富程度、网页的制作和网页的更新程度。一个内容丰富、日新月异的网站才会受到欢迎。

所以，企业在网站运作后，还要对站点进行长期的不间断的管理、维护和更新。对整个网站和机房制定严格的管理规定，把一切人为安全因素的影响降到最低。对网站和数据的后期维护往往是大家容易忽视的问题，现在许多网站长时间不更新，不仅不能吸引新客户，还会失去老客户。所以，必须在网站建设之初就制定相关维护的规定，确保实现预定的目标。

电子商务网站维护的主要内容如下所述。

1. 日常维护

日常维护是一个网站能长期生存的关键，只有不断地及时更新网站里的内容，才能吸引浏览者，才能使浏览者不断地访问。网站在规划阶段就要考虑到网站建成后的日常维护问题。网站在结构设计上要具有开放性，以便于日后扩充的需要。在组织链接关系上简单明了，以便以后维护。

网站的日常维护归纳起来主要有以下内容：

（1）硬件设备的定期维护保养、线路保障。

（2）各种应用程序的维护。

（3）网站内容的及时更新。

（4）网站稳定性的跟踪。

如果网站无法正常显示，一切都无从谈起。因此，一方面，尽量找一家能保证高质量服务的主机托管服务商，对方应该每天备份、有充足的系统资源。好的提供商还应让你掌握站点访问统计报告，此报告比点击率有用得多，它能表明用户来自哪里、第一次是从哪儿转到你的网站来的。另一方面，企业网站负责人员要经常检查网站的情况，发现问题，及时解决。企业网站的日常维护不到位，忽视网站稳定性的检查，吃亏的往往是自己。

（5）访问数据的分析。对网站数据、资料的收集并及时发送给有关部门，并进行基本管理是网站不可或缺的工作。在网站建设中，访问者的多少，各个访问栏目的访问率都对网站有着重要的意义。通过分析这些数据，就可以找出自己的优势与不足，从而对网站进行相应的修改，增加网站的可读性，更好地实现网站的建设目标。

网站的访问数据有以下一些指标。

（1）首页计数器（Counter）这个数据能够最直接地告诉网站访问者，有多少人曾经登录过本网站。

（2）综合浏览量（Page Views）表示某一时间段内网站各网页被浏览的总次数。

（3）独立访客数（UniqueHost）是某一时间段内唯一的来访 IP 地址数量（注：每一个来访的浏览者都会来自不同的 IP 地址）。

（4）印象数（IMPRESSION）是网页或广告图片被访问的次数，等同于计数器所表达的数字。

（5）点击次数（CLICKS）：每一次访客通过单击浏览网页中的某个链接，访问到自己感兴趣的网页，算点击一次，一个访客可以带来十几次甚至更多的点击次数。

（6）点击率（CLICKS RATIO）：一般用于表示网站上广告的广告效应。如果一个广告出现了 10 000 次，而它被点击的次数为 500 次，那么点击率即为 5%。

当然除了这些常规统计数字外，通过一些 ASP 程序及栏目还可以了解到“注册用户的数量”、“邮件列表的用户数”、“每天收到的邮件数量”、“参加网上调查的人数”、“论坛发表的文章数”等网站数字信息。网站的数据代表着一个网站受欢迎的程度，以及它可能带来的一些直接或间接的效益，这大概是网站统计数字对一个网站最直接的表述。

2. 网页维护

网页维护就是指网页的更新与检查。一个网站要有影响力，最重要的是有新的内容。现在很多企业建站效果甚微就在于网站几乎没有更新，只是企业的介绍，网站一成不变，没有任何企业的动态新闻，这样的形象是不可能激起浏览者的兴趣并得到其信任的。

网页更新要做到以下两点：

a. 有专门维护的新闻栏目。这是重要的，一方面要把企业动态都反映在里面，让访问者觉得该企业是一个发展中的企业。另一方面，也要在网上收集相关资料，放置在网站上，吸引同类用户的兴趣。

b. 时常检查相关链接。通过测试软件对网站所有的网页链接进行测试，看是否能连通，最好是自己亲自浏览，这样才能发现问题。尤其是网站导航栏目，可能经常出问题，也可以在网页上显示“如有链接错误请指出”等字样。

网页维护的另一个重要内容就是交互性组件的维护。通常一个网站建设好后，网站管理者除了要日常维护站点之外，还必须与访问者多沟通。仅仅有了精美的网站设计、先进的技术应用、丰富的内容，访问量不一定就会上升。在一般产品销售生产中，先做市场调查，了解市场上人们需要什么样的产品，然后才开始生产；到产品推出后，还要收取反馈信息，对产品进行改造，进一步适应客户的需要。站点建设也同一般的产品销售一样，必须同站点访问者多交流意见。这样才能了解网民需要看什么。如果不了解访问者的想法，只按照自己的思路去发展，脱离了网民，这个站点只能是空中楼阁。沟通的措施一般有以下几方面内容：

（1）维护留言簿。制作好留言簿后，要经常维护，总结意见。因为一般访问者对站点有什么意见，通常都会在第一时间看看站点哪里有留言簿，然后在那里记录对网站管理者提供他们想要的信息及相关的服务的期望。我们必须对别人提出的问题进行分析总结，一方面要以尽可能快的速度答复；另一方面，也要记录下来，并切实改进。可以从中收集到很多信息，获得很多商机。

（2）维护用户的电子邮件。所有的企业网站都有自己的联系页面，通常是管理者的电子邮件地址，经常会有一些信息发到邮箱中，对访问者的邮件要及时答复。最好是在邮件服务器上设置一个自动回复功能，这样能够使访问者对站点的服务有一种安全感和责任感，然后再对用户的问题进行细致的解答。

3. 数据库维护

电子商务网站后台数据库管理和维护是网站工作中最重要的内容。电子商务中的所有数据，包括商品、客户资料、需求数据、订货单和账单等都放在后台的数据库中，所以为了保证这些数据的安全、可靠，必须对数据库做一些日常性的维护工作。

在电子商务网站中有许多数据，主要分为系统备份数据和系统临时数据库等。用户临时数据是指用电子商务运行应用软件所需数据，以及运行程序产生的结果数据，这些数据也是读者最为熟悉和经常使用的数据。它包括各类信息，例如，数字、文字、声音、图片等。这些数据的特点是：数量大、调用频率高、更新快和所属关系复杂等。用户备份数据指用户运行应用软件时所产生的数据和产生的结果数据的周期性备份。系统备份数据是指系统运行，特别是在对系统调整时自动产生的数据。

本 章 小 结

本章主要介绍了电子商务网站的概念和主要功能，并在此基础上讨论了网站规划的要求和整体设计风格。除此还详细介绍了本章的重点和难点：电子商务网站设计、规划与实现。最后在本章结尾讨论了网站维护的基本要求。

本 章 检 测

1. 电子商务网站的主要功能有哪些？
2. 电子商务网站设计的主要元素是什么？
3. 电子商务网站规划的基本要求是什么？
4. 电子商务网站的体系结构是什么？主要由哪几层组成？简述其作用。
5. 电子商务网站的维护主要分为哪几个方面，简述之。
6. 访问中国外经贸网站（http://www.chinamarket.com.cn），了解网站的交易过程。
7. 任意访问一电子商务网站，分析其网站的风格。

第6章 网络营销

学习要点

- 掌握网络营销的概念和基本职能。
- 掌握网络营销的常用工具和方法。
- 掌握网络营销的实践应用。

网络营销是以互联网为主要手段的一种新型营销手段，尽管历史较短，但已经在企业经营策略中发挥着越来越重要的作用，网络营销的价值也为越来越多的实践应用所证实。目前对网络营销的理论研究还处于初级阶段，本章将围绕网络营销的概念、网络营销的工具和方法以及网络营销实践应用等几个方面展开讨论。

6.1 网络营销概述

6.1.1 网络营销的诞生及其演变

随着上网人数的不断增长和互联网应用的迅速发展，网络营销已经成为企业常用的营销方式之一，也与人们的日常工作和生活密不可分。现在，人们可以方便地通过网站购买自己需要的物品。当某个产品在使用过程中遇到问题时，可以随时到服务商网站获取相关信息，如产品使用说明、技术指标、最新的产品行情、查询本地售后服务部门的联系信息，或者与厂商在线服务人员进行实时交流。如果用户在某个网站上订阅了自己感兴趣的信息，当有最新的商品上市时，很快便可以通过电子邮件了解到有关信息，甚至还可以获得服务商提供的特别优惠措施，如在线优惠券、特别折扣、免费送货上门等。这些都是厂商开展网络营销为消费者带来的便利。而且，厂商在为顾客提供这些服务的同时，也比传统营销方式降低了成本，增加了收益，可见网络营销对厂商和消费者双方都有价值。

网络营销信息已经同各种广告信息一样对消费者产生了很大影响。例如，如果我们进入一个大型门户网站，会看到各种各样的网络广告；当使用搜索引擎检索信息时，除了可以看到许多企业和产品的信息之外，在搜索结果中也会出现一些相关的文字广告；如果要检索某个商品，可能会出现许多同类产品的厂商信息，信息之多有时甚至让人感到无所适从；如果打开电子邮箱，其中同样会有很多推广产品的邮件。这些现象都说明现在的网络营销信息已经非常丰富了，但是网络营销自诞生至今，只有十多年的历史，网络营销在企业获得广泛应用并取得卓越的成效，更是近几年的事情。

网络营销是随着互联网进入商业应用而逐渐诞生的，尤其是万维网（WWW）、电子邮件（E-mail）、搜索引擎等得到广泛应用之后，网络营销的价值才越来越明显。E-mail 虽然早在 1971 年就已经诞生，但在互联网普及应用之前，并没有被应用于营销领域。到了 1993 年，才出现基于互联网的搜索引擎。1994 年 10 月网络广告诞生。1995 年 7 月，全球最大的网上商店亚马逊成立。1994 年被认为是对于网络营销的发展重要的一年，因为网络广告诞生的同时，基于互联网的知名搜索引擎 Yahoo、Webcrawler、Infoseek、Lycos 等相继于 1994 年诞生。另外，由于曾经发生了“第一起利用互联网赚钱”的“律师事件”，促使人们对于 E-mail 营销开始进行深入思考，也直接促成了网络营销概念的形成。从这些事实来看，可以认为网络营销诞生于 1994 年。从那时开始，人们开始认真思考和研究网络营销的有关问题，网络营销的概念也逐渐开始形成。此后，随着企业网站数量和上网人数的日益增加，各种网络营销方法也开始陆续出现，网络营销进入了快速发展时期。

6.1.2　网络营销的基本概念

与许多新兴学科一样，“网络营销”目前不但没有一个公认的、完善的定义，而且在不同时期从不同的角度对网络营销的认识也有一定的差异，这种状况主要是因为网络营销环境在不断发展变化，各种网络营销模式不断出现，并且网络营销涉及多个学科的知识，不同研究人员具有不同的知识背景，因此在对网络营销的研究方法和研究内容方面有一定差异。

从网络营销的内容和表现形式来看，人们对网络营销同样有不同的认识。有些人将网络营销等同于在网上销售产品，有些则把域名注册、网站建设这些基础网络服务内容认为是网络营销，也有些人只将网站推广视为网络营销。应该说，这些观点都从某些方面反映出网络营销的部分内容，但并没有完整地表达出网络营销的全部内涵，也无法体现出网络营销的实质。

为了对网络营销有一个全面的认识，有必要为网络营销下一个比较合理的定义。笼统地说，凡是以互联网为主要手段开展的营销活动，都可称之为网络营销（有时也称为网上营销、互联网营销等，我国港台地区则多称为网络行销），但实际上并不是每一种手段都合乎网络营销的基本准则，也不是任何一种方法都能发挥网络营销的作用。真正意义上的网络营销，应该具有其内在的规律性，可以为营销实践提供指导，可以产生实实在在的效果，并且具有可操作性。

为了明确网络营销的基本含义，这里将网络营销定义为：网络营销是企业整体营销战略的一个组成部分，是为实现企业总体经营目标所进行的，以互联网为基本手段营造网上经营环境的各种活动。

有必要说明的是，网络营销的内涵和手段都在不断地发展演变中，关于网络营销的定义和理解也只能适用于一定的时期。随着时间的推移，这种定义可能显得不够全面，或者不能够反映新时期的实际状况。因此，不要把网络营销理解为僵化的概念，也不必将本书中所介绍的网络营销方法作为固定的模式照搬，而是需要根据网络营销环境的发展，在具体实践中根据本企业当时的状况灵活运用。

6.1.3　网络营销的职能

在传统的市场营销中，产品、价格、销售渠道和促销（4P）被称为市场营销组合，也是整个市场营销学的基本框架。那么，网络营销的理论基础是什么，网络营销的内容体系又是如何构建的呢？

在互联网环境中，一些学者认为 4C 是网络营销的理论基础，4C 即顾客的欲望和需求（Consumer’s Wants and Needs）、满足欲望和需求的成本（Cost to Satisfy Wants and Needs）、方便购买（Convenience to Buy），以及与消费者的沟通（Communication）。表面看来，4C 的确反映了网络营销的一些特征，并且对一些网络营销策略具有一定的指导作用。但是深入分析可以发现，虽然4C对于网络营销思想具有一定的意义，但是这些并非属于网络营销的专有特征，对传统的市场营销同样是适用的，并且4C体系本身并不完整，其严密性、系统性和可操作性等方面显然无法与4P相提并论。网络营销是从实践应用中经过归纳总结逐步形成的一门学科，实践性强是其基本特征，如果脱离了可操作性来研究网络营销，将无法体现网络营销的实际价值。因此，4C很难作为完整的网络营销理论体系。事实上，到目前为止，没有任何一个现有的理论可以作为完整的网络营销理论基础，也不可能凭空想象出一个可以解释网络营销一般规律的理论体系。为了深入研究网络营销的内在规律，就需要从网络营销的发生、发展的实践出发来逐步认识其本质，将网络营销实践经过归纳总结上升到理论的高度。

由于互联网应用发展速度非常快，不断有新的网络营销模式出现，如何能够比较全面地反映网络营销实践的发展，并对企业网络营销实践活动具有指导作用，就成为构建网络营销体系的基本出发点。从实践应用的角度来看，网络营销比较注重操作方法和技巧，这样容易给人造成一种感觉，即很难把握网络营销的精髓，网络营销似乎只是一些操作方法的罗列，而不是一个完整的网上经营体系，由此产生的直接结果是网络营销缺乏系统性，并且难以用全面的观点去评价网络营销的效果，甚至难以确立网络营销在企业营销战略中的地位，互联网在企业经营中的价值也不能充分发挥出来。

为理解网络营销的基本框架，本书用网络营销的职能来说明网络营销的组成，同时也说明了网络营销所包含的基本内容。通过对网络营销实践应用的归纳总结，网络营销的基本职能表现在八个方面：网络品牌、网站推广、信息发布、销售促进、网上销售、顾客服务、顾客关系、网上调研。

1）网络品牌

网络营销的重要任务之一就是在互联网上建立并推广企业的品牌，并让企业的网下品牌在网上得以延伸和拓展。网络营销为企业利用互联网建立品牌形象提供了有利的条件，无论是大型企业还是中小企业都可以用适合自己企业的方式展现品牌形象。网络品牌建设是以企业网站建设为基础，通过一系列的推广措施，达到顾客和公众对企业的认知和认可。网络品牌价值是网络营销效果的表现形式之一，通过网络品牌的价值转化实现持久的顾客忠诚和更多的直接收益。

2）网站推广

获得必要的访问量是网络营销取得成效的基础，尤其对于中小企业，由于经营资源的限制，发布新闻、投放广告、开展大规模促销活动等宣传机会比较少，因此通过互联网手段进行网站推广的意义显得更为重要，这也是中小企业对于网络营销更为热衷的主要原因。即使对于大型企业，网站推广也是非常必要的，事实上许多大型企业虽然有较高的知名度，但网站访问量也不高。因此，网站推广是网络营销最基本的职能之一，是网络营销的基础工作。

3）信息发布

网络营销的基本思想就是通过各种互联网手段，将企业营销信息以高效的手段向目标用户、合作伙伴、公众等群体传递，因此，信息发布就成为网络营销的基本职能之一。互联网为企业发布信息创造了优越的条件，不仅可以将信息发布在企业网站上，还可以利用各种网络营销工具和网络服务商的信息发布渠道向更大的范围传播信息。

4）销售促进

市场营销的基本目的是为最终增加销售提供支持，网络营销也不例外，各种网络营销方法大都直接或间接具有促进销售的效果，同时还有许多针对性的网上促销手段。这些促销方法并不限于对网上销售的支持，事实上，网络营销对于促进网下销售同样很有价值，这也就是为什么一些没有开展网上销售业务的企业一样有必要开展网络营销的原因。

5）网上销售

网上销售是企业销售渠道在网上的延伸。一个具备网上交易功能的企业网站本身就是一个网上交易场所，网上销售渠道建设并不限于企业网站本身，还包括建立在专业电子商务平台上的网上商店，以及与其他电子商务网站不同形式的合作等。因此，网上销售并不仅仅是大型企业才能开展，不同规模的企业都有可能拥有适合自己需要的在线销售渠道。

6）顾客服务

互联网提供了更加方便的在线顾客服务手段，从形式最简单的 FAQ（常见问题解答），到电子邮件、邮件列表，以及在线论坛和各种即时信息服务等。在线顾客服务具有成本低、效率高的优点，在提高顾客服务水平、降低顾客服务费用方面具有显著作用，同时也直接影响到网络营销的效果，因此在线顾客服务成为网络营销的基本组成内容。

7）顾客关系

顾客关系对于开发顾客的长期价值具有至关重要的作用，以顾客关系为核心的营销方式成为企业创造和保持竞争优势的重要策略。网络营销为建立顾客关系、提高顾客满意度和顾客忠诚度提供了更为有效的手段，通过网络营销的交互性和良好的顾客服务手段，增进顾客关系成为网络营销取得长期效果的必要条件。

8）网上调研

网上市场调研具有调查周期短、成本低的特点。网上调研不仅为制定网络营销策略提供支持，也是整个市场研究活动的辅助手段之一。合理利用网上市场调研手段对于市场营销策略具有重要价值。网上市场调研与网络营销的其他职能具有同等地位，既可以依靠其他职能的支持而开展，同时也可以相对独立进行，网上调研的结果反过来又可以为其他职能更好地发挥提供支持。

网络营销的各个职能之间并非相互独立的，而是相互联系、相互促进的，网络营销的最终效果是各项职能共同作用的结果。为了直观描述网络营销八项职能之间的关系，可以从其作用和效果方面做出大致的区分：网站推广、信息发布、顾客关系、顾客服务和网上调研这五项职能属于基础，主要表现为网络营销资源的投入和建立，而网络品牌、销售促进、网上销售这三项职能则表现为网络营销的效果（包括直接效果和间接效果）。图 6-1 描述了网络营销八项职能之间的关系。

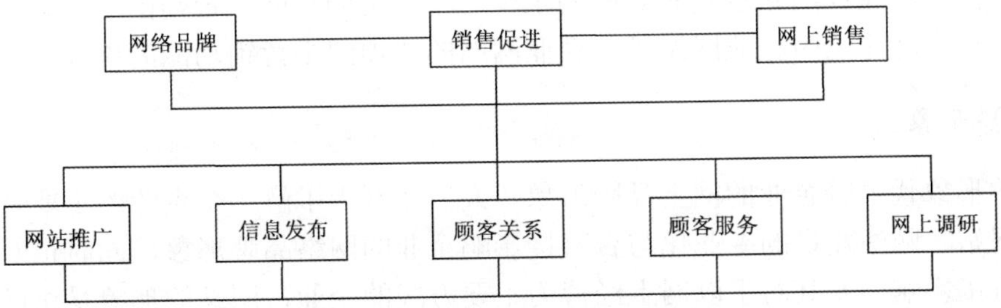

图 6-1 网络营销职能关系图

网络营销的职能是通过各种网络营销方法来实现的，同一个职能可能需要多种网络营销方法的共同作用，而同一种网络营销方法也可能适用于多个网络营销职能，因此完全将网络营销职能与方法之间建立一一对应的关系是不合适的。为此，本书将从两个层面来体现网络营销的职能与各种网络营销方法之间的关系：一方面，以网络营销方法为主线，通过对主要网络营销方法及其应用的介绍，来体现各项网络营销的职能；另一方面，在网络营销实践与管理中集中介绍了网络营销八项职能的实现手段。除了前面已经介绍过的基本网络营销方法之外，还对一些网络营销方法的深度应用给予了必要的补充，并且介绍了部分针对性的网络营销方法。通过这种多层次结构，使得一些网络营销的重要方法和职能得以充分描述，便于理论和实践的多方位结合，从而加深对网络营销的理解。网络营销的八项职能也说明，开展网络营销需要用全面的观点，充分协调和发挥各种职能的作用，让网络营销的整体效益最大化。

6.2 网络营销的常用工具

在现阶段的网络营销活动中，常用的网络营销工具包括企业网站、搜索引擎、电子邮件、网络实名/通用网址、即时信息、博客（BLOG）、RSS 等。借助于这些手段，可以实现营销信息的发布、传递、与用户之间的交互，以及为实现销售营造有利的环境。

随着互联网技术和应用的不断发展，适用于网络营销的基本工具也会随之发生变化，新的工具会不断出现，而现在适用的工具随着时间的推移可能不再有效了，因此网络营销工具具有一定的阶段性。这里介绍部分常用的网络营销工具，这些工具的深入应用在网络营销方法和网络营销实践的有关内容中将陆续给予介绍。

6.2.1 企业网站

在所有的网络营销工具中，企业网站是最基本、最重要的一个。没有企业网站，许多网络营销方法将无用武之地，企业的网络营销整体效果也将大打折扣。研究企业网站的意义在于企业网站与网络营销之间所存在的内在关系。要把握企业网站与网络营销关系的本质，必须充分理解企业网站的网络营销功能，这样才能掌握这种内在关系的一般规律，建造适合网络营销需要的企业网站，为有效开展网络营销奠定基础。

通过对众多企业网站的研究发现，无论网站规模多大，也不论具有哪些技术功能，网站的网络营销功能主要表现在八个方面：品牌形象、产品/服务展示、信息发布、顾客服务、顾客关系、网上调查、资源合作、网上销售。

即使最简单的企业网站也具有其中的至少一项以上的功能，否则由于不具备企业网站的基本特征，也不能称之为企业网站了。企业网站的八项网络营销功能简单介绍如下。

1）品牌形象

网站的形象代表着企业的网上品牌形象。人们在网上了解一个企业的主要方式就是访问该公司的网站，网站建设的专业化与否直接影响企业的网络品牌形象，同时也对网站的其他功能产生直接影响。尤其对于以网上经营为主要方式的企业，网站的形象是访问者对企业的第一印象。这种印象对于建立品牌形象、产生用户信任具有至关重要的作用。

2）产品/服务展示

顾客访问网站的主要目的是为了对公司的产品和服务进行深入的了解，企业网站的主要价值也就在于灵活地向用户展示产品说明的文字、图片甚至多媒体信息。即使一个功能简单的网站至少也相当于一本可以随时更新的产品宣传资料，并且这种宣传资料是用户主动来获取的，对信息内容有较高的关注程度，因此往往可以获得比一般印刷宣传资料更好的宣传效果。

3）信息发布

网站是一个信息载体，在法律许可的范围内，可以发布一切有利于企业形象、顾客服务以及促进销售的企业新闻、产品信息、各种促销信息、招标信息、合作信息、人员招聘信息等，因此，拥有一个网站就相当于拥有一个强有力的宣传工具。

4）顾客服务

通过网站可以为顾客提供各种在线服务和帮助信息，比如常见问题回答（FAQ）、电子邮件咨询、在线表单、通过即时信息实时回答顾客的咨询等。这样不仅为顾客提供了方便，也提高了顾客服务效率，节省了服务成本。

5）顾客关系

通过网络社区、电子刊物、有奖调查等方式吸引顾客参与，不仅可以起到产品宣传的目的，同时也有助于增进顾客关系、提高顾客的忠诚度。

6）网上调查

市场调研是营销工作不可或缺的内容，企业网站为网上调查提供了方便而又廉价的途径。通过网站上的在线调查表，或者通过电子邮件、论坛、实时信息等方式征求顾客意见等，可以获得有价值的用户反馈信息，为企业提供第一手的市场资料。

7）资源合作

资源合作是独具特色的网络营销手段，为了获得更好的网上推广效果，需要与供应商、经销商、客户网站以及其他内容、功能互补或者相关的企业建立资源合作关系，实现资源共享到利益共享的目的。常见的资源合作形式包括交换链接、交换广告、内容合作、客户资源合作等。

8）网上销售

建立网站的目的之一是为了增加销售。一个功能完善的网站本身就可以完成订单确认、网上支付等电子商务功能，即企业网站本身就是一个销售渠道，利用企业网站本身的资源来开展在线销售是有效的一种形式。

企业网站的网络营销功能，并不是固定不变的，需要与企业的经营策略相适应。在企业网络营销的不同阶段，对网站功能的需求不同，网站功能也相应有一定的差异。

6.2.2 搜索引擎

搜索引擎是常用的互联网服务之一，搜索引擎的基本功能是为用户查询信息提供方便。随着互联网上信息量的爆炸式增长，如何寻找有价值的信息显得日益重要，因此搜索引擎便应运而生，并理所当然地成为网络营销的基本手段之一。

通过搜索引擎，当输入关键词后，即可反馈出相关的信息，但是，不同的搜索引擎其原理是不同的。从工作原理来分，常见的搜索引擎有两类：一类是纯技术型的全文检索搜索引擎，如Google、AltaVista等。其原理是通过机械手（即Spider程序）到各个网站收集、存储信息，并建立索引数据库供用户查询。另一类搜索引擎称为分类目录，这种搜索引擎并不采集网站的任何信息，而是利用各网站向搜索引擎提交网站信息时填写的关键词和网站描述等资料，经过人工审核编辑后，如果符合网站登录的条件，则输入数据库供用户查询。Yahoo是分类目录的典型代表，国内的搜狐、新浪等搜索引擎也是从分类目录发展起来的。

6.2.3 电子邮件

电子邮件是最常用的互联网服务，是促使网络营销概念诞生的重要因素之一。电子邮件是一个基本的互联网通信工具，几乎应用于网络营销的各个方面，主要功能在于信息收集、传递和交流。电子邮件是最有效、最直接、成本最低的信息传递工具。电子邮件在网络营销中的作用主要表现在下列八个方面。

1）企业品牌形象

一封完整的电子邮件的基本组成要素包括发件人的电子邮件地址、收件人电子邮件地址、邮件主题和邮件内容等。在商务活动中，发件人的电子邮件地址对于企业形象和用户的信任具有重要影响，电子邮件地址本身代表了企业的品牌形象，因此通过电子邮件传递营销信息时，在信息源的设置与信息的传递中，应注意与企业品牌相适应。

2）在线顾客服务

电子邮件是在线顾客服务的重要工具之一，通过电子邮件开展顾客服务，不仅节约了顾客服务成本，在增进顾客关系、提高顾客服务质量、增加顾客忠诚度等方面都具有重要作用。

3）会员通讯与电子刊物

会员通讯与电子刊物都是E-mail营销中获得用户许可的基本方法，是许可E-mail营销中内部列表E-mail营销的主要方式。用户为了获得某些信息和服务，可以自愿成为会员通讯与电子刊物的订阅者，用户自愿加入到这种邮件列表中，为企业提供了通过电子邮件向用户传递有价值信息的基础条件。这种内部列表已成为企业开展顾客服务、增强竞争优势的有力工具之一。

4）电子邮件广告

通过电子邮件发送广告，操作简便、形式灵活、用户定位程度高，已经成为用户反馈率最高的网络广告形式之一，远远高于一般的标志广告、文字广告和分类广告等形式，因此，已经成为企业经常采用的网络广告形式之一。

5）网站推广

电子邮件在网站推广中也发挥着不可忽视的作用，通过电子邮件可以主动向用户推广网站，并且推荐方式比较灵活，既可以是简单的广告，也可以通过新闻报道、案例分析等方式出现在邮件的内容中，以引起读者的兴趣，达到增加网站访问量的目的。

6）产品/服务推广

产品/服务推广是许可 E-mail 营销的基本功能之一，无论是通过企业内部的邮件列表，还是通过服务商的用户电子邮件地址资源投放电子邮件广告，都可以将产品促销信息通过合理的设计，作为邮件的内容来向目标用户发送，从而达到产品推广的目的。

7）收集市场信息

一些网站为了维持与用户的关系，常常将一些有价值的信息以新闻邮件、电子刊物等形式免费向用户发送，通过加入这些邮件列表可以获得大量有价值的市场信息，如行业发展动态、调查统计资料、市场供求信息以及竞争者的最新市场动向等。

8）在线市场调查

利用电子邮件开展在线调查是网络市场调研中的常用方法之一，在获取了被调查对象的电子邮件地址信息后，可以通过电子邮件发送在线调查问卷。

6.2.4 博客（Blog）与 RSS

相对于电子邮件和搜索引擎，博客（Blog）与 RSS 还是相当新的概念，不过自 2004 年之后，博客（Blog）与 RSS 获得了快速的发展，成为互联网领域最受关注的概念，并且逐渐发展成为不可或缺的网络营销工具。下面对博客（Blog）与 RSS 的基本概念给予介绍。

1. 博客（Blog）

Blog 的全名应该是 Web log，中文意思是“网络日志”，后来缩写为 Blog，Blog 是继 E-mail、BBS、ICQ 之后出现的第四种网络交流方式，是以超级链接为武器的网络日记，代表着新的生活方式和新的工作方式，更代表着新的学习方式。一个 Blog 其实就是一个网页，它通常是由简短且经常更新的帖子所构成，这些张贴的文章都按照年份和日期倒序排列。Blog 的内容和目的有很大的不同，从对其他网站的超链接和评论，有关公司、个人构想到日记、照片、诗歌、散文，甚至科幻小说的发表或张贴都有。许多 Blog 是个人心中所想事情的发表，其他

Blog 则是一群人基于某个特定主题或共同利益领域的集体创作。目前，许多企业都开通了自己的企业博客，博客的网络营销功能正在得到不断的开发和利用。

2．RSS

相对于 Blog 来说，RSS 的知名度相应会低很多，而且至今还没有一个非常贴切的中文词汇，也许以后无须中文名，大家都习惯于直接叫 RSS 了。RSS 是一种描述和同步网站内容的格式，是目前使用最广泛的 XML 应用。RSS 搭建了信息迅速传播的一个技术平台，使得每个人都成为潜在的信息提供者。发布一个 RSS 文件后，这个 RSS Feed 中包含的信息就能直接被其他站点调用，而且由于这些数据都是标准的 XML 格式，所以也能在其他的终端和服务中使用。面对扑面而来的新闻，不用再花费大量的时间冲浪和从新闻网站下载，只要通过下载或购买一种小程序，RSS 会收集和组织定制的新闻，按照希望的格式、地点、时间和方式，直接传送到你的计算机上。RSS 常用于接受新闻和博客网站，不过现在互联网商业界对于 RSS 的创新应用模式可谓丰富多彩，综合国内外相关研究，可以将 RSS 的应用方式归纳为如下几个领域：跟踪新闻组、创建日历事件、接受天气预报、分类广告信息、情报检索、商品货运跟踪、商品打折通知、拍卖商品跟踪等。

6.2.5　其他网络营销工具

除了前面已经介绍的网络营销工具以外，常用的网络营销工具还有网络实名/通用网址、电子书、即时信息、客户端软件等。这些工具既可以独立应用，也可以与企业网站等其他网络营销工具相结合。下面对网络实名/通用网址、电子书和即时信息及其在网络营销中的作用给予简要介绍。

1．网络实名/通用网址

网络实名和通用网址实际上没有本质的区别，主要区别在于两者属于不同的服务商，网络实名的服务商原属于北京三七二一科技有限公司（2003 年后被雅虎收购，到 2005 年雅虎中国被阿里巴巴集团收购之后，网络实名的运营权也相应转移到阿里巴巴），而通用网址的服务提供商是中国互联网络信息中心。网络实名/通用网址是一种可以用自然语言方式访问网站的方法，即在用户计算机上安装网络实名或通用网址客户端插件之后，用户在浏览器地址栏中直接输入已经注册的网络实名或通用网址即可直接到达该网络实名或通用网址所对应的网页。网络实名/通用网址克服了英文域名不便于中国网络用户记忆和传播的缺点，非常有助于网站的推广。

2．电子书

电子书是一种作为传统印刷品替代技术的数字化出版方式，其主要内容需要借助于一定的设备才能阅读，如专用的电子书阅读器、个人计算机、PDA 等。作为一种信息载体，电子书在网络营销中发挥了积极的作用，因而成为一种常用的网络营销工具，主要用于网站推广、产品推广、顾客服务等。

3．即时信息

即时信息指可以在线实时交流的工具，有针对个人应用和企业应用的不同类型，目前常用的即时信息工具有国外的 ICQ、Yahoo! Messenger、MSN Messenger、 AOL 即时信使等，以及国内网站经营的 QQ、新浪 UC 等，很多网站提供的在线客户服务系统也属于即时信息工具。通过即时信息工具实时与客户交流可以增进客户关系、提供在线客户服务以及发布各种营销信息等。

以上只是目前比较常用的网络营销工具，其实，网络营销工具还有很多，并且随着网络技术的不断发展，各种新的网络营销工具还会不断涌现，如何利用好各种网络营销工具对于网络营销的顺利开展具有重要意义。

6.3 网络营销常用方法

在网络营销体系中，网络营销方法发挥着承上启下的作用，网络营销的职能要求有相应的网络营销方法来实现，网络营销的实践活动是对各种网络营销方法的应用。网络营销方法是对网络营销工具和各种网络资源的合理应用，网络营销工具与网络营销方法是相辅相成的，因此在介绍了网络营销工具之后，下面介绍一下常用的网络营销方法。

网络营销分类的方法多种多样，根据网络营销是否基于企业网站可分为无站点网络营销和基于企业网站的网络营销；根据企业所拥有的网络营销资源状况可分为基于内部资源的网络营销和基于外部资源的网络营销；根据网络营销信息的传播方式可分为一对一网络营销、一对多网络营销、多对多网络营销等。下面就最直观的第一种分类方法作一下简单介绍。

6.3.1 无站点网络营销方法

没有建立自己的企业网站，也可以利用一定的方法开展网络营销，没有建立企业网站可分为两种情形：一种是企业暂时没有条件或者认为没有必要建立网站；另一种是不需要拥有网站即可达到网络营销的目的，如临时性、阶段性的网络营销活动，或者因为向用户传递的营销信息量比较小，无须通过企业网站即可实现网络营销的信息传递。如可以通过电子邮件等方式与客户进行交流、通过供求信息平台发布供求信息、发布网络广告、电子书广告、利用网上商店和网上拍卖等形式开展在线销售等。这些方法对于拥有企业网站的企业开展网络营销同样有效。下面就几种主要的无站点网络营销方法给予简单介绍。

1. 信息发布方法

信息发布是网络营销的基本职能之一，也就是借助于各种网络资源发布自己的企业和产品信息，达到宣传和促销的目的。信息发布也是一种有效的网络营销方法。在网上发布信息是网络营销最简单的方式，有许多网站提供企业供求信息发布的机会，有时这种简单的方式也会取得意想不到的效果。在拥有企业网站的情况下，首先可以将信息发布在自己的网站上。在无站点的情况下，只能利用其他网站提供的信息发布机会来发布信息。可供发布信息的渠道有供求信息平台、分类广告、黄页服务、网络社区等。

1）供求信息平台

有一些网站专门为企业提供供求信息发布，如部分 B2B 网站、专业经贸信息网等。在这些供求信息平台上，往往有大量的供求信息，不仅可以通过浏览相关企业的信息获得商机，也可以将自己的公司概况、产品信息等发布在这些网站上。一些收费服务如阿里巴巴的“诚信通”还可以提供一个模板式的网站，拥有二级独立域名，这对暂时没有网站的企业也是一种弥补，在某些方面相当于网站的部分功能。

2）网络分类广告

网络分类广告是网络广告的一种常见形式。分类广告具有形式简单、费用低廉、发布快捷、信息集中、便于查询等优点。分类广告站点有两类，一类是专业的分类广告网站，另一类是综合性网站开设的频道和栏目，如新浪分类信息、搜狐分类信息等。

3）在线黄页服务

在线黄页服务的名称来源于电话号码黄页，简单来说就是企业名录和简介，通过在线黄页，企业可以发布基本信息如产品介绍、企业新闻、联系方式等。当大量的企业黄页集中于一个网站上时，便形成了一个可以按行业、产品分类的企业信息数据库，这就是在线黄页的表现形式，典型的黄页服务如新浪企业黄页、中华大黄页等。

4）网络社区

网络社区是指包括BBS/论坛、讨论组、聊天室、博客以及其他社会性网络等在内的网上交流空间，同一主题的网络社区集中了具有共同兴趣的访问者。由于有众多用户的参与，不仅具备交流的功能，实际上也成为一种营销场所。目前，早期的网络社区如BBS和讨论组已经逐渐失去了网络营销价值，博客、WIKI 和其他社会性网络逐渐成为新的具有活力的网络社区模式，也产生了一些创新的网络社区营销方法。

2．在线销售方法

无论是否拥有企业网站，都可以利用网上商店与网上拍卖等方式开展网上销售工作，让互联网成为企业新型的销售渠道。网上商店与网上拍卖都是实现在线销售的比较简单的手段，这种网络营销方法需要建立在专业服务商提供的电子商务平台之上。

1）网上商店

所谓网上商店，是指建立在第三方提供的电子商务平台上的、由商家自行开展电子商务的一种形式，正如同在大型商场中租用场地开设商家的专卖店一样。网上商店的主要特点在于：缩短了企业开展电子商务的投入周期；简化了开展电子商务的复杂过程；增加了网上展示产品的窗口；直接获得网上销售收入；不需要太多的专业知识，便于管理。现在有许多电子商务网站提供网上平台服务，如6688.com、当当网等。

2）网上拍卖

网上拍卖是电子商务领域比较成功的一种商业模式，是个人对个人电子商务（C2C）的一种具体表现形式。国外一些知名网站如 eBay 等已经取得了很好的经营业绩。国内阿里巴巴旗下的淘宝网也从网上拍卖开始逐渐发展成为包括C2C、B2C为一体的电子商务平台，为国内个人和中小企业开展电子商务提供了极大的便利。

除了上述介绍的几种信息发布和网上销售方法之外，适用于无站点的网络营销方法常见的还有网络广告、E-mail 营销、病毒性营销、博客营销等多种形式，这些都是通用的网络营销方法，无论是否拥有企业网站都可以应用。

6.3.2　基于企业网站的网络营销方法

相对于无站点营销，在拥有企业网站的情况下，网络营销的手段要丰富的多。由于有企业网站的支持，网络营销效果也比无站点营销更有保证，因此基于企业网站的网络营销方法是网络营销的主流形式。基于企业网站的网络营销方法主要有以下几种。

1．搜索引擎营销

搜索引擎营销就是创造自己的企业信息被搜索引擎收录的机会，利用这个机会让潜在用户发现自己企业的信息，企业利用这种被用户检索的机会实现信息传递的目的，这就是搜索引擎营销。实现搜索引擎营销的主要任务是：

（1）构造适合搜索引擎检索的信息源，信息源被搜索引擎收录是搜索引擎营销的基础，这也是网站建设之所以成为网络营销基础的原因，企业网站中的各种信息是搜索引擎检索的基础。

（2）创造网站/网页被搜索引擎收录的机会。网站建设完成并发布到互联网上并不意味着自然可以达到搜索引擎营销的目的，如果不能被搜索引擎收录，用户便无法通过搜索引擎发现网站上的信息，就不能实现网络营销信息传递的目的。因此，让尽可能多的网页被搜索引擎收录是搜索引擎营销的基本任务之一。

（3）让网站信息出现在搜索结果中的靠前位置。网站/网页仅仅被搜索引擎收录还不够，还需要让企业信息出现在搜索结果中的靠前位置，这就是搜索引擎优化所期望的结果。

（4）以搜索结果中有限的信息获得用户关注。通过对搜索引擎检索结果的观察可以发现，并非所有的检索结果都含有丰富的信息，用户通常并不能点击浏览检索结果中的所有信息，而需要对搜索结果进行判断，从中筛选一些相关性最强、最能引起用户关注的信息进行点击，进入相应网页之后获得更为完整的信息。要做到这一点，需要针对每个搜索引擎收集信息的方式进行针对性的研究。

目前，利用搜索引擎营销的常见方式有以下几种。

（1）登录分类目录。也就是将企业网站提交给目录式搜索引擎，当网站缴纳费用之后就可以获得被收录的资格。此类搜索引擎营销与网站设计本身没有太大关系，主要取决于费用，只要交费，一般情况下就可以被收录。例如搜狐提供的固定排名服务，就是在收费登录的基础上开展的。

（2）关键词竞价排名。即按照付费最高者排名靠前的原则，对购买同一关键词的网站进行排名的一种方式。竞价排名一般采取按点击收费的方式。例如，百度和雅虎的关键词竞价排名。

（3）搜索引擎优化。即通过对网站栏目结构和网站内容等基本要素的优化设计，提高网站对搜索引擎的友好性，使得网站中尽可能多的网页被搜索引擎收录，并且在搜索结果中获得好的排名效果。例如，利用 Google 进行网站推广时，当新网站建成发布后，通常不需要自己登录搜索引擎，而是通过其他已经被 Google 收录的网站的链接让搜索引擎自动发现自己的网站。搜索引擎优化的方法有很多，在这里不再一一赘述。

（4）关键词广告。关键词广告是付费搜索引擎营销的主要模式之一，也是目前搜索引擎营销方法中发展最快的模式。不同的搜索引擎有不同的关键词广告显示，有的将付费关键词检索结果出现在搜索结果列表最前面，也有的出现在搜索结果页面的专用位置，例如，Google的关键词广告出现在检索结果页面的右侧位置。

2. 网站资源合作

每个企业网站均可以拥有自己的资源，这种资源可以表现为一定的访问量、注册用户信息、有价值的内容和功能、网络广告空间等，利用网站的资源与合作伙伴开展合作，实现资源共享、共同扩大收益的目的。网站之间的资源合作是互相推广的一种重要方法，其中最简单的合作方式为交换链接，网站其他合作还有内容共享、资源互换、互为推荐等，尽管形式和操作方法各不相同，但是基本思路是一样的，即在自己拥有一定营销资源的情况下通过合作达到共同发展的目的。下面仅就最常用的交换链接做一个简单介绍。

交换链接或称互惠链接，是具有一定互补优势的网站之间的简单合作形式，即分别在自己的网站上放置对方网站的LOGO或网站名称，并设置对方网站的超链接，使得用户可以从合作网站中发现自己的网站，达到互相推广的目的。交换链接是一项常用的网站推广手段，被其他网站链接的机会越多，越有利于推广自己的网站。以Google为代表的第二代搜索引擎将其他网站的链接数量也作为决定一个网站排名的一项指标，尤其对于大多数中小网站来说，这种免费的推广手段是一种常用的、而且是有一定效果的方法。

3. 病毒性营销

病毒性营销（Viral Marketing，也可称为病毒式营销）是一种常用的网络营销方法，常用于进行网站推广、品牌推广等，病毒性营销利用的是用户口碑传播的原理，在互联网上，这种“口碑传播”更为方便，可以像病毒一样迅速蔓延，因此病毒性营销成为一种高效的信息传播方式，而且，由于这种传播是用户之间自发进行的，因此几乎是不需要费用的网络营销手段。

病毒性营销并非真的以传播病毒的方式开展营销，而是通过用户的口碑宣传网络，信息像病毒一样传播和扩散，利用快速复制的方式传向数以千计、数以百万计的受众。病毒性营销的经典范例是Hotmail.com。Hotmail是世界上最大的免费电子邮件服务提供商，在创建之后的1年半时间里，就吸引了1200万注册用户，而且还在以每天超过15万新用户的速度发展，令人不可思议的是，在网站创建的12个月内，Hotmail只花费很少的营销费用，还不到其直接竞争者的3%。Hotmail之所以爆炸式的发展，就是利用了“病毒性营销”的巨大效力。病毒性营销的成功案例还包括Amazon、ICQ、eGroups等国际著名网络公司。病毒性营销既可以被看做是一种网络营销方法，也可以被认为是一种网络营销思想，即通过提供有价值的信息和服务，利用用户之间的主动传播来实现网络营销信息传递的目的。

4. 网络广告

网络广告指运用专业的广告横幅、文本链接、多媒体的方法，在互联网刊登或发布广告，通过网络传递到互联网用户的一种高科技广告运作方式。

20世纪90年代末，信息产业的发展极大地改变着人们的生活，同时也对传统的广告媒体产生深远的影响。随着信息产业的高速发展，以Internet为传播媒介的网络广告成为当今欧、美发达国家最热门的广告形式。目前我国广告公司和客商也开始涉足网络广告的新空间。

这使得无论广告公司与营销厂商都面临着改变营销传播方法及选取媒体的压力和机遇。

与传统的四大传播媒体（报纸、杂志、电视、广播）广告及近来备受垂青的户外广告相比，网络广告具有得天独厚的优势，是实施现代营销媒体战略的重要一部分。Internet 是一个全新的广告媒体，速度最快，效果很理想，对于广泛开展国际业务的公司更是如此。

目前网络广告的市场正在以惊人的速度增长，网络广告发挥的效用显得越来越重要。以致广告界甚至认为互联网络将超越路牌，成为传统四大媒体（电视、广播、报纸、杂志）之后的第五大媒体。因而众多国际级的广告公司都成立了专门的“网络媒体分部”，以开拓网络广告的巨大市场。

目前，网络广告主要有以下几种类型。

（1）旗帜广告（banner）。旗帜广告是目前网上最常见的广告形式。它是以 GIF、JPG 等格式建立的图像文件，经常出现于页面上方首要位置或底部中央，多用来作为提示性广告（显示一句话或一个标题），浏览者可点击进入以了解更多信息。

（2）赞助式广告。赞助式广告确切地说是一种广告投放传播的方式，而不仅仅是一种网络广告的形式。广告主对自己感兴趣的网站内容或网站节目进行赞助，或在特别时期（如奥运会、世界杯）赞助相关网站的推广活动。赞助式广告可能是通栏式广告，弹出式广告等形式中的一种，也可能是包含很多广告形式的打包计划，甚至是以冠名等方式出现的一种广告形式。常见的几种赞助式广告包括：内容赞助式广告，节目/栏目赞助式广告，事件赞助式广告，节日赞助式广告等。

（3）插播式广告。广告主选择合适的网站或栏目，在该网站或栏目出现之前插入幅面略小的新窗口显示广告。这种广告带有一定强迫性，一般都不太受网民欢迎。

（4）分类广告。分类广告，又称“需求广告”。这种广告在形式上是将不同广告客户的各种需求分门别类，归入不同的小栏目，在同一标题下集中编印。通常可见的分类广告栏目有：遗失、招领、求职、雇人、招生、求师、征友、求偶、房屋出租、小商品出售等，内容涉及社会生活各个方面。这种广告形式篇幅短小、制作简便、传播迅速、价格低廉，比较适合个人或小企业、小团体使用。

（5）电子邮件广告。电子邮件广告具有针对性强（除非你肆意滥发）、费用低廉的特点，且广告内容不受限制。特别是针对性强的特点，它可以针对具体某一类符合广告主要求的特定属性的用户发送特定的广告。最常用的是邮件列表广告，即利用网站电子刊物服务中的电子邮件列表，将广告加在读者所订阅的刊物中发放给相应的邮箱所属人。

（6）富媒体（Rich Media）广告。国内定义的富媒体广告是指能达到 2D 及 3D 的 Video、Audio、Java 等具有复杂视觉效果和交互功能效果的网络广告形式。国外认为的富媒体广告主要是指区别于传统广告的一种数字广告形式，其特点是互动性强、包含大量信息、引人入胜，并且遵守由 IAB 制定的网络广告条例，要求宽带支持的新媒体广告。

（7）关键词广告。关键词广告的基本形式是：当用户利用某一关键词进行检索，在检索结果页面会出现与该关键词相关的广告内容。由于关键词广告具有较高的定位，其效果比一般网络广告形式要好，因而获得快速发展。

5. 许可 E-mail 营销

许可 E-mail 营销是指在用户事先许可的前提下，通过电子邮件的方式向目标用户传递有价值信息的一种网络营销手段。E-mail 营销有三个基本因素：基于用户许可、通过电子邮件传递信息、信息对用户是有价值的。三个因素缺少一个，都不能称之为有效的E-mail营销。因此，真正意义上的E-mail营销就是许可E-mail营销（简称“许可营销”）。基于用户许可的E-mail营销与滥发邮件（Spam）不同，许可营销比传统的推广方式或未经许可的E-mail营销具有明显的优势，如可以减少广告对用户的滋扰、增加潜在客户定位的准确度、增强与客户的关系、提高品牌忠诚度等。根据许可E-mail营销所应用的用户电子邮件地址资源的所有形式，可以分为内部列表E-mail营销和外部列表E-mail营销，或简称内部列表和外部列表。内部列表也就是通常所说的邮件列表，是利用网站的注册用户资料开展E-mail营销的方式，常见的形式如新闻邮件、会员通讯、电子刊物等。外部列表E-mail营销则是利用专业服务商的用户电子邮件地址来开展E-mail营销，也就是用电子邮件广告的形式向服务商的用户发送信息。许可E-mail营销是网络营销方法体系中相对独立的一种，既可以与其他网络营销方法相结合，也可以独立应用。

6. 网络会员制营销

网络会员制营销是通过利益关系和电脑程序将无数个网站连接起来，将商家的分销渠道扩展到地球的各个角落，同时为会员网站提供了一个简易的赚钱途径。一个网络会员制营销程序应该包含一个提供这种程序的商业网站和若干个会员网站，商业网站通过各种协议和电脑程序与各会员网站联系起来。

最初的网络会员制营销是拓展网上销售渠道的一种方式，主要适用于有一定实力和品牌知名度的电子商务公司。会员制营销已经被证实为电子商务网站的有效营销手段，国外许多网上零售型网站都实施了会员制计划，几乎已经覆盖了所有行业。2000年底前后，国内部分网站开始应用网络会员制营销方法。到2003年，网络会员制营销才真正开始在国内大型网络公司广泛应用，不仅受到大型电子商务网站的重视，也扩展到其他网络服务领域，如搜索引擎的竞价排名、竞价广告等。□

现在有许多网络联盟形式已经超出了在线销售的模式，在多个领域取得了明显的效果，例如Google Adsense（基于内容定位的关键词广告），是一种利用网络会员制模式拓展广告空间，将关键词广告投放在内容相关的加盟会员网站上，eBay易趣的创业联盟则是一种新型高效的多网站广告投放方式，即同一个广告主同时在众多加盟网站上投放广告，根据用户通过加盟网站广告浏览后的某种效果支付费用，这样为广告主投放和管理网络广告提供了极大的便利。

随着网络技术的不断发展，除了上述几种常用的网络营销方法之外，新的网络营销方法也不断涌现，例如，博客营销和RSS营销作为一种新型的具有Web2.0特征的网络营销方法，已经得到了快速的发展。因为一些新的网络营销方法还不是很成熟，在此就不再一一赘述。

6.4 网络营销实践应用

网络营销的重要特征之一就在于其实践性和可操作性，关于网络营销的理论基础和方法体系的研究，目的都在于为网络营销的实践应用提供支持。网络营销实践，就是在企业营销活动中综合应用网络营销基本原理、手段与方法，并通过对网络营销效果的控制，以确保营销计划的实现。网络营销实践应用的核心内容，也就是实现网络营销各项具体职能，如网站推广、网络品牌、网上销售、在线调研等。

6.4.1 网站推广

网站推广的目的在于让尽可能多的潜在用户了解并访问网站，从而利用网站实现向用户传递营销信息的目的，用户通过网站获得有关产品和公司的信息，为最终形成购买决策提供支持。网站推广是网络营销的基本职能之一，是网络营销工作的基础。在早期的网络营销中，网站推广成为一些企业网络营销的主要任务。下面对最常用的网站推广方法作一个简单的介绍。

1）搜索引擎推广

搜索引擎推广是指利用搜索引擎、分类目录等具有在线检索信息功能的网络工具进行网站推广的方法。由于搜索引擎的基本形式可以分为网络蜘蛛式搜索引擎（简称搜索引擎）和基于人工分类目录的搜索引擎（简称分类目录），因此搜索引擎推广的形式也相应分为基于搜索引擎的方法和基于分类目录两种方法。前者包括搜索引擎优化、关键词广告、固定排名、基于内容定位的广告等多种形式，而后者则主要是在分类目录合适的类别中进行网站登录。随着搜索引擎形式的进一步发展变化，也出现了其他一些形式的搜索引擎，不过大都是以这两种形式为基础的。

搜索引擎推广的方法又可以分为多种不同的形式，常见的有登录免费分类目录、登录付费分类目录、搜索引擎优化、关键词广告、关键词竞价排名、网页内容定位广告等。

从目前的发展趋势来看，搜索引擎在网络营销中的地位依然重要，并且受到越来越多企业的认可，搜索引擎营销的方式也在不断发展演变，因此应根据环境的变化选择搜索引擎营销的合适方式。

2）电子邮件推广

以电子邮件为主要的网站推广手段，常用的方法包括电子刊物、会员通讯、专业服务商的电子邮件广告等。 基于用户许可的E-mail营销与滥发邮件（Spam）不同，许可营销比传统的推广方式或未经许可的E-mail营销具有明显的优势，比如，可以减少广告对用户的滋扰、增加潜在客户定位的准确度、增强与客户的关系、提高品牌忠诚度等。

3）资源合作推广

通过网站交换链接、交换广告、内容合作、用户资源合作等方式，在具有类似目标网站之间实现互相推广的目的，其中最常用的资源合作方式为网站链接策略，合作伙伴之间进行网站访问量资源合作，互为推广。

4）信息发布推广

将有关的网站推广信息发布在其他潜在用户可能访问的网站上，利用用户在这些网站获取信息的机会实现网站推广的目的，适用于这些信息发布的网站包括在线黄页、分类广告、论坛、博客网站、供求信息平台、行业网站等。信息发布是免费网站推广的常用方法之一。

5）快捷网址推广

快捷网址推广即合理利用网络实名、通用网址以及其他类似的关键词网站快捷访问方式来实现网站推广的方法。快捷网址使用自然语言和网站URL建立其对应关系，这对于习惯于使用中文的用户来说，提供了极大的方便，用户只需输入比英文网址更加容易记忆的快捷网址就可以访问网站，用自己的母语或者其他简单的词汇为网站“更换”一个更好记忆、更容易体现品牌形象的网址，例如选择企业名称或者商标、主要产品名称等作为中文网址，这样可以大大弥补英文网址不便于宣传的缺陷，因为在网址推广方面有一定的价值。随着企业注册快捷网址数量的增加，这些快捷网址用户数据相当于一个搜索引擎，这样，当用户利用某个关键词检索时，即使与某网站注册的中文网址并不一致，同样存在被用户发现的机会。

6）网络广告推广

网络广告是常用的网络营销策略之一，在网络品牌、产品促销、网站推广等方面均有明显作用。网络广告的常见形式包括：BANNER广告、关键词广告、分类广告、赞助式广告、E-mail广告等。BANNER广告所依托的媒体是网页、关键词广告属于搜索引擎营销的一种形式，E-mail广告则是许可E-mail营销的一种，可见网络广告本身并不能独立存在，需要与各种网络工具相结合才能实现信息传递的功能，因此也可以认为，网络广告存在于各种网络营销工具中，只是具体的表现形式不同。将网络广告用于网站推广，具有可选择网络媒体范围广、形式多样、适用性强、投放及时等优点，适合于网站发布初期及运营期的任何阶段。

6.4.2 网络品牌的建立与推广

网络品牌是崭新的概念，网络品牌目前尚无权威的解释。为了详细说明网络品牌的含义，我们有必要先回顾一下市场营销中品牌的概念。美国市场营销协会对品牌的定义是：“品牌（brand）是一种名称、属性、标记、符号或设计，或是他们的组合运用，其目的是借以辨认某个销售者或某群销售者的产品或服务，并使之同竞争对手的产品和服务区别开来。”

网络品牌是企业品牌在互联网的运用。简单来说，是通过网络打造企业品牌。

建立和推广网络品牌可以通过以下几种途径。

1. 企业网站中的网络品牌建设

企业网站建设是网络营销的基础，也是网络品牌建设和推广的基础，在企业网站中有许多可以展示和传播品牌的机会，如网站上的企业标识、网页上的内部网络广告、网站上的公司介绍和企业新闻等有关内容。

企业网站所必不可少的要素之一——域名与网络品牌之间也存在密切的关系。由于英文（或汉语拼音）域名与中文品牌之间并非一一对应的关系，使得域名并不一定能完全反映网络品牌。这是中文网络品牌的特点。一个中文品牌可能并非只对应一个域名，如康佳集团，中文商标为“康佳”，其英文商标为“KONKA”，那么康佳的汉语拼音所对应的域名也将对康佳的网络品牌有一定影响，但汉语拼音“kangjia”所对应的中文并不是唯一的，除了康佳之外，还有“康家”等也有一定意义的词汇。这也为网络品牌推广带来一定的麻烦，同时也出现了域名保护问题。尽管从用户网站访问的角度来看，一个域名就够了，但实际上，由于域名有不同的后缀（如.com、.net、.cn、.biz等），以及品牌谐音的问题，为了不至于造成混乱，对于一些相关的域名采取保护性注册是有必要的，尤其是知名企业。但对于过多的保护性注册，也增加了企业的支出，这些网络品牌资产虽然也有其存在的价值，但却无法转化为收益。

2. 电子邮件中的网络品牌建设和传播

作为市场工作的需要，每天都可能会发送大量的电子邮件，其中有一对一的顾客服务邮件，也会有一对多的产品推广或顾客关系信息，通过电子邮件向用户传递信息，也就成为宣传网络品牌的一种手段。

电子邮件的组成要素包括发件人、收件人、邮件主题、邮件正文内容、签名等。在这些要素中，发件人信息、邮件主题、签名等都与品牌信息传递直接相关，但往往是容易被忽略的内容。正如传统信函在打开之前首先会看一下发信人信息一样，电子邮件中的发件人信息同样有其重要性。如果仅仅是个人ID（如名字缩写）而没有显示企业邮箱信息的话，将会降低收件人的信任程度，如果发件人使用的是免费邮箱，那么很可能让收件人在阅读之前随手删除，可见使用免费邮箱对于企业品牌形象有很大的伤害，正规企业，尤其是有一定品牌知名度的企业在此类看似比较小的问题上不能掉以轻心。

3. 网络广告中的网络品牌推广

网络广告的作用主要表现在两个方面：品牌推广和产品促销。相对于其他网络品牌推广方法，网络广告在网络品牌推广方面具有针对性和灵活性的特点，可以根据营销策略需要设计和投放相应的网络广告，如根据不同节日设计相关的形象广告，并采用多种表现形式投放于不同的网络媒体。利用网络广告开展品牌推广可以是长期的计划，也可以是短期的推广，如针对新年、情人节、企业年庆等特殊节日的品牌广告。

4. 搜索引擎营销中的网络品牌推广

搜索引擎是用户发现新网站的主要方式之一，用户通过某个关键词检索的结果中看到的信息，是一个企业/网站网络品牌的第一印象，这一印象的好坏则决定了这一品牌是否有机会进一步被认知。可见，网站被搜索引擎收录并且在搜索结果中排名靠前，是利用搜索引擎营销手段推广网络品牌的基础。这也说明，搜索引擎的品牌营销是基于企业网站的营销方法。

搜索引擎营销中的品牌推广是搜索引擎营销层次中的第二和第三个目标层次，即在主要搜索引擎中获得好的排名并且提高用户对检索结果的点击率。在网络品牌的层次中，则属于第二层次——网络品牌的信息传递。搜索引擎营销的层次和网络品牌的层次两者研究的问题侧重点不同，因而表现形式有一定的差异，但两者实质是一样的。搜索引擎营销研究的是信息传递的一般过程中的用户行为，而搜索引擎营销中的网络品牌则仅考虑搜索引擎检索与网络品牌之间的关系。

5. 用病毒性营销方法推广网络品牌

病毒性营销对于网络品牌推广同样有效。例如，Flash幽默小品是很多上网的用户喜欢的内容之一，一则优秀的作品往往会在很多同事和网友中相互传播，在这种传播过程中，浏览者不仅欣赏了画面中的内容，同时也会注意到该作品所在网站的信息和创作者的个人信息，这样就达到了品牌传播的目的。除此之外，常见的病毒性营销的信息载体还有免费电子邮箱、电子书、节日电子贺卡、在线优惠券、免费软件、在线聊天工具等。

6. 提供电子刊物和会员通讯

电子刊物和会员通讯都是许可 E-mail 营销中内部列表的具体表现形式，这种基于注册用户电子邮箱传递信息的手段对于顾客关系和网络品牌都有显著的效果。2002 年 10 月初，美国一个咨询公司 Nielsen Norman Group（NNG）发表了一份有关电子刊物有效性的调查报告，调查表明，电子刊物的网络营销价值非常显著，甚至超过了网站本身，订阅了电子刊物的用户不需要每天浏览网站，便可以了解到企业的有关信息，对于企业品牌形象和增进顾客关系都具有重要价值。但是，即使是用户自愿订阅的邮件列表，也不可能达到 100%的阅读率，有些用户虽然还在列表上，但对于收到的邮件也不一定阅读。该调查表明，大约 27%的邮件从未被用户打开，被完全阅读的邮件只有 23%，其他 50%的邮件只是部分阅读，或者简单浏览一下。

7. 建立网络营销导向的网络社区

网络社区营销已经逐渐成为过时的网站推广方法，但网络社区的网络营销价值并没有消失，尤其是建立企业自己的网络社区，如论坛、聊天室等。企业网站建立网络社区，对于网络营销的直接效果是有一定争议的，因为大多数企业网站访问量本来就很小，参与社区并且重复访问者更少，因此网络社区的价值便体现不出来。但对于大型企业，尤其是有较高品牌知名度，并且用户具有相似爱好特征的企业来说就不一样了，如大型化妆品公司、房地产公司和汽车公司等，由于有大量的用户需要在企业网站获取产品知识，并且与同一品牌的消费者相互交流经验。这时网络社区对网络品牌的价值就表现出来了。

6.4.3 信息发布与传递

信息发布是网络营销的基本职能之一，也是企业网站的基本网络营销功能之一，从广义的角度来看，所有的网络营销方法都在一定程度上具有信息发布和传递的作用，这也使得信息发布与传递成为网络营销的核心内容。

信息发布需要一定的信息渠道资源，这些资源可分为内部资源和外部资源。内部资源包括企业网站、企业博客、注册用户电子邮箱等。外部资源则包括搜索引擎、供求信息发布平台、网络广告服务资源、合作伙伴的网络营销资源等。如何挖掘尽可能多的网络营销资源，是信息发布与传递所要解决的首要问题，这里将信息发布的渠道资源挖掘和应用原则归纳如下：

1. 充分利用和挖掘内部资源

企业网站是信息发布的首要渠道，也是最完整的网络营销信息源，因此应充分发挥企业网站的信息发布功能。充分发挥企业网站的信息发布功能包括：

（1）在网站策划和设计方面，为发布信息提供支持。比如，网站在主要页面的显著位置开设重要信息发布区域、在网页上预留广告空间等。

（2）在网站功能方面，建立适合信息传递的资源积累和应用机制，如基于向注册用户传递信息的邮件列表功能等。

（3）在网站内容维护方面，应积极配合市场策略的需要，将重要信息及时发布在企业网站上，并根据需要通过电子邮件等方式直接向用户传递信息。

2. 合理利用免费资源

网络营销的优势之一是其成本相对低廉，这与网上相当多的免费资源有密切关系。尽管现在很多服务都开始收费，但仍然存在一些有价值的免费资源。例如，很多电子商务交易平台都可以在一定范围内免费发布信息，一些搜索引擎仍然有很大的免费推广网站的机会等。合理利用免费信息发布资源，仍然可以在一定程度上发挥其作用。

3. 广泛挖掘合作伙伴资源

合作伙伴资源是网络营销中很有价值的资源之一，这种资源的应用通常是互惠互利的，在不投入资金的情况下合作伙伴之间都可以取得满意的效果。例如，通过合作伙伴的邮件列表发送信息、与合作伙伴交换广告空间等。

4. 以合理的价格选择适合自己企业的服务商的资源

充分挖掘网络营销资源并不意味着不投入资金，有些网络营销服务投入一定的资金是必要的，例如购买阿里巴巴的“中国供应商”对于很多外贸公司都是一个不错的选择。

6.4.4 在线顾客服务与顾客关系

对任何一个企业而言，顾客服务都是至关重要的，互联网提供了更加方便和高效的顾客服务手段。优秀的在线服务体系的作用主要表现在几个方面：增进顾客关系；增加顾客满意度；提高顾客服务效率；降低顾客服务成本。

目前，在线顾客服务的常用手段有FAQ、电子邮件、在线表单、即时信息、论坛等，下面分别给予简单的介绍。

1）常见问题解答（FAQ）

网站上的常见问题回答（FAQ）是一种常用的在线帮助形式。一个好的FAQ系统，应该至少可以回答用户80%的一般问题。这样不仅方便了用户，也大大减轻了网站工作人员的工作量和压力，节省了大量的顾客服务成本，并且增加了顾客的满意度。

2）电子邮件和在线表单

在通过FAQ无法得到满意的解答时，就需要一对一的在线顾客服务方式。电子邮件和在线表单都是在线联系工具，通过电子邮件和在线表单，顾客都可以将咨询的信息发送给企业/网站工作人员，企业/网站工作人员利用同样的工具回复顾客的咨询。

3）即时信息

由于通过电子邮件咨询并不一定能得到及时答复，因此越来越多的顾客希望得到及时顾客服务。以聊天工具为代表的即时信息已经成为继E-mail和FAQ之外的另一种常用的在线顾客服务方式。

4）在线论坛

在线论坛是网络社区的常见形式之一。企业网站上的论坛除了可以了解顾客的意见和各种反馈信息之外，也可以作为一种顾客服务工具。顾客可以将自己的问题发表在论坛上，网站服务人员或者其他顾客可以通过论坛回答顾客的问题。

6.4.5 网上销售渠道

简单地说，营销渠道就是商品和服务从生产者向消费者转移过程的具体通道或路径。与传统营销渠道一样，以互联网作为支撑的网络营销渠道也应具备传统营销渠道的功能。一个完善的网上销售渠道应有三大功能：订货功能、结算功能和配送功能。由于网上销售对象和企业自身经营特点不同，因此网上销售渠道与传统营销渠道有很大区别。一般来说，网上销售有多种渠道途径，最常用的有以下几种。

1. 作为网上零售商的供应商

作为网上零售网站的供应商同传统的销售模式并没有很大的区别，厂家不需要对网络有多少了解，也不需要增加额外的投入去建立网站或开设网上商店。当然，由于厂商不参与网上销售管理，这种方式的主动权就掌握在网上零售商手里，销售业绩会受到很多因素的限制，供货厂商对此难以控制。

2. 网上直销

一些具有实力的大型公司如戴尔计算机公司等采取的策略是自行建立一个功能完备的电子商务网站，从订单管理到售后服务都可以通过网站实现。企业建立专门电子商务网站销售本企业产品，并且将网上销售集成到企业的经营流程中去，不仅是经济实力的体现，也是提高经营效率、增强竞争力的基础。但这种方式由于对资金和技术要求很高，开发时间长，还要涉及网上支付、网络安全、商品配送等一系列问题，需要一批专业人员来经营。

3. 电子中间商

利用电子中间商进行销售主要有以下几条途径：

（1）虚拟商业街。虚拟商业街是指在一个站点内连接两个或两个以上的商业站点，其定位某一地理位置和某一特定类型的生产者和零售商，在虚拟商业街销售各种商品、提供不同服务。站点的主要收入来源依靠其他商业站点对其的租用。如新浪网开设的电子商务服务中，就提供网上专卖店店面出租。

（2）网上商店。目前常说的网上商店（有时也称为网络商店，或者简称网店），通常是指建立在第三方提供的电子商务平台上的、由商家自行开展电子商务的一种形式，正如同在大型商场中租用场地开设商家的专卖店一样。网上商店可以在一定程度上满足企业网上销售的需要，厂家不必一次性投入大量的资金，避免了复杂的技术开发，适用范围更加广泛、风险也较小。例如现在在淘宝网上开设网上商店仍然是免费的。

（3）虚拟市场。虚拟市场提供一处虚拟场所，任何只要符合条件的产品都可以在虚拟市场站点内进行展示和销售，消费者可以在站点中任意选择和购买，站点主持者收取一定的管理费用。例如中国商品交易中心就属于此类。

企业可以根据自己的经营需要选择合适的网上销售方式，也可以采用多种网上销售模式，当网上销售基本环境建设完成以后，多种有效的网络营销手段都可以应用到网上产品销售中去。

6.4.6 网上促销

在进行网络营销时，对网上营销活动的整体策划中，网上促销是其中极为重要的一项内容。促销是指企业利用多种方式和手段来支持市场营销的各种活动。而网上促销（Cyber Sales Promotion）是指利用 Internet 等电子手段来组织促销活动，以辅助和促进消费者对商品或服务的购买和使用。几乎所有的网络营销方法对销售活动都有直接或间接的促销效果，例如网站推广、搜索引擎营销、许可 E-mail 营销、病毒性营销等。根据网上营销活动的特征和产品服务的不同，结合传统的营销方法，总结出以下网上促销策略。

1）网上折价促销

折价也称打折、折扣，是目前网上最常用的一种促销方式。因为目前网民在网上购物的热情远低于商场超市等传统购物场所，因此网上商品的价格一般都要比传统方式销售时要低，以吸引人们购买。由于网上销售商品不能给人全面、直观的印象，也不可试用、触摸等原因，再加上配送成本和付款方式的复杂性，造成网上购物和订货的积极性下降。而幅度比较大的折扣可以促使消费者进行网上购物的尝试并做出购买决定。

目前，大部分网上销售商品都有不同程度的价格折扣，如 8848、当当书店等。

2）网上变相折价促销

变相折价促销是指在不提高或稍微增加价格的前提下，提高产品或服务的品质数量，较大幅度地增加产品或服务的附加值，让消费者感到物有所值。由于网上直接价格折扣容易造成消费者对商品质量的质疑，利用增加商品附加值的促销方法会更容易获得消费者的信任。

3）网上赠品促销

赠品促销目前在网上的应用不算太多，一般情况下，在新产品推出试用、产品更新、对抗竞争品牌、开辟新市场情况下，利用赠品促销可以达到比较好的促销效果。

4）网上抽奖促销

抽奖促销是网上应用较广泛的促销形式之一，是大部分网站乐意采用的促销方式。抽奖促销是以一个人或数人获得超出参加活动成本的奖品为手段进行商品或服务的促销，网上抽奖活动主要附加于调查、产品销售、扩大用户群、庆典、推广某项活动等。消费者或访问者通过填写问卷、注册、购买产品或参加网上活动等方式获得抽奖机会。

5）积分促销

积分促销在网络上的应用比起传统营销方式要简单和易操作。网上积分活动很容易通过编程和数据库等来实现，并且结果可信度很高，操作起来相对较为简便。积分促销一般设置价值较高的奖品，消费者通过多次购买或多次参加某项活动来增加积分以获得奖品。

现在不少电子商务网站“发行”的“虚拟货币”应该是积分促销的另一种体现，如 8848 的“e 元”、酷必得的“酷币”等。网站通过举办活动来使会员“挣钱”，同时可以用仅能在网站使用的“虚拟货币”来购买本站的商品，实际上是给会员购买者相应的优惠。

6.4.7 网上市场调研

网上市场调研是网络营销的基本职能之一，这种高效的调查手段也被许多调查咨询公司广泛应用，网上调研有很多优点，主要表现在提高调研效率、节约调查费用、调查数据处理比较方便、不受地理区域限制等方面。网上市场调研一般有以下几种方法：

1）网上搜索法

网上搜索利用的工具是搜索引擎，利用搜索引擎可以收集到大量的市场资料，如大型调查咨询公司的公开性调查报告，大型企业、商业组织、学术团体、著名报刊等发布的调查资料以及政府机构发布的调查统计信息等。

2）网站跟踪法

网上每天都在出现大量的市场信息，即使功能最强大的搜索引擎，也不可能将所有信息都检索出来。而且很多有价值的信息并不是随便可以检索到的，有些网站的信息只对会员才开放，有些搜索引擎的数据库更新比较缓慢，也减弱了信息的时效性。这就需要对一些提供信息的网站进行定期跟踪，对有价值的信息及时收集纪录。

3）加入邮件列表

很多网站为了维护与用户的关系，常常将一些有价值的信息以新闻邮件、电子刊物等形式免费向用户发送，加入这些邮件列表也可以获得大量有价值的信息。

4）在线调查表

利用在线调查表获取信息是最常用的在线调研方法。在网站上设置调查表，访问者在线回答问题并提交到网站服务器，从服务器上即可看到调查的结果，从而获得有价值的第一手市场资料。

5）电子邮件调查

这种方法是将设计好的调查表直接发送到被调查者的邮箱中，或者在电子邮件正文中给出一个网址连接到在线调查表页面。通过被调查者的反馈获取需要的市场资料。

网上调研的方法还有很多，例如对网站访问者的抽样调查、固定样本调查等，在此不再一一介绍。

本 章 小 结

本章主要阐述了网络营销的基本概念和职能；网络营销的常用工具和方法；网络营销的基本实践应用，使读者对网络营销的基本框架能够有初步的认识。

本 章 检 测

1．网络营销的主要职能有哪些？
2．网络营销的常用工具有哪些？
3．网络营销的常用方法有哪些？
4．网站推广的主要方法有哪些？
5．最常用的网上销售渠道有哪些？

第 7 章　电子商务物流

学习要点

- 掌握电子商务物流的概念和特点。
- 掌握电子商务物流系统的基本概念和功能。
- 掌握物流条码技术的概念和特点。
- 掌握无线射频技术的概念和射频识别系统的组成。
- 掌握电子商务物流模式的发展和第三方物流等概念。

物流是现代流行的概念。电子商务时代的来临，给全球物流业带来了新的发展，刺激了电子商务物流的形成和发展。本章从电子商务的起源入手，介绍电子商务环境下物流的概念和服务内容，阐述电子商务与物流的关系，探讨电子商务物流系统的基本概念和功能，介绍电子商务物流的多种技术，如物流条码技术、无线射频技术、GIS 等。介绍电子商务下几种主要的物流模式，如物流一体化、第三方物流等新型物流模式。

7.1　电子商务物流概述

7.1.1　电子商务物流的概念与服务内容

电子商务物流又称为电子物流，就是物流服务、商务活动的电子化、网络化和自动化。物流电子商务是信息流服务、资金流服务和物流服务三者的统一，它所实现的是物流组织方式、运作方式、交易方式、管理方式、服务方式的电子化。

电子商务物流是物流产业本身应用计算机、网络及通信等信息技术手段，实现物流商务运作的过程。物流电子商务化已经渗透到物流采购、运输、仓储、配送等各业务环节和具体流程中，通过规范、有序的电子化物流程序，可以使物流进入一个充分利用现有资源、降低物流成本、提高物流运行效率的良性循环和轨道，最终实现现代化物流产业与网络经济——电子商务的协同发展。

电子商务与非电子商务就实现商品销售的本质来讲并无区别，物流是实现销售过程的最终环节，但由于采用不同形式，使一部分特殊服务变得格外重要，因此，设计电子商务的物流服务内容时应反映这一特点。概括起来，电子商务的物流服务内容可以分为以下两个方面。

1．传统物流服务

传统物流服务覆盖全国或一个大的区域网络，因此，第三方物流服务提供商首先可能要为客户设计最合适的物流系统，选择满足客户需要的运输方式，然后具体组织网络内部的运输作业，在规定的时间内将客户的商品运抵目的地，除了在交货点交货需要客户配合外，整个运输过程，包括最后的市内配送都应由第三方物流经营者完成，以尽可能方便客户。

1）储存功能

电子商务既需要建立 Internet 网站，同时又需要建立或具备物流中心，而物流中心的主要设施之一就是仓库及附属设备。需要注意的是，电子商务服务提供商的目的不是要在物流中心的仓库中储存商品，而是要通过仓储保证市场分销活动的开展，同时尽可能降低库存占压的资金，减少储存成本。因此，提供社会化物流服务的公共型物流中心需要配备高效率的分拣、传送、储存、拣选设备。在电子商务方案中，可以利用电子商务的信息网络，尽可能地通过完善的信息沟通，将实物库存暂时用信息代替，即将信息作为虚拟库存（Virtual Inventory），办法可以是建立需求端数据自动收集系统（Automated Data Collection, ADC），在供应链的不同环节采用 EDI 交换数据，建立基于 Internet 的 Intranet，为用户提供 Web 服务器，便于数据实时更新和浏览查询，一些生产厂商和下游的经销商、物流服务商公用数据库，共享库存信息等，目的都是尽量减少实物库存水平但并不降低供货服务水平。那些能将供应链上各环节的信息系统有效集成，并能取得以尽可能低的库存水平满足营销需要的电子商务方案提供商将是竞争的真正领先者。

2）装卸搬运功能

这是为了加快商品的流通速度必须具备的功能，无论是传统的商务活动还是电子商务活动，都必须配备具备一定的装卸搬运能力，第三方物流服务提供商应该提供更加专业化的装载、卸载、提升、运送、码垛等装卸搬运机械，以提高装卸搬运作业效率，降低订货周期（Order Cycle Time，OCT），减少作业对商品造成的破损。

3）包装功能

物流的包装作业目的不是要改变商品的销售包装，而在于通过对销售包装进行组合、拼配、加固，形成适合于物流和配送的组合包装单元。

4）流通加工功能

主要目的是方便生产或销售，专业化的物流中心常常与固定的制造商或分销商进行长期合作，为制造商或分销商完成一定的加工作业，比如贴标签、制作并粘贴条形码等。

5）物流信息处理功能

由于现代物流系统的运作现在已经离不开计算机，因此将各个物流环节、各种物流作业的信息进行实时采集、分析、传递，并向货主提供各种作业明细信息及咨询信息，这是相当重要的。

2. 增值性物流服务

以上是普通商务活动中典型的物流作业，电子商务的物流也应该具备这些功能。但除了传统的物流服务外，电子商务还需要增值性的物流服务（Value-Added Logistics Services）。增值性的物流服务包括以下几层含义和内容。

1）增加便利性的服务

一切能够简化手续、简化操作的服务都是增值性服务。在提供电子商务的物流服务时，推行一条龙门到门服务，提供完备的操作或作业提示，免培训、免维护、省力化设计或安装、代办业务，一张面孔接待客户，24 小时营业，自动订货、传递信息和转账（利用 EOS、EDI、EFT），物流全过程追踪等都是对电子商务销售有用的增值性服务。

2）加快反应速度的服务

快速反应（Quick Response）已经成为物流发展的动力之一。传统观点和做法将加快反应速度变成单纯对快速运输的一种要求，但在需求方对速度的要求越来越高的情况下，它也变成了一种约束，因此必须想其他的办法来提高速度，所以第二种办法，也是具有重大推广价值的增值性物流服务方案，应该是优化电子商务系统的配送中心、物流中心网络，重新设计适合电子商务的流通渠道，以此来减少物流环节、简化物流过程，提高物流系统的快速反应性能。

3）降低成本的服务

电子商务发展的前期，物流成本将会居高不下，有些企业可能会因为根本承受不了这种高成本退出电子商务领域，或者是选择性地将电子商务的物流服务外包出去，这是很自然的事情，因此发展电子商务，一开始就应该寻找能够降低物流成本的物流方案。企业可以考虑的方案包括：采用第三方物流服务商、电子商务经营者之间或电子商务经营者与普通商务经营者联合，采取物流共同化计划；同时，如果具有一定的商务规模，比如，珠穆朗玛和亚马逊这些具有一定的销售量的电子商务企业，可以通过采用比较适用但投资比较少的物流技术和设施设备，或推行物流管理技术，如运筹学中的管理技术、单品管理技术、条形码技术和信息技术等，提高物流的效率和效益，降低物流成本。

4）延伸服务

向上可以延伸到市场调查与预测、采购及订单处理；向下可以延伸到配送、物流咨询、物流方案的选择与规划、库存控制决策建议、货款回收与结算、教育与培训、物流系统设计与规划方案的制作等。关于结算功能，物流的结算不仅仅只是物流费用的结算，在从事代理、配送的情况下，物流服务商还要替货主向收货人结算货款等。关于需求预测功能，物流服务商应该负责根据物流中心商品进货、出货信息来预测未来一段时间内的商品进出库量，进而预测市场对商品的需求，从而指导订货。关于物流系统设计咨询功能，第三方物流服务商要充当电子商务经营者的物流专家，因而必须为电子商务经营者设计物流系统，代替它选择和评价运输商、仓储商及其他物流服务供应商。国内有些专业物流公司正在进行这项尝试。关于物流教育与培训功能，物流系统的运作需要电子商务经营者的支持与理解，通过向电子商务经营者提供物流培训服务，可以培养它与物流中心经营管理者的认同感，可以提高电子商务经营者的物流管理水平，可以将物流中心经营管理者的要求传达给电子商务经营者，也便于确立物流作业标准。

以上这些延伸服务最具有增值性，但也是最难提供的服务，能否提供此类增值服务现在已成为衡量一个物流企业是否真正具有竞争力的标准。

7.1.2　电子商务物流的特点

电子商务时代的来临，给物流活动带来了新的变化，使物流在原有基础上增添了一系列新的特点。

1）信息化

电子商务时代，物流信息化是电子商务对物流活动的根本要求。物流信息化表现为物流信息的商品化、物流信息收集的数据库化和代码化、物流信息处理的电子化和计算机化、物流信息传递的标准化和实时化、物流信息存储的数字化等。因此，条码技术（Bar Code）、数据库技术（Database）、电子订货系统（Electronic Ordering System，EOS）、电子数据交换（Electronic Data Interchange, EDI）、快速反应及有效的客户反映（Effective Customer Response，ECR）、企业资源计划（Enterprise Resource Planning，ERP）等技术与观念在我国的物流活动中将会得到普遍的应用。信息化是一切基于电子商务物流活动的基础，没有物流的信息化，任何先进的技术设备都不可能应用于物流领域，电子商务对物流提出的准确、快速、集成、低成本的要求就无法满足。

2）自动化

自动化的基础是信息化，其核心是机电一体化，自动化的外在表现是无人化，效果是省力化，另外还可以扩大物流作业能力、提高劳动生产率、减少物流作业的差错等。物流自动化的设施非常多，如条码/语音/射频自动识别系统、自动分拣系统、自动存取系统、自动导向车、货物自动跟踪系统等。这些设施在欧、美、日等发达国家已普遍用于物流作业流程中，而在我国由于物流业起步晚，发展水平低，自动化技术的普及还需要相当长的时间。

3）网络化

物流领域网络化的基础也是信息化，这里指的网络化有两层含义：一是物流配送系统的计算机通信网络，包括物流配送中心与供应商或制造商的联系要通过计算机网络，另外与下游顾客之间的联系也要通过计算机网络通信，比如物流配送中心向供应商提出订单这个过程，就可以使用计算机通信方式，借助于增值网（Value Added Network，VAN）上的电子订货系统（EOS）和EDI来自动实现，物流配送中心通过计算机网络收集下游客户的订货的过程也可以自动完成；二是组织的网络化，即所谓Intranet。比如，我国台湾的电脑业在20世纪90年代创造出了“全球运筹式产销模式”，这种模式的基本点是按照客户订单组织生产，生产采取分散形式，即将全世界的电脑资源都利用起来，采取外包的形式将一台电脑的所有零部件、元器件、芯片外包给世界各地的制造商去生产，然后通过全球的物流网络将这些零部件、元器件和芯片发往同一个物流配送中心进行组装，由该物流配送中心将组装的电脑迅速发给订户，这一过程需要有高效的物流网络支持。

物流的网络化是物流信息化的必然，是电子商务下物流活动的主要特征之一，当今世界Internet等全球网络资源的可用性及网络技术的普及为物流的网络化提供了良好的外部环境。

4）智能化

这是物流自动化、信息化的一种高层次应用，物流作业过程大量的运筹和决策，如库存水平的确定、运输（搬运）路径的选择、自动导向车的运行轨迹和作业控制、自动分拣机的运行、物流配送中心经营管理的决策支持等问题都需要借助于大量的知识才能解决。在物流自动化的进程中，物流智能化是不可回避的技术难题。好在专家系统、机器人等相关技术在国际上已经有比较成熟的研究成果。为了提高物流现代化的水平，适应电子商务，物流的智能化已成为电子商务下物流发展的一个新趋势。

5）柔性化

柔性化本来是为实现“以顾客为中心”理念而在生产领域提出的，但要真正做到柔性化，即真正地能根据消费者需求的变化来灵活调节生产工艺，没有配套的柔性化的物流系统是不可能达到目的的。20 世纪 90 年代，国际生产领域纷纷推出弹性制造系统（Flexible Manufacturing System，FMS）、计算机集成制造系统（Computer Integrated Manufacturing System，CIMS）、制造资源系统（Manufacturing Resource Planning，MRP）、企业资源计划（ERP）以及供应链管理的概念和技术，这些概念和技术的实质是要将生产、流通进行集成，根据需求端的需求组织生产，安排物流活动。因此，柔性化的物流正是适应生产、流通与消费的需求而发展起来的一种新型物流模式。这就要求物流配送中心要根据消费需求“多品种、小批量、多批次、短周期”的特色，灵活组织和实施物流作业。

7.1.3　电子商务与物流的关系

1）物流是电子商务的重要组成部分

首先，物流是电子商务“三流”（信息流，资金流，物流）的重要组成部分，是信息流和资金流最终得以顺利实现的根本保证。对于有形商品的任何一笔交易，如果没有实物商品的顺利转移，就无法完成一次完整的交易。

其次，物流配送的效率在电子商务活动中的作用日益明显。试想，在电子商务下，消费者网上浏览后，通过轻松点击完成了网上购物，但所购货物迟迟不能送到手中，甚至出现了买电脑送 MP3 的情况，其结果可想而知，消费者只能放弃电子商务，选择更为安全可靠的传统购物方式。

最后，物流是实现电子商务的有力保障。现代化的物流，通过降低费用从而降低成本、优化库存结构、减少资金占用、缩短生产周期，保障了现代化生产的高效进行。相反，缺少了现代化的物流，生产将难以顺利进行，无论电子商务是多么便捷的贸易形式，仍将是无米之炊。

2）电子商务是现代物流发展的重要推动力

首先，电子商务促进物流基础设施的改善和物流技术、管理水平的提高。电子商务高效性和全球性的特点要求物流具备良好的交通运输网络、通信网络等基础设施作为保证，将促进物流技术的进步。电子商务的发展需要合理化和高效化的物流，而物流管理水平的高低直接决定和影响物流效率的高低。

其次，电子商务是现代物流信息处理的平台。物流的特性决定了物流与信息流之间有着密不可分的关系。现代物流所含的运输、库存、装卸、搬运、包装等活动，对商品的流动来说，是在不同场所进行的，特别是物流服务的主要作用在于缩短物品的在途时间，实现或接近零库存，及时供货和保持供应链的连续和稳定，这就要求在物品的流通过程中，保持信息的畅通。信息作为物流的重要组成要素，为物流的正常运转、管理、决策以及制定战略提供了不可缺少的依据。为了提高物流效率，客观上要求信息流保持通畅，并准确反馈物流各环节的信息，同时，信息技术的不断进步为信息的及时大规模传递创造了条件，促进物流能力和效率的提高。

最后，电子商务推动物流的社会化。在电子商务条件下，实现网上订购，在线支付后，关键是物流配送。中小企业完全依靠自身能力完成配送工作存在很大困难，所以物流社会化是适应电子商务发展的必然要求。电子商务的发展将推动传统物流向社会化物流发展。

7.2　电子商务物流基础理论

7.2.1　电子商务物流系统

1）电子商务物流系统的概念

物流系统是指在一定的空间内，所有需位移的物资与包装设备、装运搬运机械、运输工具、仓储设备、人员和通信联系设施等若干相互制约的动态要素所构成的具有特定功能的有机整体。

2）电子商务物流系统的构成

（1）物流配送中心。
（2）物流信息网络。
（3）物流运输网络。
（4）物流仓储。
（5）客户服务和管理系统。

3）物流系统的组织和管理

物流管理的内容十分广泛，根据物流管理的特点，可分为物流业务管理和物流技术管理两大方面。

（1）物流业务管理：物流的计划管理、物流经济活动管理、物流的人才管理和物流过程管理。

（2）物流技术管理：物流硬技术及其管理、物流软技术及其管理。

7.2.2　物流系统的功能

物流活动由物资运输、仓储、装卸、包装、流通加工、配送、物流信息处理等项工作构成。上述构成也常被称之为“物流活动的基本功能”。

物流系统的功能要素一般认为有运输、储存保管、包装、装卸搬运、流通加工、配送、物流信息处理等，如果从物流活动的实际工作环节来考查，物流由上述七项具体活动构成。

除了传统的物流服务外，电子商务还具有增值性的物流服务。增值性的物流服务功能包括以下几层含义和内容。

（1）增加便利性的服务功能。

（2）加快反应速度的服务功能。

（3）降低成本的服务功能。

（4）延伸服务功能。

7.3　电子商务物流信息技术

7.3.1　电子商务物流条码技术

条码技术是条形码自动识别技术的简称。条码技术的核心是条码符号，它是一种十分有效的识别工具．它能方便地机器识读，以提供准确及时的信包来支持供应链管理中各环节信息采集和录入的需要，从而改进业务操作，提高工作效率。条码技术被广泛地应用在物品追踪、库存控制、生产流程控制，质量控制、分类、订单输入、送货与收货、仓库管理、运输路线管理、售货点作业等方面。

1．条码的发展简史

条码技术诞生于 20 世纪 40 年代，由美国乔・伍德兰德（Joe Woodland）和贝尼・西尔佛（Beny Silver）两位工程师为研究食品项目代码及相应自动识别设备而发明，并于 1949 年获得了美国专利。最早的条形码如图 7-1 所示，很像微型同心圆形码，俗称“公牛眼”。

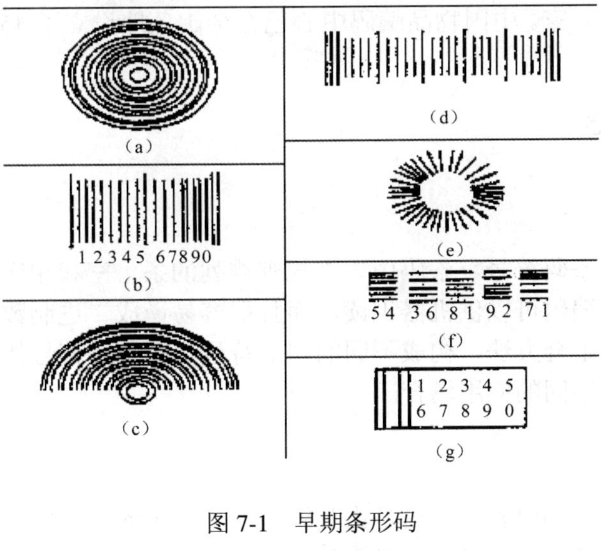

图 7-1　早期条形码

29 世纪 60 年代中期，美国超市业者因收银台算账太慢、结账常出错，故由一群零售商、批发商和杂货制造商组成超市委员会，与 IBM、NCR 等当时的主要计算机厂商共同寻求解决方法，制定一套商品代码，称为“环球商品代码”（Universal Product Code，UPC）。到了 1973 午 4 月 3 日．美国统一编码协会（Uniform Cord Council，UCC）选用 UPC 码建立条形码系统，制定了相应的标准，并在食品业内以 UPC 码作为标准码推广使用。条形码技术从此由研究阶段进入大规模实际应用阶段。UPC 码的结构为一组印在商品包装上的平行黑线和数字，故又称为“条形码”，如图 7-2 所示。

图7-2　UPC码

只要利用光学扫描器来读取商品上的条形码，即可辨别所有商品。UPC 码在美国和加拿大一直沿用至今。

1974 年，Intermec 公司推出了 39 码，并在工业及军事上得到了广泛的使用。1977 年，欧洲共同体正式成立了欧洲商品编码协会（European Article Numbering Association，EAN），以 UPC 标准码（UPC-A）为基础，制定出欧洲商品代码 EAN-13 码与 EAN-8 码。1981 年，EAN 已发展为国际性组织，改名为国际物品编码协会。1981 年 128 码被推出应用。1982 年之后又推出 93 码，其符号密度比 39 码高了 30%。其他还有交叉 25 码、49 码、16K 码等，目前全世界已知的条形码约 200 多种。常用的约 40 多种。条形码发展至今，在原有的一维条形码基础上，又发展了二维条码，二维条码可在同样的空间上表示更多的资料。

20 世纪 80 年代中期，我国的许多单位和部门开始试用条形码技术，并于 1988 年 12 月 28 日经国务院批准正式成立了“中国物品编码中心”，由国家技术监督局统一领导，并于 1991 年 4 月 19 日代表我国加入了国际物品编码协会。至 2002 年，中国物品编码中心的统计资料显示，我国采用条形码标识的产品已超过 100 万种，有 8 万多家企业申请注册了厂商代码。这在全球排名第三，仅次于美国和日本。应用条码技术进行自动扫描结算与管理的各类商业超市和配送中心上万家。中国物品编码中心已在全国各地设立了 45 个分支机构，形成了覆盖全国的工作网络。

2. 条码的基本概念

1）码制

条码技术的核心是条码符号。条码由一组规则排列的条、空和相应的数字字符组成，这种用条和空组成的数据编码可以供机器识读，而且很容易译成二进制数和十进制数。这些条和空可以有各种不同的组合方法，构成不同的图形符号，即各种符号体系，也称码制。各种不同码制的条码适用于不同的应用场合。

2）编码容量

每个条码都有一定的编码容量，这是由其编码方法决定的。对于宽度调节法编码，仅有两种宽度单元的条码符号，编码容量为 $C(n, k)$，这里 $C(c, k)=n(n-1)\ldots(n-k+1)/k!$，其中，$n$ 是每一条码字符中包含的单元总数，k 是宽单元或窄单元的数量。对于模块组配的条码符号，若每个条码字符包含的模块是恒定的，其编码容量为 $C(n-1,\ 2k-1)$，其中 n 为每一个字符中包含模块的总数，k 是条或空的数量，$1 \leqslant k \leqslant n/2$。

3）条码字符集

条码字符集是指某种码制所表示的全部字符的集合。条码字符中字符总数不能大于该种码制的编码容量。有些编码仅能表示 0～9 这 10 个数字字符，如 EAN / LJPC 码、交插 25 码；有些码制除了能表示 10 个数字字符外，还可以表示几个特殊字符，如 39 条码可表示 10 个数字字符、26 个英文字母及一些特殊符号。

4）条码符号的密度

条码符号的密度是指单位长度上所含有的条码字符的个数。对于任何一种码制来说，各模块的宽度越小，条码符号的密度就越高，也就越节约印刷面积。但由于印刷条件及扫描条件的限制，我们很难把条码符号的密度做得太高。39 条码的最高密度为 9.4 个/25.4mm；库德巴条码的最高密度为 10 个/25.4mm；交叉 25 条码的最高密度为 17.7 个/25.4mm。密度越高，所需扫描设备的分辨率就越高。

5）连续性和非连续性

条码符号的连续性是指每个条码字符之间不存在间隔；相反，非连续性是指每个条码字符之间存在的间隔。从某种意义上讲，由于连续性条码不存在条码字符间隔，所以密度相对较高，而非连续性条码的密度相对较低。

6）定长条码与非定长条码

定长条码是指仅能表示固定字符个数的条码；非定长条码是指能表示可变字符格式的条码。例如：EAN，UPC 码是定长条码（其中 EAN—13 仅能表示 13 个字符）；39 条码为非定长条码。定长条码由于限制了表示字符的个数，所以译码的误读率相对较低（就一个完整的条码符号而言，任何信息的丢失都会导致译码的失败）；非定长条码具有灵活、方便等优点，但受扫描器及印刷面积的限制，它不能表示任意多个字符，并且在扫描阅读过程中会因信息丢失而导致译码错误。

7）双向可读性

条码符号的双向可读性是指从条码的左、右两侧开始扫描都有可被识别的特性。对于双向可读的条码，识读过程中译码器需要判别扫描方向。有些类型的条码符号，其扫描方向的判定是通过起始符与终止符来完成的，例如 39 码、库德巴条码信号完全相同，所以无法用它们来判别扫描方向，例如 EAN 和 UPC 码，在这种情况下，扫描方向的判别则是通过条码数据符的特定组合来完成的。

8）自校验特性

条码符号的自校验特性是指条码字符本身具有校验特性。例如 39 条码、库德巴条码、交叉 25 条码都具有自校验功能；EAN 和 UPC 条码、93 条码等都没有自校验功能。自校验功能也能校验出一些印刷缺陷。对于某种码制，是否具有自校验功能是由其编码结构决定的。码制设计者在设计条码符号时，就已经确定了该条码是否有此功能。

3. 条码技术与自动识别技术

1）条码技术与其他自动识别技术的比较

自动识别技术是信息数据自动识读、自动输入计算机的重要方法和手段，它是以计算机技术和通信技术的发展为基础的综合性科学技术。近几十年来自动识别技术在全球范围内得到了迅猛发展，初步形成了一个包括条码、磁条（卡）、光学字符识别、射频、生物识别及图像识别等集计算机、光、机电、通信技术为一体的高新技术学科。自动识别技术的崛起，提供了快速、准确地进行数据采集输入的有效手段，解决了计算机手工输入数据速度慢、错误率高等造成的瓶颈性难题，因而自动识别技术作为一种革命性的高新技术，正迅速为人们所接受。

条码技术是条形码自动识别技术的简称。条码技术是在当代信息技术基础上产生和发展起来的符号自动识别技术。它将符号编码、数据采集、自动识别、自动录入、存储信息等功能融为一体，能够有效解决物流过程中大量数据的采集与自动录入问题。

磁条技术应用了物理学和磁力学的基本原理。磁条就是一层薄薄的由定向排列的铁性氧化粒子组成的材料（也称为磁性涂料），将它和树脂黏合在一起并粘贴在如纸或塑料这样的非磁性基片上。

磁条技术的优点是数据可读写，即具有现场改造数据的能力。其数据存储量能满足大多数需求，便于使用，成本低廉，还具有一定的数据安全性。它在很多的领域得到广泛应用，如信用卡、银行 ATM 卡、机票、公共汽车票、自动售货卡、会员卡、现金卡（如电话磁卡）等。

射频技术是以无线通信技术和储存器技术为核心的识别技术。射频系统的优点是不局限于视线，识别距离比光学系统远，射频识别卡具有读写能力，可携带大量数据、难以伪造，并具智能性等。适用于物料跟踪、运载工具和货架识别等要求非接触数据采集和交换的场合。由于射频标签具有可读写能力，对于需要频繁改变数据内容的场合尤为适用。

光学字符识别技术（OCR）是利用光学工作原理获取的文字字符图片信息，利用各种模式识别算法分析文字形态特征，判断出文字的标准编码，并按通用格式存储为计算机的文本文件。OCR 的主要应用领域是办公室自动化中的文本输入、邮件自动处理以及与自动获取文本过程相关的其他要求。

表 7-1 列出了几种识别技术的比较。

表 7-1 条码技术与其他自动识别技术的比较

项目/名称	OCR	磁条（卡）	条　码	射　频
输入 12 位数据速度(s)	4	0.3～2	0.3～2	0.3～0.5
误读率	1/10000		1/15 000～1/100 000 000	
印刷密度（字符/英寸）	10～12	48	最大 20	4～8 000
印刷面积（mm）	2.5（高）	6.4（高）	15（长）×4（宽）	4（直径）×32（长）至 54（纵）×86（横）
基材价格	低	中	低	高
扫描器价格	高	中	低	高
非接触识读	不能	不能	0～5m	0～2m
优点	可用眼阅读	数据密度高；输入速度快	输入速度快；设备便宜；设备种类多；可非接触式识读	可在灰尘油污等情况下使用；可非接触式识读
缺点	输入速度慢；不能非接触式识读；设备价格高	不能直接用眼阅读；不能非接触式识读；数据可变更	数据的不可更改；不可用眼直接阅读	发射、接收装置价格昂贵；发射装置寿命短；数据可改写

2）条码技术的特点

（1）可靠准确。键盘录入数据误读率平均为1/30，而条码扫描录入误读率非常低。条码识别率为98%以上。

（2）数据输入速度快。键盘输入，一个每分钟打90个字的打字员1.5s可输入1个字，而使用条码，做同样的工作只需0.3s，速度提高到5倍。

（3）经济便宜。与其他自动化识别技术相比较，推广应用条码技术所需费用较低。

（4）灵活、实用。条码符号作为一种识别手段可以单独使用，也可以和有关设备组成识别系统实现自动化识别，还可和其他控制设备联系起来实现整个系统的自动化管理。同时，在没有自动识别设备时，也可实现手工键盘输入。

（5）自由度大。识别装置与条码标签相对位置的自由度要比OCR大得多。条码通常只在一维方向上表达信息，而同一条码上所表示的信息完全相同并且连续，这样即使是标签有部分欠缺，仍可以从正常部分输入正确的信息。

（6）设备简单。条码符号识别设备的结构简单，操作容易，无须专门训练。

（7）易于制作。条码标签易于制作，可印刷，被称作"可印刷的计算机语言"，对印刷技术设备和材料无特殊要求。

4. 条码的分类

条码可分为一维条码和二维条码。一维条码是指通常所说的传统条码，包括商品条码（EAN条码和UPC条码）和物流条码（EAN-128码、ITF码、39码、库德巴条码）。二维条码从结构上分为两类：一类由矩阵代码和点代码组成，其数据是以二维空间的形态编码的，如QR Code，Data Matrix等；另一类包含重叠的或多行条码符号，其数据以成串的数据行显示。重叠的符号标记法有PDF417，Code49，Code 16K等。

7.3.2 无线射频技术

1. 无线射频的概念

射频技术（Radio Frequency，RF）的基本原理是电磁理论，利用无线电波对记录媒体进行读/写。射频系统的优点是不局限于视线，识别距离比光学系统远，射频识别卡具有读写能力，可携带大量数据、难以伪造并具有智能性。

射频识别（RFID）系统的传送距离由许多因素决定，如传送频率、天线设计等，射频识别的距离可达几十米，且根据读/写的方式，可以输入数千字节的信息，同时，还具有极高的保密性。射频识别技术适用的领域有：物料跟踪、运载工具和货架识别等要求非接触数据采集和交换的场合，对于需要频繁改变数据内容的场合尤为适用。如香港的车辆自动识别系统——驾易通，采用的主要技术就是射频技术。目前香港已有约8万辆汽车装上了电子标签，装有电子标签的车辆通过有射频扫描器的专用隧道、停车场或高速公路路口时，无须停车缴费，大大提高了行车速度，提高了效率。射频技术在其他物品的识别及自动化管理方面也得到了广泛的应用。

现在，射频识别是自动识别领域最热门的技术，尽管这种技术已经存在发展了许多年，但它只有在本领域众多的发明技术中总结规划出一个标准以后，才能得到快速的、切实的应用，ISO 和 AIM Automatic Identification Manufacture Association 正在进行这方面的工作，相信不久的将来，射频识别技术会得到很快的发展。

2．射频识别系统的组成

射频识别系统在具体的应用过程中，根据不同的应用目的和应用环境，系统的组成会有不同，但从射频识别系统的工作原理来看，系统一般由信号发射机、信号接收机、发射接收天线等部分组成。

1）信号发射机

在射频识别系统中，信号发射机为了不同的应用目的，会以不同的形式存在，典型的形式是标签（Tag）。标签相当于条码技术中的条码符号，用来存储需要识别传输的信息，另外，与条码不同的是，标签必须能够自动或在外力的作用下，把存储的信息主动发射出去。标签一般是带有线圈、天线、存储器与控制系统的低电平集成电路。

按照不同的分类标准，标签有许多不同的分类。

（1）主动式标签和被动式标签。在实际应用中，必须给标签供电才能工作，虽然其电耗是非常低的（一般是百万分之一毫瓦级别）。按照标签获取电能的方式不同，可以把标签分成主动式标签和被动式标签。

主动式标签内部自带电池进行供电，它的电能充足、可靠性高，信号传送的距离远。另外，主动式标签可以通过设计电池的不同寿命，对标签的使用时间或使用次数进行限制，它可以用在需要限制数据传输量或者使用数据有限制的地方，比如一年内，标签只允许读/写有限次。主动式标签的缺点主要是标签的使用寿命受到限制，而且随着标签内电池电力的消耗，数据传输的距离会越来越小，影响系统的正常工作。

被动式标签内部不带电池，要靠外界提供能量才能正常工作。被动式标签产生电能的装置是天线与线圈，当标签进入系统的工作区域，天线接收到特定的电磁波，线圈就会产生感应电流，在经过整流电路时给标签供电。

被动式标签具有永久的使用期，常常用在标签信息需要每天读写或频繁读/写多次的地方，而且被动式标签支持长时间的数据传输和永久性的数据存储。被动式标签的缺点主要是数据传输的距离要比主动式标签小。因为被动式标签依靠外部的电磁感应供电，电能比较弱，数据的传输距离和信号强度受到一定限制，需要敏感性比较高的信号接收器（阅读器）才能可靠识读。

（2）只读标签和可读可写标签。根据内部使用存储器类型的不同，标签可以分成只读标签与可读可写标签。

只读标签内部只有只读存储器（Read Only Memory，ROM）和随机存储器（Random Access Memory，RAM）。ROM 用于安全性要求较高的数据，它与内部的处理器或逻辑处理单元完成内部的操作控制功能，如响应延迟时间控制、数据流控制、电源开关控制等。另外，标签的 ROM 中还存储有标签的标识信息。这些信息可以在标签制造过程中由制造商写入 ROM 中，也可以在标签开始使用时由使用者根据特定的应用目的写入特殊的编码信息。这种信息可以只简单地代表二进制中的“0”或“1”，也可以像二维条码那样，包含复杂的相当丰富的信息。但这种信息只能是一次写入，多次读出。只读标签中的 RAM 用于存储标签反应和数据传输过程中临时产生的数据。另外，只读标签中除了 ROM 和 RAM 外，一般还有缓冲存储器，用于暂时存储调制后等待天线发送的信息。可读可写标签内部的存储器除了 ROM、RAM 和缓冲存储器之外，还有非活动可编程记忆存储器。这种存储器除了存储数据功能外，还具有适当的条件下允许多次写入数据的功能。非活动可编程记忆存储器有许多种，电可擦除可编程只读存储器（EEPROM）是比较常见的一种，这种存储器在加电的情况下，可以实现对原有数据的删除及重新写入。

（3）标识标签和便携式数据文件根据标签中存储器数据存储能力的不同，可以把标签分成仅用于标识目的的标识标签与便携式数据文件两种。

对于标识标签来说，由一个数字或者多个数字字母组成的字符串存储在标签中，主要用于识别或者作为进入信息管理系统数据库的钥匙（Key）。条码技术中标准码制的号码，如 EAN/UPC 码，或者混合编码，或者标签使用者按照特别的方法编的号码，都可以存储在标识标签中。标识标签中存储的只是标识号码，用于特定的标识项目，如人、物、地点进行标识，关于被标识项目的详细的特定的信息，只能在与系统相连接的数据库中进行查找。

顾名思义，便携式数据文件就是说在标签中存储的数据非常大，足可以看做是一个数据文件。这种标签一般都是用户可编程的，标签中除了存储标识码外，还存储有大量的被标识项目其他相关信息，如包装说明、工艺过程说明等。在实际应用中，关于被标识项目的所有信息都是存储在标签中的，读标签就可以得到关于被标识项目的所有信息，而不用再连接到数据库进行信息读取。另外，随着标签存储能力的提高，还可以提供组织数据的能力，在读标签的过程中，可以根据特定的应用目的控制数据读出，实现在不同情况下读出不同的数据。

2）信号接收机

在射频识别系统中，信号接收机一般叫做阅读器。根据支持标签类型的不同与完成功能的不同，阅读器的复杂程度显著不同。阅读器基本的功能就是提供标签进行数据传输的途径。另外，阅读器还提供相当复杂的信号状态控制、奇偶错误校验和更正等功能。标签中除了存储需要传输的信息外，还必须含有一定的附加信息，如错误校验信息等。需识别的数据信息和附加信息按照一定的结构编制在一起，并按照特定顺序向外发送。阅读器通过接收到的附加信息来控制数据流的发送。一旦到达阅读器的信息被正确接收和译解后，阅读器通过特定算法决定是否需要发射机对发送的信号重发一次，或者指导发射器停止发信号，这就是“命令响应协议”。使用这种协议，可以在很短的时间、很小的空间阅读多个标签，也可以有效地防止“欺骗问题”的产生。

3）编程器

只有可读可写标签系统才需要编程器。编程器是向标签写入数据的装置。编程器写入数据一般来说是离线（Off-Line）完成的，也就是预先在标签中写入数据，等到开始应用时直接把标签黏附在被标识项目上。也有一些 RFID 应用系统，尤其是在生产环境中作为交互式便携数据文件来处理时，写数据是在线完成的。

4）天线

天线是标签与阅读器之间传输数据的发射、接收装置。在实际应用中，除了系统功率，天线形状和相对位置也会影响数据的发射和接收，需要专业人员对系统的天线进行设计、安装。

7.3.3 物流动态跟踪技术

1．GIS（地理信息系统）概述

1）地理信息

地理信息是指表征地理系统诸要素的数量、质量、分布特征、相互联系和变化规律的数字、文字、图像和图形等的总称。从地理数据到地理信息的发展，是人类认识地理事物的一次飞跃。地球表面石圈、水圈、大气圈和人类活动等是最大的地理信息源。地理科学的一个重要任务就是迅速采集到地理空间的几何信息、物理信息和人为信息，并适时地识别、转换、存储、传输、再生成、显示、控制和应用这些信息。

地理信息属于空间信息，其位置的识别是与数据联系在一起的，这是地理信息区别于其他类型信息的最显著的标志。地理信息的这种定位特征，是通过经纬网或公路网建立的地理坐标来实现空间位置的识别。地理信息的时序特征（动态性）十分明显，因此要求地理信息的获取要及时，并定期更新，从而为科学决策提供依据。

2）地理信息系统

地理信息系统（Geographical Information System，GIS）是以地理空间数据库为基础，在计算机软硬件的支持下，对空间相关数据进行采集、管理、操作、分析、模拟和显示，并采用地理模型分析方法，适时提供多种空间和动态的地理信息，为地理研究和地理决策及其他服务而建立起来的计算机技术系统。目前，GIS 技术已被广泛应用于测绘、地图绘制、资源管理、城乡规划、灾害监测、环境保护、国防、商业等众多领域。

3）地理信息系统的特征

（1）具有采集、管理、分析和输出多种地理空间信息的能力。

（2）以地理研究和地理决策为目的，以地理模型方法为手段，具有空间分析、多因素综合分析和动态预测能力，并能产生多层次的地理信息。

（3）由计算机系统支持进行空间地理数据管理，并由计算机程序模拟常规的或专门的地理分析方法，作用于空间数据，产生有用信息，完成人类难以完成的任务。计算机系统的支持是 GIS 的重要特征。

从外部来看，地理信息系统表现为计算机软硬件系统，而其内涵却是由计算机程序和地理数据组织而成的地理空间信息模型，是一个高度信息化的地理系统。信息的流动及信息流动的结果完全由计算机程序的运行和数据的交换来仿真。人们可以在 GIS 支持下提取不同侧面、不同层次的空间和时间特征信息，也可以快速地模拟自然过程的演变和思维过程，取得地理预测和实验的结果，选择优化方案，避免错误的决策。

当具有一定地理学知识的用户使用地理信息系统时，他面对的就不再是毫无意义的数据，而是由空间数据组成的客观世界的一个抽象模型，它比地图所表达的自然世界模型更为丰富和灵活。用户可以按照应用的目的来观测这个现实世界模型各方面的内容，也可以提取这个模型所表达现象的各种空间尺度指标。更为重要的是，它可以将自然发生或人为规划的过程加在这个模型上，取得自然过程的分析和预测的信息，用于管理和决策，这就是地理信

息系统深刻的内涵。

4）地理信息系统的组成

地理信息系统主要由四个部分组成：即计算机硬件系统、计算机软件系统、地理空间数据库和系统管理人员。

（1）计算机硬件系统是计算机系统中的实际物理装置的总称。GIS 硬件配置除计算机主机外一般包括：数字化仪、图像扫描仪等数据输入设备；光盘刻录机、磁带机等数据存储设备；绘图仪等数据输出设备。

（2）计算机软件系统是指地理信息系统运行所必需的各种程序，主要包括计算机系统软件和地理信息系统软件。地理信息系统软件包括以下五类基本模块。

a. 数据输入和校验模块：包括能将现有地图、野外作业观测数据、传感器获取的数据转换成计算机兼容的数字形式的各种转换软件。许多计算机工具都用于输入，例如人机交互终端（键盘与显示器）、数字化仪、扫描仪及从磁带、磁盘、磁鼓读取数字或数据的装置等。数据检验是通过观测、统计分析和逻辑分析检查数据中存在的错误，并通过适当的编辑方式加以改正。事实上数据输入和检验是建立数据库必需的过程。

b. 数据存储和管理模块：这是地理信息系统的关键组成部分之一。数据存储和数据库管理涉及地理元素（表示地表物体的点、线、面）的位置、连接关系及属性数据如何构造和组织，使其便于计算机处理和系统用户理解等。用于组织数据库的程序称之为数据库管理系统（DBMS）。地理数据库包括数据格式的选择和转换，数据的连接、查询、提取等。

c. 数据变换模块：数据变换主要用于两个方面，一是变换的目的是从数据中消除错误，进行数据更新，或与其他数据库匹配；二是为回答 GIS 提出的问题而采用的大量数据分析方法。

d. 数据显示与输出模块：指将地理信息系统内的原始数据或经系统分析或处理的结果输出给用户，它以报表、统计图、查询应答、地图形式在屏幕显示，或通过打印机、绘图仪输出，也可通过通信网络传输到其他计算机系统供用户使用。

e. 用户接口模块：该模块用于接收用户的指令和程序或数据，是用户和系统交互的工具，包括用户界面、程序接口与数据接口。由于地理信息系统功能复杂，而用户又往往为非计算机专业人员，用户界面（或人机界面）是地理信息系统应用的重要组成部分，它通过菜单技术、用户询问语言的设置，还可采用人工智能的自然语言处理技术与图形界面等技术，提供多窗口和光标或鼠标选择菜单等控制功能，为用户发出操作指令提供方便。该模块还随时向用户提供系统运行信息和系统操作帮助信息，这就使地理信息系统成为人机交互的开放式系统。程序接口和数据接口可分别为用户连接各自特定的应用程序模块和使用非系统标准的数据文件提供方便。

（3）地理空间数据是指以地球表面空间位置为参照的自然、社会和人文景观数据，可以是图形、图像、文字、表格和数字等，由系统的建立者通过数字化仪、扫描仪、键盘、磁带机或其他通信系统输入 GIS，是系统程序作用的对象，是 GIS 所表达的现实世界经过模型抽象的实质性内容。

（4）系统管理人员。地理信息系统从其设计、建立、运行到维护的整个生命周期，处处都离不开人的作用。仅有系统软硬件和数据还构不成完整的地理信息系统，需要人进行系统组织、管理、维护和数据更新、系统扩充完善、应用程序开发，并灵活采用地理分析模型提取多种信息，为研究和决策服务。

5）地理信息系统的分类

地理信息系统按其内容可以分为以下两大类。

（1）专题地理信息系统：指具有有限目标和专业特点的地理信息系统，为特定的专门的目的服务，如道路交通管理信息系统、水资源管理信息系统、矿产资源信息系统、农作物估产信息系统、水土流失信息系统、环境管理信息系统等。

（2）区域地理信息系统：主要以区域综合研究和全面信息服务为目标，可以有不同规模，如国家级、地区或省级、市级或县级等为各不同级别行政区服务的区域信息。也有以自然分区或流域为单位的区域信息系统。

6）GIS 在现代物流中的应用

GIS 应用于物流分析，主要是利用 GIS 强大的地理数据功能来完善物流分析技术。完整的 GIS 物流分析软件集成了车辆路线模型、网络物流模型、分配集合模型和设施定位模型等。

（1）车辆路线模型：用于解决一个起始点、多个终点的货物运输中如何降低物流作业费用，并保证服务质量的问题，包括决定使用多少辆车，每辆车的路线等。

（2）网络物流模型：用于解决寻求最有效的分配货物路径问题，也就是物流网点布局问题。如将货物从 N 个仓库运到 M 个商店，每个商店都有固定的需求量，因此需要确定由哪个仓库提货送给哪个商店所耗的运输代价最小。

（3）分配集合模型：可以根据各个要素的相似点把同一层上的所有或部分要素分为几个组，以解决确定服务范围和销售市场范围等问题。如某一公司要设立 X 个分销点，要求这些分销点要覆盖某一地区，而且要使每个分销点的顾客数目大致相等。

（4）设施定位模型：用于确定一个或多个设施的位置。在物流系统中，仓库和运输线共同组成了物流网络，仓库处于网络的节点上，节点决定着线路，如何根据供求的实际需要并结合经济效益等原则，在既定区域内设立多少个仓库，每个仓库的位置，每个仓库的规模，以及仓库之间的物流关系等问题，运用此模型均能很容易地得到解决。

2. GPS 技术

1）GPS 的含义

GPS 即全球定位系统（Global Positioning System），是美国从 20 世纪 70 年代开始研制，历时 20 年，耗资 200 亿美元，于 1994 年全面建成的，具有在海、陆、空进行全方位实时三维导航与定位能力的新一代卫星导航与定位系统。GPS 具有全天候、高精度、自动化、高效益等显著特点。

2）GPS 系统的组成及工作原理

GPS 系统包括三大部分：空间部分——GPS 卫星星座，地面控制部分——地面监控系统和用户设备部分——GPS 信号接收机，如图 7-3 所示。

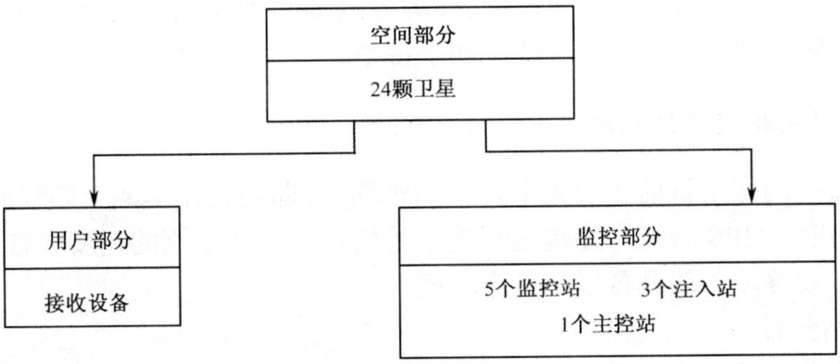

图 7-3　GPS 系统

a. GPS 卫星星座

由 21 颗工作卫星和 3 颗在轨备用卫星组成 GPS 卫星星座，记作（21+3）GPS 星座。24 颗卫星均匀分布在 6 个轨道平面内，轨道倾角为 55°，各个轨道平面之间相距 60°，即轨道的升交点赤经各相差 60°。每个轨道平面内各颗卫星之间的升交角距相差 90°，一轨道平面上的卫星比西边相邻轨道平面上的相应卫星超前 30°。

在 20 000 千米高空的 GPS 卫星，当地球对恒星来说自转一周时，它们绕地球运行两周，即绕地球一周的时间为 12 恒星时。位于地平线以上的卫星颗数随着时间和地点的不同而不同，最少可见到 4 颗，最多可见到 11 颗。在用 GPS 信号导航定位时，为了结算观测站的三维坐标，必须观测 4 颗 GPS 卫星，称为定位星座。这 4 颗卫星在观测过程中的几何位置分布对定位精度有一定的影响。对于某地某时，甚至不能测得精确的点位坐标，这种时间段叫做“间隙段”。但这种时间间隙段是很短暂的，并不影响全球绝大多数地方的全天候、高精度、连续实时的导航定位测量。

b. 地面监控系统

对于导航定位来说，GPS 卫星是一动态已知点。星的位置是依据卫星发射的星历——描述卫星运动及其轨道的参数算得的。每颗 GPS 卫星所播发的星历是由地面监控系统提供的。卫星上的各种设备是否正常工作，以及卫星是否一直沿着预定轨道运行，都要由地面设备进行监测和控制。地面监控系统另一重要作用是保持各颗卫星处于同一时间标准——GPS 时间系统。这就需要地面站监测各颗卫星的时间，求出钟差。然后由地面注入站发给卫星，卫星再由导航电文发给用户设备。GPS 工作卫星的地面监控系统包括一个主控站、三个注入站和五个监测站。

c. GPS 信号接收机

GPS 信号接收机的任务是：能够捕获到按一定卫星高度截止角所选择的待测卫星的信号，并跟踪这些卫星的运行，对所接收到的 GPS 信号进行变换、放大和处理，以便测量出 GPS 信号从卫星到接收机天线的传播时间，解译出 GPS 卫星所发送的导航电文，实时地计算出测站的三维位置，甚至三维速度和时间。

GPS 卫星发送的导航定位信号是一种可供无数用户共享的信息资源。对于陆地、海洋和空间的广大用户，只要用户拥有能够接收、跟踪、变换和测量 GPS 信号的接收设备，即 GPS 信号接收机，就可以在任何时候用 GPS 信号进行导航定位测量。根据使用目的的不同，用户要求的 GPS 信号接收机也各有差异。目前，世界上已有几十家工厂生产 GPS 接收机，产品也有几百种。这些产品可以按照原理、用途、功能等来分类。以用途分类的最常见的 GPS 接收器有车载型、航海型、航空型、星载型和手持型。

3）GPS 在现代物流中的应用

GPS 在物流中的应用目前主要集中在车辆管理上，即通过在车辆上装载的 GPS 信息接收终端，采集经纬度、GPS 时间与终端运行速度等信息，实现车辆的调度和管理。

GPS 信息接收终端一般具备以下几个功能。

a. 查询车辆分布

点击车辆分布，可以从电子地图上察看自己用户名上所有车辆的分布情况，了解到所有车辆在各区域分布的具体位置、行驶状况。通过对该功能的使用，可以查到在某个地域内哪些车辆可供使用，也可以了解公司所有在途运输车货的分布情况以及可供使用的车辆。

b. 查询车辆历史轨迹

通过对历史轨迹的查询，可以看出车辆在行驶过程中的状态、路线，从而规定行驶线路，防止中途随意停车。根据该车的行驶轨迹，公司与客户都可对货物在途的运输过程有相应的了解，并可将此作为考评依据。

c. 查询车辆当前位置

通过位置的及时查询可以看出车辆当前准确的位置所在、运行的方向和运行速度。一般这个功能只有在意外或特殊情况发生时才会用到，如有报警信息发生需进行救援、急于查看车辆的具体位置进行实时调度等。

d. 对车辆进行连续监控

可根据实际情况设置对车辆进行监控的时间段和位置点上发生的条件。如在车辆出发前预先对行驶时间和车辆监控条件进行设置，就可达到对车辆进行全程监控的目的，以便有据可查。

e. 区域看车

可根据车辆预计行驶的范围或路线在电子地图上定一个或多个报警区域，当车辆驶出和驶入该区域时终端就会向系统发出报警信息，报警信息会以手机中文短信的方式发送到指定的手机上，告诉手机的持有者都是何时、何地、何车、因何原因发生了报警。这项功能可用于车辆按指定路线行驶。设置车辆行驶路线和定点上报功能，既可用于公司也可开放给客户。

通过对 GPS 这些功能的应用，在物流中可及时进行调度和配载，降低车辆空驶率，可对承运货物的车辆进行全程跟踪以保证其安全性，也可实时掌握车货的所在位置，提前完成对应工作的安排，加强对司机的管理，彻底解决私拉乱运问题。

7.4 电子商务物流模式

7.4.1 电子商务物流模式概述

物流技术发达的欧美等国家的物流理论表明，现代物流是生产企业、物流企业、销售企业直至消费者整个产品供应链的物流过程的整体化和系统化，以 20 世纪 90 年代后出现的协同化物流为表现，建立在物流管理核心上对商品流通的全过程进行控制、应用和指导。

现代物流嫁接于电子商务的发展趋势表现为两个阶段：一是将物流提高到电子商务企业的战略地位，并以物流战略为纽带进行企业联盟。在电子商务运行早期，企业生产用原材料、零部件、辅助材料等的购进，产成品的制造和分销等物流活动全部由电子商务企业完成，电子商务企业既要从事生产经营活动又要实现物流服务，同时负责生产经营和物流业务，满足客户网上交易后的送货要求；二是第三方物流从电子商务企业内部职能中分离出来，发展成为物流产业而介入社会经济生活。随着电子商务的快速发展，企业间竞争更加激烈，为了体现社会分工的优势，电子商务企业逐步将一部分或全部物流活动委托给外部的专业物流公司来完成，物流公司按商务活动中的物流要求，利用现代物流技术与物流配送网络，依据与第一方供应商或第二方需求商签订的物流合同，以最低的物流成本，快速、安全、准确地为用户在特定的时间段按特定的价格提供个性化的系列物流服务，在社会专业分工中获得规模经济效益。这一理论为我国电子商务物流模式探讨提供了可供借鉴的依据。

7.4.2　电子商务物流一体化

1．物流一体化的演化

物流一体化是指将原材料、半成品和产成品的生产、供应、销售结合成有机整体，实现流通与生产的纽带关系。其目标是应用系统科学的方法充分考虑整个物流过程的各种环境因素，对商品的实物活动过程进行整体规划和运行，实现整个系统的最优化。在美国等发达国家的企业物流普遍实行了一体化运作，而且企业物流的一体化不再仅仅局限于单个企业的经营职能，而是贯穿于生产和流通的全过程，包括了跨越整个供应链的全部物流，实现由内部一体化到外部一体化的转变。

物流一体化在 20 世纪 70 年代末之前，只是针对企业内部的各个职能部门的运作与协调。欧美等发达国家的许多企业都设立了物流部或物流服务部，全面负责生产经营过程中的采购、物料管理、生产制造、装配、仓储、分销等所有环节的物流活动，实现了采购物流、生产物流和分销物流的统一运作和管理，称为企业物流的内部一体化。

80 年代，许多企业把物流管理的一部分或全部分离出来，由一个具有法人资格的独立企业，实行社会化、专业化经营。物流子公司的成立，使物流管理人员的工作由仅面向企业内部，发展为面向企业同供货商以及用户的业务关系上来。

90 年代，企业纷纷与上游供应商和下游分销商合作，以最优的商品供应体系，实现了跨企业的供应链管理一体化。供应链管理是集生产商、供应商、分销商、零售商以及运输、信息及其他物流服务供应商为一体的管理，是物流管理的最高境界。企业通过与外部组织对整个供应链的计划和从原料采购、加工生产、分销配送，到商品销售给顾客的物流过程进行统一运作和管理，降低了整个供应链的物流成本、实现了对顾客的快速反应，提高了顾客服务水平和企业竞争力。典型的运作模式是物流外包或缔结战略联盟。

物流外包是指企业整合利用外部最优秀的专业化资源，从而达到降低成本，提高效率，充分发挥自身核心竞争力和增强企业对环境的迅速应变能力的一种管理模式。企业在内部资源有限的情况下，为取得更大的竞争优势，仅保留其最具竞争优势的功能，而把其他功能借助于整合，利用外部最优秀的资源，产生巨大的协同效应，使企业获得竞争优势，提高对环境的应变能力。

战略联盟是指核心企业打破供应链伙伴之间传统的交易关系，以非合同的形式，积极寻求与供应商、分销商、顾客等供应链外部参与者的合作或联盟，以广泛的团队，通过共担风险、共享收益、共享信息、共同完成长期目标，实现对顾客需求的快速反应、整条供应链总利润的最大化。

2. 物流一体化产生的原因

1）消除部门间利益冲突

传统的物流活动被分散在不同部门，各部门有各自追求的目标，这些目标往往相互冲突，难以形成统一的目标，为了克服部门间的利益冲突，发达国家的企业将各种物流活动集成在一个部门诸如物流部，对物流进行统一运作与管理，消除部门间利益冲突。

2）物流活动各项成本的交替损益

物流活动各项成本间存在交替损益关系。如减少商品储存的数量可以降低储存成本，但由于储存数量减少，在市场规模不变的情况下，为了满足同样的需求，势必要频繁进货，增加了运输次数，从而导致运输成本的上升。也就是在追求库存合理性时，又牺牲了运输的合理性。如采用分项物流管理，各个部门追求自身的最优化，势必会影响到整个系统的优化性。只有通过采用一体化物流管理把相关的物流成本放在一起考虑，才能实现整个系统的最优化、实现最低总成本物流。

3）系统的物流管理提高运作效率

物流系统的构成要素既相互联系又相互制约，其中一项活动的变化，会影响到其他要素相应发生变化。如运输越集成，包装越简单，反之，杂货运输对包装要求就很严格。再者，商品储存数量和仓库地点的改变，会影响到运输次数、运输距离甚至运输方式的改变等，因此，只有对系统各功能进行统一管理，才能更有效地提高整个系统的运作效率。

4）创建物流子公司，提高物流绩效

物流子公司作为代行企业专门从事物流业务管理的组织部门，通过独立核算、自负盈亏，使得物流成本的核算变得简单明确，有利于物流成本的控制；通过对物流业务统一指挥、运作有利于提高物流的交付速度、物流质量、物流可靠性、柔性和劳动生产率；通过市场交易的手段从事物流运作，有利于破除来自生产部门和销售部门的限制；与此同时，企业多余的物流能力可参与社会经营，避免了物流能力的闲置和浪费，实现了资源共享，从而实现价值增值和提高物流绩效。

5）整个供应链成本的降低，提高竞争力

内部一体化只能实现厂商内部的最优化。很显然，供应链上的所有企业各自孤立地优化他们的物流活动，跨越供应链的物流很难达到优化。就物流成本来说，运输成本和库存保管成本在物流成本中占据绝大部分比例。依据美国的经验，近 20 年来运输成本在 GDP 中的比例大体保持不变，而库存费用比重降低是导致美国物流总成本比例下降的最主要原因。如果仅仅实行内部一体化，由于没有与供应商和分销商实现一体化管理，供应商或分销商往往保有大量原材料或产成品库存，这些库存保管成本归根结底都要转嫁到最终消费者，这种成本的转移并不能提高企业的竞争力。因此，要真正做到减少甚至消除原材料和产成品库存，降低交付成本，就必须与上游供应商和下游分销商合作，进行统一管理、统一行动，降低整个供应链的成本，提高企业的竞争力。

6）强化供应链核心竞争力，扩大企业竞争优势

核心竞争力被认为是企业借以在市场竞争中取得并扩大优势的决定性力量，其内涵十分丰富，反映在技术资源、知识文化、组织与管理系统中。由于任何企业所拥有的资源都是有限的，它不可能在所有的业务领域都获得竞争优势。有的企业具有核心技术能力、核心制造能力，却不具备核心营销能力、核心企业组织协调管理能力和企业战略管理的核心能力。20 世纪 90 年代以来，在快速多变的市场竞争中，单个企业依靠自己的资源进行自我调整的速度很难赶上市场变化的速度，因而企业纷纷将有限的资源集中在核心业务上、强化自身的核心能力，而将自身不具备核心能力的业务通过外包或战略联盟等形式交由外部组织承担。通过与外部组织共享信息、共担风险、共享收益将上述五种核心能力加以整合集成，从而赢得供应链的核心竞争力并扩大竞争优势。

7.4.3　第三方物流

所谓第三方物流是指由物流服务的供方和需方之外的第三方去完成物流服务的物流运作方式。在某种意义上，它是物流专业化的一种形式，随着物流业的发展而发展。也就是说，第三方以签订合同的方式在一定期间内为供方提供满足需方的物流服务，并依靠信息的集成产生增值，从而获取利益。第三方物流配送模式的运作方式如图 7-4 所示。

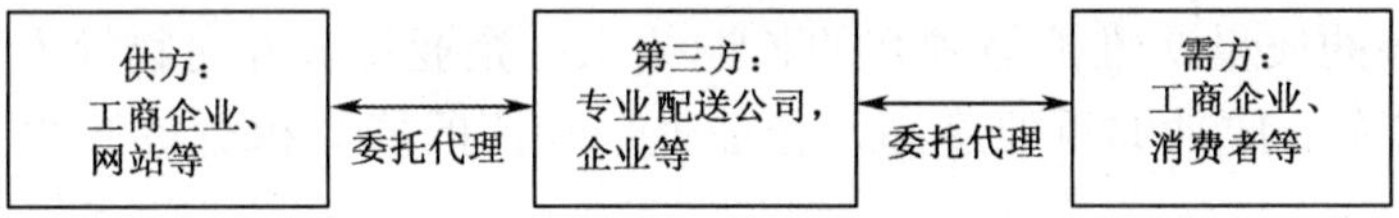

图 7-4　第三方物流配送模式的运作方式

第三方物流将物流活动交给专业的第三方机构办理，实质解决了如何完善物流管理的问题，在实践中具有更广泛的应用前景，表现为：第一，能使电子商务企业从运输、仓储等相关业务中解脱，集中精力于核心业务。信息技术的快速发展，使电子商务企业面临更加激烈的市场竞争，受资金、技术和人员条件的限制，企业不得不将主要精力放在自己的核心业务上，第三方物流能有效满足企业的这一要求。通过物流外包，使企业免除购置运输设备、仓库和物流过程中的其他“硬件”开支，减少电子商务企业物流投资风险，而由物流服务商为电子商务企业设计、协调和实施物流策略，降低物流费用，改善公司赢利状况，同时，第三方物流能够为电子商务的发展提供良好的商务活动后期环境和巨大的市场需求，电子商务企业与物流服务商在长期密切合作中建立起战略合作伙伴关系，而许多第三方物流企业在国内外都有良好的运输和分销网络，电子商务企业可以通过与第三方物流商的供应链集成，借助这些网络扩展国际市场或其他地区市场。第二，能有效降低物流成本，取得参与各方整体最优效果。第三方物流服务综合地利用了专业化物流管理人员和技术人员以及物流设备、设施，发挥出专业物流运作的管理经验，使商品流通较传统的物流和配送方式更容易实现信息化、社会化和合理化。其业务开展不仅包括传统物流中的运输，还包括订单处理、库存管理、配

送等配套业务，不仅实行物流操作，还提供设计物流方案等的咨询活动，从而减少生产企业库存，加速资金周转，提高物流效率，降低物流成本。第三，能确保物流服务质量的改进，具有积极的社会意义。第三方物流企业面向社会众多企业提供的专业化物流服务，可以站在比单一企业更高的角度，在更大范围内开展业务，使交易后的商品能快速进入目标市场。这一产业的兴起，有利于电子商务企业总体物流效率和专业化水平的提高，并取得较好的社会效益。

依托第三方物流服务商，利用专业的物流设备和专业化物流管理人员的业内经验从事综合物流服务业务，必然低成本、高效率运转，能够获得整体最优的交易成本，这与发展电子商务简捷、快速、低成本的初衷是一致的，第三方物流作为专业化社会分工的产物，目前已发展成为社会经济结构调整中的一支重要的社会服务产业力量，已成为电子商务的主导物流模式。

第三方物流优点：企业能够集中精力于核心业务。企业应把自己的主要资源集中于自己擅长的主业，而把物流等辅助功能留给物流公司。

灵活运用新技术，实现以信息换库存，降低成本。第三方物流公司能以一种快速、更具成本优势的方式满足更新自己的资源或技能的需求，而这些服务通常都是制造商一家难以做到的。

减少固定资产投资，加速资本周转。企业自营物流需要投入大量的资金购买物流设备，建设仓库和信息网络等专业物流设施。而使用第三方物流公司不仅可以减少设施的投资，还能够免去仓库和车队方面的资金占用。

第三方物流缺点：与自营物流相比较，第三方物流在为企业提供上述便利的同时，也会给企业带来诸多的不利。主要有：企业不能直接控制物流职能；不能保证供货的准确和及时；不能保证顾客服务的质量，维护与顾客的长期关系；企业将放弃对物流专业技术的开发等。适用范围：物流对企业成功的重要度高，企业处理物流的能力相对较低的企业。

7.4.4 共同配送模式

共同配送是指为提高物流效率对某一地区的用户进行配送时，由许多个配送企业联合在一起进行的配送。这是一种物流配送经营企业之间为实现整体配送合理化，以互惠互利为原则，互相提供便利的物流配送服务的协作型配送模式，也是电子商务发展到目前为止最优的物流配送模式。它包括配送的共同化、物流资源利用共同化、物流设施设备利用共同化以及物流管理共同化。共同配送模式是合理化配送的有效措施之一，是企业保持优势常在的至关重要的课题，是企业的横向联合、集约协调、求同存异和效益共享，有利于发挥集团型竞争优势的一种现代管理方法。在电子商务下，共同配送的运作过程如图 7-5 所示。

其优点为：提高物流作业的效率，降低企业营运成本。企业可以集中精力经营核心业务；实现社会资源的共享和有效利用。其缺点：由于各企业经营的商品及其特点对配送的要求不一样，因此共同配送存在一定的难度；各企业的规模、商品、客户、经营意识等方面存在差距，往往很难协调一致；费用的分摊难度加大、泄露商业机密的可能性增加。

其适用范围：运输企业和家电连锁店联手合作；具备一定的先进设备，能被各企业共同利用，并提供多功能服务的物流企业与几个中小型的连锁公司合作。

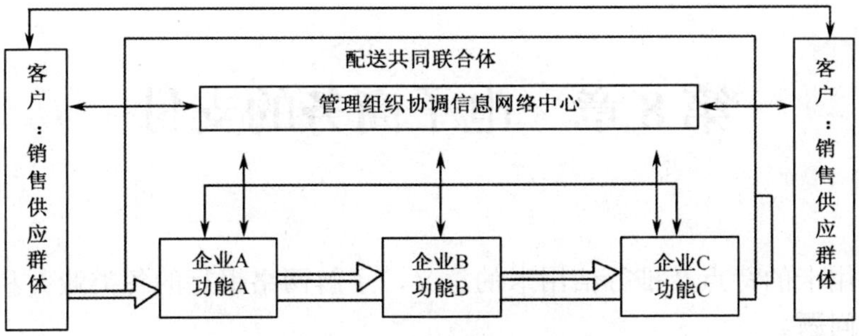

图 7-5　共同配送的运作过程

本 章 小 结

本章主要从电子商务与物流的基本概念及其相互关系入手，系统地介绍了物流活动的全过程和电子商务物流模式，阐述了物流信息技术及应用，使读者对电子商务物流系统的基本框架和电子商务物流技术能够有初步的认识。

本 章 检 测

1．简述电子商务物流的基本概念与服务内容。
2．简述物流系统的功能是什么？
3．简述电子商务物流条码技术的概念。
4．电子商务物流模式有哪些？
5．第三方物流的优点有哪些？

第8章　电子商务的支付

学习要点

- 了解信用卡的特点及推行信用卡的意义，了解网络银行的各类业务和电子支付系统存在的问题。
- 掌握网络银行的特征、电子支付的概念及模式。
- 熟悉各种网上支付工具的使用。

电子支付是电子商务中一个极为重要的关键性组成部分。电子商务较传统商务的优越性成为吸引越来越多的商家和个人网上购物和消费的原动力。然而，如何通过电子支付系统安全地完成整个交易过程，又是人们在选择网上交易时所必须面对的而且是首先要考虑的问题。

8.1　支付模式

8.1.1　电子支付的概念及特征

随着越来越多的商家计划对其企业进行扩展，并进入电子商务新时代，支付问题显得越来越突出：如何为世界范围内的电子商务活动的支付问题提供配套服务？如何处理每日通过信息技术网络产生的成千上万个交易流的支付问题？答案只有一个：利用电子支付。

所谓电子支付，是指进行电子商务交易的当事人，包括消费者、厂商和金融机构，使用安全电子支付手段，通过网络进行货币支付或资金流转。1989年美国法律学会批准的《统一商业法规》对电子支付进行了如下定义：电子支付是支付命令发送方把存放于商业银行的资金，通过一条线路划入收益方开户银行，以支付给收益方的一系列转移过程。

与传统的支付方式相比较，电子支付具有如下特征：

（1）电子支付是在开放的网络系统中以先进的数字流转技术来完成信息传输，采用数字化的方式进行款项支付的，而传统的交易支付方式则以传统的通信媒介通过现金流转、票据转让和银行的汇兑等物理实体来完成款项的支付。

（2）电子支付的工作环境是基于一个开放的系统平台（即Internet），而传统的交易支付方式在较为封闭的系统中运作。

（3）电子支付对软、硬件设施有很高的要求，一般要求有联网的计算机、相应的软件及其他的一些配套设施，而传统的交易方式对实施没有什么特殊的要求。

（4）电子支付具有方便、快捷、高效、经济的优势，交易方只要拥有一台能上网的PC，便可足不出户在很短的时间内完成整个支付过程。而且支付费用只相当于传统支付方式的几十分之一，甚至几百分之一。

由于电子支付工具、支付过程具有无形化的特征，它将传统支付方式中面对面的信用关系虚拟化。电子支付对支付工具的安全管理不是依靠普通的防伪技术，而是通过用户密码，软硬件加、解密系统以及路由器等网络的安全保护来实现的。为保证支付工具的通用性，需制定一系列标准，其风险管理的复杂性进一步增大。

8.1.2　电子支付手段

在日常的商业活动中，都需要以不同方式对商品和服务进行各种支付。对于个人来说，现金、支票和信用卡是人们比较熟悉的支付手段；对于商业团体而言，电子化的资金处理则是企业目前的热衷话题。随着网络技术的日趋成熟及商业应用的发展，消费者和企业都在寻找网上的支付业务的操作途径。

1．现金

现金支付是每个生活在经济社会中的人都非常熟悉的支付方式，至今仍在商品流通领域占据很重要的地位。在现金交易中，买卖双方处于同一位置，而且交易是匿名进行的。卖方不需要了解买方的身份，因为现金本身是有效的，其价值是由发行机构加以保证的现金，具有使用方便和灵活的特点，故而多数交易是通过现金来完成的。

一手交钱，一手交货，交易双方在交易结束后马上就可以实现其交易目的。但现金交易也存在以下缺点：

（1）受时间和空间的限制，对于不在同一时间、同一地点进行的交易，就无法采用现金支付的方式。

（2）现金表面金额的固定性意味着在大宗交易中必须携带大量的现金，这种携带的不便性以及由此产生的不安全性在一定程度上限制了现金作为支付手段的采用。

2．票据

对于工商企业单位，使用得更多的就是票据。如果贸易双方在同一银行都有账号，那么支付者就没有必要把钱先从银行取出，再支付给接收者。支付者可提供一张支票，向银行说明接收者及要支付的款额。接收者可持支票直接去银行兑换现金，或者把支票交给银行，由银行直接把要支付的款额从支付者的账号转到接收者的账号上。票据支付的方式有：

1）支票支付方式

支付者给接收者开出支票，接收者将支票存入他的开户银行，银行给他上账并通过支票交易所把支票给支付者的开户银行。支付者的开户银行验证过支票没有问题后给支付者下账，若有问题，则把支票退回给接收者的开户银行。

在支票交易中，支票由买方签名后即可生效，故而买卖双方无须处于同一位置。卖方需通过银行来处理支票，需为此付一定的费用，并需等待提款。因此，与现金交易相比，这种交易方式不再匿名，而且费用也较高。

2）邮政汇兑支付方式

支票支付时，接收者得到的支票存在不能兑换的可能性。这个问题可由邮政汇兑支付得以解决。支付者给其银行发送一条指令，用于指示向接收者的开户行传送款额。支付者的开户行在向接收者的开户行转账前，首先看他的账号下有没有可供支付的款额，因此避免了支票支付时不能兑现的可能性。又由于这一过程需要通过交易系统，因此容易进行电子处理。

3）电子资金汇兑支付方式

对于中、小额的支付可以用电子资金汇兑方式。

3. 信用卡

信用卡最早产生于美国，并在美国得到了最广泛的发展。自 1951 年富兰克林银行发行第一个塑胶信用卡开始，信用卡得到了较快地发展，并很快在消费市场中占据非常重要的地位。20 世纪 60 年代，由于商业银行开始经营信用卡业务，使信用卡有了更加迅速的发展。当前世界最大信用卡公司 VISA 和 Master Card 就是那时由各银行在信用卡业务中相互竞争而产生并发展起来的。1970 年磁卡问世后，美国的信用卡业务便更加迅速和大规模地发展起来。到 80 年代后期，美国每年信用交易额已达 7000 亿美元。

信用卡是指银行等金融机构发给持卡人为其提供自我借款权的一种银行信用方式，持卡人无须在银行存款或办理借款手续，凭卡就可以在银行规定的信用额度内，到指定机构接受服务或购买商品，或到银行支取现金。它具有转账结算、储蓄、汇兑及消费贷款等功能。

对消费者来说，使用信用卡可减少现金的携带，大大提高安全，方便了购买，可提前消费；对商家来说，使用信用卡结算可减少手续，方便清点，无须运送，增强了安全性，同时提前消费也为商家带来了更多的商机；对银行来说，使用信用卡结算可减少环节，有利于调节货币的流通。

与信用卡类似的还有下列几种卡。

（1）借记卡：借记卡是不具备透支功能但其他购物结算功能都齐全的信用卡，如牡丹灵通卡、长城借记卡和龙卡转账卡。申办借记卡无须担保，不用交纳保证金，也不需进行资信审查。用卡时也不必使用身份证。这种卡具有储蓄存款、提取现金、购物消费的功能，手续简便，使用方便。

（2）收费卡：类似于贷记卡，区别是客户在收到账单的同时就需支付。这种卡功能较为单一，专用交纳某种费用或购物消费。像智能卡（IC 卡）就可以专门用来代发工资、交纳社会保险费、交纳交通违规罚款、汽车加油等。

（3）旅行娱乐卡：具有特定用途的收费卡，可用于诸如航空公司、宾馆、出租车公司等服务行业。

20 世纪 70 年代以来现金和支票支付方式逐渐将主导地位让位给银行卡，在这一转换过程中伴随着银行计算机网络技术应用的不断深入，银行已经能够利用计算机应用系统将支付过程中的“现金流动”和“票据流动”转变成计算机中的“数据流动”。资金在银行计算机网络系统中以数据流的形式进行转账和划拨，这是银行业推出的一种现代化支付方式。这种方式正越来越广泛地被应用于电子商务活动中。

8.1.3 电子支付工具

1. 电子现金

电子现金（E-Cash），又称数字现金，是以数字化形式存在的电子货币，其实质是代表价值的数字。它是一种储值型的支付工具，使用时与纸币完全类似，可以存、取和转让，多用于小额支付。按其载体来划分，电子现金主要包括两类：一类是币值存储在 IC 卡上的；另一类则是以数据文件形式存储在计算机的硬盘上。

客户在银行建立账户并存储一定数量现金之后，就可使用计算机上的电子现金软件来产生原始代币，并将一个序列号加到代币上，然后将其发送到发行银行。通过将序列号与另一个随机数相乘，银行可以看见该序列号。银行用其签名私钥对代币所要求的价值进行数字签名，并将其回送给客户。客户可用隐藏系数分解序列号，并取回原始的序列号。采用这种机制，银行就不能将代币追溯到客户，因为银行看不到原始序列号。

电子现金的支付过程可分为以下四个步骤：

（1）客户在有电子现金业务的银行开立电子现金账号，并预先存入现金，购买电子现金证书，这些电子现金就有了可以在商业领域进行流通的价值。

（2）客户使用电子现金终端软件从电子银行下载电子现金到自己的计算机上备用。

（3）用户与同意使用电子现金的商家洽谈，签订订货合同，使用电子现金支付所购商品的费用。

（4）商家接收电子现金，到授权的电子现金银行进行结账，银行将用户购买商品的钱支付给商家。

从上可知，电子现金具有提高效率、方便用户使用、不可跟踪性、不需要连接银行网络即可使用的优点。但也存在一些问题，主要表现为：税收征管和对违法、洗钱的控制、查处，货币供应的干扰，外汇汇率的不稳定性，恶意破坏与盗用，所以有必要制定严格的经济金融管理制度，保证电子现金的正常运作。

2. 电子钱包

电子钱包是电子商务购物（尤其是小额购物）活动中常用的一种支付工具。电子钱包的功能和实际钱包一样，可存放电子现金、电子信用卡、所有者的身份证书、所有者地址以及在电子商务网站的收款台上所需的其他信息。客户选购好采购的商品，可立即点击自己的钱包，从而加速了订购的过程，提高了购物的效率。

使用电子钱包的客户要先在有关银行建立账户，利用电子钱包服务系统把自己的各种电子货币或电子金融卡上的数据输入进去，安装到电子商务服务器上。电子商务活动中的电子钱包软件通常都是免费提供的。客户可以直接使用与自己银行账号相连接的电子商务系统服务器上的电子钱包软件，也可以通过各种保密方式使用 Internet 上的电子钱包软件。目前已有许多信息厂商开始开发电子钱包软件，像 Microsoft 的 Microsoft Wallet、IBM 的 Consumer Wallet 和 CyberCash 的 Internet Wallet 大部分都是将电子钱包软件设计为浏览器的 Plug-In 软件，加载在 IE 或是 Netscape 的浏览器上。

使用电子钱包的网上购物，通常包括以下步骤：

（1）客户和商家达成购销协议并选择用电子钱包支付。

（2）客户选定用电子钱包付款并将电子钱包装入系统，输入保密口令并进行付款。

（3）电子商务服务器进行合法性确认后，在信用卡公司和商业银行之间进行应收款项和账务往来的电子数据交换和结算处理。

（4）商业银行证明电子钱包付款有效并授权后，商家发货并将电子收据发给客户；与此同时，销售商留下整个交易过程中发生往来的财务数据。

（5）商家按照客户提供的电子订货单将货物在发送地点交到客户或其指定人手中。

3. 电子支票

电子支票是网络银行常用的一种电子支付工具。支票一直是银行大量采用的支付工具之一。将支票改变为带有数字签名的电子报文，或利用其他数字电文代替传统支票的全部信息，就是电子支票。利用电子支票，可以使支票的支付业务和支付过程电子化。网络银行和大多数银行金融机构，通过建立电子支票支付系统，在各个银行之间发出和接收电子支付，向客户提供电子支付服务。电子支票系统通过剔除纸面支票，最大限度地开发了现有银行系统的潜力。

电子支票系统中主要的关联方有客户、商家、客户的开户行、商家的开户行、票据交易所。票据交易所可由一个独立的机构或现有的一个银行系统承担，其功能是在不同的银行之间进行票据兑换。

客户使用可访问 Internet 上不同 Web 服务器的浏览器，可浏览网上的商店或商城。该浏览器同时还可向客户显示电子支票的格式。

一宗完整的电子支票业务由下述的若干步构成，这些步骤可分为三个不同阶段。第一阶段是客户的购买阶段；第二阶段，商家把电子支票发送给他的开户行，以得到现款；第三阶段，商家的开户通过交易所或客户的开户行兑换电子支票。

第一阶段，购买货物。

（1）客户访问商家的服务器，商家的服务器向客户介绍其货物。

（2）客户挑选货物并向商家发出电子支票。

（3）商家通过开户银行对支票进行认证，验证客户支票的有效性。

（4）如果支票是有效的，商家则接收客户的这宗业务。

第二阶段，把支票存入商家的开户银行。

（5）商家把电子支票发送给他的开户行。商家可根据自己的需要，自行决定何时发送。

第三阶段，不同银行之间交换支票。

（6）商家的开户行把电子支票发送给交易所，以兑换现金。

（7）交易所向客户的开户行兑换支票，并把现金发送给商家的开户银行。

（8）客户的开户行为客户下账。

电子支票具有下列优点：

（1）电子支票与传统支票十分相似，客户不必再接受培训，且因其功能更强，所以接受度很高。

（2）电子支票适宜小额的清算。电子支票的传统密码加密方式比以公开密钥加密的系统容易处理。收款人、收款人银行和付款人银行都可以使用公开密钥来验证支票。电子交易系统也可自动验证。

（3）公司企业可以将其作为内部资源管理工具使用，好比公司内部现金的一种形式，以比现在更省钱的方法，通过网络来完成支付。除此以外，由于支票内容可以附在贸易对方的汇票资料上，所以电子支票容易和 EDI 中的应收账款整合。

（4）电子支票技术可连接公众网络金融机构和银行票据交换网络，以达到通过公众网络连接现有金融付款体系的目的。

目前流行的主要 Internet 支票有：Netcheque，1995 年由南加利福尼亚大学的信息科学学院（http://www.usc.edu）开发；PayNow，由 Cyber Cash 公司开发，以电子支票的形式支付；Echeck，由美国财政部开发。

8.1.4　电子支付模式

1．在线转账支付模式

1）在线转账支付模式简介

在线转账是应用非常普遍的电子支付模式。支付者可以使用申请了在线转账功能的银行卡（包括借记卡和信用卡）转移小额资金到其他的银行账户中，完成支付。一般来说，在线转账功能需要到银行申请，并获得用于身份识别的证书及电子钱包软件（E-Wallet）才能够使用。在线转账使用方便，付款人只需使用电子钱包软件登录其银行账户，输入汇入账号和金额后即可完成支付。而此后的事务由清算中心、付款人银行、收款人银行等各方通过金融网络系统来完成。

国内的银行近年来陆续开通了网上银行业务，在线转账是网上银行基本的功能之一。

2）在线转账的支付流程

在线转账支付模式的参与者包括付款人、收款人、认证中心，以及发卡行和收单行，其支付流程如图 8-1 所示。

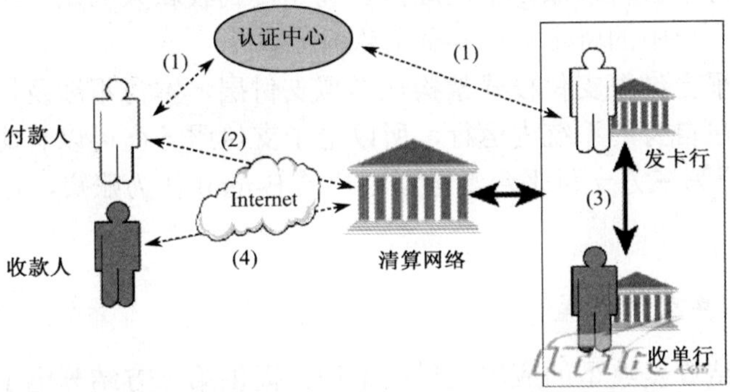

图 8-1　在线转账支付模式

（1）付款人和发卡行申请认证，使得支付过程双方能够确认身份。

（2）付款人通过电子钱包软件登录发卡行，并发出转账请求。转账请求包括汇入银行名称，汇入资金账号，支付金额等信息。

（3）发卡行接受转账请求之后，通过清算网络与收单行进行资金清算。

（4）收款人与收单行结算。

3）在线转账支付模式的优缺点

在线转账支付模式有以下优点：

（1）安全性较高，经过数字签名处理的支付命令一般无法被未经授权的第三方破解。

（2）直接利用银行网络进行支付，支付指令立即生效，收款人立即可以得到收款确认。

（3）架构简单，适合小额度支付。

（4）付款人无须告诉收款人汇出账户信息，可防止卡号密码等泄露。

在线转账模式也存在以下缺点：

（1）付款人需要申请个人认证，并下载安装证书、软件，这些烦琐的步骤难以被中国的小额支付客户接受。

（2）付款人的付款指示立即生效，如有任何操作错误而导致转入错误账户，或者转移金额有误，虽然有记录而得以追踪证明，但追讨程序及过程可能繁杂不易操作。

（3）一旦款项进入收款人账户，即使交易失败，收款人予以否认，款项转移仍合法完成，难以追回。

（4）在线转账模式中，付款人身份无须被验证。电子商务中交易双方经常是完全陌生的，付款人无法确认收款人的身份，因此也无法确定收款人收款后是否会履行其义务。因此，在线转账支付模式更加适合应用于付款人事先能够明确收款人身份的场合，如交纳公共事业费用、住房贷款、学费等。

2. 第三方平台结算支付模式

1）第三方平台结算支付模式简介

第三方平台结算支付模式是当前国内服务商数量最多的支付模式。在这种模式下，支付者必须在第三方支付中介开立账户，向第三方支付中介提供信用卡信息或账户信息，在账户中“充值”，通过支付平台将该账户中的虚拟资金划转到收款人的账户，完成支付行为。收款人可以在需要时将账户中的资金兑成实体的银行存款。

由于第三方支付平台结算支付模式架构在虚拟支付层，本身不涉及银行卡内资金的实际划拨，信息传递流程在自身的系统内运行，所以电子支付服务商可以有比较自由的系统研发空间。目前国内大部分第三方支付平台都运用客户的 E-mail 作为账户，也就是所谓的“E-mail 支付”。

2）第三方平台结算支付流程

第三方支付平台结算是典型的应用支付层架构。提供第三方结算电子支付服务的商家往往都会在自己的产品中加入一些具有自身特色的内容。但是总体来看，其支付流程都是付款人提出付款授权后，平台将付款人账户中的相应金额转移到收款人账户中，并要求其发货。有的支付平台会有“担保”业务，如支付宝。担保业务是将付款人将要支付的金额暂时存放于支付平台的账户中，等到付款人确认已经得到货物（或者服务），或在某段时间内没有提出拒绝付款的要求，支付平台才将款项转到收款人账户中。

第三方平台结算支付模式的资金划拨是在平台内部进行，此时划拨的是虚拟的资金。真正的实体资金还需要通过实际支付层来完成。如图 8-2 所示，有担保功能的第三方支付平台结算支付的流程为：

（1）付款人将实体资金转移到支付平台的支付账户中。

（2）付款人购买商品（或服务）。

（3）付款人发出支付授权，第三方平台将付款人账户中相应的资金转移到自己的账户中保管。

（4）第三方平台告诉收款人已经收到货款，可以发货。

（5）收款人完成发货许诺（或完成服务）。

（6）付款人确认可以付款。

（7）第三方平台将临时保管的资金划拨到收款人账户中。

（8）收款人可以将账户中的款项通过第三方平台和实际支付层的支付平台兑换成实体货币，也可以用于购买商品。

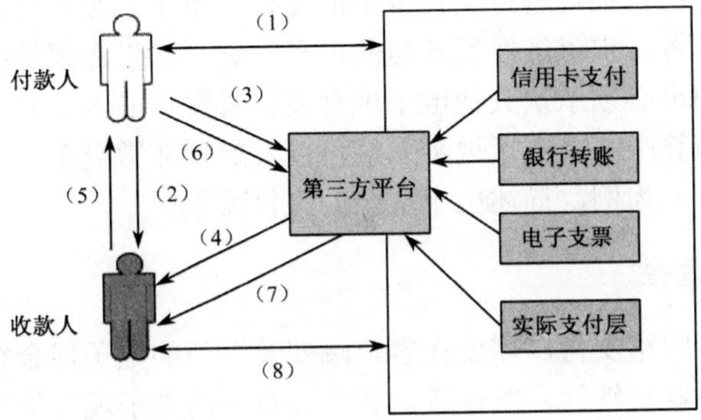

图 8-2　第三方支付平台结算支付流程

3）第三方平台结算支付模的优缺点

第三方平台结算支付模式有如下优点：

（1）比较安全，信用卡信息或账户信息仅需要告知支付中介，而无须告诉每一个收款人，大大减少了信用卡信息和账户信息失密的风险。

（2）支付成本较低，支付中介集中了大量的电子小额交易，形成规模效应，因而支付成本较低。

（3）使用方便。对支付者而言，他所面对的是友好的界面，不必考虑背后复杂的技术操作过程。

（4）支付担保业务可以在很大程度上保障付款人的利益。

第三方平台结算支付模式存在以下缺点：

（1）这是一种虚拟支付层的支付模式，需要其他的实际支付方式完成实际支付层的操作。

（2）付款人的银行卡信息将暴露给第三方支付平台，如果这个第三方支付平台的信用度或者保密手段欠佳，将带给付款人相关风险。

（3）第三方结算支付中介的法律地位缺乏规定，一旦该支付中介破产，消费者所购买的“电子货币”可能成了破产债权，无法得到保障。

（4）由于有大量资金寄存在支付平台账户内，而第三方平台非金融机构，所以有资金寄存的风险。

3．电子现金支付模式

1）电子现金支付模式简介

电子现金使用的基本原理为电子现金发行者发行电子现金供参与的实体使用，参与者可能是个人或商家，发行的电子现金有发行者的电子签字，保证在以此电子现金发行者为主的架构系统中电子现金的有效性。付款人在使用电子现金付款前需要事先向电子现金发行者购买电子现金，再以此购买商品，商家可保留此电子现金或者再向其他人购买时付款，或者可向电子现金发行者换回实体的现金。

电子现金支付模式中最基本的参与者有付款人、收款人、电子现金发行者三方。电子现金发行者可能直接就是银行等金融单位，也可能是公正的第三方机构，如果是公正的第三方机构，则架构中必须再加入银行进行实体现金的交换，电子现金发行者可能也不止一个，如果有多个电子现金发行者，也可能发行各自的电子现金。如果需要这些电子现金能够通用，则电子现金发行者之间也必须承认其他电子现金发行者发行的电子现金，最后为了简化分账问题，可能还要成立清算中心，电子现金系统可以发展到非常复杂。下面以一个电子现金发行者（非银行的发行者）为例，描述电子现金的支付流程。

2）电子现金支付流程

应用电子现金进行网络支付，需要在客户端安装专门的电子现金客户端软件，在商家服务器安装电子现金服务器端软件，发行者需要安装对应的电子现金管理软件等。为了保证电子现金的安全性及可兑换性，发行银行还应该从认证中心申请数字证书以证实自己的身份，并利用非对称加密进行数字签名，具体流程如图 8-3 所示。

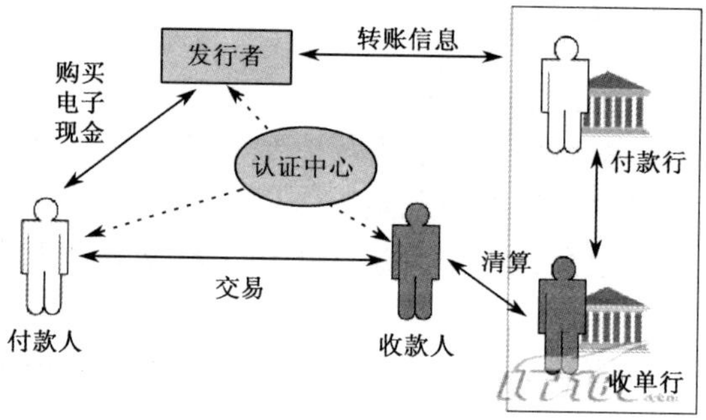

图 8-3　电子现金支付流程

（1）预备工作：付款人、收款人（商家）、发行者都要在认证中心申请数字证书，并安装专用软件。付款人从发行者处开设电子现金账号，并用其他电子支付方式存入一定数量的资金（例如使用银行转账或信用卡支付方式），利用客户端软件兑换一定数量的电子现金。接受电子现金付款的商家也在发行者处注册，并签约收单行用于兑换电子现金。

（2）付款人与收款人达成购销协议，付款人验证收款人身份并确定对方能够接受相应的电子现金支付。

（3）付款人将订单与电子现金一起发给收款人。这些信息使用收款人的公开密钥加密，收款人使用自己的私钥解密。

（4）收款人收到电子现金后，可以要求发行者兑换成实体现金。发行者通过银行转账的方式将实体资金转到收单行，收款人与收单行清算。

3）电子现金支付模式的优缺点

电子现金支付模式有以下优点：

（1）使用上与传统现金相似，比较方便和易于被接受。

（2）支付过程不必每次都经过银行网络（即离线支付），成本低，适合小额支付。

（3）可以匿名使用，使用过程具有不可追踪性。

（4）安全性较高。充分利用了数字签名技术保证安全，防止伪造、抵赖。

电子现金支付模式存在以下缺点：

（1）电子现金的支付属于“虚拟支付层”模式，真正的资金划拨还需要通过“实际支付过程”进行，例如，使用转账的方式从银行卡中划拨一定的资金购买电子现金。

（2）电子现金支付的匿名性及不可追踪性使得电子现金的持有者一旦丢失相关资料，将无法报失。

（3）需要安装额外的软件，所以对于付款人来说初期设置比较复杂。

4. 电子支票模式

1）电子支票支付模式简介

电子支票的网络支付就是在互联网平台上利用电子支票完成商务活动中的资金支付与结算。电子支票支付使用方式模拟传统纸质支票应用于在线支付，可说是传统支票支付在网络的延伸。电子支票的签发、背书、交换及账户清算流程均与纸票相同，用数字签名背书，用数字证书来验证相关参与者身份，安全工作也由公开密钥加密来完成。除此之外，电子支票的收票人在收到支票时，即可查知开票人的账上余额及信用状况，避免退票风险，是电子支票超越传统支票的优点。

电子支票通过互联网传送，收款银行收到电子支票后，通过自动清算所（Automated Clearing House，ACH）网络来交换，这种银行体系和公众网络整合的做法，为银行及用户提供了类似实体支票处理机制的可行方案。电子支票支付模式按照参与银行的情况，可分为同行电子支票网络支付模式和异行电子支票网络支付模式两种。其中异行支付相对复杂一些，以下介绍其支付流程。

2）电子支票支付流程

异行电子支票由于涉及两个或多个银行，以及中间用于银行间资金清算的过程需自动清算所参与，所以流程较为复杂一些。一个完整的异行电子支票支付流程如图 8-4 所示。

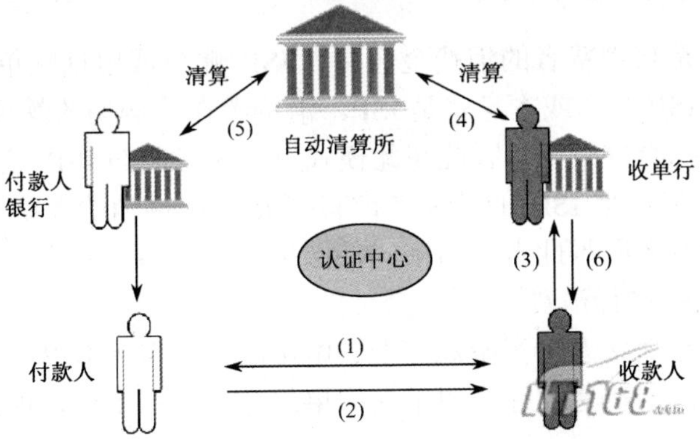

图 8-4　一个完整的异行电子支票支付流程

（1）付款人（消费者）和收款人（商家）达成购销协议并选择用电子支票支付。

（2）付款人利用自己的私钥对填写的电子支票进行数字签名后，通过网络发送给收款人，同时向银行发出付款通知单。

（3）收款人通过认证中心对消费者提供的电子支票进行验证，验证无误后将电子支票送交收单行索付。

（4）收单行把电子支票发送给自动清算所的资金清算系统，以兑换资金进行清算。

（5）自动清算所向付款人的付款银行申请兑换支票，并把兑换的相应资金发送到收款人的收单行。

（6）收单行向商家发出到款通知，资金入账。

电子支票与电子现金的系统架构类似，最大的不同点是电子现金需要发行单位为其所发行的现金担保，因此电子现金发行单位在电子现金上的数字签名很重要，而电子支票的开票人即付款人要为其所开出的支票兑现做担保，因此付款人在电子支票上的数字签名很重要。

3）电子支票模式的优缺点

电子支票支付模式有以下优点：

（1）与传统支票类似，用户比较熟悉，易于接受，可广泛应用于 B2B 结算。

（2）电子支票具有可追踪性，所以当使用者支票遗失或被冒用时可以停止付款并取消交易，风险较低。

（3）通过应用数字证书、数字签名及各种加密/解密技术，提供比传统纸质支票中使用印章和手写签名更加安全可靠的防欺诈手段。加密的电子支票也使他们比电子现金更易于流通，买卖双方的银行只要用公开密钥确认电子支票即可，数字签名也可以被自动验证。

电子支票支付模式有以下缺点：

（1）需要申请认证，安装证书和专用软件，使用较为复杂。

（2）不适合小额支付及微支付。

（3）电子支票通常需要使用专用网络进行传输。

5．合并账单模式

1）合并账单支付模式（ISP）简介

此模式主要的特性是将消费者的消费金额并入 ISP 账单或电话账单，属于此类的服务公司称之为 ICP，可能与 ISP 合作或本身就是 ISP。消费者在线购物的款项将加入上网费账单，每个月 ICP 再与 ISP 根据合同分账。因此在此模式下商家必须与 ISP 签订合同，而消费者必须是 ISP 的使用者，如果不是 ISP 的使用者，有些 ISP 提供消费者购买该 ISP 发行的虚拟预付卡（储值卡），消费者取得此卡号与密码，必须回到入口网站进行开卡手续，即可在所有已经与 ISP 合作的 ICP 进行消费。

合并账单支付模式在消费者购买游戏点卡、电影网站点卡等 ICP 服务中应用很广泛。这一类消费通常数额很小，消费者往往希望用最简单的方式进行支付，而忽略其安全性。

2）合并账单模式支付流程

ISP 账单模式架构图如图 8-5 所示，ICP 与 ISP 签订合同后，ICP 将商品通过 ISP 放在入口网站，消费者（付款人）通过 Internet 登录入口网站消费，数据由 ISP 记录，固定时间与 ICP 分账。ISP 实际收款方式是以账单向付款人清款。

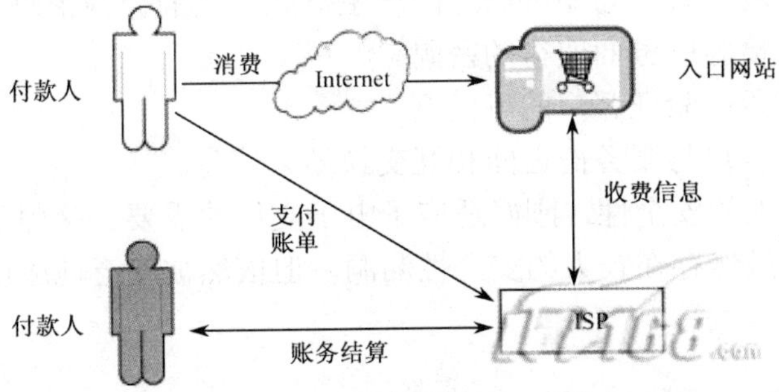

图 8-5　ISP 账单模式架构图

此付款方式的优点为付款人为原来 ISP 用户，身份不需要再以其他方式鉴别，付款人的信用程度已有相当程度的认定，一般不会有不认账的情况。收款人因有 ISP 当第三者，可免除收费困扰。同时 ICP 提供的商品或服务也因有第三者存在而更能保证品质。以往商品特性往往被限制，实体的物品因有物流的问题而很少被利用，因此服务多为算命、电子书、查杀网络病毒、电子数据下载等，但近几年来，ICP 提供的商品已包括实体物品，物流则由 ICP 负责，ISP 只负责资金流部分。

3）合并账单模式的优缺点

合并账单支付模式有以下优点：

（1）支付方式非常方便，只需要输入自己网络进入的用户名和密码即可。

（2）合并账单模式是一种延迟付款的方式，因此付款人可先将该现金用于其他用途或得到消费额度最多一个月的利息收入。

（3）ICP 可对消费者缴费信用状况事先评估，信用不佳者可拒绝提供服务。

合并账单模式有如下缺点：

（1）只要知道网络接入的账号和密码就可以完成付款，没有任何身份认证措施，所以安全性比较差。

（2）对于 ICP 来说，通过 ISP 收款可能会遇到坏账风险。因为账单支付模式是后结算的，付款人可能会在该付款的时候恶意拒付。

（3）安全机制不完整，至多以 SSL 进行通信加密及密码的保护。

6. 信用卡在线支付模式（SSL）

1）信用卡在线支付模式（SSL）简介

SSL 原本用来保证互联网信息传递的保密性的，并不是专门用于电子支付的技术。通过 SSL，消费者在浏览商家页面信息的时候，其客户端的浏览器与商家服务器通过一个加密的安全通道进行信息交换，第三者无法通过窃听的方法把得到的加密数据还原成明文 。同样，消费者的信用卡授权信息也将在安全的通道中传递。

SSL 协议在运行过程中可分为 6 个阶段：

（1）建立连接阶段。客户通过网络向服务商打招呼，服务商回应。

（2）交换密码阶段。客户与服务商之间交换双方认可的密码。

（3）会谈密码阶段。客户与服务商之间产生彼此交谈的会谈密码。

（4）检验阶段。检验服务商取得的密码。

（5）客户认证阶段。验证客户的可信度。

（6）结束阶段。客户与服务商之间相互交换结束信息。

SSL 在信息传递上的安全性，刚好适应了电子支付的需要。又由于架构简单，处理的步骤少、速度快，所以虽然存在较大的安全性漏洞，但依然被广泛地应用在信用卡在线支付模式中。

2）信用卡在线支付模式（SSL）工作流程

信用卡在线支付 SSL 模式的工作流程如图 8-6 所示。

（1）身份认证。SSL 模式的身份认证机制比较简单，只是付款人与收款人在建立"握手"关系时交换数字证书。

（2）付款人建立和收款人之间的加密传输通道之后，将商品订单和信用卡转账授权传递给收款人。

（3）收款人通过支付网关将转账授权传递给其收单行。

（4）收单行通过信用卡清算网络向发卡行验证授权信息，发卡行验证信用卡相关信息无误后，通知收单行。

（5）收单行通知收款人电子支付成功，收款人从收单行取款。

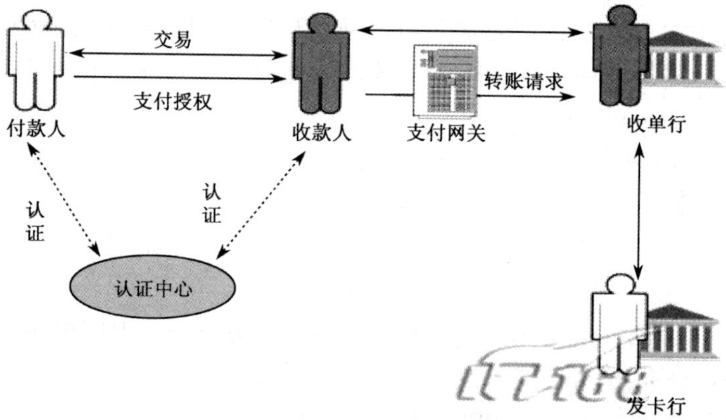

图 8-6　信用卡在线支付 SSL 模式工作流程

3）信用卡在线支付 SSL 模式的优缺点

信用卡在线支付 SSL 模式有以下优点：

（1）流程简单，信用卡在线支付模式中，SSL 模式是流程最简单的模式。

（2）架构简单，认证过程比较简便，处理速度快，费用较低。

（3）使用方便，付款人只需在选购商品后输入卡号、有效期、姓名等资料立即就可以完成付款。

信用卡在线支付 SSL 模式有以下缺点：

（1）付款人的信用卡资料信息先传送到商家，再转发给银行，付款人无法确认商家能够保密自己的相关信息。

（2）只能提供交易中客户与服务器间的双方认证，在涉及多方的电子交易中，SSL协议并不能协调各方间的安全传输和信任关系。因此无法达到电子支付的“不可否认性”要求。

8.2 网上银行

网上银行（Internet Bank），又称网络银行、电子银行、虚拟银行，是依托信息技术、Internet的发展而兴起的一种新型银行服务手段。网上银行借助Internet遍布全球的优势及其不间断运行、信息传递快捷的优势，突破了传统银行的局限性，为用户提供全方位、全天候、便捷、实时的现代化服务。

8.2.1 网上银行的业务与特征

1995年10月18日，世界上第一家网上银行——安全第一网络银行（Security First Network Bank，SFNB）开始营业，为客户提供24小时全天候服务。1996年，该行存款达到1400万美元。

安全第一网络银行作为网络银行的先锋，创办于亚特兰大，它是Cardinal Banc股份公司的执行总裁詹姆斯·玛汉和Secure Ware软件公司执行总裁迈克尔·麦彻斯尼两人观念创新的成果。SFNB的客户近4000人，遍布全美50个州，但银行的业务人员仅19人。任何人只要在电脑上输入它的站点地址http://www.sfnb.com，就能在屏幕上看到“财务设置”、“客户服务”和“个人财务”三个主要的服务柜台。此外，还设有“咨询台”，客户可以根据自己的需要进行选择。

所谓网上银行，就是基于Internet或其他电子通信网络手段提供各种金融服务的银行机构或虚拟网站。网上银行的业务主要来自三种方式：一是按照传统商业银行现已提供的服务品种简单地上网；二是在现有传统商业银行提供的服务品种基础上，扩大服务品种的外延，增加服务的内容，形成适合网络银行特征的服务品种；三是提供纯粹的网上金融服务品种，形成各种网上衍生金融服务，上述的SFNB就属于此类。

目前，网上银行业务主要包括查询账户资料、下载支票账户数据、调拨资金及支付票据而非购买产品。网上银行提供的服务目前可分为以下几种。

（1）各类信息：包括静态信息、动态信息和账户信息。

（2）在线交易：包括开户、存款、支付账单、转账，并用于申请贷款、购买保险，通过经纪人购买各种金融商品。

（3）新型服务：包括向客户提供投资咨询、股票分析等。

与传统银行相比，网上银行具有许多较为显著的经济特征：

网上银行是虚拟化的金融服务机构，银行网络从物理网络转向虚拟数字网络。在网络环境支持下，银行客户可以随时随地进入网上银行，因而客户处理金融服务业务不会再受到时间和地点因素的限制。网上银行使银行业服务模式从具有物理实在性的传统交易模式延伸到虚拟的交易模式，使传统的销售渠道可以通过Internet实现虚拟再现，相当于将传统的销售渠道延伸到企业边界之外，相对扩大了银行的服务空间，形成全天24小时的服务模式。

传统银行服务的差异主要体现在实力上，如资金和服务质量等。而网上银行服务的差异主要体现在营销观念和营销方法以及为客户提供的各种理财咨询技能上。网上银行的整体实力，将主要体现在前台业务受理和后台数据处理的集成化能力上。

传统银行发展的动力来自获取资金利差的赢利，这种单一结构随着网上银行的出现而发生根本改变，网上银行将为传统银行通过信息服务拓展赢利机会提供了一条重要的营业渠道。在网上银行时代，传统银行的信息既是为客户带来盈利的重要资源，同时也是银行自身赢利的重要资源。

网上银行给商业银行带来了一项重要的银行资产——经过网络技术整合的银行信息资产或金融信息资源资本。银行信息资产既包括银行拥有的各种电子设备、通信网络等有形资产，也包括银行管理信息系统、决策支持系统、数据库、客户信息资源、电子设备使用能力，以及信息资源管理能力等资产。到了网上银行发展阶段，银行信息资产才成为一种具有独立意义的银行资产，网络技术对这种资产的整合，使其形成与银行其他资产相并列的金融资产。

8.2.2　支付网关

支付网关（Payment Gateway，PG）是金融专用网络与公共网络之间的接口（一组服务器），其主要功能是完成两者之间的数据通信、协议转换，以及对数据进行加密和解密，如将 Internet 传输过来的数据包解密，并按照银行内部网络系统的通信协议将数据重新整合，或者反过来对银行内部传输出去的数据进行加密，并转换成 Internet 传输的数据格式。因此，支付网关成为网上银行电子支付的一道重要的安全屏障。在 SET 协议中，支付网关必须由客户收单行或类似于银行卡组织这样的收单联合组织来承担其建设项目。显然，支付网络需要集中体现两个发展目标，一是有效地处理日益增加的电子支付信息，避免成为网上银行交易的“数据瓶颈”，二是有效地保护银行金融数据网络的安全性，避免来自公共网络的各种“数字攻击”。

支付网关可实现以下功能：

（1）配置和安装 Internet 网络支付能力。

（2）采用直观的用户图形界面进行系统管理。

（3）采用 RSA 公共密钥和 SET 协议，可以确保网络交易的安全性。

（4）提供授权、数据捕获和结算、对账等完整的商户支付处理功能。

（5）电子支付手段的多样化，例如，电子支票、电子现金和卡等。

（6）通过跟踪网上交易的报告，可以对网上活动进行监视，保证商户信息管理的一致性。

8.2.3　网上银行的安全措施

传统的安全措施主要利用防火墙来管理，防火墙是属于网络安全的产品，主要通过监管网络协议（TCP/IP）、数据包、网络服务及网址等方式来确保网络的安全。网上银行是一个开放的环境，任何一个申请网上银行账户的人均可合法进入，因此防火墙无法提供足够的保护。SFNB 采用 HP Virtual Vault（HP 虚拟保险箱）安全系统进行系统保护，这是一种应用系统等级的安全系统。

SFNB 的安全系统由信息服务器和银行两部分组成。客户通过信息服务器获得银行及其服务的信息，如果客户在 SFNB 开设账户，必须填写一个安全注册表，把加密报文发送到银行服务器中。银行在收到客户的开户申请，确定为其开户时，通过 E-mail 给客户发出一个确认函，其中包括用户账户和账户密码。客户通过 WWW 浏览器与银行建立联系，客户与银行间的信息通信全部采用公共密钥加密。

SFNB 在 Internet 和内部银行间设置了防火墙和滤通路由器。滤通路由器负责检索发给银行的每个信息包的来源和目的地，拒绝所有非使用特定网络的包。滤通路由器拒绝所有访问内部地址的包，只能使用 http 来访问银行服务器。防火墙的工作原理与滤通路由器类似，它检索 Internet 网关发给客户服务网络的信息包。SFNB 在浏览器上使用网景（Netscape）的 SSL 协议，提供浏览器到银行服务器间的信息安全服务。

在进行网上银行的筹建时，必须做好与安全有关的总体设计，SFNB 的安全系统是值得借鉴的。

8.3　网上电子支付系统

8.3.1　什么是网上支付

在线支付，也称实时支付，属于典型的电子支付形式。没有实现电子支付的电子商务实际上还不是真正意义上的电子商务。简单地讲，在线支付就是由商家预先选择好在线支付平台服务商（如 Chdia 正典美容商城系统就预置了包括 WESTPAY、首信、IPAY、NPS、网银、支付宝等十多种主要的在线支付接口，并且还可以扩展其他支付平台接口），与支付平台签订服务协议，开通支付接口，并且在商家网站的货款支付方式里面启用在线支付方式，那么，购物会员提交订单时就可以选择在线支付方式了。对支付货款一方来讲，在线支付是不产生任何费用的，交易所产生的费用由收款账户所属的商家承担。

8.3.2　第三方支付

所谓第三方支付，就是一些和国内外各大银行签约、并具备一定实力和信誉保障的第三方独立机构提供的交易支持平台。在通过第三方支付平台的交易中，买方选购商品后，使用第三方平台提供的账户进行货款支付，由第三方通知卖家货款到达，进行发货，买方检验物品后，就可以通知付款给卖家，第三方再将款项转至卖家账户。

相对于传统的资金划拨交易方式，第三方支付可以比较有效地保障货物质量、交易诚信、退换要求等环节，在整个交易过程中，都可以对交易双方进行约束和监督。在不需要面对面进行交易的电子商务形式中，第三方支付为保证交易成功提供了必要的支持，因此，随着电子商务在国内的快速发展，第三方支付行业也发展得比较快。

无数行业发展史表明，初期国家为了支持某行业的发展，总是给其提供宽松的环境，甚至对一些打擦边球、钻政策空子的行为也是睁只眼闭只眼，但发展到一定程度特别是高速发展的时期，国家有关部门就会着手进行管理，提供必要的、有效的规范、监督与管理，以保证行业继续健康发展。网上支付、移动支付是第三方支付主要的运营形式，但现在政府官员公开场合的表态向第三方支付行业传递一个明显的信号：要对第三方支付行业进行治理了。

第三方支付行业确实到了该治理的时候了，无序竞争使各家的利润不高甚至在亏损中经营，没有造血功能行业生命力就不强。目前，大多数第三方支付平台还是靠收取支付手续费，即第三方支付平台与银行确定一个基本的手续费率，交给银行，然后，第三方支付平台在这个费率上加上自己的毛利润，向客户收取费用。但是由于竞争的残酷，为抢占更多的客户，一些第三方支付公司甚至不惜血本，将向客户的提成份额一降再降，优惠条件层出不穷，不少第三方支付企业在很长时间一直在赔本赚吆喝。

除了第三方支付企业之间的残酷竞争外，原来第三方支付所依赖的银行也逐渐从幕后走向前台，大有取代第三方支付企业之势。当初，第三方支付企业出现时，银行认为第三方支付有利于为自己发展新业务，且不管这些支付企业怎么折腾，也都不会威胁到银行自身在这个行业中的主导地位，也正是基于这种认识使得银行对于当初第三方支付平台的发展能够持一种比较开明宽容的态度。而最近银行对于网上支付这块肥肉也产生了兴趣，目前，中国工商银行、招商银行、兴业银行、广发银行等都已经在网上电子支付投入了很大力量，除此之外，央行批准的 15 家外资银行准许在中国开办网上银行，这无疑会在中国银行业开放之后对国内第三方支付企业造成致命冲击。

最后必须要提及的是当前第三方支付企业背后往往有外资、内资或知名电子商务网站等资金较为雄厚的投资者支撑，在当前为了占领地盘微利经营甚至亏本经营的时期，投资者的支持与否甚至能决定第三方支付能否生存下去，当前大环境的投资趋冷将使第三方支付企业的生存环境更加恶劣。

根据以上分析，可知在不远的将来第三方支付行业将会掀起一场整风与洗牌合二为一运动，在这场运动中，肯定会有不少第三方支付企业会消失（被兼并或倒闭），但留下来的第三方支付企业日子也不会太好过，因为它们受到银行业的网上支付及电子商务平台自身的电子支付的夹击。如果将来国家规定电子商务平台不能有自身的支付平台，这样也许会给第三方支付留下发展的空间。

8.3.3 网上支付工具的比较

电话支付、手机支付是时下非常热门话题，很多用户想体验方便、快速的网上支付，但是面对眼花缭乱的支付平台，如何选择却颇令人困惑。“在网上支付这个汪洋市场里，哪条船是自己想要的，总有些像雾里看花，让人不放心”，很多用户对选择网上支付工具说出了这样的感受。

网上支付虽然发展速度快，但不成熟。2006 年底以来，国家有关电子支付的政策法规将逐步完善。对于信用环境远远低于国外信用环境的中国市场，网上支付确实在很多方面受到制约。全国大大小小 50 多家支付企业，都在为支付环境的改善不遗余力。平台技术的发展，合作体系的健全等，都将直接影响到网上支付的消费意识。

作为用户，如何选择网上支付企业，还是要因人而异。首先了解自己的需求，然而再根据需求去寻找合适自己的网上支付企业，挑出那些信用好、平台稳定、技术过硬，又能提供多元化服务的支付企业，进行比较与试用，很多问题就可以迎刃而解。

1. 三种方式各显其能分市场

我国目前存在三种主要支付方式：

（1）由五大商业银行主宰的网关支付服务，比如银联，金融背景与业务熟悉是这类支付平台的最大优势。

（2）依托大型 B2C、C2C 网站的支付工具，比如支付宝就属于这种非独立性的寄生形式。

（3）第三方支付平台，以快钱为代表。由于这种支付方式具有网上支付、电话支付、移动支付等多种支付手段的特点，成长的速度特别快。

以银联为代表的第一种模式，由于其强大的金融背景，一直为用户所认同。但是，互联网诞生后电子支付的市场结构逐渐发生了改变，网上购物、网上支付的兴起，使电子支付市场结构、用户需求都发生了转变。专业的网上支付平台，成为与商业银行网关支付相互补充的另一种支付形式——独立第三方支付。经常使用电子支付的用户，通常都会将银联与第三方的网上支付形式结合起来，达到无处不支付的完美状态，这的确是比较实用的一种选择。

2．选择网上支付工具四项注意

网上支付的商业模式无非几种，在选择网上支付工具时，用户更多是要通过体验比较，同时还要考虑到市场的动态因素。一般来说，网上支付企业的比较，可以从以下几方面来考虑。

（1）安全性：包括个人信息不被透露，运营中具有强大的技术支持保证不掉单、不出错，这是保证支付安全的基础。

（2）专业性：网上支付在我国毕竟是新兴的行业，许多网上支付企业为了谋求多方利益，不是专业从事网上支付这项业务，其专业水平令人怀疑。另外，依附性较强的电子支付商，发展规模和产品形式都会受主业的影响，很难保证其自主性，这样给产品带来的不稳定性，使其无法在网上支付领域做到专一和专业。

（3）易用性：衡量一个工具的价值，这是关键因素。通过从注册到完成支付的整个过程的比较，用户很快就能找到最方便最快捷的支付工具。如快钱只需一个 E-mail 就可以实现支付的方式，就极大地满足了用户图方便省事的心理需求。

（4）产品的丰富性与灵活性：这两个方面是决定一个产品在动态的市场环境下，是否能够充分顺应市场需求的重要指标。如果想满足网上支付，又希望获得电话支付的功能，这就要求一个支付工具有多样化的支付手段。

8.4　电子支付中存在的问题

8.4.1　安全问题

目前涉及的电子交易主要通过 Internet 进行，而当初设计 Internet 的目的是为使用者提供一种弹性、快速的通信方式，并不是具备商业交易需要的安全性。随着 Internet 逐渐发展成为电子交易的最佳载体，必须从本质上对其进行重新设计，使其满足商业交易所需的安全性，包括信息传递者和接收者的确认，保证信息在传输过程中未经篡改，保护敏感信息的隐私权，不被拒付等。因此，我国在电子支付中需要解决以下的安全问题：

（1）向电子支付国际通用标准靠拢。

（2）建立认证中心（CA），尽管电子支付中的技术日趋成熟，目前，尚没有相应的认证中心，这种状况严重阻碍了电子支付的发展。尽快合理设置认证中心，是一项极为迫切的任务。

有关电子支付的法律问题需要研究以下几点：

（1）电子支付的定义和性能。

（2）电子支付权利。包括电子支付的付款人、收款人、银行和中介机构。

（3）电子支付的弄虚作假问题。由于网络黑客的破坏，支付数据的伪造、变造、更改越来越突出，对社会影响越来越大。研究制定针对防范、惩治信用卡犯罪的相关法律措施是防止伪造信用卡的有力措施。随着电子现金、电子支票的广泛应用，法律责任的认定和追究需要全新的法律规范。

（4）刑事侦察技术的发展。由于电子支付方式层出不穷，每种方式都有各自的技术特点，都会产生新的法律纠纷。调查和认定这些纠纷是一个非常复杂的刑事侦察技术问题。

8.4.2　支付方式的标准化问题

标准化对网上金融系统极为重要。除技术外，还应包括各种规章制度，例如，电子版权管理制度、税收制度等。有了标准不仅有利于网络连通，更能促进公平竞争。

8.4.3　跨国交易中的货币兑换问题

跨国交易中存在货币的兑换问题。尽管 World Pay 电子商务服务解决了部分客户的货币兑换，但不能解决全部的货币兑换。最好的解决方案就是将货币自动兑换软件集成到电子商务服务器中，实现全球性电子商务处理服务。这样，任何人都可以不受限制地通过 Internet 在全球任何地方购物消费，可采用多种自由流通货币作为支付货币，以解决有货币不能自由流通的问题。

8.4.4　基础设施建设问题

网上金融系统需解决信息流和资金流的问题，其基础设施建设包括企业电子化、商务电子化和金融电子化，目前在这几方面取得的进展乏善可陈，远不能满足网上金融系统发展的要求。

8.4.5　支付方式的统一问题

电子支付中存在着多种支付方式，每一种支付方式都有其自身的特点，当电子交易中的当事人采用的支付方式不同时，双方就不可能通过电子支付手段来完成款项支付，从而就不能实现在 Internet 上进行交易。因此，有必要努力将各种不同的支付方式统一起来，将各种不同的支付方式融会贯通、取长补短，形成一种较为完美的支付方式。

本 章 小 结

本章主要阐述了电子商务中的电子支付系统，重点介绍了电子支付的各种方式及运作流程，以及为确保安全交易而采用的 SET（Secure Electronic Transaction）与 SSL 的原理及特点。同时，电子支付系统离不开网上银行的支持与参与。而网上银行及电子支付系统目前所存在的问题也亟待研究与解决。

本 章 检 测

1．何为信用卡？它有哪些功能？推行应用信用卡有何意义？

2．与传统的支付方式相比较，电子支付具有哪些特征？

3．如何使用电子钱包进行网上购物？

4．目前电子支付系统中存在哪些问题？应采取哪些措施？

5．在招商银行（http://www.cmbchina.com）网站上申请一个一网通。

6．在中国银行（http://www.bank-of-china.com）网站上，申请一个电子钱包，并利用这个钱包购物一次，写出购物过程。

第 9 章　电子商务安全

学习要点

- 了解电子商务安全的基本理论和一般方法。
- 掌握常用的安全措施和手段。

进行网上支付时，有两点是十分重要的：一是交易的安全性。用户的银行账号和所使用的密码、各种商业信息都应该是有安全保证的。这在 B2B 电子商务活动中显得尤为重要，因为这种交易的金额往往是巨大的。Intel 公司每天的网上电子交易额高达 10 亿美元，如果没有安全保障，那是不可想象的。二是交易双方是否守信用。如果与一个没有任何信用的组织进行电子商务活动，后果是不堪设想的。因为进行电子商务活动时，交易双方不见面，互不知道对方的年龄、性别、住址、公司状况，一旦受骗，根本无法进行调查，所造成的损失是很难追回的。

解决这两个问题的技术手段是：采用安全电子交易和认证机构。采用安全电子交易意味着对所有的支付信息和商业信息进行加密传送，以确保只有交易的另一方才能获得真实的信息。同时，这样做也保证了信息传送的不可抵赖性。进行网上交易的人，都到一个公认的机构——认证机构进行信用认证，这样就保证了进行网上交易的人都是可以信任的，因此，交易时就不必担心上当受骗了。

本章将重点讨论电子商务中采用的安全技术体系。

9.1　电子商务安全概述

随着 Internet 的发展，电子商务已经逐渐成为人们进行商务活动的新模式，越来越多的人通过 Internet 进行商务活动。电子商务的发展前景十分诱人，而其安全问题也变得越来越突出，如何建立一个安全、便捷的电子商务应用环境，对信息提供足够的保护，已经成为商家和用户都十分关心的话题。

电子商务的一个重要技术特征是利用 IT 技术来传输和处理商业信息。因此，电子商务安全从整体上可分为两大部分：计算机网络安全和商务交易安全。

计算机网络安全的内容包括计算机网络设备安全、计算机网络系统安全、数据库安全等。其特征是针对计算机网络本身可能存在的安全问题，实施网络安全增强方案，以保证计算机网络自身的安全性为目标。

商务交易安全则紧紧围绕传统商务在互联网上应用时产生的各种安全问题，在计算机网络安全的基础上，如何保障电子商务过程的顺利进行，实现电子商务的保密性、完整性、可鉴别性、不可伪造性和不可抵赖性。

计算机网络安全与商务交易安全实际上是密不可分的，两者相辅相成，缺一不可。没有计算机网络安全作为基础，商务交易安全就犹如空中楼阁，无从谈起。没有商务交易安全保障，即使计算机网络本身再安全，仍然无法达到电子商务所特有的安全要求。

9.1.1　计算机网络安全

1．计算机网络的潜在安全隐患

1）未进行操作系统相关安全配置

不论采用什么操作系统，在缺省安装的条件下都会存在一些安全问题，只有专门针对操作系统安全性进行相关的和严格的安全配置，才能达到一定的安全程度。千万不要以为操作系统默认安装后，再配上很强的密码系统就算作安全了。网络软件的漏洞和"后门"是进行网络攻击的首选目标。

2）未进行 CGI 程序代码审计

如果是通用的 CGI 问题，防范起来还稍微容易一些，但是对于网站或软件供应商专门开发的一些 CGI 程序，很多存在严重的 CGI 问题，对于电子商务站点来说，会出现恶意攻击者冒用他人账号进行网上购物等严重后果。

3）拒绝服务（Denial of Service，DoS）攻击

随着电子商务的兴起，对网站的实时性要求越来越高，DoS 或 DDoS 对网站的威胁越来越大。以网络瘫痪为目标的袭击效果比任何传统的恐怖主义和战争方式都来得更强烈，破坏性更大，造成危害的速度更快，范围也更广，而袭击者本身的风险却非常小，甚至可以在袭击开始前就已经消失得无影无踪，使对方没有实行报复打击的可能。美国"雅虎"、"亚马逊"受攻击事件就证明了这一点。

4）安全产品使用不当

虽然不少网站采用了一些网络安全设备，但由于安全产品本身的问题或使用问题，这些产品并没有起到应有的作用。很多安全厂商的产品对配置人员的技术背景要求很高，超出对普通网管人员的技术要求，就算是厂家在最初给用户做了正确的安装、配置，但一旦系统改动，需要改动相关安全产品的设置时，很容易产生许多安全问题。

5）缺少严格的网络安全管理制度

网络安全最重要的还是要思想上高度重视，网站或局域网内部的安全需要用完备的安全制度来保障。建立和实施严密的计算机网络安全制度与策略是真正实现网络安全的基础。

2．计算机网络安全体系

一个全方位的计算机网络安全体系结构包含网络的物理安全、访问控制安全、系统安全、用户安全、信息加密、安全传输和管理安全等。充分利用各种先进的主机安全技术、身份认证技术、访问控制技术、密码技术、防火墙技术、安全审计技术、安全管理技术、系统漏洞检测技术、黑客跟踪技术，在攻击者和受保护的资源间建立多道严密的安全防线，极大地增加了恶意攻击的难度，并增加了审核信息的数量，利用这些审核信息可以跟踪入侵者。

在实施网络安全防范措施时:

（1）要加强主机本身的安全，做好安全配置，及时安装安全补丁程序，减少漏洞。

（2）要用各种系统漏洞检测软件定期对网络系统进行扫描分析，找出可能存在的安全隐患，并及时加以修补。

（3）从路由器到用户各级建立完善的访问控制措施，安装防火墙，加强授权管理和认证。

（4）利用 RAID5 等数据存储技术加强数据备份和恢复措施。

（5）对敏感的设备和数据要建立必要的物理或逻辑隔离措施。

（6）对在公共网络上传输的敏感信息要进行强度的数据加密。

（7）安装防病毒软件，加强内部网的整体防病毒措施。

（8）建立详细的安全审计日志，以便检测并跟踪入侵攻击等。

网络安全技术是伴随着网络的诞生而出现的，但直到 20 世纪 80 年代末才引起关注，90 年代在国外获得了飞速的发展。近几年频繁出现的安全事故引起了各国计算机安全界的高度重视，计算机网络安全技术也因此出现了日新月异的变化。安全核心系统、VPN 安全隧道、身份认证、网络底层数据加密和网络入侵主动监测等越来越高深复杂的安全技术极大地从不同层次加强了计算机网络的整体安全性。安全核心系统在实现一个完整或较完整的安全体系的同时也能与传统网络协议保持一致。它以密码核心系统为基础，支持不同类型的安全硬件产品，屏蔽安全硬件以加强对上层应用的影响，实现多种网络安全协议，并在此之上提供各种安全的计算机网络应用。

互联网已经融入人类社会的各个方面中，网络防护与网络攻击之间的斗争也将更加激烈。这就对网络安全技术提出了更高的要求。未来的网络安全技术将会涉及计算机网络的各个层次中，但围绕电子商务安全的防护技术将在未来几年中成为重点，如身份认证、授权检查、数据安全、通信安全等将对电子商务安全产生决定性影响。

9.1.2 商务交易安全

当许多传统的商务方式应用在 Internet 上时，便会带来许多源于安全方面的问题，如传统的贷款和借款卡支付/保证方案及数据保护方法、电子数据交换系统、对日常信息安全的管理等。电子商务的大规模使用虽然只有几年时间，但不少公司都已经推出了相应的软、硬件产品。由于电子商务的形式多种多样，涉及的安全问题各不相同，但在 Internet 上的电子商务交易过程中，最核心和最关键的问题就是交易的安全性。

1. 商务交易存在的安全隐患

1）窃取信息

由于未采用加密措施，数据信息在网络上以明文形式传送，入侵者在数据包经过的网关或路由器上可以截获传送的信息。通过多次窃取和分析，可以找到信息的规律和格式，进而得到传输信息的内容，造成网上传输信息泄密。

2）篡改信息

当入侵者掌握了信息的格式和规律后，通过各种技术手段和方法，将网络上传送的信息数据在中途修改，然后再发向目的地。这种方法并不新鲜，在路由器或网关上都可以做此类工作。

3）假冒

由于掌握了数据的格式，并可以篡改通过的信息，攻击者可以冒充合法用户发送假冒的信息或者主动获取信息，而远端用户通常很难分辨。

4）恶意破坏

由于攻击者可以接入网络，则可能对网络中的信息进行修改，掌握网上的机要信息，甚至可以潜入网络内部，其后果是非常严重的。

2．电子商务安全交易的四项保证

1）信息保密性

交易中的商务信息均有保密的要求。如信用卡的账号和用户名等不能被他人知悉，因此在信息传播中一般均有加密的要求。

2）交易者身份的确定性

网上交易的双方很可能素昧平生，相隔千里。要使交易成功，首先要能确认对方的身份，对商家要考虑客户端不能是骗子，而客户也会担心网上商店是一个欺诈客户的黑店。因此能方便而可靠地确认对方身份是交易的前提。

3）不可否认性

由于商情的千变万化，交易一旦达成是不能被否认的。否则必然会损害一方的利益。因此电子交易通信过程的各个环节都必须是不可否认的。

4）不可修改性

交易的文件是不可被修改的，否则也必然会损害一方的商业利益。因此电子交易文件也要能做到不可修改，以保障商务交易的严肃和公正。

3．电子商务交易的安全措施

在早期的电子交易中，曾采用过一些简易的安全措施，包括：

（1）部分告知（Partial Order），即在网上交易中将最关键的数据，如信用卡号码及成交数额等略去，然后再用电话告知，以防泄密。

（2）另行确认（Order Confirmation），即当在网上传输交易信息后，再用电子邮件对交易做确认，才认为有效。

此外还有其他一些方法，这些方法均有一定的局限性，且操作麻烦，不能实现真正的安全可靠性。近年来，针对电子交易安全的要求，IT 业界与金融行业一起，推出不少有效的安全交易标准和技术。这些协议标准有以下几个。

（1）安全超文本传输协议（S－HTTP）：依靠密钥对的加密，保障 Web 站点间的交易信息传输的安全性。

（2）安全套接层协议（SSL）：由 Netscape 公司提出的安全交易协议，提供加密、认证服务和报文的完整性。SSL 被用于 Netscape Communicator 和 Microsoft IE 浏览器，以完成需要的安全交易操作。

（3）安全交易技术协议（Secure Transaction Technology，STT）：由 Microsoft 公司提出，STT 将认证和解密在浏览器中分离开，以提高安全控制能力。Microsoft 在 Internet Explorer 中采用这一技术。

（4）安全电子交易协议（Secure Electronic Transaction，SET）：1996 年 6 月，IBM、MasterCard International、Visa International、Microsoft、Netscape、GTE、VeriSign、SAIC、Terisa 就共同制定的标准 SET 发布公告，并于 1997 年 5 月底发布了 SET Specification Version 1.0，它涵盖了信用卡在电子商务交易中的交易协定、信息保密、资料完整及数据认证、数据签名等。

SET 2.0 预计今年发布，它增加了一些附加的交易要求。这个版本是向后兼容的，因此符合 SET 1.0 的软件并不必要跟着升级，除非它需要新的交易要求。SET 规范明确的主要目标是保障付款安全，确定应用之互通性，并使全球市场接受。

所有这些安全交易标准中，SET 标准以推广利用信用卡支付网上交易，而广受各界瞩目，它将成为网上交易安全通信协议的工业标准，有望进一步推动 Internet 电子商务市场。

主要的安全技术有以下几项。

1）虚拟专用网（VPN）

这是用于 Internet 交易的一种专用网络，它可以在两个系统之间建立安全的信道（或隧道），用于电子数据交换。它与信用卡交易和客户发送订单交易不同，因为在 VPN 中，双方的数据通信量要大得多，而且通信的双方彼此都很熟悉。这意味着可以使用复杂的专用加密和认证技术，只要通信的双方默认即可，没有必要为所有的 VPN 进行统一的加密和认证。现有的或正在开发的数据隧道系统可以进一步增加 VPN 的安全性，因而能够保证数据的保密性和可用性。

2）数字认证

数字认证可用电子方式证明信息发送者和接收者的身份、文件的完整性（如一个发票未被修改过），甚至数据媒体的有效性（如录音、照片等）。随着商家在电子商务中越来越多地使用加密技术，人们都希望有一个可信的第三方，以便对有关数据进行数字认证。

目前，数字认证一般都通过单向 Hash 函数来实现，它可以验证交易双方数据的完整性，Java JDK1.1 也能够支持几种单向 Hash 算法。另外，S/MIME 协议已经有了很大的进展，可以被集成到产品中，以便用户能够对通过 E-mail 发送的信息进行签名和认证。同时，商家也可以使用 PGP（Pretty Good Privacy）技术，它允许利用可信的第三方对密钥进行控制。可见，数字认证技术将具有广阔的应用前景，它将直接影响电子商务的发展。

3）加密技术

保证电子商务安全的最重要的一点就是使用加密技术对敏感的信息进行加密。现在，一些专用密钥加密（如 3DES、IDEA、RC4 和 RC5）和公钥加密（如 RSA、SEEK、PGP 和 EU）可用来保证电子商务的保密性、完整性、真实性和非否认服务。然而，这些技术的广泛使用却不是一件容易的事情。

密码学界有一句名言：加密技术本身都很优秀，但是它们实现起来却往往很不理想。现在虽然有多种加密标准，但人们真正需要的是针对企业环境开发的标准加密系统。加密技术的多样化为人们提供了更多的选择余地，但也同时带来了一个兼容性问题，不同的商家可能会采用不同的标准。另外，加密技术向来是由国家控制的，例如，SSL 的出口受到美国国家安全局（NSA）的限制。目前，美国的商家一般都可以使用 128 位的 SSL，但美国只允许加密密钥为 40 位以下的算法出口。虽然 40 位的 SSL 也具有一定的加密强度，但它的安全系数显然比 128 位的 SSL 要低得多。据报载，最近美国加州已经有人成功地破译了 40 位的 SSL，这已引起了人们的广泛关注。美国以外的国家很难真正在电子商务中充分利用 SSL，这不能不说是一种遗憾。上海市电子商务安全证书管理中心推出 128 位 SSL 的算法，弥补国内的空缺，并采用数字签名等技术确保电子商务的安全。

4）电子商务认证中心（Certificate Authority，CA）

实行网上安全支付是顺利开展电子商务的前提，建立安全的 CA 则是电子商务的中心环节。建立 CA 的目的是加强数字证书和密钥的管理工作，增强网上交易各方的相互信任，提高网上购物和网上交易的安全，控制交易的风险，从而推动电子商务的发展。

为了推动电子商务的发展，首先是要确定网上参与交易的各方（例如持卡消费户、商户、收单银行的支付网关等）的身份，相应的数字证书（Digital Certificate，DC）就是代表他们身份的，数字证书是由权威的、公正的认证机构管理的。各级认证机构按照根认证中心（Root CA）、品牌认证中心（Brand CA）以及持卡人、商户或收单银行（Acquirer）的支付网关认证中心（Holder Card CA，Merchant CA 或 Payment Gateway CA）由上而下按层次结构建立的。

电子商务安全认证中心的基本功能是：

（1）生成和保管符合安全认证协议要求的公共和私有密钥、数字证书及其数字签名。

（2）对数字证书和数字签名进行验证。

（3）对数字证书进行管理，重点是证书的撤销管理，同时追求实施自动管理（非手工管理）。

（4）建立应用接口，特别是支付接口。CA 是否具有支付接口是能否支持电子商务的关键。

第一代 CA 是由 SETCO 公司（由 Visa & MasterCard 组建）建立的，以 SET 协议为基础，服务于 B2C 电子商务模式的层次性结构。

由于 B2B 电子商务模式的发展，要求 CA 的支付接口能够兼容支持 B2B 与 B2C 的模式，即同时支持网上购物、网上银行、网上交易与供应链管理等职能，要求安全认证协议透明、简单、成熟（即标准化），这样就产生了以公钥基础设施（PKI）为技术基础的平面与层次结构混合型的第二代 CA 体系。

近年来，PKI 技术无论在理论上还是应用上以及开发各种配套产品上，都已经走向成熟，以 PKI 技术为基础的一系列相应的安全标准已经由 Internet 特别工作组（IETF）、国际标准化组织（ISO）和国际电信联盟（ITU）等国际权威机构批准颁发实施。

建立在 PKI 技术基础上的第二代安全认证体系与支付应用接口所使用的主要标准有两个：一是由 Internet 特别工作组颁发的标准，即 LDAP（轻型目录访问协议）、S/MIME（安全电子邮件协议）、TLC（传输层安全套接层传输协议）、CAT（通用认证技术，Common Authentication Technology）和 GSS-API（通用安全服务接口）等；二是由国际标准化组织

（ISO）或国际电信联盟（ITU）批准颁发的标准为 9594-8/X.509（数字证书格式标准）。

在计算机互联网络上实现的电子商务交易必须具有保密性、完整性、可鉴别性、不可伪造性和不可抵赖性等特性。

4. 完善的电子商务系统具备的特点

（1）强大的加密保证。

（2）使用者和数据的识别和鉴别。

（3）存储和加密数据的保密。

（4）联网交易和支付的可靠。

（5）方便的密钥管理。

（6）数据的完整、防止抵赖。

电子商务对计算机网络安全与商务安全的双重要求，使电子商务安全的复杂程度比大多数计算机网络更高，因此电子商务安全应作为安全工程，而不是解决方案来实施。

9.2 电子商务系统安全技术

9.2.1 防火墙技术

1. 包过滤路由器

使用包过滤路由器除了可以完成不同网段间的寻址功能以外，由于它独特的带有包过滤工作表的特性，还可以用来滤除不受欢迎的一些主机的地址和服务。下面说说包过滤路由器的过滤原理。

我们知道，Internet/Intranet 的基础协议是 TCP/IP 协议，网络规划者们对 Internet/Intranet 网上的每台机器都给定了唯一的 IP 地址。通过 IP 地址可以在网络上访问任何一台 Internet/Intranet 主机。在 IP 数据包内有源地址、目的地址的信息，用于标记发送方和接收方的主机，使发送方主机发送的信息在网络上找到通信的目的地并实现原始数据的重现。

另外，确定在实现通信时各功能部件行为的语义和语法规则（我们称之为协议），如上面提到的 TCP/IP，在 Internet 常见的协议还有 FTP、HTTP、Gopher、Telnet、UDP、SNMP。通信双方必须有一致的协议才能彼此理解，而这些协议是用端口来标识的，另外相应的服务也用端口来表示，如 Gopher 的端口为 70，WWW 的端口为 80，FTP 的端口为 20 或 21。

这样，包过滤路由器就通过 IP 地址和端口地址以及允许、禁止两种状态来控制网络对某个特定主机或服务的访问。

包过滤路由器的接入方法如图 9-1 所示。

2. 防火墙体系

包过滤技术的优点是不要求对主机和客户机的程序进行修改就能控制网络流量，它们在 IP 层和 TCP 层进行操作。但是，包过滤方法没有对许多安全需求作出说明，而且包过滤完全依靠包过滤规则来进行操作，而这些规则一般来说又是极其有限的，如果要增加规则数目，就必须增加包过滤模块，网络建设成本也势必大幅度提高，所以采用包过滤技术是有限的。

为解决这一矛盾，可以利用另外一种称做防火墙的安全技术，由于防火墙运行于 OSI 的应用层，因此具有应用层的全部信息。防火墙的连接如图 9-2 所示。

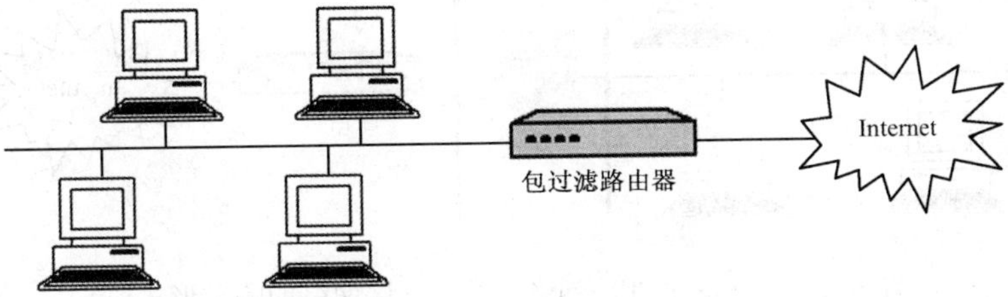

图 9-1　包过滤路由器的接入方法

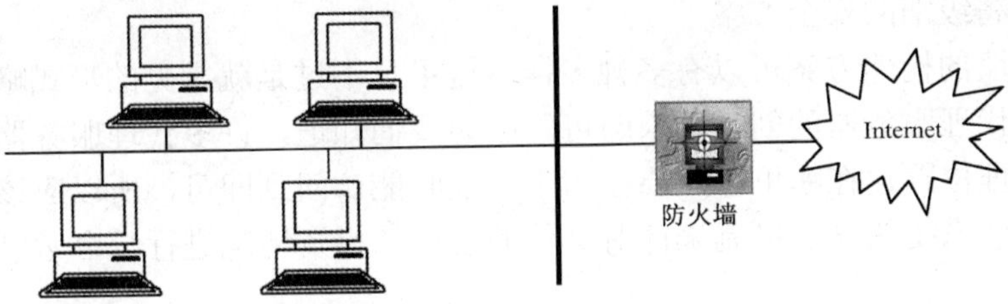

图 9-2　防火墙的连接

由于防火墙的地位十分重要，单只设立一级安全机制，如果被外界突破，后果将不堪设想，所以一般均采用两级的安全机制，即第一级由包过滤路由器承担，第二级由防火墙承担。如图 9-3 所示。

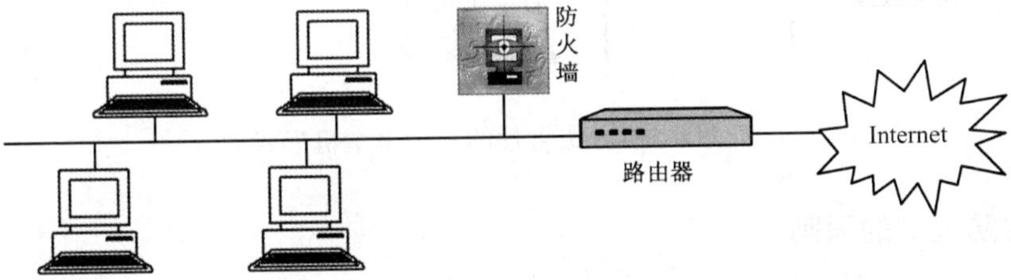

图 9-3　带有两级防线的防火墙体系

根据需求的不同，带有两级防线的防火墙体系的形式有所不同，主要有以下几种。

1）单堡垒主机、单路由器、一层网络的隔离形式

特点是堡垒主机配置两个网络接口，外部网络接口接受来自包过滤路由器的数据，数据必须经过包过滤路由器的过滤规则才能转发给堡垒主机，由于堡垒主机与包过滤路由器之间还有一个网络，外界对堡垒主机的非法侵入将更加困难。如图 9-4 所示。

2）分级管理的双堡垒主机形式

采用双层堡垒主机方式的优点在于，除具有原单层主机的包过滤机制和堡垒主机的优势外，当包过滤机制和第一级堡垒主机均被攻破时，由于第二堡垒主机采用不同的安全策略，

不会造成对堡垒主机的连续突破，从而保证了内部网络的安全。如图 9-5 所示。

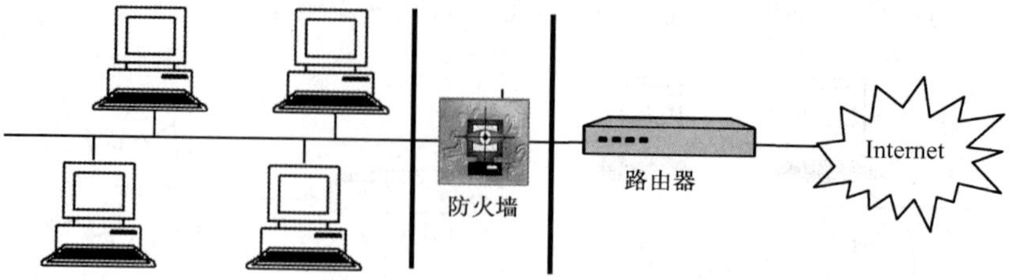

图 9-4　单堡垒主机、单路由器、一层网络的隔离形式

所谓分级管理，是指在第一个堡垒主机与包过滤路由器之间的网络挂接一部分机器，将常用的不需保密的或低密级的数据放在此层，而把密级较高的数据放在第二级堡垒主机之后，此种方案应是较高级别的安全方案。

其实，防火墙的构建方案可以有多种多样，这里只不过是就常见的形式略举一二，具体实施时只要符合代理服务器的创建要求即可。因为我们知道，许多代理服务器产品并不在乎你将防火墙的物理位置建在哪里，只要在指定地址时能访问到即可，所以应该充分利用代理服务器和网络担任系统的安全机制来针对具体的应用和投资情况进行综合考虑。

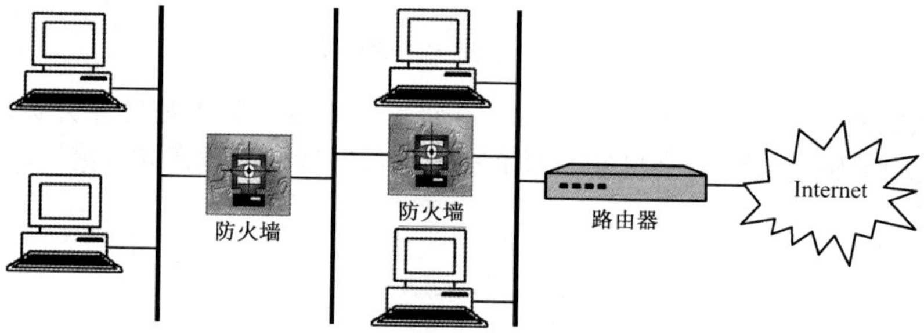

图 9-5　分级管理的双堡垒主机形式

3. 建立防火墙的原则

防火墙系统可以说是网络的第一道防线，因此一个企业在决定使用防火墙保护内部网络的安全时，它首先需要了解一个防火墙系统应具备的基本功能，这是用户选择防火墙产品的依据和前提。因此用户选择防火墙产品应该遵循以下基本原则：

（1）防火墙的设计策略应遵循安全防范的基本原则——“除非明确允许，否则就禁止”。

（2）防火墙本身支持安全策略，而不是添加上去的。

（3）如果组织机构的安全策略发生改变，可以加入新的服务。

（4）有先进的认证手段或有挂钩程序，可以安装先进的认证方法。

（5）如果需要，可以运用过滤技术允许和禁止服务。

（6）可以使用 FTP 和 Telnet 等服务代理，以便先进的认证手段可以被安装和运行在防火墙上。

（7）拥有界面友好、易于编程的 IP 过滤语言，并可以根据数据包的性质进行包过滤，数据包的性质有目标和源 IP 地址、协议类型、源和目的 TCP/UDP 端口、TCP 包的 ACK 位、出站和入站网络接口等。

如果用户需要 NNTP（网络消息传输协议）、XWindow、HTTP 和 Gopher 等服务，防火墙应该包含相应的代理服务程序。防火墙也应具有集中邮件的功能，以减少 SMTP 服务器和外界服务器的直接连接，并可以集中处理整个站点的电子邮件。防火墙应允许公众对站点的访问，应把信息服务器和其他内部服务器分开。

防火墙应该能够集中和过滤拨入访问，并可以记录网络流量和可疑的活动。此外，为了使日志具有可读性，防火墙应具有精简日志的能力。虽然没有必要让防火墙的操作系统和公司内部使用的操作系统一样，但在防火墙上运行一个管理员熟悉的操作系统会使管理变得简单。防火墙的强度和正确性应该可被验证，设计尽量简单，以便管理员理解和维护。防火墙和相应的操作系统应该用补丁程序进行升级且升级必须定期进行。

正如前面提到，Internet 每时每刻都在发生着变化，新的易攻击点随时可能会产生。当新的危险出现时，新的服务和升级工作可能会对防火墙的安装产生潜在的阻力，因此防火墙的可适应性是很重要的。

4. 防火墙形式的选择

当挑选防火墙时，必须理解防火墙的工作方式才能评估它是否能够真正满足自己的需要。为了找出适合用户所在组织的最佳防火墙产品，用户必须将自己的需求映射到特定的防火墙类型上。一旦挑选了正确的体系，琳琅满目的防火墙产品也就变得不再令人眼花缭乱了。防火墙有许多种形式，有的以软件形式运行在普通计算机之上，有的以硬件形式单独实现，也有的以固件形式设计在路由器之中。总的来说，防火墙分为三种：包过滤防火墙、应用级网关和状态监视器。

1）包过滤防火墙

在 Internet 这样的 TCP/IP 网络上，所有往来的信息都被分割成许许多多一定长度的信息包，包中包含发送者的 IP 地址和接收者的 IP 地址信息。当这些信息包被送上 Internet 时，路由器会读取接收者的 IP 并选择一条合适的物理线路发送出去，信息包可能经由不同的路线抵达目的地，当所有的包抵达目的地后会重新组装还原。包过滤式的防火墙会检查所有通过的信息包中的 IP 地址，并按照系统管理员所给定的过滤规则进行过滤。如果防火墙设定某一 IP 地址的站点为不适宜访问的话，从这个地址来的所有信息都会被防火墙屏蔽掉。

包过滤防火墙的优点是它对于用户来说是透明的，处理速度快而且易于维护，通常作为第一道防线。包过滤路由器通常没有用户的使用记录，这样我们就不能得到入侵者的攻击记录。而攻破一个单纯的包过滤式防火墙对黑客来说还是有办法的。“IP 地址欺骗”和“同步风暴”便是黑客用于攻击包过滤防火墙比较常用的手段。另外，包过滤防火墙还具有配置繁琐的缺点。它阻挡别人进入内部网络，但也不告诉你何人进入你的系统，或者何人从内部进入 Internet。它可以阻止外部对私有网络的访问，却不能记录内部的访问。包过滤另一个致命的弱点就是不能在用户级别上进行过滤，即不能鉴别不同的用户和防止 IP 地址盗用。

2）应用级网关

应用级网关也就是通常我们提到的代理服务器。它适用于特定的 Internet 服务，如 HTTP、FTP 等等。代理服务器通常运行在两个网络之间，它对于客户来说像是一台真的服务器，而对于外界的服务器来说，它又是一台客户机。当代理服务器接收到用户对某站点的访问请求后会检查该请求是否符合规定，如果规则允许用户访问该站点的话，代理服务器会像一个客户一样去那个站点取回所需信息再转发给客户。代理服务器通常都拥有一个高速缓存，这个缓存存储用户经常访问的站点内容，在下一个用户要访问同一站点时，服务器就不用重复地获取相同的内容，直接将缓存内容发出即可，既节约了时间也节约了网络资源。代理服务器会像一堵墙一样挡在内部用户和外界之间，从外部只能看到该代理服务器而无法获知任何的内部资源，诸如用户的 IP 地址等。应用级网关比单一的包过滤更为可靠，而且会详细地记录所有的访问状态信息。

但是应用级网关也存在一些不足之处：首先它会使访问速度变慢，因为它不允许用户直接访问网络，而且应用级网关需要对每一个特定的 Internet 服务安装相应的代理服务软件，用户不能使用未被服务器支持的服务，对每一类服务要使用特殊的客户端软件，尤其是并非所有的 Internet 应用软件都可以使用代理服务器。

3）状态监测防火墙

这种防火墙具有非常好的安全特性，它使用了一个在网关上执行网络安全策略的软件模块，称之为监测引擎。监测引擎在不影响网络正常运行的前提下，采用抽取有关数据的方法对网络通信的各层实施监测，抽取状态信息，并动态地保存起来作为以后执行安全策略的参考。监测引擎支持多种协议和应用程序，并可以很容易地实现应用和服务的扩充。与前两种防火墙不同，当用户访问请求到达网关的操作系统前，状态监视器要抽取有关数据进行分析，结合网络配置和安全规定做出接纳、拒绝、身份认证、报警或给该通信加密等处理动作。

这种防火墙的优点是一旦某个访问违反安全规定，就会拒绝该访问，并报告有关状态作日志记录。状态监测防火墙的另一个优点是它会监测无连接状态的远程过程调用（RPC）和用户数据报（UDP）之类的端口信息，而包过滤和应用网关防火墙都不支持此类应用。这种防火墙无疑是非常坚固的。但是它会降低网络的速度，而且配置也比较复杂。当然有关防火墙厂商已注意到这一问题，有些防火墙产品的安全策略规则是通过面向对象的图形用户界面（GUI）来定义以简化配置过程。

5．防火墙技术的发展趋势

经过考察和分析，我们认为，防火墙产品的发展趋势如下所述。

1）优良的性能

新一代的防火墙系统不仅应该能够更好地保护防火墙后面内部网络的安全，而且应该具有更为优良的整体性能。传统的代理型防火墙虽然可以提供较高级别的安全保护，但是同时它也成为限制网络带宽的瓶颈，这极大地制约了在网络中的实际应用。数据通过率是表示防火墙性能的参数，由于不同防火墙的不同功能具有不同的工作量和系统资源要求，因此数据在通过防火墙时会产生延时。自然，数据通过率越高，防火墙性能越好。现在大多数的防火墙产品都支持 NAT 功能，它可以让防火墙受保护的一边的 IP 地址不至于暴露在没有保护的另一边，但是启用 NAT 后势必会对防火墙系统的性能有所影响。目前如何尽量减少这种影响也成为防火墙产品的卖点之一。另外防火墙系统中集成的 VPN 解决方案必须是真正的线速运行，否则将成为网络通信的瓶颈。

特别是采用复杂的加密算法（如 3DES）时，其性能尤为重要。总之，未来的防火墙系统将会把高速的性能和最大限度的安全性有机结合在一起，有效地消除制约传统防火墙的性能瓶颈。

2）可扩展的结构和功能

对于一个好的防火墙系统而言，它的规模和功能应该能够适应内部网络的规模和安全策略的变化。选择哪种防火墙，除了应考虑它的基本性能之外，毫无疑问，还应考虑用户的实际需求与未来网络的升级。

因此防火墙除了具有保护网络安全的基本功能外，还提供对 VPN 的支持，同时还应该具有可扩展的内驻应用层代理，除了支持常见的网络服务以外，还应该能够按照用户的需求提供相应的代理服务，例如，如果用户需要 NNTP（网络消息传输协议），Xwindow，HTTP 和 Gopher 等服务，防火墙就应该包含相应的代理服务程序。

未来的防火墙系统应是一个可随意伸缩的模块化解决方案，从最为基本的包过滤器到带加密功能的 VPN 型包过滤器，直至一个独立的应用网关，使用户有充分的余地构建自己所需要的防火墙体系。

3）简单的安装与管理

防火墙的确可以帮助管理员加强内部网的安全性。一个不具体实施任何安全策略的防火墙无异于高级摆设。防火墙产品配置和管理的难易程度是防火墙能否达到目的的主要考虑因素之一。实践证明许多防火墙产品并未起到预期作用的一个不容忽视的原因在于配置和实现上的错误。同时，若防火墙的管理过于困难，则可能会造成设定上的错误，反而不能达到其功能。因此未来的防火墙将具有非常易于进行配置的图形用户界面。NT 防火墙市场的发展证明了这种趋势。Windows NT 提供了一种易于安装和易于管理的基础。尽管基于 NT 的防火墙通常落后于基于 UNIX 的防火墙，但 NT 平台的简单性以及它方便的可用性大大推动了基于 NT 的防火墙的销售。同时，像 DNS 这类一直难于与防火墙恰当使用的关键应用程序正引起有意简化操作的厂商越来越多的关注。

4）主动过滤

Internet 数据流的简化和优化使网络管理员将注意力集中在 Web 数据流进入网络之前需要在数据流上完成的更多的事务之上。

防火墙开发商通过建立功能更强大的 Web 代理对这种需要做出了回应。例如，许多防火墙具有内置病毒和内容扫描功能或允许用户与病毒与内容扫描程序进行集成。今天，许多防火墙都包括对过滤产品的支持，并可以与第三方过滤服务连接，这些服务提供了不受欢迎的 Internet 站点的分类清单。防火墙还在它们的 Web 代理中包括时间限制功能，允许非工作时间的冲浪和登录，并提供冲浪活动的报告。

5）防病毒与防黑客

尽管防火墙在防止不良分子进入上发挥了很好的作用，但 TCP / IP 协议套件中存在的脆弱性使 Internet 对拒绝服务攻击敞开了大门。在拒绝服务攻击中，攻击者试图使企业 Internet 服务饱和或使与它连接的系统崩溃，使 Internet 无法供企业使用。防火墙市场已经对此做出了反应。虽然没有防火墙可以防止所有的拒绝服务攻击，但防火墙厂商一直在尽其可能阻止拒绝服务攻击。像序列号预测和 IP 欺骗这类简单攻击，这些年来已经成为了防火墙工具箱的一部分。像 SYN 泛滥这类更复杂的拒绝服务攻击需要厂商部署更先进的检测和避免方案来对付。SYN 泛滥可以锁死 Web 和邮件服务，这样没有数据流可以进入。

综上所述，未来防火墙技术会全面考虑网络的安全、操作系统的安全、应用程序的安全、用户的安全、数据的安全，五者综合应用。此外，网络的防火墙产品还将把网络前沿技术，如 Web 页面超高速缓存、虚拟网络和带宽管理等与其自身结合起来。

9.2.2　入侵检测技术

随着网络安全风险系数不断提高，曾经作为最主要的安全防范手段的防火墙，已经不能满足人们对网络安全的需求。作为对防火墙及其有益的补充，IDS（入侵检测系统）能够帮助网络系统快速发现攻击的发生，它扩展了系统管理员的安全管理能力（包括安全审计、监视、进攻识别和响应），提高了信息安全基础结构的完整性。

1．入侵检测系统（IDS）诠释

IDS 是一种网络安全系统，当有敌人或者恶意用户试图通过 Internet 进入网络甚至计算机系统时，IDS 能够检测出来，并进行报警，通知网络该采取措施进行响应。

在本质上，入侵检测系统是一种典型的“窥探设备”。它不跨接多个物理网段（通常只有一个监听端口），无须转发任何流量，而只需要在网络上被动地、无声息地收集它所关心的报文即可。入侵检测/响应流程如图 9-6 所示。

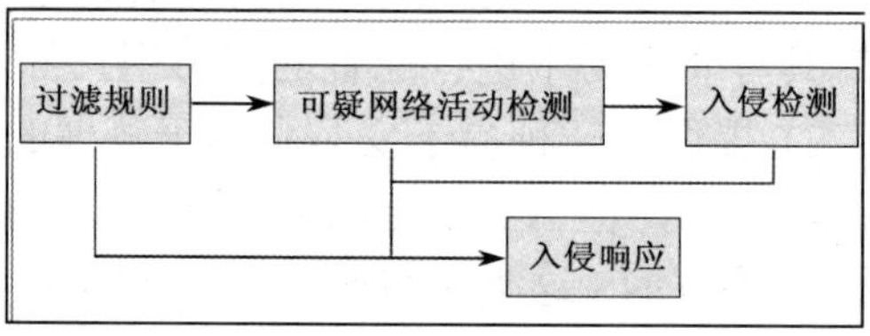

图9-6　入侵检测/响应流程

目前，IDS 分析及检测入侵阶段一般通过以下几种技术手段进行分析：特征库匹配、基于统计的分析和完整性分析。其中前两种方法用于实时的入侵检测，而完整性分析则用于事后分析。

2．IDS 存在的问题

1）误/漏报率高

IDS 常用的检测方法有特征检测、异常检测、状态检测、协议分析等。而这些检测方式都存在缺陷。比如异常检测通常采用统计方法来进行检测，而统计方法中的阈值难以有效确定，太小的值会产生大量的误报，太大的值又会产生大量的漏报。而在协议分析的检测方式中，一般的 IDS 只简单地处理了常用的如 HTTP、FTP、SMTP 等，其余大量的协议报文完全可能造成 IDS 漏报，如果考虑支持尽量多的协议类型分析，网络的成本将无法承受。

2）没有主动防御能力

IDS 技术采用了一种预设置式、特征分析式工作原理，所以检测规则的更新总是落后于攻击手段的更新。

3）缺乏准确定位和处理机制

IDS 仅能识别 IP 地址，无法定位 IP 地址，不能识别数据来源。IDS 系统在发现攻击事件的时候，只能关闭网络出口和服务器等少数端口，但这样的关闭同时会影响其他正常用户的使用，因而其缺乏更有效的响应处理机制。

4）性能普遍不足

现在市场上的 IDS 产品大多采用的是特征检测技术，这种 IDS 产品已不能适应交换技术和高带宽环境的发展，在大流量冲击、多 IP 分片情况下都可能造成 IDS 的瘫痪或丢包，形成攻击。

3. IDS 技术的发展

IDS 虽然存在一些缺陷，但换个角度我们看到，各种与网络安全有关的黑客和病毒都是依赖网络平台进行的，而如果在网络平台上就能切断黑客和病毒的传播途径，那么就能更好地保证安全。这样，网络设备与 IDS 设备联动就应运而生了。

IDS 与网络交换设备联动，是指交换机或防火墙在运行的过程中，将各种数据流的信息上报给安全设备，IDS 系统可根据上报信息和数据流内容进行检测，在发现网络安全事件的时候，进行有针对性的动作，并将这些对安全事件反应的动作发送到交换机或防火墙上，由交换机或防火墙来实现精确端口的关闭和断开，由此即产生了入侵防御系统（IPS）的概念。

简单地理解，可以认为 IPS 就是防火墙加上入侵检测系统。IPS 技术在 IDS 监测的功能上又增加了主动响应的功能，力求做到一旦发现有攻击行为，立即响应，主动切断连接。它的部署方式不像 IDS 并联在网络中，而是以串联的方式接入网络中，其功能示意如图 9-7 所示。

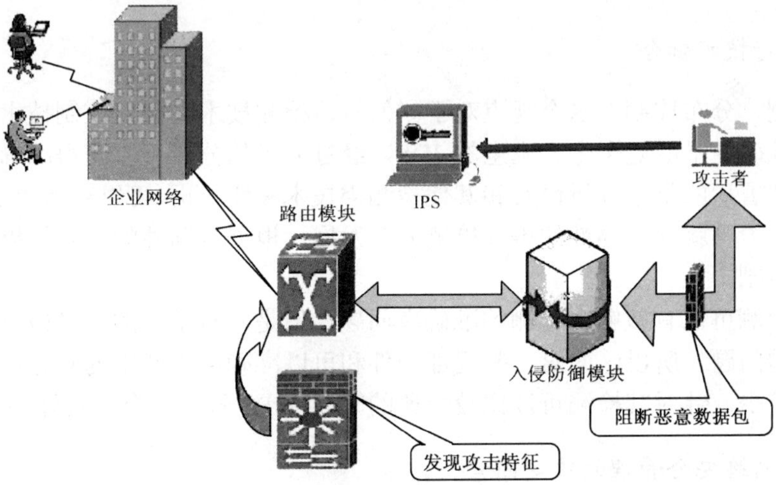

图 9-7　IPS 功能示意图

除了 IPS，也有厂商提出了 IMS（入侵管理系统）。IMS 是一个过程，在行为未发生前要考虑网络中有什么漏洞，判断有可能会形成什么攻击行为及面临的入侵危险；在行为发生时或即将发生时，不仅要检测出入侵行为，还要主动阻断，终止入侵行为；在入侵行为发生后，还要深层次分析入侵行为，通过关联分析，来判断是否还会出现下一个攻击行为。

4．网络安全的发展方向

1）检测和访问控制技术将共存共荣

以 IDS 为代表的检测技术和以防火墙为代表的访问控制技术，从根本上来说是两种截然不同的技术行为。

（1）防火墙是网关形式，要求高性能和高可靠性。因此防火墙注重吞吐率、延时、HA 等方面的要求。防火墙最主要的特征应当是通（传输）和断（阻隔）两个功能，所以其传输要求是非常高的。

（2）而 IDS 是一个以检测和发现为特征的技术行为，其追求的是漏报率和误报率的降低。其对性能的追求主要在：抓包不能漏、分析不能错，而不是微秒级的快速结果。IDS 由于较高的技术特征，所以其计算复杂度是非常高的。

从这个意义上来讲，检测和访问控制技术将在一个较长的时期内更加关注其自身的特点，各自提高性能和可靠性，既不会由一方取代另一方，也不会简单的形成融合技术。

2）检测和访问控制的协同是必然趋势

虽然检测技术和访问控制技术存在着一定程度的差异，但是两个技术的协同工作和在应用上的融合又是一个迫切的要求和必然趋势。

安全产品的融合、协同、集中管理是网络安全的发展方向。大型企业需要一体化的安全解决方案，需要细粒度的安全控制手段。中小企业一边希望能够获得切实的安全保障，一边又不可能对信息安全有太多的投入。从早期的主动响应入侵检测系统到入侵检测系统与防火墙联动，再到 IPS 和 IMS，形成了一个不断完善的解决安全需求的过程。

3）如何进行技术融合

“集中检测，分布控制”这个观点对于如何看待检测技术和访问控制技术的走向是非常重要的。一个准确度不能完全令人满意的 IDS，经过人工的分析可以变得准确。同样，经过大规模的 IDS 部署后的集中分析以及和其他检测类技术关联分析，可以获得更加精确的结果。这样局部的事件检测就向全局性的事件检测方向发展。根据全局性的检测结果就可以进行全局性的响应和控制。

全局性的检测可以有效解决检测的准确率问题，但是同时带来的就是检测过程变长，局部速度不够快的问题。所以，面对一些局部事件和可以准确地判断出的问题，阻断后带来的负面效应相对较少，针对其检测可以比较快速的时候，IPS 就是一个比较好的方案了。

4）人仍是网络安全管理的决定因素

不可否认的是，人的因素仍然是网络安全管理的决定因素，网络安全最薄弱的环节也并不是系统漏洞，而是人的漏洞。安全问题的核心问题就是人的问题。因为一切不安全的因素全来自人（或者说一部分人）。那么我们与信息网络安全威胁的斗争，实际上是与人（或者说一部分人）的斗争，这样性质的斗争，自不待言，注定了它的艰巨性、复杂性和持久性。

因此，单纯依靠安全技术和软、硬件产品解决网络安全问题的想法是不现实也是不明智的，提高企业的网络安全意识，加大整体防范网络入侵和攻击的能力，并在此基础上形成一支高素质的网络安全管理专业队伍，及时准确地应对各式各样的网络安全事件，才能从根本上解决我们面临的威胁和困扰。

9.2.3　VPN 技术

VPN 的英文全称是“Virtual Private Network”，翻译过来就是“虚拟专用网络”。顾名思义，虚拟专用网络我们可以把它理解成是虚拟出来的企业内部专线。它可以通过特殊的加密的通信协议在连接在 Internet 上的位于不同地方的两个或多个企业内部网之间建立一条专有的通信线路，就好比是架设了一条专线一样，但是它并不需要真正地去铺设光缆之类的物理线路。这就好比去电信局申请专线，但是不用给铺设线路的费用，也不用购买路由器等硬件设备。目前，绝大部分防火墙产品都支持 VPN 功能，但也有少部分不支持，建议在选购时注意此参数。

VPN既是一种组网技术，又是一种网络安全技术。VPN涉及的技术和概念比较多，应用的形式也很丰富，其分类方式也很多，令人眼花缭乱。在技术篇中我们介绍了按实现技术将VPN分成基于隧道的VPN、基于虚电路的VPN和 MPLS VPN等，这里再介绍几种主要的划分方式，供下面选择VPN解决方案时参考。

1．VPN的类型

1）按应用范围划分

这是最常用的分类方法，大致可以划分为远程接入VPN（Accesss VPN）、Intranet VPN和Extranet VPN等 3 种应用模式。远程接入VPN用于实现移动用户或远程办公室安全访问企业网络；Intranet VPN用于组建跨地区的企业内部互联网络；Extranet VPN用于企业与客户、合作伙伴之间建立互联网络。

2）按VPN网络结构划分

VPN可分为以下 3 种类型。

a. 基于VPN的远程访问

即单机连接到网络，又称点到站点，桌面到网络。用于提供远程移动用户对公司内部网的安全访问。

b. 基于VPN的网络互联

即网络连接到网络，又称站点到站点，网关（路由器）到网关（路由器）或网络到网络。用于企业总部网络和分支机构网络的内部主机之间的安全通信时，还可用于企业的内部网与企业合作伙伴网络之间的信息交流，并提供一定程度的安全保护，防止对内部信息的非法访问。

c. 基于VPN的点对点通信

即单机到单机，又称端对端，用于企业内部网的两台主机之间的安全通信。

3）按接入方式划分

在 Internet 上组建VPN，用户计算机或网络需要建立到 ISP 的连接。与用户上网接入方式相似，根据连接方式，可分为两种类型。

（1）专线VPN通过固定的线路连接到 ISP，如 DDN、帧中继等都是专线连接。

（2）拨号接入VPN简称 VPDN，使用拨号连接（如模拟电话、ISDN 和 ADSL 等）连接到 ISP，是典型的按需连接方式。这是一种非固定线路的VPN。

4）按隧道协议划分

按隧道协议的网络分层，VPN可划分为第 2 层隧道协议和第 3 层隧道协议。PPTP、L2P 和 L2TP 都属于第 2 层隧道协议，IPSec 属于第 3 层隧道协议，MPLS 跨越第 2 层和第 3 层。VPN的实现往往将第 2 层和第 3 层协议配合使用，如 L2TP/IPSec。当然，还可根据具体的协议来进一步划分VPN类型，如 PPTP VPN、L2TP VPN、IPSec VPN和 MPLS VPN等。第 2 层和第 3 层隧道协议的区别主要在于用户数据在网络协议栈的第几层被封装。第 2 层隧道协议可以支持多种路由协议，如 IP、IPX 和 AppleTalk，也可以支持多种广域网技术，如帧中继、ATM、X.25 或 SDH/SONET，还可以支持任意局域网技术，如以太网、令牌环网和 FDDI 网等。另外，还有第 4 层隧道协议，如 SSL VPN。

5）按隧道建立方式划分

根据VPN隧道建立方式，可分为两种类型。

a. 自愿隧道（Voluntary tunnel）

指客户计算机或路由器可以通过发送VPN请求配置和创建的隧道。这种方式也称为基于用户设备的VPN。VPN的技术实现集中在VPN用户端，VPN隧道的起始点和终止点都位于VPN用户端，隧道的建立、管理和维护都由用户负责。ISP 只提供通信线路，不承担建立隧道的业务。这种方式技术实现容易，不过对用户的要求较高。不管怎样，这仍然是目前最普遍使用的VPN组网类型。

b. 强制隧道（Compulsory tunnel）

指由VPN服务提供商配置和创建的隧道。这种方式也称为基于网络的VPN。VPN的技术实现集中在 ISP，VPN隧道的起始点和终止点都位于 ISP，隧道的建立、管理和维护都由 ISP 负责。VPN用户不承担隧道业务，客户端无须安装VPN软件。这种方式便于用户使用，增加了灵活性和扩展性，不过技术实现比较复杂，一般由电信运营商提供，或由用户委托电信运营商实现。

6）按路由管理方式划分，VPN分为两种模式。

a. 叠加模式（Overlay Model）

也译为“覆盖模式”。目前大多数VPN技术，如 IPSec、GRE 都是基于叠加模式。采用叠加模式，各站点都有一个路由器通过点到点连接（IPSec、GRE 等）到其他站点的路由器上，不妨将这个由点到点的连接以及相关的路由器组成的网络称为“虚拟骨干网”。叠加模式难以支持大规模的VPN，可扩展性差。如果一个VPN用户有许多站点，而且站点间需要全交叉网状连接，则一个站点上的骨干路由器必须与其他所有站点建立点对点的路由关系。站点数的增加受到单个路由器处理能力的限制。另外，增加新站点时，网络配置变化也会很大，网状连接上的每一个站点都必须对路由器重新配置。

b. 对等模式（Peer Model）

对等模式是针对叠加模式固有的缺点推出的。它通过限制路由信息的传播来实现VPN。这种模式能够支持大规模的VPN业务，如一个VPN服务提供商可支持成百上千个VPN。采用这种模式，相关的路由设备很复杂，但实际配置却非常简单，容易实现 QOS 服务，扩展更加方便，因为新增一个站点，不需与其他站点建立连接。这对于网状结构的大型复杂网络非常有用。MPLS 技术是当前主流的对等模式VPN技术。

2. 如何选择VPN产品

如果单位自建VPN需要选购相关的产品。一套完整的VPN产品一般包括 3 部分：VPN网关，用于实现 LAN 到 LAN；VPN客户端，与VPN网关一起可实现客户到 LAN 的VPN方案；VPN管理中心，对VPN网关和VPN客户端的安全策略进行配置和远程管理。

在选择VPN产品时，我们可从以下几个方面来考虑。

1）产品定位

首先应考察产品定位问题。像其他网络产品一样，不同的VPN产品有不同的定位，按从高端到低端的顺序，依次为电信级、企业级、中小企业、办公室或 SOHO。当然，中小企业只能选择中小企业及以下级别的产品。

2）支持的应用类型

VPN有 3 种应用类型：LAN 到 LAN、客户到 LAN、客户到客户。这里的客户指的是VPN网络中的移动用户和远程办公用户。目前，多数VPN产品都支持 LAN 到 LAN 和客户到 LAN，而支持客户到客户的产品不多。这一点在有些应用场合很重要，例如企业的远程办公用户之间需要交流保密信息，客户到客户的VPN方案是一种很好的解决手段。

3）支持的协议

自建VPN应根据需要选择隧道协议，目前 PPTP、L2TP 和 IPSec 是比较常用的协议。一般远程访问VPN（即客户到 LAN）多选择 L2TP 协议，为安全起见，还需选择 IPSec 来提供加密。网络互联（LAN 到 LAN）和端到端连接多选择 IPSec 协议。PPTP 由于简单易用，而且支持 NAT路由，因此在有些场合下也使用。总之，IPSec 是最安全的隧道协议，多数VPN产品都支持该协议。当然越来越多的VPN产品开始支持 PPTP 和 L2TP 协议。

除隧道协议之外，还要考察VPN可承载协议、NAT（网络地址转换）以及路由协议的支持情况。许多VPN产品的可承载协议除 IP 协议之外，还支持 IPX、NetBIOS 等网络协议。对 NAT 的支持对于一些网络共享的应用非常重要，IPSec 本身并不支持 NAT，但可在VPN产品中加进这一功能。与 IPSec 产生直接冲突的是网络地址端口转换（NAPT）和网络地址转换（NAT）。NAT 和 NAPT 在宽带网络中应用很广，许多网络服务供应商都使用这种技术。IPSec VPN方案如果不支持 NAPT，在这些场合就没有意义了。

4）是否集成防火墙功能

VPN将 IP 数据包加密封装，往往会影响防火墙的性能，甚至影响安全策略的定义。一般来说，独立的VPN产品与防火墙难以协同工作，特别是来自不同厂家的产品，最好选择集成防火墙功能的VPN产品。

5）产品的基本配置

VPN的基本配置参数如下：

（1）可支持的最大连接数。即使是小型网络，最少应不低于 100 个，高端产品能支持数万个连接。

（2）VPN实现机制。有纯软件、纯硬件、软硬结合以及专用设备等方式。

（3）可提供的网络接口。常见的是以太网口，还有 E1、T1 等接口。

（4）操作系统平台，指 VPN 产品本身所采用的操作系统，许多产品都采用专有的操作系统。

6）VPN的管理性

提供专用的VPN管理软件或平台对于一个复杂的VPN网络很重要，可简化管理，减轻了系统管理员的负担。

7）VPN的开放性和扩展性

VPN产品应提供与第三方安全产品协同工作的能力，应适应多种平台，便于扩展，以适应VPN网络的扩展和升级。

8）产品的其他功能

其他功能包括硬件加速功能（纯硬件处理、加密卡、加速卡）、流量均衡、安全策略（安全网关、防火墙、集中管理、日志、加密）、安全机制（包过滤、加密、认证、日志、审核等)、认证机制（RADIUS、数字证书）和密钥管理等。

另外，在选择VPN方案和产品的时候，不要单纯从组网和安全的技术角度考虑，还要考虑VPN的具体用途和所需成本。对于中小型VPN网络来说，经济实用才是最重要的。

9.2.4　活动口令技术

在现实生活中，个人的身份主要是通过各种证件来确认的，比如，身份证、户口本等。计算机世界与现实世界非常相似，各种计算资源（如文件、数据库、应用系统）也需要认证机制的保护，确保这些资源被应该使用的人使用。在大多数情况下，认证机制与授权和记账也紧密结合在一起。目前各类计算资源主要靠固定口令的方式来保护。如需要访问一个 NT 系统，首先必须在这个 NT 上设置一个账户，并设定密码。当通过网络访问 NT 资源时，系统会要求输入账户名和密码。在账户和密码被确认了以后，就可以访问 NT 上的资源了。

这种以固定口令为基础的认证方式存在很多问题，最明显的是以下几种：

1）网络数据流窃听（Sniffer）

由于认证信息要通过网络传递，并且很多认证系统的口令是未经加密的明文，攻击者通过窃听网络数据，就很容易分辨出某种特定系统的认证数据，并提取出用户名和口令。

2）认证信息截取/重放（Record/Replay）

有的系统会将认证信息进行简单加密后进行传输，如果攻击者无法用第一种方式推算出密码，可以使用截取/重放方式。

3）字典攻击

由于多数用户习惯使用有意义的单词或数字作为密码，某些攻击者会使用字典中的单词来尝试用户的密码。所以大多数系统都建议用户在口令中加入特殊字符，以增加口令的安全性。

4）穷举尝试（Brute Force）

这是一种特殊的字典攻击，它使用字符串的全集作为字典。如果用户的密码较短，很容易被穷举出来，因而很多系统都建议用户使用长口令。

5）窥探

攻击者利用与被攻击系统接近的机会，安装监视器或亲自窥探合法用户输入口令的过程，以得到口令。

6）社交工程

攻击者冒充合法用户发送邮件或打电话给管理人员，以骗取用户口令。

7）垃圾搜索

攻击者通过搜索被攻击者的废弃物，得到与攻击系统有关的信息，如果用户将口令写在纸上又随便丢弃，则很容易成为垃圾搜索的攻击对象。

虽然用户可以通过经常更换密码和增加密码长度来保证安全，但这同时也用户带来了很大麻烦。

为解决静态口令安全性的问题，在 20 世纪 90 年代出现了动态口令技术，10 多年来在国外的金融、电信、电子商务等领域得到了广泛的应用。而国内也有一些公司开发了自己的动态口令产品，可以说动态口令对于我们来说已经不是一个新鲜话题了。但是由于这项技术无论从技术上，还是采用的硬件技术上都包含了神秘和昂贵的色彩，至今尚不能大范围的普及使用。

在众多的应用中，大部分的动态口令产品是基于同一种技术——时间同步机制，多数的使用者也自然而然地认为动态口令的产品都是基于时间同步的。实际上这种同步机制的动态口令技术存在着自身不可避免的缺陷——时间漂移。越来越多的用户在使用过程中已经发现了这种弊病。

动态口令技术主要分为两种，即同步口令技术和异步口令技术（挑战—应答方式），其中的同步口令技术又分为：时间同步口令，事件同步口令。

动态口令技术是一种让用户的密码按照时间或次数不断动态变化，每个密码只使用一次的技术。它采用一种称之为动态令牌的专用硬件，内置电源、密码生成芯片和显示屏。密码生成芯片运行专门的密码算法，根据当前时间或使用次数生成当前密码并显示在显示屏上。认证服务器采用相同的算法计算当前的有效密码。用户使用时只需要将动态令牌上显示的当前密码输入客户端计算机即可实现身份的确认。由于每次使用的密码必须由动态令牌来产生，只有合法用户才持有该硬件，所以只要密码验证通过就可以认为该用户的身份是可靠的。而用户每次使用的密码都不相同，即使黑客截获了一次密码，也无法利用这个密码仿冒合法用户的身份。动态口令技术采用一次一密的方法，有效地保证了用户身份的安全性。

下面简要介绍两种技术原理。

1）事件同步技术原理

基于事件同步的令牌原理是通过某一特定的事件次序及相同的种子值作为输入，在算法中运算出一致的密码。不同于时间同步技术，事件动态口令技术是让用户的密码按照使用次数不断动态变化。它是在用户每次按一下令牌时产生一个密码，用令牌预设的密钥与用户按键次数通过密码算法（DES+Hash 等）生成本次所需的口令，认证服务器端同时是根据每次用户登录事件计算出相同密码，与传过来的口令进行比较，以确认登录人的身份。如果用户连续按了多次令牌，认证服务器端可以在一个规定的次数范围内自动计算出所有口令并比较，用此方法解决事件同步的失步问题。

2）异步动态口令技术原理

异步口令技术也可称为挑战—应答技术，它是一种交互方式，其基本思想是通信双方掌握相同的口令产生方法和用户的秘密身份信息，当用户申请登录系统时，由系统方（认证方）随机产生一个动态性数据并提供给用户，用户使用该数据和自身的身份信息构造一个口令，并提交给系统进行认证，其过程为：认证服务器提出挑战（challenge），用户将此挑战输入令牌中，计算出应答值（response）回复给认证服务器。

下面我们将上述三种技术简要地进行比较，结果如下：

（1）时间同步。基于令牌和服务器的时间同步，一般每 60 秒产生一个新口令，由于时间上总是有些偏移，要求其服务器能够十分精确地保持正确的时钟，同时对其令牌的晶振频率有严格的要求，从而降低系统失去同步的几率。但由于令牌的工作环境不同，在磁场、高温、高压、震荡、浸水等情况下易发生时钟脉冲的不正确偏移和损坏，故对于时间同步的令牌要求必须进行较好的保护。同样，对于基于时间同步的服务器应较好地保护其时钟，不要随意更改，以免发生同步问题，从而影响全部基于此服务器进行认证的令牌。

（2）事件同步。基于事件同步的令牌，其运算机理决定了整个工作流程与时间无关，不受时钟的影响，令牌中不存在时间脉冲晶振。因此基于事件的令牌可以适用非常恶劣的环境而不受使用的影响，即使令牌不小心掉进水里浸泡也不会受太大的影响。

（3）异步口令技术。对于异步令牌，由于在令牌和服务器之间除相同的算法外没有需要进行同步的条件，故能够有效地解决令牌失步的问题，降低对应用的影响，同时极大地增加了系统的可靠性。异步口令使用的缺点主要是在使用时用户需增加一个输入挑战值的步骤，对操作人员增加了难度，故在应用时，将根据用户应用的敏感程度和对安全的要求程度来选择密码的生成方式。

9.2.5　病毒防治

1. 计算机病毒及其特点

1）计算机病毒的概念

计算机病毒是一种没有文件名称的人为编制的程序，这种程序具有自我复制、繁殖的能力，侵入并隐藏在可执行程序或数据文件中，破坏程序的执行和数据的安全，破坏计算机的正常运行。

2）计算机病毒的特点

（1）传染性。计算机病毒可以将自身的复制品或变种通过内存、磁盘、网络等传染到符合其病毒机制的文件、数据或系统的某一部分中。

（2）隐藏性、潜伏性。病毒进入机器和文件后一般不立刻发作，而是附在感染的文件上，满足发作的条件才被激发。在发作条件满足前，病毒可能在文件或系统中没有任何症状，不影响其正常运行。

（3）激发性、破坏性。不同的病毒，激发条件是不同的。激发条件可以是某一个时间、日期或者某项操作等等。当满足病毒激发条件时，被感染的文件或系统将被破坏。病毒可以破坏系统的引导文件，可以删除、修改文件或数据，或者占用系统资源，干扰机器的正常运行。

2. 计算机病毒的分类

计算机病毒的种类很多，据统计，目前发现的病毒有一万多种。分类的方法主要有以下几种。

（1）按破坏程度划分，可将病毒分为良性病毒和恶性病毒。

良性病毒是指不破坏系统、程序或数据的病毒，但它会干扰计算机的正常运行，或将文件的长度增加以占用内存或磁盘空间。

恶性病毒是指能够破坏系统数据，删除或更改程序，导致文件被破坏，系统不能启动的病毒。

（2）按入侵方式划分，可将病毒分为操作系统型病毒、外壳型病毒。

操作系统型病毒是将病毒加入操作系统程序文件，在系统启动运行时，病毒首先进入内存，使计算机系统带病毒工作，并伺机发作。

外壳型病毒是将病毒复制品或其变种放置在程序的前面或后面部分，一般不修改源程序。

（3）按入侵对象划分，可将病毒划分为系统型病毒、文件型病毒和混合型病毒。

系统型病毒主要攻击系统引导区域、文件分配表、目录区域等。文件型病毒主要传染可执行文件，如以.com 和.exe 为扩展名的可执行文件。混合型病毒则是前两种病毒的混合体，既可以感染系统文件，又可以传染可执行文件。

3．计算机病毒的传染途径

计算机病毒的传染途径主要有以下几种。

（1）磁介质传播。病毒首先是隐藏在磁介质上，当使用染有病毒的软盘或硬盘时，病毒首先进入系统，寻找符合传染条件的文件，将病毒传染到软盘或硬盘中。

（2）光介质传播。计算机病毒可以通过光盘传染病毒。

（3）网络传播。网络是传播计算机病毒的主要桥梁，病毒可以通过计算机网络传染到连接到网络上的各计算机中。

4．判断计算机是否感染病毒

如果计算机出现下面所述的情况，很可能是感染了病毒。

（1）经常死机。可能是因为病毒打开了许多文件或占用了大量内存。

（2）系统无法启动。系统启动时间加长或不能正常启动，可能是病毒修改了硬盘的引导信息或删除了某些启动文件，如引导型病毒引导文件损坏。

（3）打不开文件。可能是病毒修改了文件格式或修改了文件链接位置。

（4）经常报告内存不够。可能是病毒非法侵占了大量内存。

（5）提示硬盘空间不够。可能是病毒复制了大量的病毒文件。

（6）软盘等设备未访问时出现读/写信号。

（7）出现大量来历不明的文件。

（8）开机时出现黑屏，无法正常启动。

（9）数据丢失。可执行文件没有经删除突然丢失，可能是病毒删除了文件。

（10）浏览网页时，经常出现一些不明网页。

5．防范病毒的常识

（1）不要轻易打开电子邮件的附件。许多病毒都是通过电子邮件传播的，不要随便打开附件，而应先将附件保存下来，用查毒软件彻底检查后再打开。

（2）不要在互联网上随意下载软件。网络是病毒的一大传播途径，若随意下载、随意打开，很可能会感染病毒。要养成下载文件后先对其进行杀毒的习惯。

（3）用杀毒软件扫描系统是否感染病毒，并及时升级杀毒软件病毒特征库。对于某些新型病毒，只有利用最新升级病毒库的杀毒软件才能将其清除。

（4）在使用 QQ 和 MSN 等即时通信软件时，不要轻易接收别人发过来的文件，特别是令人产生好奇的文件名。因为它们很可能是木马程序，若确实要接收文件，应先向对方确认一下。

（5）不使用来历不明的软件和盗版软件。

6．防毒对策

防范病毒，比病毒入侵后查杀更重要。通过下面的途径，可以减少病毒入侵的机会：

（1）经常从杀毒软件厂商和操作系统供应商的网站下载、安装安全补丁程序以及升级杀毒软件。

（2）经常进行系统升级，修补系统漏洞。

（3）经常备份主机上的重要数据。

（4）当计算机不使用时不要接入互联网，一定要断掉连接。

（5）不要打开陌生人发来的电子邮件，无论多么诱人的标题或者附件。

（6）正确配置和使用防火墙、杀毒软件。

（7）正确地配置系统，减少病毒侵害事件。

（8）定期检查。定期用杀毒软件检查系统是否感染病毒。

9.2.6　系统备份技术

为什么要备份？每一位计算机用户都会有这样的经历：在操作中敲错了一个键，几个小时，甚至是几天的工作成果便有可能付之东流。据统计，80%以上的数据丢失都是由于人们的错误操作引起的。随着计算机和网络的不断普及，人们越来越多地通过网络传递大量信息。在网络环境下，还有各种各样的病毒感染、系统故障、线路故障等，使得数据信息的安全无法得到保障。在这种情况下，数据备份就成为日益重要的措施。

备份其实很轻松，如今备份已不是一件烦琐的事情，软、硬件产品的不断推出，使得数据备份具有速度快、可靠性高、自动化强等特点，完全解脱了系统管理员的负担。如果合理地利用数据备份，那么无论网络硬件还是软件出了问题，都能够轻松地恢复。

1．系统备份

按照工作方式的不同，系统备份可以分成下面的这三种类型。

1）完全备份

可将指定目录下的所有数据都备份在磁盘或磁带中，此方式会占用比较大的磁盘空间。

2）增量备份

最近一次完全备份复制后如果数据有变动进行的备份。完全备份每周一次，增量备份每日都进行。

3）系统备份

对整个系统进行的备份。因为在系统中同样具有许多重要数据。这种备份一般只需要每隔几个月或每隔一年左右进行一次，根据客户的不同需求进行。

Windows XP 提供了许多恢复系统的方法，包括上文提到的“系统还原”、使用紧急恢复盘及备份功能等，当然还有我们熟悉的“安全模式”等方法。

2．恢复系统的方法

1）系统还原法

我们上面提到了系统还原的作用和创建系统还原点的方法，当系统出现问题时可以使用系统还原将系统还原到以前没有问题时的状态，方法是：

打开“开始”菜单，选择“程序”→“附件”→“系统工具”→“系统还原”命令，打开系统还原向导，然后选择“恢复我的计算机到一个较早的时间”，单击“下一步”按钮，选择好系统还原点，单击“下一步”按钮即可进行系统还原，如图 9-8 所示。

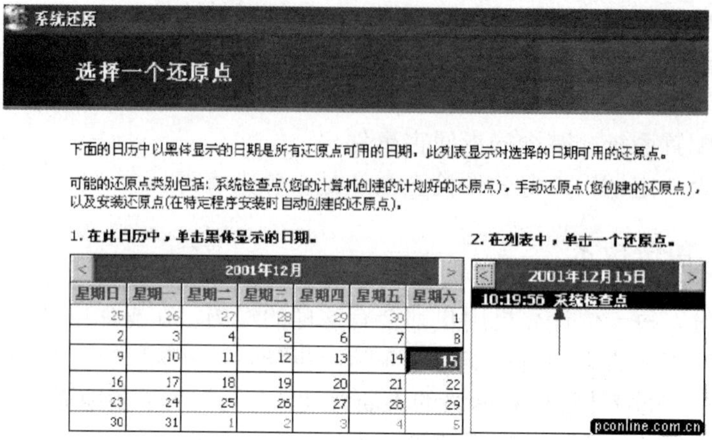

图 9-8　设置系统还原点

注意，虽然系统还原支持在“安全模式”下使用，但是计算机运行在安全模式下，“系统还原”不创建任何还原点。因此，当计算机运行在安全模式下时，无法撤销所执行的还原操作。

2）还原驱动程序

如果你在安装或者更新了驱动程序后，发现硬件不能正常工作了，你可以使用驱动程序的还原功能。方法如下：

在设备管理器中，选择你要恢复驱动程序的硬件，双击它打开“属性”窗口，选择“驱动程序”标签，然后单击“返回驱动程序”按钮，如图 9-9 所示。

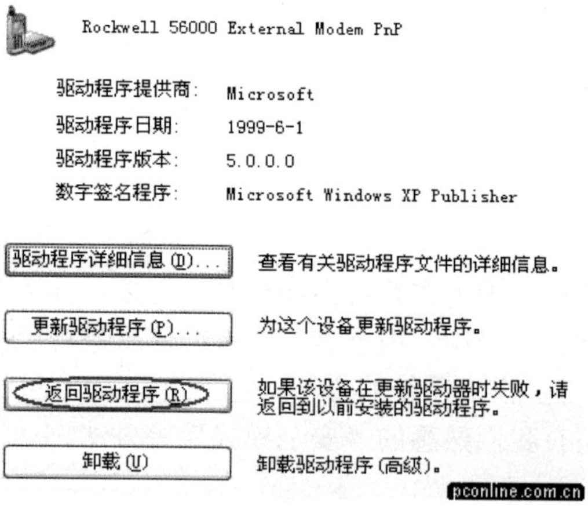

图 9-9　还原驱动程序

3）使用“安全模式”

如果计算机不能正常启动，可以使用“安全模式”或者其他启动选项来启动计算机，成功后我们就可以更改一些配置来排除系统故障，比如可以使用上面所说的“系统还原”、“返回驱动程序”及使用备份文件来恢复系统。

用户要使用“安全模式”或者其他启动选项启动计算机，在启动菜单出现时按下 F8 键，然后使用方向键选择要使用启动选项后按回车键即可。下面列出了 Windows XP 的高级启动选项的说明。

（1）基本安全模式：仅使用最基本的系统模块和驱动程序启动 Windows XP，不加载网络支持，加载的驱动程序和模块用于鼠标、监视器、键盘、存储器、基本的视频和默认的系统服务，在安全模式下也可以启用启动日志。

（2）带网络连接的安全模式：仅使用基本的系统模块和驱动程序启动 Windows XP，并且加载了网络支持，但不支持 PCMCIA 网络，带网络连接的安全模式也可以启用启动日志。

（3）启用启动日志模式：生成正在加载的驱动程序和服务的启动日志文件，该日志文件命名为 Ntbtlog.txt，被保存在系统的根目录下。

（4）启用 VGA 模式：使用基本的 VGA（视频）驱动程序启动 Windows XP，如果导致 Windows XP 不能正常启动的原因是安装了新的视频卡驱动程序，那么使用该模式非常有用，其他的安全模式也只使用基本的视频驱动程序。

（5）最后一次正确的配置：使用 Windows XP 在最后一次关机是保存的设置（注册信息）来启动 Windows XP，仅在配置错误时使用，不能解决由于驱动程序或文件破坏或丢失而引起的问题，当用户选择“最后一次正确的配置”选项后，则在最后一次正确的配置之后所做的修改和系统配置将丢失。

（6）目录服务恢复模式：恢复域控制器的活动目录信息，改选项只用于 Windows XP 域控制器，不能用于 Windows XP Professional 或者成员服务器。

（7）调试模式：启动 Windows XP 时，通过串行电缆将调试信息发送到另一台计算机上，以便用户解决问题。

4）使用紧急恢复盘修复系统

如果“安全模式”和其他启动选项都不能成功启动 Windows XP，我们可以考虑使用故障恢复控制台，要使用恢复控制台，请使用 CD 驱动程序中操作系统的安装 CD 重新启动计算机。当在文本模式设置过程中出现提示时，按 R 启动恢复控制台，按 C 键选择“恢复控制台”选项，如果系统安装了多操作系统，选择要恢复的那个系统，然后根据提示，输入管理员密码，并在系统提示符后输入系统所支持的操作命令，从恢复控制台中，可以访问计算机上的驱动程序，然后可以进行以下更改，以便启动计算机：启用或禁用设备驱动程序或服务；从操作系统的安装 CD 中复制文件，或从其他可移动媒体中复制文件，例如，可以复制已经删除的重要文件；创建新的引导扇区和新的主引导记录（MBR），如果从现有扇区启动存在问题，则可能需要执行此操作。故障恢复控制台可用于 Windows XP 的所有版本。

5）自动系统故障恢复

常规情况下应该创建自动系统恢复（ASR）集（就是我们上面所说的通过创建紧急恢复盘来备份的系统文件），作为系统出现故障时整个系统恢复方案的一部分。ASR 应该是系统恢复的最后手段，只在已经用尽其他选项（如安全模式启动和最后一次正确的配置）之后才使用，当在设置文本模式部分中出现提示时，可以通过按 F2 访问还原部分。ASR 将读取其创建的文件中的磁盘配置，并将还原启动计算机所需的全部磁盘签名、卷和最少量的磁盘分区（ASR 将试图还原全部磁盘配置，但在某些情况下，ASR 不可能还原全部磁盘配置），然后，ASR 安装 Windows 简装版，并使用 ASR 向导创建的备份自动启动还原。

6）还原常规数据

当 Windows XP 出现数据破坏时，用户可以使用“备份”工具的还原向导，还原整个系统或还原被破坏的数据。要还原常规数据，可打开“备份”工具窗口的“欢迎”标签，然后单击“还原”按钮，进入“还原向导”对话框，单击“下一步”按钮，打开“还原项目”对话框，选择还原文件或还原设备之后，单击“下一步”按钮继续向导即可，如图 9-10 所示。

如果在使用了上述的方法后，系统还是不能恢复正常，那么就只能用微软提供的另一种非常简单有效方法——重装系统。

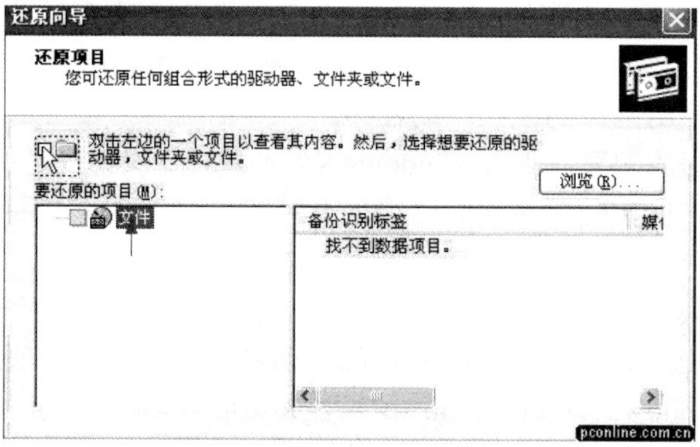

图 9-10　“还原向导”窗口

9.3　电子商务交易安全技术

9.3.1　身份认证技术

互联网迅猛发展的今天，网上交易越来越受到企业和个人的青睐。但是与此同时，网络的虚拟性和匿名性使得网络欺诈行为和反悔行为得以随时随地发生、甚嚣尘上，严重威胁着电子商务的发展。据统计，美国电子交易商 2002 年因网上欺诈损失了 16.4 亿美元，同时也拒绝了 18.2 亿美元的可疑交易。在猖獗的网络欺诈活动中，网络交易者隐身在电脑屏幕背后，身份难以识别是其重要原因。建立有效的网上交易身份认证机制，提升交易双方的信用度是有效控制网络欺诈的重要途径，对于电子商务的健康发展有着重要作用。交易方的信用问题已经成为制约电子商务发展的重要瓶颈之一。在现实社会中，即便有着诸多因素的制约，仍然普遍地存在着信用缺乏的现象，建立完善的信用机制已经成为社会各界的共识。而在互联网时代，高新技术的发展、网络的匿名性、管理的非中心化、无国界性给信用机制带来了前所未有的机遇和挑战。网上交易身份认证对于建立电子商务业界的信用机制起着重要作用，因此如何确认网上交易者的身份便成为诸多电子商务网站迫切希望解决的问题。对于电子商务网站来说，注册用户一般均为其潜在的交易者，一般均允许注册用户进行购买商品。北大雅虎互联网法律研究中心对现行国内外几大主要电子商务网站的用户注册模式进行了实证分析和研究，同时也分析了其特殊用户（如卖家等）的认证模式。

1．B2C 类电子商务网站

1）卓越网

joyo.com 主要用虚拟的用户名、电子邮件作为确认注册信息、下订单和售后服务的主要的联系方式，用户的用户名和密码是客户登录卓越网、下订单以及查询订单和积分等信息的重要依据，不进行任何实名认证。只有在用户下订单订货进入结算中心时才要求用户填写一些详细的真实姓名、地址、联系电话等信息。但是没有任何强制或者第三者介入的机制要求用户的这些信息必须是真实的。卓越网在很多城市实行的是货到付款模式，一般是通过快递公司进行送货，如果用户所填写的信息不真实，货物无法送达、货款无法收到，这其中的解决方法目前我们还无法知晓。

2）携程旅行网

该网站是我国知名的旅游电子商务网站，是中国旅游业第一家在美国纳斯达克上市的公司。其用户注册模式为要求用户填写虚拟的用户名、电子邮件、性别、所在城市、电话号码、邮政编码等信息进行注册，这些信息的真实性却无法进行识别。注册之后携程网将给用户所填写的电子邮件发送一份确认信，在用户点击确认之后即成为携程网的注册会员，可以在携程网上进行票务买卖活动。在用户下订单时，会要求用户选择是通过电子邮件、传真、电话或者手机等方式进行确认无误后，携程网才将进行下一步的订单处理程序。

3）http://www.amzon.com/美国的亚马逊网站

用户注册模式和国内的http://www.joyo.com/基本上一样，但是实际运营模式不太一样，要求需要购买的用户先行提供信用卡账号，以便确认交易者的真实身份。同时 amazon.com 采取很多优惠措施鼓励用户使用一种叫做 amazon.com visa 卡进行消费。在用户申请使用该卡时，需要提供详细的用户真实姓名、住宅电话号码、家庭住址、邮政编码、单位名称、地址、办公电话号码、家庭收入、个人银行信用记录等等。亚马逊的这种做法与美国社会信用体系较高是分不开的。

4）http://www.buy.com/

该网站也是美国的一个较为知名的电子商务网站，要求用户注册时填写与电子邮件，其信用卡记录中相符的姓名、出生年月、一个有效的固定地址、家庭电话等，并且用户必须选择付款方式和信用卡账号进行注册。

2．C2C 类电子商务网站

1）1 拍网

用户通过虚拟的用户名、电子邮件等进行注册，也要求用户填写真实的姓名但是没有任何有效的机制进行制约其填写的内容的真实性。为防止程序自动恶意注册，设定了数字验证程序。

对于卖家则要求必须进行认证，认证的方式有四种：

（1）手机认证。这是基本的身份认证。认证后用户可以出售商品，但没有认证标志。但是不允许使用预付费手机进行一般的卖家身份认证。

（2）地址认证。这是基本的身份认证。认证后用户可以出售商品，但没有认证标志（如果被拒绝，需 20 日才可再次申请）。

（3）身份证认证。这是高级卖家认证。通过该认证后，用户名旁会显示，这会使用户拥有更高的信用级别。

（4）营业执照认证。这是高级卖家认证。通过该认证后，用户名旁会显示，这会使用户拥有更高的信用级别。

目前 1 拍网正在推出第三方介入的付款工具——e 拍通，进一步确保了用户网络交易，尤其是大额交易的安全度和诚信度，提供了方便快捷可靠的在线支付通道，可有效防止“跑单”、“跑货”现象的发生。

2）淘宝网

用户通过虚拟的会员名、E-mail 进行免费注册的，称为免费注册三部曲：填写信息、激活账号、注册成功。这其中为了防止程序恶意注册，也设定了校验码程序。而在激活程序当中则有两种方法：E-mail 和手机（一部手机号只能激活一个用户账号）。

而对于卖家则要求进行实名认证，认证的方式有个人认证和商家认证两种：

（1）个人认证（http://upload.taobao.com/member/personalCertify.jhtml）

a. 可用证件：身份证、护照、驾照、军官证、户籍证明，有效期 3 个月内的证件不予受理。

b. 如选择直接上传证件，必须是原件扫描件。

c. IC 版的身份证需要同时提交正反两面。

d. 澳门的会员请提供回乡证。

e. 台湾的会员请提供台胞证，同时必须有国内的担保上传身份证明和联系电话。

f. 非中华人民共和国证件的会员，必须有国内的担保人同时上传身份证明和联系电话。

g. 未满 18 周岁不可以成为淘宝的认证会员。

h. 通过认证的会员不允许修改真实姓名和身份证号码。

（2）商家认证（http://upload.taobao.com/member/businessCertify.jhtml）

a. 商家认证是指具有法人资格的商家所进行的认证，不包括无字号的商店。

b. 所需资料：营业执照、申请人的身份证件（IC 版的身份证需要同时提交正反两面），申请人如非法定代表人，必须提供企业委托书。

c. 有效期 3 个月内的证件不予受理。

d. 请务必保持在淘宝上出售的商品与营业执照中经营范围相一致，否则淘宝有权追究责任。

e. 如使用“支付宝”时无法提供公司账号的，建议申请个人认证，否则将会导致淘宝无法汇款给您。

淘宝在确认收到完整的认证资料后，方为个人或者商家开通出售商品的功能，确认时间为三个工作日。淘宝承诺不会将此类信息泄露给第三方用做商业用途。另外淘宝网也提供一种第三方介入的支付工具——“支付宝”，帮助交易双方完成交易，提高网上交易的信用度。

3）易趣网

对于买家，易趣号称：“一分钟注册易趣，终生都享受乐趣”。但是对于卖家，则要求进行卖家认证（参见 http: //pages.eachnet.com/st/page/sv/svedu/edu.htm），认证方式有信用卡认证（最高级）、身份证认证高级（高级）、手机认证（普通）、地址认证（普通），易趣将与第三方的政府相关部门、银行或以及登记有用户的相关资料的手机供应商合作，确认所填信息是否真实、有效，对用户的身份进行认证以便决定是否需要与用户取得进一步联系。

同时提供第三方介入的“安付通”付款模式帮助交易双方进行交易。易趣是自 2004 年 5 月 13 日起取消买家限制的，此举出台之际曾被以淘宝为首的诸多网站质疑其明智性与恰当性。淘宝最初采取了对买家也必须进行身份认证的做法，要求所有用户均须用身份证的复印件或者传真件进行认证，并且采用了诸多优惠或促销手段来吸引用户进行此种认证，如提供奖品等。但是，淘宝的这种做法并没有坚持多久。事实证明，在我们当前信用机制不完善的整体情况下，身份证等证件对于人们的日常生活非常重要，失去这些证件有时可能让人们举步维艰，所以人们对于身份证等这类重要证件的提交一般都是持谨慎和怀疑态度。现在淘宝已经采取了当初被其攻击的易趣网站的做法。

4）http://www.ebay.com/美国亿贝网站

尽管易趣是其中国全资子公司，但是 ebay 的做法与易趣的还是不太一样，在用户注册时要求正确提交邮政编码、所属国家、主要电话这些信息，并且卖家进行身份认证时提供信用卡或者借记卡 credit/debit card 的诸多信息进行认证。而国内则也可以通过身份证、手机短信或者邮寄地址之类的信息进行认证，这和我国信用体系不够完善有很大关系。同时提供第三方介入的付款方式“PayPal”保证双方的利益。

3．B2B 类电子商务网站

例如，阿里巴巴号称是世界最大的 B2B 网站，其主要用户是商家。要在阿里巴巴网站上面进行交易，首先需要进行注册成为普通会员，注册时需要填写一些信息：企业名称、电话、地址、邮政编码、传真、所属行业、联系人的职位、姓名等信息，但没有要求用户输入工商登记或者税务登记等信息。即便对于申请成为其诚信通会员的用户，也只要填写上述信息交纳 2300 元费用即可。对于用户所填写的信息的真实性和合法性无从考证，这对于在其网站上进行交易的其他用户来说可能存在很多的不安全的因素。

4．其他类型网站

例如，腾讯网用户注册很简单，只需填写昵称、年龄、性别、密码、验证码、国家、省份、城市即可，通过随机产生的验证码进行验证即可以获得 QQ 号，其中包括免费号码、普通号码和靓号等。但是所有信息的真假也无从知晓。

5．综述

通过以上实证的研究和分析可以得出以下几点：

(1) 尽管世界上诸多国家包括我国都已经出台了电子签名法或者在相关的法律当中认可了电子签名的法律效率，但是在电子商务中尤其是 B2C、C2C 交易中鲜有电子签名技术的应用，即便是电子商务如此发达的美国也如此。电子签名在电子商务中的应用的前景还有待于从各个层面进行推广。

（2）在目前网络法律制度还不健全的时代，自律机制非常重要，网络交易的有效性和真实性在一定程度上能够反映这个国家的信用机制的完善程度。相对而言，国外的电子商务信用体系相对较高，其交易身份认证多与信用卡等银行信用记录挂钩，而我国则更多的是通过手机和身份证等方式进行。

（3）一些网上交易平台为了帮助交易双方打消顾虑，顺利进行交易，提供第三方介入的支付方式以保护双方的合法利益，如易趣的安付通、1 拍的 e 拍通、淘宝的支付宝、ebay 的 Paypal 等。这种机制对于维护网上交易的诚信起到了很好的作用；

（4）电子邮件在电子商务交易中子商务交易当中交易者的身份认证机制中起着重要作用。电子邮件一旦重复则易造成无法注册，甚至很多网站要求用户两次输入有效的电子邮件以进行确认，以确保之后的所有的信息能够顺利进行，易趣尤其特别提出“重要信息”提示：“需要填写有效的电子邮件地址，以完成注册”。所有的网站均将用户的电子邮件作为联系用户和确认用户诸多信息的重要联系方式，其便捷性毋庸置疑，但是在电子邮件收费的模式基本上发展前景不甚明朗的今天，其有效性和真实性还值得商榷。

（5）用户注册中所提交的资料即身份认证过程中会涉及很多可以列为用户隐私权保护的信息，因此在进行身份认证时还需要考虑隐私权保护问题。现在几乎所有的电子商务网站上面都有隐私权法律声明，或者在用户填写过程中就通过链接的形式弹出窗口声明用户的这些资料将被用于那些用途。尽管如此，由于网络上没有绝对的安全，如果由于技术上的原因导致用户的身份认证资料泄露给他人，甚至被他人用于牟利或者其他非法目的，网站是否应该承担责任、应该承担什么样的责任，也是身份认证机制应该考虑的问题。

总之，如何建立起实际操作可行的网上交易身份认证机制，并逐步完善这个机制需要政府、电子商务企业、学者等的共同努力，任重而道远。

9.3.1.2　身份验证的几种手段

传统的身份验证通常出现在一些文档的签名上。这些文档由一些手写签名或特殊技术处理的印花，水印或其他相似的技术来保证其合法性。

如今的身份验证大多用于隐私和机密信息的保护方面。在大部分情况下，这种技术通常与一些硬件相结合使用，比如 Smartcard，WIBU-KEY 或 CodeMeter。如今可通过多种方式来实现身份验证。一种方式是基于共享密钥方式，即用户和验证者使用相同的密钥信息来验证内容的合法性。该技术称为对称算法身份验证。另一种为非对称算法验证方式。用户和验证者使用不同的密钥对文件进行加密和解密操作，两种密钥经过一定的数学算法相联系。

不管对称还是非对称算法，都无法摆脱被泄密的可能。如今人们可以使用多种技术来破解这些数据。在技术观点上，这些技术的出现使人们对数据安全的担忧日益严重。黑客可以通过截取通信链路中的数据（比如信用卡信息）并使用上述技术分析其中的数据并最终破解其中的内容。

9.3.1.3　身份验证原理

身份验证是一种人们生活中最古老的技术。验证技术可应用于个人，商务交易、金融贸易，绝密的文档数据等。

传统的身份验证与个人信息验证联系已越来越紧密。使用数字交互式身份验证除了可直接处理个人真实身份信息外，还可支持在验证过程中使用假名的情况。这种用途可广泛应用于数据保护领域。在大多数情况下，假名可以满足身份验证的需要。并且在其后的过程中将其转化为个人的真实信息。

使用数字签名技术的身份验证在当今已经非常流行。该技术中包含了一个通过电子签名验证的时间戳的文档。验证者通过用户发送过来的数字签名验证文档的合法性。如果使用 CodeMeter，上述复杂的过程就能被大大简化并整合为一个过程：使用标准化的 ECDSA 签名密钥安全地存储于 CM-Stick 中使用 CM-Stick 的序列号作为用户的假名 API 简单易用，便于开发不使用共享密钥，防止密钥泄漏。

可以通过如下步骤来描述使用 CodeMeter 签名实现身份验证的过程：首先将公钥传输给验证方（仅发送一次，且不属于绝密信息）；验证方创建一组验证信息并发送至用户端用于验证；用户创建上一步骤中验证信息的 HASH 值和签名并发送给验证方；验证方检验数字签名的合法性。

CodeMeter 的核心是一个被称为 Cm-Stick 的 USB 硬件。它提供了基于硬件的数据加解密环境。用于加密的密钥在其内部生成且无法在外部修改。在 Cm-Stick 内部可以树状形式存储大量不同密钥。首先，你可以在其中找到 Firm Item（FI）。每个许可颁发者都拥有自己唯一的 Firm Item，且只有他自己有权利创建修改和删除这组数据。其次，您可以看到 Product Item（PI）。这组数据是签名或产品许可。在 Product Item 下还有其他一些参数，即签名或许可的详细信息。比如用于 Pay-per-Use 的计数器信息等。

CodeMeter 可提供 128-bit 的 AES 对称算法（Advanced Encryptio Standard）和 224-bit 的 ECC 非对称算法（Elliptic Curve Cryptography）。它也可以防止硬件上的破解，比如拆解后分析芯片电路等。单个 Cm-Stick 中可以存储超过 100 个不同开发商的上千个许可信息。在同一时刻，每个许可都可以通过计数器和过期日期等手段来控制其使用。通过 CM-Talk 协议，CodeMeter 提供了远程传输许可的功能。

基本流程：

首先，用户访问网上商店，购买一个许可证。

其次，这个请求自动的从零售商传送到软件开发商那里（Licensor），在下一步中，用户通过付费平台付费（Collector）。

最后，当付费平台确认后，开发商将许可证传输给用户。

非对称的 CodeMeter 初始密钥交换：

产品信息是 CM-Stick 中必需的，用于数字签名。ECDSA 签名是通过产品信息和附加的秘密数据（私钥）计算得出的。用 CM-Stick 可以计算出与此私钥配对的公钥。公钥可以以两种不同的方式生成，然后发送到校验机：在传输和储存公钥到校验机的数据库中之前生成产品信息；通过 CMTalk 编程产生产品信息。

客户端：一个 Java 小应用程序或者一个 ActiveX 空间集成在登录的 HTML 页面中（CM-AuthMod）。CMAuthMod 反过来存取 CM-Stick。CM-AuthMod 仅包括一个登录按钮和一个复选框，因为客户可能在几个 CMStick 中选一个，一个输入框用来输入用户名。当登录按钮被点击，CM-AuthMod 就和服务器创建一个 SSL 连接（HTTP），并且服务器发送一个询问。接受到的询问通过产品信息签名，然后通过 HTTP 返回给服务器。用户名和 CM-Stick 序列号被传送过去。要使这个进程能够工作，应该先在客户端安装 CodeMeter 驱动。

服务器端：在服务器端，两个函数必须被执行：生成询问，核对签名。

首先，产生一个随机的询问。它必须使唯一的并且有一个生存期。服务器必须把这个查询存储到一个对话中，或者这个查询必须被一个密码检验标准加密。当收到请求后服务器发送一个询问到CM AuthMod过程。这个询问不是加密过的，它是明文传送的。WIBU-SYSTEMS为生成一个密码检查的标准查询模块提供了一个用C写的范例。

然后，服务器检查这个查询的有效性（检查的标准，对话，生存时间）并且用储存在数据库中的这个用户名和 CM-Stick 序列号的公钥签名。一个有效的签名意味着一个有效的对话。现在先前的对话将被处理。这个检查标准的模块也是有源代码范例的。这个签名的验证不需要服务器的 CM-Stick。所有的这些需要安装在服务器上的 CodeMeter SDK 和 CmValidateSignature 函数。现在 SDK 支持 Windows，Macintosh 和 Linux。其他平台的话可以定制开发。

安全选项：CM-Stick 有一个密码和一个启动功能。这个启动功能有三种可能的状态：Disable CM-Stick，Enable CM-Stick until unplugged，Enable CM-Stick。

建议使用这个“Enable CM-Stick until unplugged”的选项。在这种状态下，每次插上CM-Stick 都必须输入密码。不输入密码就不能创建这个签名。这个用于加密的 Secret Data 单元能够由 CM-Stick 直接产生并且一直保留。也可通过 CodeMeter 或者 WIBU-KEY 的对称算法来实现。CodeMeter 用 AES 算法，WIBUKEY 用 Feal-32 算法。CodeMeter 的好处在于它可以使用非对称算法。

非对称算法证实了 CodeMeter 有很多的好处：验证机没有密钥；服务器不需要硬件，所以执行效率更高；签名可用于其他目的（signatures for transactions）；轻松地跨平台；客户端可以很容易的集成到应用程序或者 ActiveX 中；最高的安全级别；在 CM-Stick 中安全的存储私钥。

9.3.2　文件加密及数字签名

PGP（Pretty Good Privacy）是一个基于 RSA 公匙加密体系的邮件加密软件。可以用它对你的邮件保密以防止非授权者阅读，它还能对你的邮件加上数字签名从而使收信人可以确信邮件是你发来的。它让你可以安全地和你从未见过的人们通信，事先并不需要任何保密的渠道用来传递密匙。它采用了审慎的密匙管理，一种 RSA 和传统加密的杂合算法，用于数字签名的邮件文摘算法，加密前压缩等，还有一个良好的人机工程设计。它的功能强大，有很快的速度，而且它的源代码是免费的。实际上，PGP 的功能还不止上面说的，PGP 可以用来加密文件，还可以用 PGP 代替 UUencode 生成 RADIX 64 格式（就是 MIME 的 BASE 64 格式）的编码文件。

PGP 的创始人是美国的 Phil Zimmermann。他的创造性在于他把 RSA 公匙体系的方便和传统加密体系的高速度结合起来，并且在数字签名和密匙认证管理机制上有巧妙的设计。因此 PGP 成为几乎最流行的公匙加密软件包。

PGP 是一种供大众使用的加密软件。加密是为了安全，私密权是一种基本人权。在现代社会里，电子邮件和网络上的文件传输已经成为生活的一部分。邮件的安全问题就日益突出了，大家都知道在 Internet 上传输的数据是不加密的。如果你自己不保护自己的信息，第三者就会轻易获得你的隐秘。还有一个问题就是信息认证，如何让收信人确信邮件没有被第三者篡改，就需要数字签名技术。RSA 公匙体系的特点使它非常适合用来满足上述两个要求：

保密性（Privacy）和认证性（Authentication）。

RSA（Rivest-Shamir-Adleman）算法是一种基于大数不可能质因数分解假设的公匙体系。简单地说就是找两个很大的质数，一个公开给世界，一个不告诉任何人。一个称为“公匙”，另一个叫做“私匙”（Public key & Secret key or Private key）。这两个密匙是互补的，就是说用公匙加密的密文可以用私匙解密，反过来也一样。假设甲要寄信给乙，他们互相知道对方的公匙。甲就用乙的公匙加密邮件寄出，乙收到后就可以用自己的私匙解密出甲的原文。由于没别人知道乙的私匙，所以即使是甲本人也无法解密那封信，这就解决了信件保密的问题。另一方面由于每个人都知道乙的公匙，他们都可以给乙发信，那么乙就无法确信是不是甲的来信。认证的问题就出现了，这时候数字签名就有用了。

在说明数字签名前先要解释一下什么是“邮件文摘”（message digest），简单地讲，就是对一封邮件用某种算法算出一个最能体现这封邮件特征的数来，一旦邮件有任何改变，这个数都会变化，那么这个数加上作者的名字（实际上在作者的密匙里），还有日期等等，就可以作为一个签名了。确切地说 PGP 是用一个 128 位的二进制数作为“邮件文摘”的，用来产生它的算法叫做 MD5（message digest 5），MD5 的提出者是 Ron Rivest，PGP 中使用的代码是由 Colin Plumb 编写的，MD5 本身是公用软件。所以 PGP 的法律条款中没有提到它。MD5 是一种单向散列算法，它不像 CRC 校验码，很难找到一份替代的邮件与原件具有同样的 MD5 特征值。回到数字签名上来，甲用自己的私匙将上述的 128 位的特征值加密，附加在邮件后，再用乙的公匙将整个邮件加密（注意这里的次序，如果先加密再签名的话，别人可以将签名去掉后签上自己的签名，从而篡改了签名）。这样，这份密文被乙收到以后，乙用自己的私匙将邮件解密，得到甲的原文和签名，乙的 PGP 也从原文计算出一个 128 位的特征值来和用甲的公匙解密签名所得到的数比较，如果符合就说明这份邮件确实是甲寄来的。这样两个安全性要求都得到了满足。

PGP 还可以只签名而不加密，这适用于公开发表声明时，声明人为了证实自己的身份（在网络上只能如此了），可以用自己的私匙签名。这样就可以让收件人能确认发信人的身份，也可以防止发信人抵赖自己的声明。这一点在商业领域有很大的应用前途，它可以防止发信人抵赖和信件被途中篡改。

那么，为什么说 PGP 用的是 RSA 和传统加密的杂合算法呢？因为 RSA 算法计算量极大，在速度上不适合加密大量数据，所以 PGP 实际上用来加密的不是 RSA 本身，而是采用了一种叫 IDEA 的传统加密算法。我先解释一下什么叫传统加密，简单地说就是用一个密匙加密明文，然后用同样的密匙解密。这种方法的代表是 DES（US Federal DataEncryption Standard），也就是乘法加密，它的主要缺点就是密匙的传递渠道解决不了安全性问题，不适合网络环境邮件加密需要。IDEA 是一个有专利的算法，专利持有者是 ETH 和一个瑞士公司 Ascom-Tech AG。非商业用途的 IDEA 不用向他们交纳费用。IDEA 的加（解）密速度比 RSA 快得多，所以实际上 PGP 是以一个随机生成密匙（每次加密不同）用 IDEA 算法对明文加密，然后用 RSA 算法对该密匙加密。这样收件人同样是用 RSA 解密出这个随机密匙，再用 IDEA 解密邮件本身。这样的链式加密就做到了既有 RSA 体系的保密性，又有 IDEA 算法的快捷性。PGP 的创意有一半就在这一点上了，为什么 RSA 体系在 20 世纪 70 年代就提出来，一直没有推广应用呢？因为速度太慢！那么 PGP 创意的另一半在哪儿呢？下面再谈 PGP 的密匙管理。一个成熟的加密体系必然要有一个成熟的密匙管理机制配套。公匙体制的提出就是为了解决传统加密体系的密匙分配过程难以保密的缺点。比如网络黑客们常用的手段之一就是“监听”，如果密匙是通过网络传送就太危险了。

例如，Novell Netware 的老版本中，用户的密码是以明文在线路中传输的，这样监听者轻易就获得了他人的密码。当然 Netware 4.1 中数据包的用户密码现在是加密的了。对 PGP 来说公匙本来就要公开，就没有防监听的问题。但公匙的发布中仍然存在安全性问题，例如，公匙的被篡改（Public Key Tampering），这可能是公匙密码体系中最大的漏洞，因为大多数新手不能很快发现这一点。必须确信拿到的公匙属于它看上去属于的那个人。为了把这个问题说清楚，再举个例子，然后再说如何正确地用 PGP 堵住这个漏洞。

以你和 Alice 的通信为例，假设你想给 Alice 发封信，那你必须有 Alice 的公匙，你从 BBS 上下载了 Alice 的公匙，并用它加密了信件，用 BBS 的 E-mail 功能发给了 Alice。不幸的问题是，你和 Alice 都不知道，另一个用户叫 Charlie 的用户潜入 BBS，把他自己用 Alice 的名字生成的密匙对公匙替换了 Alice 的公匙。那你用来发信的公匙就不是 Alice 的，而是 Charlie 的，一切看来都很正常，因为你拿到的公匙的用户名是“Alice”。于是 Charlie 就可以用他手中的私匙来解密你给 Alice 的信，甚至他还可以用 Alice 真正的公匙来转发你给 Alice 的信，这样谁都不会起疑心，他如果想改动你给 Alice 的信也没问题。更有甚者，他还可以伪造 Alice 的签名给你或其他人发信，因为你们手中的公匙是伪造的，你们会以为真是 Alice 的来信。防止这种情况出现的最好办法是避免让任何其他人有机会篡改公匙，比如直接从 Alice 手中得到她的公匙，然而当她在千里之外或无法见到时，这是很困难的。PGP 发展了一种公匙介绍机制来解决这个问题。举例来说，如果你和 Alice 有一个共同的朋友 David，而 David 知道他手中的 Alice 的公匙是正确的（关于如何认证公匙，PGP 还有一种方法，后面会谈到，这里假设 David 已经和 Alice 认证过她的公匙）。这样 David 可以用他自己的私匙在 Alice 的公匙上签名（就是用上面讲的签名方法），表示他担保这个公匙属于 Alice。当然你需要用 David 的公匙来校验他给你的 Alice 的公匙，同样 David 也可以向 Alice 认证你的公匙，这样 David 就成为你和 Alice 之间的“介绍人”。这样 Alice 或 David 就可以放心地把 David 签过字的 Alice 的公匙上载到 BBS 上让你去拿，没人能够篡改它而不被你发现，即使是 BBS 的管理员。这就是从公共渠道传递公匙的安全手段。

有人会问：怎么安全地得到 David 的公匙呢？这不是个先有鸡还是先有蛋的问题吗？确实有可能你拿到的 David 的公匙也是假的，但这就要求这个捣蛋者参与这整个过程，他必须对你们三人都很熟悉，还要策划很久，这一般不可能。当然，PGP 对这种可能也有预防的建议，那就是由一个大家普遍信任的人或机构担当这个角色。他被称为“密匙侍者”或“认证权威”，每个由他签字的公匙都被认为是真的，这样大家只要有一份他的公匙就行了，认证这个人的公匙是方便的，因为他广泛提供这个服务，假冒他的公匙是极困难的，因为他的公匙流传广泛。这样的“权威”适合由非个人控制组织或政府机构充当，现在已经有等级认证制度的机构存在。对于那些非常分散的人们，PGP 更赞成使用私人方式的密匙转介方式，因为这样的非官方途径更能反映出人们自然的社会交往，而且人们也能自由地选择信任的人来介绍。总之和不认识的人们之间的交往一样。每个公匙至少有一个“用户名”（User ID），请尽量用自己的全名，最好再加上本人的 E-mail 地址，以免混淆。

注意！必须遵循的一条规则是：在使用任何一个公匙之前，一定要首先认证它。无论受到什么诱惑，当然会有这种诱惑，绝对不要直接信任一个从公共渠道（尤其是那些看起来保密的）得来的公匙，记得要用熟人介绍的公匙，或者自己与对方亲自认证。同样也不要随便为别人签字认证他们的公匙，就和在现实生活中一样，家里的房门钥匙只能交给十分信任的人。

下面介绍如何通过电话认证密匙。每个密匙有它们自己的标识（Key ID），Key ID 是一个 8 位十六进制数，两个密匙具有相同 Key ID 的可能性是几十亿分之一，而且 PGP 还提供了一种更可靠的标识密匙的方法："密匙指纹"（Key's Fingerprint）。每个密匙对应一串数字（十六个两位十六进制数），这个指纹重复的可能就更微乎其微了。而且任何人无法指定生成一个具有某个指纹的密匙，密匙是随机生成的，从指纹也无法反推出密匙来。这样你拿到某人的公匙后就可以和他在电话上核对这个指纹，从而认证他的公匙。如果你无法和 Alice 通电话，你可以和 David 通电话认证 David 的公匙，从而通过 David 认证了 Alice 的公匙，这就是直接认证和间接介绍的结合。这样又引出一种方法，就是把由不同人签名的自己的公匙收集在一起，发送到公共场合，这样可以希望大部分人至少认识其中一个人，从而间接认证了你的公匙。同样你签了朋友的公匙后应该寄回给他，这样就让他可以通过你被你的其他朋友所认证。PGP 会自动为你找出你拿到的公匙中有哪些是你的朋友介绍来的，哪些是你朋友的朋友介绍来的，哪些则是朋友的朋友的朋友介绍的……它会帮你把它们分为不同的信任级别，让你参考决定对它们的信任程度。你可以指定某人有几层转介公匙的能力，这种能力是随着认证的传递而递减的。

转介认证机制具有传递性，这是个有趣的问题。PGP 的作者 Phil Zimmermann 说过一句话："信赖不具有传递性；我有个我相信绝不撒谎的朋友。可是他是个认定总统不撒谎的傻瓜，可很显然我并不认为总统绝不撒谎。"关于公匙的安全性问题是 PGP 安全的核心，在这里就不细说了。和传统单密匙体系一样，私匙的保密也是决定性的。相对公匙而言，私匙不存在被篡改的问题，但存在泄露的问题。RSA 的私匙是很长的一个数字，用户不可能将它记住，PGP 的办法是让用户为随机生成的 RSA 私匙指定一个口令（Pass Phase）。只有通过给出口令才能将私匙释放出来使用，用口令加密私匙的方法保密程度和 PGP 本身是一样的。所以私匙的安全性问题实际上首先是对用户口令的保密。当然私匙文件本身失密也很危险，因为破译者所需要的只是用穷举法试探出你的口令了，虽说很困难，但毕竟是损失了一层安全性。在这里只用简单地记住一点，要像任何隐私一样保藏你的私匙，不要让任何人有机会接触到它，最好只在大脑中保存它，不要写在纸上。

PGP 在安全性问题上的审慎考虑体现在 PGP 的各个环节。比如每次加密的实际密匙是个随机数，大家都知道计算机是无法产生真正的随机数的。PGP 程序对随机数的产生是很审慎的，关键的随机数像 RSA 密匙的产生是从用户敲键盘的时间间隔上取得随机数种子的。对于磁盘上的 randseed.bin 文件是采用和邮件同样强度的加密的。这有效地防止了他人从你的 randseed.bin 文件中分析出你的加密实际密匙的规律来。

9.3.3 交易安全协议

目前，网上银行的在线安全支付协议主要有两种：安全套接层协议（SSL 协议）和安全电子交易协议（SET 协议）。在国际上作为卡支付安全保证的 SET 协议，是一个既通用又成熟的安全协议，但在应用中仍然存在不足。

9.3.3.1 SET 协议

1. SET 协议简介

为了实现更加完善的即时电子支付，SET 协议应运而生。SET 协议（Secure Electronic

Transaction），是由 Master Card 和 Visa 联合 Netscape、Microsoft 等公司，于 1997 年 6 月 1 日推出的一种新的电子支付模型。SET 协议是 B2C 上基于信用卡支付模式而设计的，它保证了开放网络上使用信用卡进行在线购物的安全。SET 主要是为了解决用户、商家、银行之间通过信用卡的交易而设计的，它具有保证交易数据的完整性，交易的不可抵赖性等种种优点，因此它成为目前公认的信用卡网上交易的国际标准。

2. SET 提供的服务

SET 协议为电子交易提供了许多保证安全的措施。它能保证电子交易的机密性，数据完整性，交易行为的不可否认性和身份的合法性。

1）保证客户交易信息的保密性和完整性

SET 协议采用了双重签名技术对 SET 交易过程中消费者的支付信息和订单信息分别签名，使得商家看不到支付信息，只能接收用户的订单信息；而金融机构看不到交易内容，只能接收到用户支付信息和账户信息，从而充分保证了消费者账户和订购信息的安全性。

2）确保商家和客户交易行为的不可否认性

SET 协议的重点就是确保商家和客户的身份认证和交易行为的不可否认性。其理论基础就是不可否认机制，采用的核心技术包括 X.509 电子证书标准，数字签名，报文摘要，双重签名等技术。

3）确保商家和客户的合法性

SET 协议使用数字证书对交易各方的合法性进行验证。通过数字证书的验证，可以确保交易中的商家和客户都是合法的，可信赖的。

3. SET 的交易流程

SET 交易过程中要对商家、客户、支付网关等交易各方进行身份认证，因此它的交易过程相对复杂。通常基于 SET 的信用卡支付流程简介如下：

（1）客户在网上商店看中商品后，和商家进行磋商，然后发出请求购买信息。

（2）商家要求客户用电子钱包付款。

（3）电子钱包提示客户输入口令后与商家交换握手信息，确认商家和客户两端均合法。

（4）客户的电子钱包形成一个包含订购信息与支付指令的报文发送给商家。

（5）商家将含有客户支付指令的信息发送给支付网关。

（6）支付网关在确认客户信用卡信息之后，向商家发送一个授权响应的报文。

（7）商家向客户的电子钱包发送一个确认信息。

（8）将款项从客户账号转到商家账号，然后向顾客送货，交易结束。

从上面的交易流程可以看出，SET 交易过程十分复杂性，在完成一次 SET 协议交易过程中，需验证电子证书 9 次，验证数字签名 6 次，传递证书 7 次，进行签名 5 次，4 次对称加密和非对称加密。通常完成一个 SET 协议交易过程大约要花费 1.5～2 分钟甚至更长时间。由于各地网络设施良莠不齐，因此，完成一个 SET 协议的交易过程可能需要耗费更长的时间。

4. SET 的安全性分析

1）采用公钥加密和私钥加密相结合的办法保证数据的保密性

SET 协议中，支付环境的信息保密性是通过公钥加密法和私钥加密法相结合的算法来加密支付信息而获得的。它采用的公钥加密算法是 RSA 的公钥密码体制，私钥加密算法是采用 DES 数据加密标准。这两种不同加密技术的结合应用在 SET 中被形象地称为数字信封，RSA 加密相当于用信封密封，消息首先以 56 位的 DES 密钥加密，然后装入使用 1024 位 RSA 公钥加密的数字信封在交易双方传输。这两种密钥相结合的办法保证了交易中数据信息的保密性。

2）采用信息摘要技术保证信息的完整性

SET 协议是通过数字签名方案来保证消息的完整性，并进行消息源的认证，数字签名方案采用了与消息加密相同的加密原则。即数字签名通过 RSA 加密算法结合生成信息摘要，信息摘要是消息通过 HASH 函数处理后得到的唯一对应于该消息的数值，消息中每改变一个数据位都会引起信息摘要中大约一半的数据位的改变。而两个不同的消息具有相同的信息摘要的可能性及其微小，因此 HASH 函数的单向性使得从信息摘要得出信息的摘要的计算是不可行的。信息摘要的这些特征保证了信息的完整性。

3）采用双重签名技术保证交易双方的身份认证

SET 协议应用了双重签名（Dual Signatures）技术。在一项安全电子商务交易中，持卡人的订购信息和支付指令是相互对应的。商家只有确认了对应于持卡人的支付指令对应的订购信息才能够按照订购信息发货；而银行只有确认了与该持卡人支付指令对应的订购信息是真实可靠的，才能够按照商家的要求进行支付。为了达到商家在合法验证持卡人支付指令和银行在合法验证持卡人订购信息的同时不会侵犯顾客的私人隐私这一目的，SET 协议采用了双重签名技术来保证顾客的隐私不被侵犯。

9.3.3.2　SSL 协议

SSL 是一种在客户端和服务器端之间建立安全通道的协议。SSL 一经提出，就在 Internet 上得到广泛的应用。SSL 最常用来保护 Web 的安全。为了保护存有敏感信息 Web 服务器的安全，消除用户在 Internet 上数据传输的安全顾虑。

Open SSL 是一个支持 SSL 认证的服务器。它是一个源码开放的自由软件，支持多种操作系统。Open SSL 软件的目的是实现一个完整的、健壮的、商业级的开放源码工具，通过强大的加密算法来实现建立在传输层之上的安全性。Open SSL 包含一套 SSL 协议的完整接口，应用程序应用它们可以很方便地建立起安全套接层，进而能够通过网络进行安全的数据传输。

1. SSL 协议概述

SSL 是 Secure Socket Layer 英文缩写，它的中文意思是安全套接层协议，指使用公钥和私钥技术组合的安全网络通信协议。SSL 协议是 Netscape 推出的基于 Web 应用的安全协议，SSL 协议指定了一种在应用程序协议（如 Http、Telenet、NMTP 和 FTP 等）和 TCP/IP 协议之间提供数据安全性分层的机制，它为 TCP/IP 连接提供数据加密、服务器认证、消息完整性以及可选的客户机认证，主要用于提高应用程序之间数据的安全性，对传送的数据进行加密和隐藏，确保数据在传送中不被改变，即确保数据的完整性。

SSL 以对称密码技术与公开密码技术相结合，可以实现如下三个通信目标。

（1）秘密性：SSL 客户机和服务器之间传送的数据都经过了加密处理，网络中的非法窃听者所获取的信息都将是无意义的密文信息。

（2）完整性：SSL 利用密码算法和散列（HASH）函数，通过对传输信息特征值的提取来保证信息的完整性，确保要传输的信息全部到达目的地，可以避免服务器和客户机之间的信息受到破坏。

（3）认证性：利用证书技术和可信的第三方认证，可以让客户机和服务器相互识别对方的身份。为了验证证书持有者是其合法用户（而不是冒名用户），SSL 要求证书持有者在握手时相互交换数字证书，通过验证来保证对方身份的合法性。

2．SSL 协议的体系结构

SSL 协议位于 TCP/IP 协议模型的网络层和应用层之间，使用 TCP 来提供一种可靠的端到端的安全服务，它是客户/服务器应用之间的通信不被攻击窃听，并且始终对服务器进行认证，还可以选择对客户进行认证。SSL 协议在应用层通信之前就已经完成加密算法、通信密钥的协商以及服务器认证工作，在此之后，应用层协议所传送的数据都被加密。SSL 实际上是共同工作的两层协议组成。SSL 安全协议实际是 SSL 握手协议、SSL 修改密文协议、SSL 警告协议和 SSL 记录协议组成的一个协议簇。

SSL 记录协议为 SSL 连接提供了两种服务：一是机密性，二是消息完整性。为了实现这两种服务，SSL 记录协议对接收的数据和被接收的数据工作过程是如何实现的呢？SSL 记录协议接收传输的应用报文，将数据分片成可管理的块，进行数据压缩（可选），应用 MAC，接着利用 IDEA、DES、3DES 或其他加密算法进行数据加密，最后增加由内容类型、主要版本、次要版本和压缩长度组成的首部。被接收的数据刚好与接收数据工作过程相反，依次被解密、验证、解压缩和重新装配，然后交给更高级用户。

SSL 修改密文协议是使用 SSL 记录协议服务的 SSL 高层协议的 3 个特定协议之一，也是其中最简单的一个。协议由单个消息组成，该消息只包含一个值为 1 的单个字节。该消息的唯一作用就是使未决状态复制为当前状态，更新用于当前连接的密码组。为了保障 SSL 传输过程的安全性，双方应该每隔一段时间改变加密规范。

SSL 告警协议是用来为对等实体传递 SSL 的相关警告。如果在通信过程中某一方发现任何异常，就需要给对方发送一条警示消息通告。警示消息有两种：一种是 Fatal 错误，如传递数据过程中，发现错误的 MAC，双方就需要立即中断会话，同时消除自己缓冲区相应的会话记录；第二种是 Warning 消息，这种情况，通信双方通常都只是记录日志，而对通信过程不造成任何影响。SSL 握手协议可以使得服务器和客户能够相互鉴别对方，协商具体的加密算法、MAC 算法和保密密钥，用来保护在 SSL 记录中发送的数据。

SSL 握手协议允许通信实体在交换应用数据之前协商密钥的算法、加密密钥和对客户端进行认证（可选）的协议，为下一步记录协议要使用的密钥信息进行协商，使客户端和服务器建立并保持安全通信的状态信息。SSL 握手协议是在任何应用程序数据传输之前使用的。

SSL 握手协议包含四个阶段：第一个阶段建立安全能力；第二个阶段服务器鉴别和密钥交换；第三个阶段客户鉴别和密钥交换；第四个阶段完成握手协议。

3. SSL 协议的实现

基于 Open SSL 的程序可以被分为两个部分：客户机和服务器，使用 SSL 协议使通信双方可以相互验证对方身份的真实性，并且能够保证数据的完整性和机密性。建立 SSL 通信的过程如图 9-11 所示。

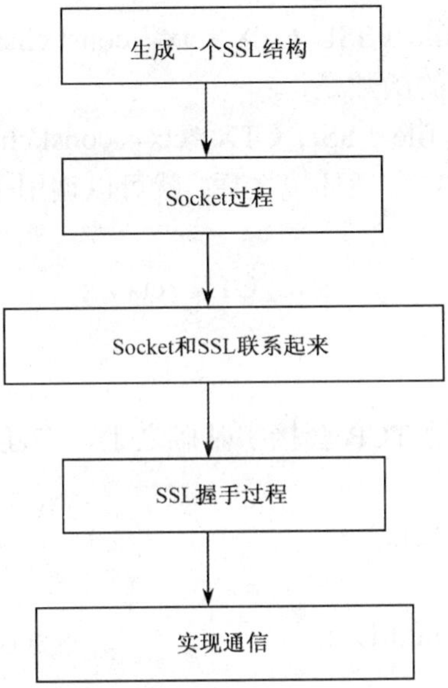

图 9-11　建立 SSL 通信的过程

SSL 通信模型采用标准的 C/S 结构，除了在 TCP 层上进行传输之外，与普通的网络通信协议没有太大的区别，基于 Open SSL 的程序都要遵循以下几个步骤。

1）Open SSL 初始化

在使用 Open SSL 之前，必须进行相应的协议初始化工作，这可以通过下面的函数实现：int SSL_library_int（void）。

2）选择会话协议

在利用 Open SSL 开始 SSL 会话之前，需要为客户端和服务器制定本次会话采用的协议，目前能够使用的协议包括 TLSv1.0、SSLv2、SSLv3、SSLv2/v3。

需要注意的是，客户端和服务器必须使用相互兼容的协议，否则 SSL 会话将无法正常进行。

3）创建会话环境

在 Open SSL 中创建的 SSL 会话环境称为 CTX，使用不同的协议会话，其环境也不一样的。申请 SSL 会话环境的 Open SSL 函数是：

SSL_CTX *SSL_CTX_new（SSL_METHOD * method）;

当 SSL 会话环境申请成功后，还要根据实际的需要设置 CTX 的属性，通常的设置是指定 SSL 握手阶段证书的验证方式和加载自己的证书。制定证书验证方式的函数是：

int SSL_CTX_set_verify（SSL_CTX *ctx， int mode， int（*verify_callback）， int（X509_STORE_CTX *））;

为 SSL 会话环境加载 CA 证书的函数是：

SSL_CTX_load_verify_location（SSL_CTX *ctx，const char *Cafile，const char *Capath）;

为 SSL 会话加载用户证书的函数是：

SSL_CTX_use_certificate_file（SSL_CTX *ctx，const char *file，int type）;

为 SSL 会话加载用户私钥的函数是：

SSL_CTX_use_PrivateKey_file（SSL_CTX *ctx，const char* file，int type）;

在将证书和私钥加载到 SSL 会话环境之后，就可以调用下面的函数来验证私钥和证书是否相符：

int SSL_CTX_check_private_key（SSL_CTX *ctx）;

4）建立 SSL 套接字

SSL 套接字是建立在普通的 TCP 套接字基础之上，在建立 SSL 套接字时可以使用下面的一些函数：

SSL *SSl_new（SSL_CTX *ctx）;

//申请一个 SSL 套接字

int SSL_set_fd（SSL *ssl，int fd）;

//绑定读写套接字

int SSL_set_rfd（SSL *ssl，int fd）;

//绑定只读套接字

int SSL_set_wfd（SSL *ssl，int fd）;

//绑定只写套接字

5）完成 SSL 握手

在成功创建 SSL 套接字后，客户端应使用函数 SSL_connect()替代传统的函数 connect()来完成握手过程:

int SSL_connect（SSL *ssl）;

而对服务器来讲，则应使用函数 SSL_ accept()替代传统的函数 accept()来完成握手过程:

int SSL_accept（SSL *ssl）;

握手过程完成之后，通常需要询问通信双方的证书信息，以便进行相应的验证，这可以借助于下面的函数来实现:

X509 *SSL_get_peer_certificate（SSL *ssl）;

该函数可以从 SSL 套接字中提取对方的证书信息，这些信息已经被 SSL 验证过了。

X509_NAME *X509_get_subject_name（X509 *a）;

该函数得到证书所用者的名字。

6）进行数据传输

当 SSL 握手完成之后，就可以进行安全的数据传输了，在数据传输阶段，需要使用 SSL_read()和 SSL_write()来替代传统的 read()和 write()函数，来完成对套接字的读/写操作：

```
int SSL_read（SSL *ssl，void *buf，int num）；
int SSL_write（SSL *ssl，const void *buf，int num）；
```

7）结束 SSL 通信

当客户端和服务器之间的数据通信完成之后，调用下面的函数来释放已经申请的 SSL 资源：

```
int SSL_shutdown（SSL *ssl）；
//关闭 SSL 套接字
void SSl_free（SSL *ssl）；
 //释放 SSL 套接字
void SSL_CTX_free（SSL_CTX *ctx）；
//释放 SSL 会话环境
```

4．SSL 协议小结

SSL 协议采用数字证书进行双端实体认证，用非对称加密算法进行密钥协商，用对称加密算法将数据加密后进行传输以保证数据的保密性，并且通过计算数字摘要来验证数据在传输过程中是否被篡改和伪造，从而为敏感数据在 Internet 上的传输提供了一种安全保障手段。

Open SSL 是一个开放源代码的 SSL 协议的产品实现，它采用 C 语言作为开发语言，具备了跨系统的性能。调用 Open SSL 的函数就可以实现一个 SSL 加密的安全数据传输通道，从而保护客户端和服务器之间数据的安全。

在我国，信用卡支付这种方式还没有普及，因此 SET 协议在我国的使用也相对较少。电子支付无论要采取哪种支付协议，都应该考虑到安全因素、成本因素和使用的便捷性这三方面，由于这三者在 SET 协议和 SSL 协议里的任何一个协议里面无法全部体现，这就造成现阶段 SSL 协议和 SET 协议并存使用的局面。但即便将来业界开发结合这三个优点的电子支付协议，也未必能完全保证电子支付和网上银行的安全。

因为网上银行的安全涉及方方面面，不只是一个完善的安全支付协议，一堵安全的防火墙或者一个电子签名就能简单解决的问题。所以，现在银行必须加大加强管理力度，加大宣传力度，帮助顾客树立起安全意识，指导用户该如何正确使用网上银行，并发动社会各方面的力量，寻求多方联动的策略来保证网上银行的安全。只有社会各界一起努力，才能保证电子支付的安全，保证电子商务快速有序的发展。

9.3.4　支付安全技术

1．U 盾技术

1）什么是 U 盾

U 盾，即中国工商银行 2003 年推出并获得国家专利的客户证书 USBkey，是银行为客户提供的办理网上银行业务的高级别安全工具。它外形酷似 U 盘，像一面盾牌，时刻保护着客户的网上银行资金安全。

2）为什么要选择使用 U 盾

（1）交易更安全。拥有 U 盾，客户办理网上银行业务时，不用再担心黑客、假网站、木马病毒等各种风险，U 盾可以保障客户的网上银行资金安全。

（2）支付更方便。拥有 U 盾，客户不用再受各种支付额度的限制，轻松实现网上大额转账、汇款、缴费和购物。

（3）功能更全面。拥有 U 盾，客户可以通过网上银行签订个人理财协议，享受工商银行独具特色的理财服务。

（4）服务更多样。拥有 U 盾，客户还可以将工商银行 U 盾与支付宝账号绑定，利用 U 盾对登录支付宝的行为进行身份认证，从而保障支付宝账户的资金安全。

3）U 盾的申请与使用

中国工商银行个人网上银行客户携带本人有效证件及注册网上银行时使用的牡丹卡到工商银行营业网点就可以申请 U 盾。使用 U 盾有三个步骤：

（1）安装驱动程序。如果是第一次在电脑上使用个人网上银行，请参照工商银行个人网上银行系统设置指南首先调整计算机设置，然后安装 U 盾驱动程序，不同品牌 U 盾的驱动程序只能用于本品牌。如果您希望用光盘安装，请运行 U 盾光盘，选择安装主页面的“系统升级”，系统会自动检测并提示您安装补丁。安装补丁后，请选择“驱动程序安装”，安装 U 盾驱动程序。

（2）下载证书信息。申请 U 盾后，可以委托工商银行网点柜员协助下载个人证书信息到 U 盾体内，也可以登录工商银行个人网上银行，进入“客户服务－U 盾管理－U 盾自助下载”，完成证书信息下载。下载前应确认 U 盾已连接到电脑 USB 接口上。如果下载不成功，请到柜面办理。

（3）使用 U 盾。登录个人网上银行之后，如需办理转账、汇款、缴费等对外支付业务，只要按系统提示将 U 盾插入电脑的 USB 接口，输入 U 盾密码，并经银行系统验证无误，即可完成支付业务。

2. 电子银行口令卡

为了让更多的客户享受到安全便捷的电子银行服务，继成功推出“U 盾”之后，中国工商银行又推出了电子银行安全新产品——电子银行口令卡。

1）什么是电子银行口令卡

电子银行口令卡是工商银行最新推出的电子银行安全工具，是保护客户资金不受损失而设置的又一道防线。也就是说客户只要保管好客户手中的口令卡，就不会有资金损失，即使客户不慎外泄了登录卡号和登录密码，只要保管好客户手中的口令卡，使登录卡号、登录密码、口令卡不被同一个人获取，就能够保证客户资金的安全，从而让客户更加安全、放心地使用电子银行。

口令卡上以矩阵形式印有若干字符串，客户在使用电子银行进行对外转账、B2C 购物、缴费等支付交易时，电子银行系统会随机给出一组口令卡坐标，客户根据坐标从卡片中找到口令组合并输入电子银行系统，只有口令组合输入正确的客户才能完成相关交易，该口令组合一次有效，交易结束后即失效。银行卡实物图如图 9-12 所示。

电子银行口令卡正面

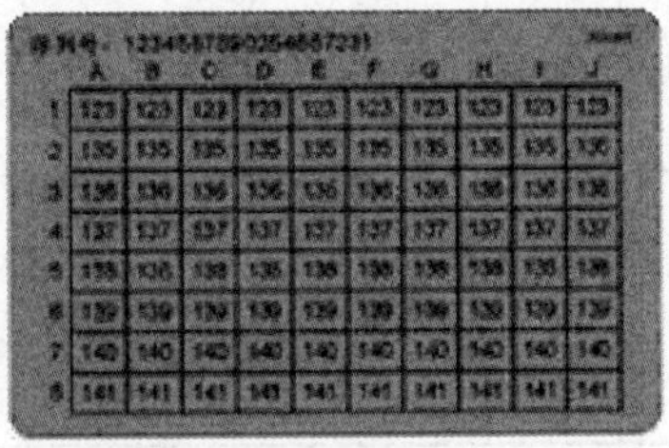
电子银行口令卡反面

图 9-12　银行卡实物图

2）为什么要使用电子银行口令卡

电子银行口令卡是工商银行为了满足广大电子银行用户的要求，综合考虑安全性与成本因素而推出了一款全新的电子银行安全工具。具体而言，电子银行口令卡与静态密码、U 盾在安全性、方便性和价格等方面具有不同的特点，见表 9-1。

表 9-1　U 盾、口令卡、静态密码比较

类　型	适用客户	特　点	安全机制	价　格
U 盾	所有网上银行客户	安全级别最高 资金交易没有额度限制 可以获得全部网上银行服务	基于硬件的数字签名 1024 位非对称密钥加密 证书密码保护 网上银行登录密码保护	60～76 元
电子银行口令卡	没有申请 U 盾的网上银行客户	安全级别较高 对外汇款、网上缴费、网上购物有额度限制 不能获得个人理财服务	动态密码，随机产生 网上银行登录密码保护	2 元/张
静态密码	网上自助注册或没有申请 U 盾、口令卡的客户	安全级别一般 服务功能和交易额度都有限制 客户需要有较高安全意识，能确保密码等敏感信息不被窃取	登录密码、支付密码双重密码保护	免费

各类客户享受的主要网上银行服务比较见表 9-2。

表 9-2　各类客户享受的主要网上银行服务比较

客户类型		账务查询	注册账户转账	对外汇款	在线缴费	个人理财	定期存款提前支取	网上购物	网上证券	网上汇市	网上黄金	网上保险
静态密码客户	存折版	√	x	x	x	x	x	x	x	x	x	x
	自助注册	√	√	x	x	x	x	x	√	√	√	√
	柜面注册	√	√	√ 额度受限	√	x		√ 额度受限	√	√	√	√
电子银行口令卡客户		√	√	√ 额度受限	√ 额度受限	x	√	√ 额度受限	√	√	√	√
U 盾客户		√	√	√	√	√	√	√	√	√	√	√

3）电子银行口令卡的申请和使用

（1）电子银行口令卡的申请

2006 年 8 月 10 日起，如果已开通网上银行且未申请 U 盾的客户可以携带本人有效证件及注册网上银行时使用的牡丹卡，到工商银行营业网点申请电子银行口令卡。如果尚未开通网上银行，并且不打算选择 U 盾，也可以携带本人有效证件到工商银行营业网点直接开通网上银行并申请电子银行口令卡。

领用口令卡时，需要确认口令卡的包装膜和覆膜是否完好。新申领的口令卡应包含完整的塑料包装膜和覆膜，如有损坏，应该要求更换。

（2）电子银行口令卡的使用

申领了口令卡后，在使用网上银行进行对外转账、B2C 购物、缴费等对外支付交易及通过网上银行办理定期存款提前支取时，电子银行系统会随机给出一组口令卡坐标，客户需要根据坐标从卡片中找到口令组合并输入电子银行系统。注意：领卡后，首次进行 B2C 交易，必须要先登录网上银行一次，才能正常使用 B2C 交易。例如，在客户通过网上银行转账汇款时，会出现如图 9-13 所示信息。

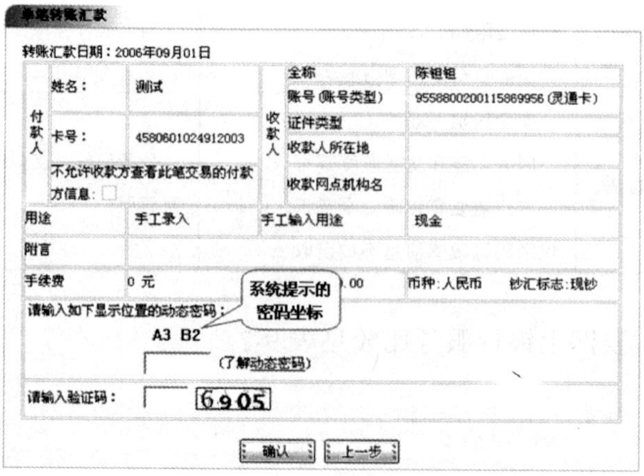

图 9-13　银行转账汇款

根据系统提示的动态密码坐标，刮开 A3，B2 所对应的电子银行口令卡坐标（为了更好地保护电子银行口令卡信息安全，建议只刮开需要的电子银行口令卡坐标），如图 9-14 所示。

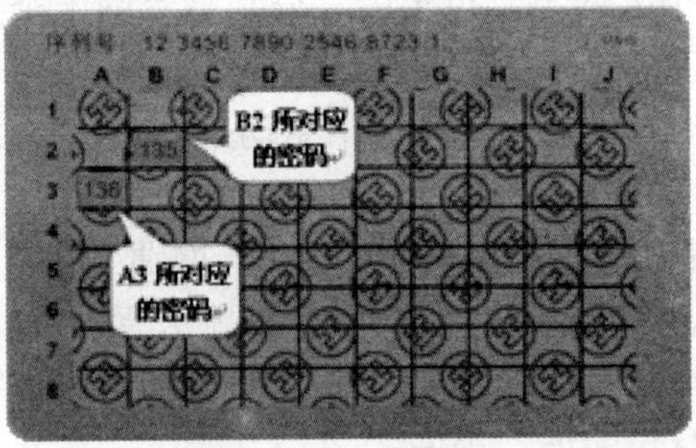

图 9-14　银行口令卡

刮开电子银行口令卡后，只需在动态密码框中顺序输入 A3，B2 所对应的口令“136135”（中间不空格），并输入验证码，单击确认。成功完成转账交易，显示图 9-15 信息。

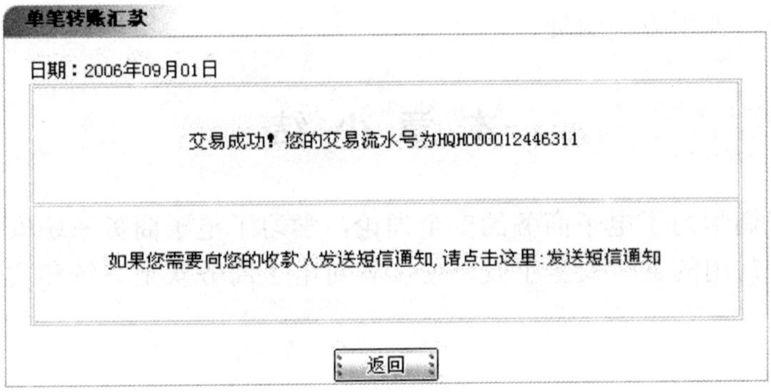

图 9-15　交易成功信息

3）电子银行口令卡的日常维护

口令卡上已刮开的密码可以重复使用，每张口令卡可以使用 1000 次。为了方便使用，工商银行网上银行提供了详细的口令卡状态查询功能。只需登录网上银行，单击客户服务栏目下的“查询修改客户信息”即可查询到电子银行口令卡的卡号、申请日期、已使用次数、剩余使用次数等详细信息。电子银行口令卡仅限本人使用，用户应妥善保护卡密码，防止他人偷窥、复印或拍照等。如不慎遗失口令卡或卡片信息泄露，应及时办理换卡手续。

3．支付卡

“一卡通”是招商银行向社会大众提供的、以真实姓名开户的个人理财基本账户，它集定期、活期、多储种、多币种、多功能于一卡，多次被评为消费者喜爱的银行卡品牌。

为确保网上交易的安全，招商银行采用了多种技术和业务措施防范风险：

（1）网上支付卡和“一网通”实行账户分立，密码分设。

（2）网上传输的信息采用随机密码机制，每次传输都使用不同的密码。

（3）支付信息直接发送银行。

（4）账户信息和交易信息不在客户的电脑上存储。

（5）以国际通行的 SSL 协议加强信息传输的安全性。

（6）每日消费设置限额。

（7）完善的事后追溯能力。

招商银行目前有两种个人网上支付手段，分别是“网上个人银行（专业版）”及“一网通”。招商银行互联网站已通过了国际权威（CA）认证，采用国际通行的 SSL 协议标准，用户在进行“网上支付”时，所有网上传输信息均采用随机加密机制，充分保证网上支付的安全可靠。

“网上个人银行（专业版）”是招商银行为“一网通”客户提供的网上理财服务新功能。其功能主要有：网上汇款、网上转账、网上支付、账务管理等。使用“网上个人银行（专业版）”须先下载安装客户端软件并携带本人的有效身份证件和“一卡通”，到同城任一招商银行网点办理“数字证书身份验证”等手续。

招商银行“一网通”是招商银行通过互联网（Internet）或其他公共信息网，向其客户提供网上消费支付结算的大众化电子银行服务。只要客户在招商银行开立了“一网通”人民币活期账户，并到“一网通”开户地任意一家招商银行网点或开户地分行的“网上银行”申请开通“网上支付”功能，便可享受方便快捷的网上支付服务。客户可直接在浏览器上使用，无须安装附加软件，使用方便快捷。

本 章 小 结

在这一章中我们学习了电子商务的安全理论，学习了电子商务系统安全和交易安全的常用技术，并介绍了常用的支付安全手段，使读者对电子商务安全系统和实现方法有比较完整的认识。

本 章 检 测

1. 电子商务活动中威胁交易安全的因素主要有哪些？
2. 为了保证电子商务系统的安全，应采取哪些措施？
3. 电子商务交易有哪些安全技术，各有什么作用？
4. 什么是数字证书？一般情况下数字证书的发放遵循什么原则？
5. 什么是防火墙？简述它的基本原理。
6. 系统备份有哪些方法，各有什么特点？
7. 支付安全有哪些手段，各有什么优缺点？
8. 现有哪些交易协议可用，各有什么特点？
9. 电子商务系统可以采用哪些认证手段？
10. 文件加密和数字签名在电子商务活动中有何作用？

第 10 章　电子商务的法律问题

学习要点

- 了解并掌握电子商务交易安全的法律保障。
- 了解并掌握电子商务中的消费者权益与保护。
- 了解并掌握电子商务中的隐私保护。
- 了解并掌握电子商务环境下的网络道德与网络犯罪问题。
- 了解并掌握电子商务涉及的知识产权问题。

随着网络技术的迅猛发展，电子商务得到广泛应用，在网络环境下如何规范交易各方就成为一个世界性的问题。由此，电子商务的法律问题被提上议事日程。目前对电子商务法律问题的研究还处于初级阶段，本章将围绕电子商务交易安全法律保障、消费者权益与保护、隐私保护、网络道德与网络犯罪及知识产权等几个方面的问题展开讨论。

10.1　电子商务法律概述

1．为什么会产生电子商务法律问题

经过一段时期的实践，人们发现电子商务发展的主要障碍不是来自技术，也不是来自传统经济活动方式，而是来自政策和法律。为什么呢？这是基于电子商务本身的特点而产生的。首先，电子商务的技术基础是计算机及互联网络。网络的根本特点在于它的互联性。网络的各个终端（用户）分布于世界各地，极为分散，但它们相互之间又是连通的，而且，这种连通不仅是单向或双向的，而是呈多方向的网状结构，因此，在网络空间，传统的管辖边界不再适用。

其次，电子商务的非政府管理特点。电子商务的管理在很大程度上依赖于网络服务商（包括 ISP 和 ICP），网络服务商本身是一个非政府机构，而且数量众多。因此，网络上交易活动受政府监管的可能性大大降低。这使得网络社会呈现一种无政府状态，导致无序和结构混乱。

再次，网络社会的虚拟特征，使电子商务中交易者的身份、交易场所、交易权限、交易流程均呈虚拟化、数字化状态，这给建立在物化形态上的法律上的管理带来很大的难度。

由上可见，传统的法律框架已不适应电子商务发展的需要。全球电子商务的持续发展将取决于新的法律框架的制定，只有制定出地方、国家和国际法律所认可的电子商务活动规则，只有参与电子交易的个人、企业和政府的权利义务得以明确，他们的利益变得可以预期，电子商务才会健康有序地发展。

2．电子商务的基本法律问题

（1）电子交易的基本规则。电子商务的参与者，包括企业、消费者、金融机构和网络服

务商等主体之间必须建立起一套共同遵守的商业规则，且这种规则要为各国法律所确认。这些规则包括：电子商务合同订立，生效的时间、地点、电子商务文件的证据效力，电子商务的书面形式要求和电子签名的认证，争端的解决方式及电子商务纠纷的司法管辖权问题等内容。

（2）电子商务中的知识产权保护。电子商务不可避免地涉及知识产权问题。卖家希望他们的知识产权不被剽窃，买家也不希望买到假冒伪劣产品。电子商务活动中涉及域名、计算机软件、版权、商标等诸多问题，这些问题单纯地依靠加密等技术手段是无法加以充分有效的保护的，必须建立起全面的法律框架，为权利人提供实体和程序上的双重法律依据。

（3）电子商务税收。电子商务的虚拟特征、多国性、流动性及无纸化特征，使得各国基于属地和属人两种原则建立起来的税收管辖权面临挑战。同时，电子商务方式与传统商务方式的区别对纳税主体、客体、纳税环节、地方等税收概念、理论受到巨大冲击。因此，面对电子商务，税收法律必须修改。综合欧盟、美国的电子商务税收政策，在对电子商务征税时应遵循的原则有：

a. 中性原则，不应交易方式及采用技术的不同而给予不同的税收待遇。

b. 减少电子商务的税收成本。

c. 避免国际双重征税。

d. 保持税收政策的简化和透明度。

（4）保护隐私权。电子商务既要保证信息公开，自由流动，又要防止滥用个人信息。所以要对商品及服务供应商、网络服务商收集、加工、储存和使用个人信息进行规范，防止因隐私权问题而影响电子商务的健康发展。

（5）确保交易安全。保证电子商务的安全进行除了建立完善的加密、解密系统等技术措施外，还要立法保障通信网络顺畅、信息系统的安全、确保信息的真实性和保密性以及防止非法修改等。如制定对电脑黑客攻击、计算机病毒的制造与传播等行为的防范和惩罚的法律法规。

10.2 电子商务交易安全的法律保障

10.2.1 电子商务中的消费者权益与保护

电子商务的兴起拓宽了消费市场，增大了消费信息量，增加了市场透明度，给消费者带来了福音，但是，又不可避免地使消费关系复杂化，并增加了消费者遭受损害的机会。因此，电子商务给消费者权益保护带来了新的挑战。

1. 电子商务对消费者的威胁

（1）Internet 存在欺诈的沃土。它可以使欺诈行为人将其欺诈行为掩盖得天衣无缝，并通过匿名的方式躲避调查，利用法律盲区和“打擦边球”战术使执法者束手无策。Internet 上的欺诈行为有两个显著特征：首先，与其他传统的方式相比，欺诈行为人在 Internet 上更容易利用易受损害的消费者。例如，利用保健商品和器材、就业机会、金字塔式的销售等骗钱，往往在 Internet 上更容易大行其道。其次，富有创造性的人更容易利用新技术创造高技术媒体独有的欺骗性方式。例如，在 FTCv. Audiotex Connections. Inc. 一案中，被告在 Internet 上声称消费者可以免费获取计算机图像，下载一种特殊的节目。但是，被告利用软件暗中“劫持”了消费者与其计算机的连接，将消费者引入价格昂贵的国际长途电话系统之中，使消费者的电话经由加拿大、摩尔多瓦、俄罗斯之后再返回美国，从而在外国电话公司“踢皮球”当中大赚其钱。

（2）Internet 具有惊人的整理信息并进行分类的能力，在线消费者的信息随时都有被收集和扩散的危险，从而对传统的隐私价值产生了新的潜在的威胁。Internet 技术使得对个人信息的收集、存储、处理和销售有着前所未有的能力和规模，而一般消费者对此可能不太清楚。引诱儿童提供个人信息就是一个比较突出的问题。在没有 Internet 的时代，经营者在未经家长同意的情况下是很难从儿童那里获得儿童及其家长的个人信息的，但利用 Internet 就可以很便利地从口无遮拦的儿童那里获取信息，从而极易侵犯他人隐私权。为此，有些国家还制定了专门的法律，如美国国会制定的《1998 年儿童在线隐私保护法》（2000 年 4 月生效），责成联邦贸易委员会制定规则，规范从 13 岁以下儿童处在线收集和使用个人信息的行为。由于儿童是未成年人，该法要求网站经营者在儿童处收集和披露信息时，必须予以告知并经家长同意。美国一些州也对消费者隐私保护问题进行了专门立法，如纽约州正在寻求拓宽限制网上服务的提供者和金融机构在网上收集和披露个人信息的范围。在我国，一些用户在网站注册时都会得到信誓旦旦的保证：确保个人隐私，数据不会被泄露。但事实上有的网站甚至把用户的个人资料（如通信地址、家庭地址、E-mail 地址、联系电话、所购物品等详细内容）公开展览，使得用户资料就像放在没有锁的抽屉中，从而引发隐私权保护问题。

（3）由于电子商务无国界，一些在常规的市场交易中不太常见的问题，在消费者保护国际执法的合作和协调中越来越必不可少。人们提出了两个疑问：

a. 经营者在线经营时，就可能受到全世界各国法律的管辖，这是否公平？经营者一旦在线经营，对于谁能够获知其广告和销售信息就无从控制。而各国对销售对象、折扣、产品安全和要求的披露程度差别极大，即使在一国之内也会有这种情况，而且常常变动，特别是一些网上交易本来就具有很大的不可预见性。

b. 消费者在线消费时，可能丧失本国消费者保护法的保护，这是否公平？消费者熟悉保护其权益的国内法及其适用情况，不熟悉其他国家的法律，如果进行网上跨国消费，从遥远的他国购买商品，往往对销售方所在国的法律一无所知。由于旅途费用、时间跨度、不熟悉当地法律及其救济方式，就很可能得不到任何救济。这种网上跨国消费的法律救济需要通过双边协议、多边协议甚至国际公约等国际合作方式来解决，但绝不是一蹴而就的。一些国家如 OECD 国家正在探讨以可接受的成本解决网上跨国消费争议的问题。

（4）电子商务革命加大了穷人与富人、发达国家与发展中国家甚至一国之内发达地区与不发达地区之间的贫富差距。因此，电子商务在促进经济迅速发展的同时，也对消费者福利和国际秩序的稳定带来了威胁。

2．电子商务要解决的问题

（1）要完善网上反欺诈法律。特别是针对网上的虚假广告、不正当引诱方式等欺诈行为，制定特殊的规则，及时纳入规范之列。

（2）加强消费者隐私权的保护。在传统的消费市场中，隐私保护一般不属于消费者保护的突出问题，现行消费者权益保护法也未作特别的规定。但在网上交易中，消费者隐私保护变得非常突出，需要有针对性地制定特别的规则，加强对消费者隐私权的保护。更何况，我国民事基本法迄今对隐私权的保护尚无基本规定。

（3）加强对网上侵犯消费者权益的监管。网上侵犯消费者权益行为类型复杂，隐蔽性强，技术手段先进，对其进行监管的难度也大。因此，对网上侵犯消费者权益的监管需要捕捉和识别违法行为的较高的科技手段，并设置相应的监测体系，如网上投诉网络。

（4）密切注意消费者保护国际合作的动态。在我国，目前消费者权益的国际保护问题还不太突出，但迟早也会成为突出的问题。我们要未雨绸缪，及时跟踪相应的国际动态，积极研究对策，在条件成熟时开展相关的国际合作。

10.2.2 电子商务中的隐私保护

随着电子商务的应用和普及，有些商家在利益驱使下在网络应用者不知情或不情愿的情况下采取各种技术手段取得和利用其信息，侵犯了上网者的隐私权。网络隐私数据如何得到安全保障，这是任何国家发展电子商务中都会遇到的问题。对网络隐私权的有效保护，成为电子商务顺利发展的重要市场环境条件。

人类的隐私权是人的基本权利之一，它是伴随着人们对自身的尊严、权利、价值的产生而出现的，人们要求在社会生活中尊重、保护隐私权。隐私权包括个人和生活不被干扰权与个人资料的支配控制权，具体到网络与电子商务中的隐私权，隐私权的保护涉及对个人数据（包括企业的商业秘密）的收集、传递、存储和加工利用等各个环节的保护问题。

从权利形态分，有隐私不被窥视的权利、不被侵入的权利、不被干扰的权利、不被非法收集利用的权利；从权利的内容分，可以有个人特质的隐私权（姓名、身份、肖像，声音等）、个人资料的隐私权、个人行为的隐私权、通信内容的隐私权和匿名的隐私权等。其中，隐私不被窥视、侵入的权利主要体现在用户的个人信箱、网上账户、信用记录的安全保密性上；隐私不被干扰的权利主要体现在用户使用信箱、交流信息及从事交易活动的安全保密性上；不被非法收集利用的权利主要体现在用户的个人特质、个人资料等不得在非经许可的状态下被利用上。

1．网络隐私权问题产生的原因

分析不断发生在电子商务中的侵犯用户隐私权事件，主要是由于互联网固有的结构特性和电子商务发展导致的利益驱动这两个方面的原因。

1）互联网的开放性

从网络本身来看，网络是一个自由、开放的世界，它使全球连成一个整体，它一方面使得搜集个人隐私极为方便，另一方面也为非法散布隐私提供了一个大平台。由于互联网成员的多样和位置的分散，其安全性并不好。互联网的安全性分为两个广义的类型：认证（authentication）和隐私权（privacy）。认证就是指一种功能，其作用是证明某人的身份，以确认当前与自己通信的个人或系统与他们自称的个人或系统是否相符。隐私权似乎比认证更为重要，因为互联网上的信息传送是通过路由器来传送的，而用户不可能知道信息是通过哪些路由器进行的，这样有些人或组织就可以通过对某个关键节点的扫描跟踪来窃取用户信息。也就是说从技术层面上截取用户信息的可能性是显然存在的。任何一个上网者的任何一个网络隐私数据，都有被窥探的可能。

Internet 的开放性、全球性增加了人们对其是否安全的担心，数据仓库、数据挖掘技术的兴起，使人们担心，由于利益的驱动，某些集团对个人数据无限制的加工利用，最终会导致侵犯个人隐私的结果。

2）网络小甜饼 cookie

某些 Web 站点会在用户的硬盘上用文本文件存储了一些信息，这些文件被称为 cookie。cookie 包含的信息与用户和用户的爱好有关。例如，如果用户在某家航空公司的站点上查阅了航班时刻表，该站点可能就创建了包含用户的旅行计划的 cookie。它也可能记录下用户在该站点上曾经访问过的 Web 页，由此帮助该站点在用户下次访问时根据用户的情况对显示的内容进行调整。

现在的许多网站在每个访客进入网站时将 cookie 放入访客电脑，不仅能知道用户在网站上买了些什么，还能掌握该用户在网站上看过哪些内容，总共逗留了多长时间等，以便了解网站的流量和页面浏览数量。只要网站愿意，它可一直保留这样的信息。这样，访客下次再进入这个网站时，就会被辨认出来，如此，网站管理人员就可以知道访客的“忠诚度”了。另外，网络广告商也经常用 cookie 来统计广告条幅的点击率和点击量，从而分析访客的上网习惯，并由此调整广告策略。一些广告公司还进一步将所收集到的这类信息与用户在其他许多网站的浏览活动联系起来。这显然侵犯了他人的隐私。由于访客资料是一笔宝贵的财富，某些经营情况困难的网站会将这些收集来的资料出售给买主，以此牟利。根据纽约时报报道，BOO.com、Toy smart 和 CraftShop.com 等网站，都曾将客户姓名、住址、电子邮件甚至信用卡号码等统计分析结果都标价出售，以换取更多的资金。

目前，大部分商业网站都会将 cookie 放置到访客的电脑里，以跟踪访客的上网习惯、浏览的页面、停留时间、访客来源等。这种行为已经引起许多争议。虽然许多商业网站都保证，其站点将确保在线日程表业务中关键的私人隐私数据不会被泄露，然而事实并非这样简单。调查显示，在美国即使是最受欢迎的排名前 100 位的电子商务网站，有 35 个网站允许第三方公司跟踪记录访问者的信息，另外，有 18 个网站根本不对消费者公开信息收集原则。

美国国会也对此问题表示关注，国会正在研究方案，将禁止网络公司将用户数据库列入公司资产，这样将禁止网络公司任意将用户数据库资料出售的行为，从而保护了消费者的隐私。

3）网络服务提供商在网络隐私权保护中的责任

网络服务提供商对网络与电子商务中隐私权保护的责任，包括以下的一些内容：在用户申请或开始使用服务时告知使用 Internet 可能带来的对个人权利的危害；告知用户降低风险的技术方法；采取适当的步骤和技术保护个人的权利，特别是保证数据的统一性和秘密性，以及网络和基于网络提供服务的物理和逻辑上的安全；告知用户匿名访问 Internet 及参加一些活动的权利；不修改或删除用户传送的信息；收集、处理和存储用户的数据必须坚持必要的、特定的、合法的原则；不为促销目的而使用数据，除非得到用户的许可；对适当使用数据负有责任，必须向用户明确个人权利保护措施；在用户开始使用服务或访问 ISP 站点时告知其所采集、处理、存储的信息内容、方式、目的和使用期限；根据用户的要求更正不准确的数据或删除多余的、过时的或不再需要的信息，避免隐蔽地使用数据；向用户提供的信息必须准确、及时予以更新；在网上公布数据应谨慎。

此外，还可以对数据文档的互联与比较作出约定。如澳大利亚法律规定，除非国内法能提供相应的保护措施，否则应当禁止互联，特别是通过连接、合并或下载包含有个人数据的文档，禁止从第三方可查询的文件中建立新的文档，禁止将第三方掌握的文档或个人数据与公共机构掌握的一个或更多的文档进行对比或互联。

在现实社会经济生活中，人们还会遇到网络免费服务与用户信息收集利用的关系问题。目前网上的许多服务都是免费的，如免费电子邮箱、免费下载软件、免费登录，为用户或会员免费提供一些信息及一些免费的咨询服务等，然而人们发现在接受这些免费服务时，必经的一道程序就是登录个人的一些资料，如姓名、地址、工作、兴趣爱好等，服务提供商会声称这是为了方便管理，但是也存在着服务商将这些信息挪作他用甚至出卖的可能。

事实上，隐私权保护的最基本原则之一就是个人资料应在资料所有者许可的情况下被收集利用，而这项原则不应因提供的服务是否收费而有所变化，除非商家在提供免费服务时，在附加条件中就明确说明将相关资料用做一些商业利用的要件。

4）客户关系管理与网络隐私权

客户关系管理（CRM，Customer Relationship Management）起源于1980年代初提出的“接触管理”（Contact Management），即专门收集整理客户与公司联系的所有信息。到1990年代初期，则演变成为包括电话服务中心与支援资料分析的客户服务（Customer Care）。经历了近二十年的不断发展，客户关系管理不断演变发展并趋向成熟，最终形成了一套完整的管理理论体系。目前，消费者隐私权的问题正在以各种方式影响着客户关系管理。从最简单的意义上来说，客户关系管理包含着两个互为补充的部分——“进攻”和“防御”，这两个部分对于商家和消费者来说具有不同的意义。

在制定整体的客户关系管理战略之前必须要首先确定到底应该花费多大的努力去收集、分析数据，并利用分析结果。管理层必须要通过对客户数据的分析和公司标准化政策的制定来确定为每一个客户提供服务和市场决策是否切实可行。

防御性的客户关系管理包括数据信息的收集、分析以及对分析结果的利用。它使得商家能够向客户提供他们所关注的产品及其他方面的信息，在多种产品的基础上制定服务决策并且依靠大量可靠的信息来提供更有效、更精确的服务。

进攻性客户关系管理包括通过对客户信息的直接或间接使用来影响他们的行为，使他们的行为向着有利于商家的方向发展。进攻性客户关系管理的目的在于比客户更好地了解他们自身，在此基础上为客户提供让他们满意的产品和服务，增加公司的利润。进攻性客户关系管理是通过对公司自身所拥有的或从外部资源得到的大量信息的分析得以实现的。尽管它并不直接应用在客户市场，仍然被消费者和市场管理者看做是一种扰人的行为。对网络及分析技术的滥用已经引起了消费者和市场管理者的愤怒。

要在防御性客户关系管理和进攻性客户关系管理之间划分出一条明确的界限是十分困难的。举例来说，告诉你其他商品与你现在正打算购买的商品是否相配属于进攻性客户关系管理，事先了解你已经购买了那些商品并提醒你不要进行重复性购买则属于防御性客户关系管理。又比如，为客户提供一份生日小礼物属于防御性客户关系管理，而为客户提供15%的打折优惠则属于进攻性客户关系管理。

不论客户的个人信息是在公司内部使用还是与第三方共享，在考虑公司客户关系管理战略的时候如果没有考虑到消费者隐私权这一重要因素将会带来非常消极的负面影响。

维护消费者和合作伙伴的隐私权是商家在商业运作过程中不能忽视的一个基本组成部分，在一个公司考虑自己的客户关系管理战略时，消费者与合作伙伴的隐私权必须引起足够的重视。商家必须要想办法使自己对客户信息的使用为公众所接受，否则的话，他们与客户之间的摩擦就会越来越多，关系就会越来越疏远，他们所能得到的利润也会受到影响。因此，不论是由于地方法规的规定还是出于市场压力的结果，对于以消费者为导向的公司企业来说消费者隐私权的保护将成为其商业运作过程中的基本组成部分。

美国著名互联网咨询公司 Gartner Group 在消费者可以接受并且不违反相应法律法规的程度上对可以提供的“消费者隐私”做了详细说明：

（1）经过消费者本人亲自确定的消费者个人信息以及公司企业所掌握消费者信息的发布。

（2）公司企业与已经签约或尚未签约的第三方之间的市场合同。

（3）经授权的或未经授权的，公司企业及其已经签约或尚未签约合作方对消费者个人信息的使用。

2．企业管理网络隐私权的措施

对于企业来说，如何保护自己、用户和合作伙伴的信息隐私权问题已经成为企业管理中越来越重要的问题之一。基于此，一些有责任心的企业认识到有必要让专人来负责建立和维护隐私政策。一般的理解认为，互联网隐私保护使用的是技术手段，但隐私专家说，隐私问题更多的是一个管理问题。隐私官将能在个人对隐私的需求和公司以合理手段使用隐私材料的权利之间，建立适当的平衡关系。

首席隐私官（CPO，Chief Privacy Officer）专门负责处理与用户隐私权相关事宜，直接对企业的最高领导人负责。隐私官的任务是处理内部和外部隐私事务，内部事务包括政策的制定、展开和适应及同公司现有及过去员工的联系，外部事务包括公司和其他商家及公共领域、股东、客户、媒体的交流。微软的首席隐私官理查德·普赛尔将他的工作分成三部分：提出公司的数据保密政策，监督公司的业务发展以确保公司开发的新程序保护用户的隐私权，以及培训公司员工。从目前的情况看，CPO 的需求颇为可观：美国商业信息隐私组织主席表示，类似 CPO 这样的职位在欧洲已经非常普遍。许多国家都要求收集数据的企业指派一位“资料保护”经理。

随着电子商务的发展，越来越多的用户私密信息被记录在计算机中。虽然详尽的统计细节资料可以帮助商家更好地进行商品和服务销售，但是，商家使用这类信息需要冷静及尊重消费者的意见。然而，企业的信息安全与网络隐私保护有时也会出现矛盾。表现在：

（1）一方为了保障其信息安全而影响到了另一方的隐私，如公司为保障其企业数据的安全而对公司员工行为的监视。对同一个客体来说，往往也存在着冲突，在某方面获得信息安全的同时则要牺牲另一方面的隐私利益，比如银行摄像机的安装，显然这是确保我们在银行的资产不会被不法之徒窃取的有效手段，但我们每个人都要在摄像机中露脸，这是地地道道的隐私侵犯。

（2）企业的声誉。如企业在受攻击后立刻向有关机构报告，这固然有利于执法和研究机构立即行动，还可以避免攻击面波及其他企业，可是有多少企业愿意公开自己受攻击的消息呢？对一个企业来说，企业被攻击这种事是企业自己的隐私，一旦公布出去会对企业造成极为负面的影响。于是这又构成了矛盾。

3. 网络隐私权的法律保护及国际协调

目前电子商务仍处于技术高速发展的时期，对于电子商务的法律管理，不是简单的法律调整代替技术调整，而是将技术调整纳入整个调整体系内，立法时就应充分考虑技术要求和现实的可能性。鉴于信息技术的飞速发展，立法上还应该有足够的前瞻性。

信息时代保护网络隐私权的原则应当是力求平衡——既要保证隐私权不受侵犯，又不能使保护隐私成为信息自由流通发挥其经济价值的障碍。当前，以电子商务为代表的网络经济不仅在中国还处于萌芽期，就世界范围而言，也处在由幼稚向成熟发展的探索期，这样一个相对理性的调整时期，正是立法工作可以谨慎而积极开展的时机。同时，法律的完善也是网络经济调整的重要一环，当基础建设达到一定的程度后，法律保障就完全有可能成为复苏以网络经济为代表的新经济的重要动力。

从人们的隐私权法律意识来看，还需逐渐加强。中国近年来虽受西方国家的影响，引入了隐私权这一概念，历经数年，隐私权法律意识有所增强，但总的来看还是处于比较低的水平。中国传统文化中重集体、轻个人，重义务、轻权利的传统是与以个人本位、权利本位为基础的隐私权相抵触的。保护隐私权是我国法律长期忽视的盲区，保障信息自由流通是社会发展的新要求——两者都是我国现代化法治建设的薄弱环节。对此进行法律调整既是社会发展的需要，也受到社会的实际经济生活条件的制约。

为了专门解决网上隐私权的保护问题，已有不少国家、地区和组织开始进行这方面的立法工作。美国是互联网技术和电子商务发展发达的国家之一，在法律传统上也比较重视个人的隐私。1974 年通过的《联邦隐私法案》，主要从行政的角度出发，对政府应当如何搜集资料、资料如何保管、资料的开放程度等都做了系统的规定。而在民事方面，法律涉入不多；在商业领域，一般非常强调业界的自律，尽量避免政府法令的介入。此外，对于未成年人有专门的法律，如 1998 年通过的《网上儿童隐私权保护法》规定，搜集 12 岁以下儿童的资料时，须获得家长的同意。这一点也为我国的一些网站所借鉴。

美国联邦贸易委员会提出了四条信息公平操作的原则。

用户应该拥有下述权利：

（1）知情权，即清楚明白地告知用户收集了哪些信息，这些信息的用途是什么。

（2）选择权，即让消费者拥有对个人资料使用用途的选择权。

（3）合理的访问权限，即消费者应该能够通过合理的途径访问个人资料并修改错误信息或删除数据。

（4）足够的安全性，即网络公司应该保证用户信息的安全性，阻止未被授权的非法访问。

对保护消费者的隐私权提出了下列建议：

（1）指定一名信息安全官员来确保公司对消费者信息的使用是符合法律的。

（2）设置密码，安装鉴定软件来对获取消费者个人信息的人进行监控。

（3）设置防火墙或者将消费者的个人信息在线收集到经过保护的、在网上无法进入的服务器当中。

（4）对所有包含客户个人信息的文档进行加密。

（5）安装安全相机以保护数据分析仪器的物理安全。

但是，美国联邦贸易委员会的报告指出，Internet 产业无法贯彻贸委会所颁布的四条信息公平操作的原则，根据联邦代理处的统计数字，只有 20%的网络公司和 42%的大型站点遵循这些协议。因此，联邦贸易委员会放弃了对网络自我管理机制的支持，并呼吁立法机构保护用户的隐私。

欧洲也是互联网技术和电子商务发达的地区。欧洲与美国双方在如何确保消费者在隐私权被侵犯时，享有明确的解决纠纷权利的问题上存在着一些基本分歧，美国方面提倡应采用业界自律的方法，而欧洲国家更强调通过法律的手段调整社会关系，尤其是新技术带来的充满未知数的新型社会关系。1995 年，欧盟发布《欧盟资料保护指令》，在保护隐私权方面将欧盟国家作为一个整体纳入了法律调整的范围内——这对国际间如何协调对隐私的法律保护有一定的参考价值。《欧盟资料保护指令》中争议最大的第 25 条规定：有关跨国资料传输时，个人资料不可以被传输到欧盟以外的国家，除非这个国家能保证资料传输有适当程度的保证。而这个“适当程度的保证”的要求之高，连美国都未能达到。

欧盟的这种规定，显然是在保护隐私权和保障信息自由流通的选择中将重心向前者倾斜。这固然是出于保护公民的基本权利。但是由于欧盟经济和技术的优势，许多国家都需要从欧盟输入资料信息，其中不可避免地涉及一些个人资料，而欧盟的这一规定使得其他有求于它的国家在立法建制上不得不向它靠拢，这对欧盟在国际竞争中显然非常有利。然而这种近于保守的稳重，也是欧洲在信息产业方面落后于美国的重要原因之一。

由于互联网本身没有国界，因此有关网络各种规范的法律在管辖权、国际司法协作等方面必然遇到国际协调问题。美国和欧盟在隐私权保护上的分歧，已危及美国企业是否能够进入欧盟电子商务领域活动的问题。从欧盟与美国关于网络与电子商务中隐私权的矛盾，我们可以看出，保护网络与电子商务中的隐私权需要国际协调，即一方面我国的法律对我国用户及外国用户进行完善的隐私权保护，另一方面，我们也需要其他国家的法律与机构来保护我国用户的隐私权。此外，通过欧盟和美国的矛盾我们还可以看到，美国作为 Internet 的倡导者与控制者，之所以在保护隐私权上并不十分积极，就是因为他可以通过这种方法，来掌握其他国用户甚至是国家的隐私与秘密，以达到控制其他国家的目的。微软的软件与英特尔的芯片中的“机关”已经能够说明问题了。所以这就要求我们一方面尽快完善我国的隐私权保护体系，另一方面与一些相应国家进行协调，提出我们认可的对我国用户网上隐私权保护的要求与标准。同时，这样做的意义还在于，可以尽快完善我国市场经济的法制环境，为我国加入 WTO 后的顺利发展创造良好的环境。

10.2.3　电子商务环境下的网络道德与网络犯罪问题

在网络安全技术与黑客不断地在技术的层面进行较量的同时，完备的法律制裁手段也必不可少。不同国家在保障网络安全方面的规定及手段虽然有所不同，但恐怕都要面对如何从不同的角度对计算机犯罪作明确的规定并达到有效的法律威慑作用的问题。在美国，如果以黑客定罪，每一次破坏最高可判五年、最低半年的徒刑，累犯最高可判 10 年徒刑；在德国，2000 年 2 月震惊世界的美国几大网络相继遭袭击事件的始作俑者—— 一位开发了名为部族洪水网络软件 Tribe Flood Network，挂在网上供人下载，专门用来袭击网站的青年，被判处 6 个月的徒刑；在我国，有 1999 年发生在海口的首例破坏计算机系统案的被告被判有期徒刑一年零三个月，也有成都法院判处利用计算机进行贪污、诈骗的主犯死刑的案例。

美国的著名计算机安全专家唐•帕克认为，计算机犯罪应包括三种：计算机滥用——含有使用计算机的任何故意行为；计算机犯罪——指在实施犯罪的过程中直接涉及计算机；以及与计算机有关的犯罪。而在我国刑法的第 286 条、第 287 条中，对以计算机系统为客体的犯罪、以计算机中的信息为客体的犯罪、制作传播病毒或破坏性程序的犯罪，以计算机为工具的金融犯罪都作出了明确的规定与制裁，此外，再辅之以《计算机信息系统安全保护条例》、《计算机信息网络国际联网安全保护管理办法》、《金融机构计算机信息安全保护工作暂行规定》、《计算机信息网络国际联网保密管理办法》，应该说，我国已基本建立了完备的网络安全保护及计算机犯罪制裁的法律体系，但对于电子商务中新的计算机犯罪问题，我国法律还很少涉及，比如，盗用用户网上支付账户的犯罪、伪造并使用网上支付账户的犯罪，盗用商户电子商务身份证诈骗的犯罪、电子商务中的诈骗犯罪、虚假认证的犯罪、侵犯电子商务秘密的犯罪、电子商务偷逃税的犯罪、非法入侵电子商务认证系统犯罪，等等。

从我国刑法典的规定来看，明文规定的计算机网络犯罪大致分成以下几类：

1．非法侵入计算机系统罪

我国刑法第 285 条规定："违反国家规定，侵入国家事务、国防建设、尖端科学技术领域的计算机信息系统的，处三年以下有期徒刑或者拘役。"最高人民法院将这条罪名规定为"非法侵入计算机系统罪"。而非法侵入计算机系统就是指行为人以破解计算机安全系统为手段，非法进入自己无权进入的计算机系统的行为。公安部于 1997 年 12 月 16 日颁布了《计算机信息网络国际联网安全保护管理办法》，对入侵计算机信息网络的犯罪行为进行了更大范围的规定。其中第六条规定："任何单位和个人不得从事下列危害计算机信息网络安全的活动：（一）未经允许，进入计算机信息网络或者使用计算机信息网络资源的。"

非法入侵计算机系统的目的有很多，甚至有些仅仅是因为黑客的好奇心作祟。在绝大部分情况中，犯罪行为人是以窃取和篡改系统内部的数据为目的，而且很有可能并没有对计算机系统造成破坏。表面上看来仿佛并没有太大的危害性，但是其潜在的破坏力也是巨大的。计算机系统中的数据一般都具有保密性，特别是国家重要部门或是公司内部的计算机系统。它们都会采取一定的防范措施对自己的系统网络加以安全保护，但是任何措施都不是绝对的，都存在被非法者入侵的可能性。而且此类犯罪行为非常难以被发现，因为它并没有对计算机系统造成任何损害，尽管如此，重要信息、数据的丢失，国家机密或是商业秘密的公开造成的损失是无可估量的。

目前在我国刑法的规定中，仅仅是将侵入国家事务、国防建设、尖端科学技术领域的计算机信息系统的行为定为非法侵入计算机系统罪，对于计算机信息系统的限制过于狭窄。目前绝大部分的计算机信息系统都有自己的安全系统，有自己的授权范围。未授权人对于计算机信息系统是没有权限去进入的。除了国家事务、国防建设、尖端科学技术领域的计算机信息系统外，国家金融机构、电子商务认证机构、公司或个人的计算机信息系统都应该是未经授权不得擅入的。比如电子商务认证，它是电子商务的重要组成部分，电子商务认证机构的计算机信息系统安全性，对电子商务的安全起着至关重要的作用。如果行为人利用计算机网络技术，非法侵入电子商务认证机构的计算机信息系统，即使行为人没有删除、修改其中的应用程序和数据或破坏系统安全防护措施，但是非法入侵以及对于秘密信息的窃用，都会导致整个电子商务秩序的混乱，从而给国家电子商务的稳定发展和交易各方造成严重损害。当然量刑轻重可以根据被侵入计算机信息系统之重要程度不同而进行调节的。

随着网络技术的发展，对于信息安全的定义已经不仅仅止于对信息的机密性、完整性和可获性的保护。中国工程院院士何德全指出：现代的信息安全涉及个人权益、企业生存、金融风险防范、社会稳定和国家的安全。它是物理安全、网络安全、数据安全、信息内容安全、信息基础设施安全与公共、国家信息安全的总和。

在 20 多年前主机时代形成的对信息安全的定义是指经过网络传输的信息不被截获、不被破译，也不被篡改。保护的是设在专用机房内的主机以及数据的安全属性，是面向单机、面向数据的。而在 20 世纪 80 年代进入了微机和局域网时代，直到 90 年代进入了互联网时代，计算机已经从专用机房解放出来，成为人们生活中常见的工具。这个时代的安全概念已经不同于面向数据的安全概念。面向数据的安全概念是前面所谈的保密性、完整性和可获性；而面向使用者的安全概念，则包含了鉴别、授权、访问控制、抗否认性和可服务性以及基于内容的个人隐私、知识产权等的保护。

2. 破坏计算机信息系统功能罪

犯罪行为人通过对计算机信息系统功能进行删除、修改、增加、干扰，而造成计算机信息系统不能正常运作。这种网络上的破坏可以用来获取经济利益，促成恐怖分子的非法行为，或是偷窃数据或程序以达到恐吓、威胁的目的。这种对通过网络传播从而对计算机系统造成破坏的行为，按照中国最高人民法院的罪名解释，罪名应为“破坏计算机信息系统罪”。《刑法》第 286 条中所规定的内容事实上就是破坏计算机系统罪。

该条规定：违反国家规定，对计算机信息系统功能进行删除、修改、增加、干扰，造成计算机信息系统不能正常运行，后果严重的，处五年以下有期徒刑或者拘役，后果特别严重的，处五年以上有期徒刑。该款明确规定了对直接破坏计算机信息系统犯罪行为的处罚。

第 286 条第二款规定：违反国家规定，对计算机信息系统中存储、处理或者传输的数据和应用程序进行删除、修改、增加的操作，后果严重的，依照前款的规定处罚。这一款中列出的犯罪行为与上一款有所不同。行为人可能通过上述行为对计算机信息系统造成了破坏，也有可能仅仅是通过上述行为来进行其他目的，并没有破坏计算机信息系统，但是在其他方面造成了严重后果。对于这种行为，刑法也将其规入破坏计算机信息系统罪的范围内。

3. 制作、传播计算机病毒等破坏性计算机程序

我国刑法典第 286 条第三款规定：故意制作、传播计算机病毒等破坏性程序，影响计算机系统正常运行，后果严重的，依照第一款的规定处罚。

计算机病毒（Computer Virus）在《中华人民共和国计算机信息系统安全保护条例》中被明确定义为：“指编制或者在计算机程序中插入的破坏计算机功能或者破坏数据，影响计算机使用并且能够自我复制的一组计算机指令或者程序代码”。病毒是一种人为的特制程序，具有自我复制能力，很强的感染性，一定的潜伏性，特定的触发性，很大的破坏性。计算机的信息需要存取、复制、传送，病毒作为信息的一种形式可以随之繁殖、感染、破坏，并且当病毒取得控制权之后，他们会主动寻找感染目标，使自己广为流传。

从 1987 年引导型病毒的出现，随着计算机与互联网的发展，病毒也随之更新换代。1989 年，可执行文件型病毒出现，代表为“耶路撒冷”、“星期天”病毒。1990 年发展为复合型病毒，可感染 COM 和 EXE 文件。1992 年，伴随型病毒出现。1994 年，随着汇编语言的发展，又出现了幽灵病毒。到了 1995 年，随着网络的普及，病毒开始利用网络进行传播，它们只是以上几代病毒的改进。在非 DOS 操作系统中，“蠕虫”是典型的代表，它不占用除内存以外的任何资源，不修改磁盘文件，利用网络功能搜索网络地址，将自身向下一地址进行传播，有时也在网络服务器和启动文件中存在。1996 年，随着 Windows 和 Windows 95 的日益普

及，利用 Windows 进行工作的病毒开始发展。1996 年，随着 Windows Word 功能的增强，使用 Word 宏语言也可以编制病毒。1997 年，随着互联网的发展，各种病毒也开始利用 Internet 进行传播，一些携带病毒的数据包和邮件越来越多，如果不小心打开了这些邮件，机器就有可能中毒。1997 年，随着互联网上 Java 的普及，利用 Java 语言进行传播和资料获取的病毒开始出现。还有一些利用邮件服务器进行传播和破坏的病毒，例如 Mail-Bomb 病毒，它就严重影响 Internet 的效率。

除了病毒之外，还有其他一些程序也对计算机系统具有强大的破坏性，比如“特洛伊木马”。特洛伊木马的名称来于古希腊传说，因其表面合法，而内部往往隐藏一些秘密指令和非法程序段的程序而被称为“特洛伊木马”。1997 年 4 月，美国计算机事件咨询部门向网络用户宣布，一个高度危险的能够删除用户所有硬盘文件的特洛伊木马程序正在网络上传播。该程序假扮成来自于 AOL4free.com。受害者受骗上当，以为该程序可以使得他们在美国在线的网站上设立账户，结果是用户硬盘上的所有文件都被其删除。另外一次特洛伊木马事件发生于 1997 年 8 月，美国在线 AOL 警告所有其在线用户警惕一份伪称来自美国在线关键词列表区（Keyword List Area）的程序文件。该文件能够窃取用户的名称与密码，然后用于非法用途。

由于计算机信息系统的重要性，对于计算机信息系统的破坏就显得格外严重。这种对计算机信息系统进行破坏行为的主体并没有限制，与下文我们即将探讨的非法侵入计算机系统罪有所不同。不管是计算机信息系统合法的使用者或是未经授权的侵入者，只要对计算机信息系统功能进行删除、修改、增加、干扰，造成计算机信息系统不能正常运行，或者是违反国家规定，对计算机信息系统中存储、处理或者传输的数据和应用程序进行删除、修改、增加的操作，而后果严重的，都属于犯罪行为人。

除了刑法典明文规定的这三种计算机网络犯罪以外，还存在着很多其他类型的以计算机网络为工具而进行的传统犯罪行为，它们也属于我们讨论的计算机网络犯罪的范畴当中。例如，网上诈骗犯罪行为。

4. 网上诈骗犯罪

在电子商务交易中，交易各方最关心的就是交易的安全性。因为电子商务交易的方式完全不同于传统方式，互联网本身具有的无边界性和开放性，使网络交易面临重重危险。由于网络的不安全性，交易各方不愿意将自己的私人保密信息公开在网上，以免被他人非法窃取；同时在交易的时候也常常无法确定对方身份的真实可靠性，从而使得很多人无法接受新型的网络交易，对电子商务具有潜在的排斥性。

网络空间以及网络的特性为那些有组织的犯罪团体提供了一个巨大的空间。信用卡信息、私人资料以及金融财政内部资料早就成为他们窥视的目标。现在，在网络上实施犯罪远比传统手段便利，再也不用蒙面持枪打劫银行或是偷盗抢劫信用卡，只要在网上获取这些私人资料，再将其高价卖给伪造信用卡者，就可以赚取丰厚利润，而且需要冒的风险和可能被抓获的可能性也大大降低。信用卡伪造者利用专门的电脑硬件与软件将虚假的资料进行编码，储存到银行卡的磁条上，该卡就可以使用了。同样伪造虚假的旅行文件也是犯罪团体的一大“生意”。

使用虚假的信用卡和证明文件作为掩护，诈骗犯们可以自如地在网络上通过“合法”身份进行诈骗，使得破案难度大大加剧，而人们对网络安全的信任度更是大大下降。

曾有人对金融机构的网络安全进行过测试。当荷兰第二大银行的顾客登录该银行网页并输入个人用户名和密码时，被告之发生错误，于是他们重新登录，然后顺利进入，完成任务，然后离开了该网站。但是他们不知道的是，他们第一次进入的网站并不是该银行的真正网站，而是由测试者设置的镜像网站，当他们输入自己的用户名和密码时，他们的保密信息已经被测试者获取。随即测试者就利用了他们合法的信息顺利登录该银行的网络，并从每一个银行账户上提取了 2 美元多的金额，很多人甚至不会去注意这个金额。通过这种手法，可以非常容易地盗取成千上万的资金而不被任何人察觉。幸好这只是一个测试，测试者仅仅想证明该银行的网络安全并没有它想象中的那么牢不可破，而被提走的金钱也都被原额退回。

电子商务中非常典型的一种犯罪行为就是盗用商户合法身份行骗的犯罪行为。在电子商务进行的过程中，由于网络的特性，交易各方并不直接见面，在地理位置上，他们甚至远隔重洋。如果在我们所说的 B2C 或 B2B 的过程中，消费者向商家购买物品或商家之间进行交易，则各方只能凭借认证机构发放的证明对方经营信用的电子商务身份证，来判断商家能否真正履行合约。如果合法商家的电子身份证被盗取，那么行为人就可以在网上大打合法企业的名号，骗取消费者和商家的财物或信用卡的信息，同时对合法商家的信誉也造成了非常不良的损害。在 C2C 的过程中，由于双方都是个人，对于对方的信誉，只能基于一些表面的凭证，比如由于以往交易信誉良好而获得的星级信誉称号等。但是已经有很多诈骗行为发生，一些人通过制造假的交易记录而使自己的交易信誉呈现良好的一面，以此来进行诈骗。更有“技艺高超”的网上黑客，通过各种先进的电脑技术来盗取他人私人秘密信息，然后对金融机构进行诈骗。网络的特性使得商务诈骗非常难以追究。

为了确保网络交易的安全，人们使用了不同网络层次的安全标准和协议来保护互联网上的数据。如用来保证互联网上安全通信的协议：安全套接协议（SSL，Secure Sockets Layer）；如用于为应用程序进行鉴别和保证秘密的协议：安全电子交易协议 S-HTTP；如对电子商务事务进行安全保证的协议（SET，Secure Electronic Transaction）等。它们用于数据通信的不同层次上的安全防护。在上述这些安全交易协议或者标准中，采用的典型的安全电子交易方法和手段主要包括公私密钥（public key and private key）、数字摘要（digital digest）加密方法、数字签名（digital signature）、认证中心（CA，Certification Authority）、数字时间戳（digital time-stamp）、数字凭证（digital certificate，digital ID）等。这些手段常常是结合在一起使用，构成电子交易的安全体系。

目前，我国电子商务的发展尚处于初级阶段，整个建设还在规范化的过程中，不论是技术问题，还是管理问题与法律问题，都尚未完善。而这些不足，更诱发了电子商务领域中的网络犯罪行为。

5. 未授权盗窃

对于计算机软件未经授权的复制、传播会对计算机软件的所有权人造成不可估量的巨大经济损失。美国曾经发生过这一类的事件，司法机构将其归到刑事犯罪并予以制裁。在 David LaMacchia 一案中，David 是一名 21 岁的麻省理工学院的学生，以加密的地址匿名在网络上设立了一个电子公告栏（BBS），并且鼓励网络使用者上传流行的应用电脑软件以及电脑游戏。然后他将上传的软件转发到另外一个地址，在该地址上，知道密码的网络用户就可以下载应用软件及游戏软件。在事情泄露后，David 被拘捕，被指控违反了美国电信欺诈法案。但由于他并没有从侵权行为中得到任何经济利益，所以当时法院并没有对其进行制裁。

但是这一事件却引发了司法及立法机构对此类网络上的软件侵权事件的重视，它们认为这一种对软件的侵权行为，即使侵权者并没有商业动机，也应该对其处以刑事及民事上的处罚。

6. 滥用计算机系统

滥用计算机系统是指在计算机系统中输入或者传播非法或虚假信息数据，造成严重后果的行为。由于网络没有任何国界的限制，只要联机上网就可以去到互联网上任何一个角落，所以在网络上发布非法或虚假信息而对公众造成的影响和破坏比通过传统媒介要大得多，也严重得多。

利用计算机网络来进行的犯罪还有很多，比如利用网络电子布告板免费发送软件、非法复制软件，侵犯著作权；利用网络发表反政府言论、恐怖言论和从事颠覆破坏活动；利用网络传播内容淫秽的视听资料的；利用网络传授犯罪方法等，在这里我们不再一一赘述。

10.2.4 垃圾邮件及其法律措施

1. 电子垃圾邮件现象的产生

随着互联网的快速发展和广泛应用，人类正逐步地从工业社会迈入信息社会。网络也已经越来越成为人们社会生活的重要场所。网络的开放性和传播速度快等特征，既使得网络中的信息来源渠道广泛、内容丰富，同时又为信息的交流、传播提供了较现实环境更为广阔的空间。例如，网站提供的电子邮箱服务（尤其是免费邮箱服务）极大地提高了信息的交流速度。然而随着人们对电子邮箱服务的依赖性越来越强的时候，人们慢慢发现自己的电子邮箱每天会多出一点无用的广告邮件，而且越来越多，甚至有的用户电子邮箱中的广告邮件由于来不及清理，导致了电子邮箱的崩溃。更有甚者，有的广告邮件本身就带有病毒，会导致用户的计算机染上病毒，从而给用户造成了很大的损失。而当用户向发信人拒收此类广告邮件时，常常会发现寄发电子广告邮件的地址通常是伪造的或并不存在的。

电子广告邮件，通常又被人们称为“垃圾邮件”。在美国又被称为“不请自来的商业电子邮件”（Unsolicited Commercial E-mail），它是指那些寄发到用户电子邮箱里的不断重复而且不受欢迎的电子广告信函。

2. 电子垃圾邮件引发的相关法律问题

对于众多电子邮箱用户遭遇的这种“尴尬”，仔细追究其因，不外乎两种，要么是论文资料站广告商费劲心思“淘金所得”，要么是网站所有者的“背后一击”，即由网站所有者向网络广告商有价转让电子邮箱所有者的相关资料。因为在申请注册电子邮箱时，用户需要填写相关的材料。因此，对于众多用户包括电子邮箱在内的相关材料，网站难辞其咎。由此不难看出，电子垃圾邮件的大量出现，一方面使得广大用户不胜其烦，另一方面也由此引发了相关的法律问题。

1）侵犯用户隐私权的法律问题

正如上面所述，用户电子邮箱中之所以大量涌现垃圾邮件（除用户在其他网站自愿订阅电子期刊，而向订阅网站提供电子邮箱外）。探究其因，不外乎两种。其一是寄发垃圾邮件的网络广告商任意在网络上大量搜集众多电子邮箱地址的行为。但这种行为不但费时费力，而且也不存在侵犯网络用户隐私权的法律问题。其二便是提供电子邮箱服务的网站向网络广告商大量转卖其掌握的会员资料，包括用户的电子邮箱的地址，从而使得网络广告商不费吹灰之力，“按图索骥”地向用户的电子邮箱中，寄发大量垃圾邮件。这很类似于目前广大学校为了招揽生源，不择手段地获取在校学生的名单，从而乱发所谓的录取通知书的行为。隐私权作为一种基本人格权利，是指公民“享有的私人生活安宁与私人信息依法受到保护，不被他人非法侵扰、知悉、搜集、利用和公开的一种人格权”。

它是伴随着人类对自身的尊严、权利和价值的认识而逐渐产生的。然而，近些年来随着互联网的迅猛发展，不但传统的隐私权受到了极大地挑战，而且网络空间个人隐私权也受到了严峻的挑战。如何强化网络空间个人信息和隐私权的法律保护，如何协调、平衡网络空间中个人和社会公共间的利益，已成为国际社会网络立法的当务之急。

与传统意义上的隐私权范围仅限于“与社会公共利益无关的私生活信息，而在论文资料站环境中，以数据形式存在的不受传统隐私权保护的个人信息或资料，对电子商家来说已经变成了可以赚钱的有用信息”。基于有利可图的商业利润，众多网站纷纷打起了电子邮箱用户的主意，而网络广告商也正有这方面的需求，于是两者一拍即合。从而造成了垃圾邮件大量泛滥的现象。这正是“追求商业利益最大化的经营者，对公民的个人资料进行收集、整理并应用于以营利为目的的经营活动中，侵犯了消费者对于其个人隐私所享有的隐瞒、支配、维护以及利用权”。

综上所述，造成电子邮箱里出现大量垃圾邮件的行为，明显地侵犯了用户的隐私权，即合法控制个人数据、信息材料的权利。而“赋予论文资料站用户对自己的个人信息控制权已经成为了民事权利在论文资料站空间中的延伸与发展，成为目前民事立法的重要任务”。

有关法律包括：欧盟 1995 年颁布的《个人数据处理和活动中个体权利的保护指令》，1996 年颁布的《电子通讯资料保护指令》，1999 年颁布的《Internet 上各人数据保护的一般原则》和德国 1997 年颁布的《信息通信服务法》第二章的《对电信服务中使用个人数据进行保护法》等。

2）违反合同义务，侵犯论文资料站服务提供商合法权益的法律问题

欲寄发大量电子广告邮件，论文资料站广告商势必要与论文资料站服务提供商（ISP）签订服务合约，使用论文资料站服务提供商提供的服务器，完成寄发邮件的行为。但这种大量寄发垃圾邮件的行为，一方面会造成服务器负担过重，由于论文资料站服务提供商提供的网宽，在一定时期内是固定不变的，很有可能会因为网络广告商占有大量的网络传输频宽，而造成其他用户服务的中断，或使其他用户收发电子邮件的服务器主机无法顺利运作，甚至还会给用户造成巨大的损失。从而势必从根本上减少用户对该服务器的使用次数，进一步损害服务器所有人——网络服务提供商（ISP）的使用、收益权能，并且这种行为显然是故意而为的。另一方面这种行为也违反了合同的约定（通常服务合约中会规定禁止会员利用服务器发送垃圾邮件的行为）。根据《民法通则》第 106 条的规定：“公民、法人违反合同或者不履行其他义务的，应当承担民事责任。公民、法人由于过错侵害国家的、集体的财产，侵害他人财产、人身的，应当承担民事责任。”很显然，论文资料站广告商的行为违反了合同义务，侵犯了论文资料站服务提供商的合法权益。

3．解决电子垃圾邮件引发的侵害隐私权法律问题

针对电子垃圾邮件引发的侵害隐私权的法律问题，仔细分析其形成原因，正如上面所述，一方面是源于论文资料站的固有特性和巨大的利益驱动，另外广大用户缺乏保护隐私权的意识及相关技术保护措施的滞后也是一个重要因素。对此问题，各国在加强论文资料站法律方面已经取得了共识的前提下，又纷纷采取了相关的法律措施，以保护广大用户的合法权益。

（1）美国采取的行业自律模式。与传统隐私权的法律保护相比，对于论文资料站空间个人隐私权益的保护，美国更倾向于行业自律。如 FTC 就该问题提出了四项"公平信息准则"，要求网站搜集个人信息时要发出通知，允许用户选择信息并自由使用信息；允许用户查看有关自己的信息，并检索其真实性；要求网站采取安全措施保护未经授权的信息。此外，FTC 在 1999 年 7 月 13 日的报告中，甚至认为"我们相信有效的业界自律机制，是论文资料站上保护消费者隐私权的最好解决方案"。然而随着网上个人资料大量被盗的现象越来越严重，美国政府也被迫采取了立法和判例两种形式，来加强对网络空间隐私权的法律保护。其一是最早关于网上隐私权保护的《儿童网上隐私权保护法》，此外还有 1996 年年底通过的《全球电子商务政策框架》和 1999 年 5 月通过的《个人隐私权与国家信息基础设施》。在判例上，则是在 1993 年加利福尼亚州 Bourke V Nissan Motor 公司一案中，美国确立了 E-mail 中隐私权保护的一般原则："事先知道公司政策（知道 E-mail 可被别人查阅）即可视为对隐私权无合理期望，且所有者、经营者对本网站的访问不构成截获。"

（2）欧盟采取的立法规则模式。与美国相比，欧盟采取了立法规制的方式，来保护论文资料站空间的个人隐私权。如上文曾提到的欧盟 1995 年颁布的《个人数据处理和活动中个体权利的保护指令》，1996 年颁布的《电子通讯资料保护指令》，还有 1999 年颁布的《Internet 上各人数据保护的一般原则》、《关于 Internet 上软件、硬件进行的不可见的和自动化的个人数据处理的建议》、《信息公路上个人数据收集处理过程中个人权利保护指南》等相关法规。它们一起构成了欧盟统一的具有可操作性的隐私权保护的法律体系。较美国的行业自律模式相比，欧盟的做法显得对个人论文资料站空间隐私权的法律保护更加有力。此外，我国台湾地区也于 1995 年正式颁布了《电脑处理个人资料保护法》及其实施细则，也对个人论文资料站空间隐私权提供了较为有力的法律保护。

4．我国为解决电子垃圾邮件引发的相关法律问题应采取的措施

在我国，无论是《宪法》，还是《民法通则》，都十分明确地规定了对公民隐私权和公民合法财产所有权的法律保护。与国外相比，由于电子垃圾邮件引发的相关法律问题在中国刚刚出现不久，所以在解决电子垃圾邮件引发的相关法律问题方面的措施，仍显得缺乏力度。随着该问题的日益严重，笔者认为，我国应从以下几个方面采取有力措施，从根本上解决这类问题的产生。

（1）在充分考虑基本国情的前提下，借鉴外国经验，制订我国解决论文资料站空间的个人隐私权法律保护方面的相关法律。

由于电子垃圾邮件所引发的相关法律问题的核心集中于论文资料站空间的个人隐私权的法律保护，所以我国首先应从法律上明确将隐私权作为一种独立的民事权利，再进一步加

快制定我国的《隐私权法》，从而对传统与论文资料站环境中的个人隐私权都加强法律保护。这同时又涉及另一个值得思考的问题，即面对论文资料站，原有的民法应该如何加以调整，才能既适用于传统又适用于论文资料站环境？在目前条件不成熟的情况下，可以仿照对论文资料站著作权的保护模式（先由最高法院颁布《关于审理涉及论文资料站著作权纠纷案件适用法律若干问题的解释》，待条件、时机成熟时，再在《著作权法》作出修订完善），先由国务院相关部门或最高法院拟定相关条例、决定或司法解释。但同时应充分坚持"任何对互联网的规则都不应阻碍其发展"这一基本原则。

（2）在具体做法上，要求论文资料站服务提供商采取相应的技术措施，既保护自身利益，更要加强对论文资料站用户合法利益的保护。

由于论文资料站服务提供商（ISP）在用户申请注册电子邮箱时，向用户提供自由选择是否考虑广告电子邮件的服务功能，即由用户根据自己的意愿去选择是否接受此类服务。这一方面，可以减少论文资料站服务提供商（ISP）所面临的共同侵权风险，另一方面，也充分体现了论文资料站的自由性和论文资料站空间适用法律的私法性。

为了将合法权益被损害的可能性降至最低，论文资料站服务提供商在对论文资料站用户加强保护其合法权益的同时，还应该充分利用自己的优势——技术，来加强对论文资料站的审查。因为这一方面可以减少并防止那些不法论文资料站广告商利用服务器，损害其合法权益的行为，另一方面可以随时通过其自身的技术，监测论文资料站广告商是否违反服务合约而大量乱发广告电子邮件，这样做既利人又利己。

10.3 电子商务涉及的知识产权问题

10.3.1 网络版权问题

所谓版权，有时也称作者权，在我国被称为著作权，是基于特定作品的精神权利以及全面支配该作品并享受其利益的经济权利的合称。一般来讲，版权的客体是指版权法所认可的文学、艺术和科学等作品（简称作品）。但是在信息时代，计算机软件、数据库、多媒体技术给版权的客体带来了新的内容。目前世界上已经建立了一个比较全面的版权保护法律体系，将计算机软件纳入版权保护中，给软件提供更加及时和完善的保护。1972 年，菲律宾第一个把"计算机程序"列为"文学艺术作品"中的一项，1980 年后，美国、匈牙利、澳大利亚及印度先后把计算机程序或者计算机软件列为版权法的保护客体。1985 年之后，又有日本、法国、英国、联邦德国、智利、多米尼加、新加坡等国以及我国台湾与香港地区，都把它列到了版权法之中。1990 年，我国制定《著作权法》、《计算机软件保护条例》和《计算机软件登记办法》等法律法规，建立了对计算机软件版权的保护。

在涉及电子商务的版权侵权问题时，我们尤其需要注意的是网络服务商侵权问题和链接侵权问题。

网络服务商根据其提供服务内容的不同，主要分为网络内容服务商和网络中介服务商两大类。网络内容服务商指自己组织信息通过网络向公众传播的主体。网络内容服务商会提供一些网页，在这些网页上面的内容就存储在网页所在的服务器上。如果网络内容服务商提供的内容服务未经版权人允许，则构成了对作品复制权和网络传播权的侵犯。网络中介服务商的基本特征是按照用户的选择传输或接受信息，其本身并不组织、筛选所传播的信息。此一基本特征决定了其在版权保护法律体系中具有与网络内容提供商不同的法律地位，从而使得其可能承担的侵权责任问题显得更趋复杂，更具有时代性。

信息共享始终是互联网的理想追求，因此链接技术的出现就深受人们欢迎。所谓链接是指使用超文本标志语言 HTML 的标记指令，通过 URL 指向其他内容。链接的对象可以是一个网站，也可以是网站中的某个网页，甚至是网页中的某个组成部分。关于链接技术的侵权问题，目前并没有一个统一的说法，不同的国家有很大的差别。主要来讲，链接可能侵犯的有作品的复制权、演绎权以及精神权利等。

10.3.2　域名的知识产权问题

域名是一种资源标志符，是 Internet 主机的 IP 地址，由它可以转换成特定主机在 Internet 中的物理地址。域名作为一种在 Internet 上的地址名称，在区分不同的站点用户上起着非常重要的作用。域名是作为一种技术性手段建立起来的，它在本质上并不是一种知识产权，因此域名本来并不能像商标那样被作为知识产权受到保护。但是，随着域名商业价值的不断增强，法律已经开始将某些知识产权的权利内容赋予给域名，以保护权利人利益。

我国的商标法只规定可受保护标识为“文字、图案或其组合”，而没有把在网上出现的某一动态过程作为商标来保护。在网络环境下的商业活动，已使人们感到用“视觉感知”去认定，比起用“文字、图案”认定商标更能适应商业活动的发展需要。当前在我国最突出的问题是在网络环境下，“域名注册”与商标权的冲突。虽然 1997 年 5 月国务院部门发布了《中国互联网络域名注册暂行规定》，但其中只规定了“不得使用不属于自己的已注册商标，申请域名注册”，并没有禁止以他人的商标和商号抢注域名。因而“域名”已实际上成为商誉、乃至商号的一部分并作为无形资产被交易着。

域名具有唯一性，即它在全球范围内是独一无二的，但同时域名又通常都是按照“登记在先”的原则来进行登记的，因此一旦有人先对某个名字进行了注册，其他人就不得再使用该名字来命名其网址。因为域名具有较高的商业价值，抢注者希望借助于被抢注者的良好名誉得到网络用户的访问，一旦抢注成功，网络用户将无法访问到该域名真正代表的被抢注企业的站点，而是访问到抢注者的站点。法律应当制止这种恶意抢注行为，保护被抢注者的域名名称或商标利益。

10.3.3　电子商务模式专利的保护

专利，是专利权的简称，指的是一种法律认定的权利。它是指对于公开的发明创造所享有的一定期限内的独占权。专利制度并非一成不变，它必须随着科学技术的发展所提出的新问题不断变化。网络技术对专利领域也提出了大量问题。例如，计算机软件能否成为专利制度保护的客体，Internet 的广泛性和开放性对专利“三性”（新颖性、创造性、实用性）中的“新颖性”特点提出了挑战，此外，专利的电子申请方式中涉及的法律问题等，这些都是在网络环境中需要讨论和解决的问题。

在专利法中一般都规定，授予专利的发明创造必须具有新颖性，新颖性是授予发明或实用新型专利的实质要件之一。传统的专利法并没有规定在 Internet 上公开发明创造应采取什么样的原则，因此在 Internet 上公布的发明是否还具有新颖性就是一个值得探讨的问题。

专利的电子申请在网络环境下也有了新的问题。电子申请就是以电子文件的形式，向国家知识产权主管行政机关提交有关专利的申请。而传统的做法是以纸质文件为载体进行的。世界知识产权组织（WIPO）起草的《专利法案条约》（草案）和《专利合作条约》细则的修改中，已确认了电子申请的合法性。日本专利局已于 1990 年 12 月开始接受专利的电子申请。韩国已经着手进行通过 Internet 申请专利的实验。美国、日本、欧洲三个专利局正在进行通过 Internet 联机申请专利的准备，并把实现专利文献无纸化作为今后的发展方向。

在电子商务快速发展的同时，传统的知识产权法面临着如何认定电子商务中的侵权行为，以及如何保护电子商务中出现的新的知识产权等问题。为解决这些新问题，国际社会一方面通过制定新的公约加以协调，另一方面要求各国知识产权法做出相应的调整，以适应全球电子商务发展的需要。

首先来看看版权法的适用问题。版权法在电子联网技术中有一些发展。传统的版权法要求你的作品必须附着在载体上，或相关的载体（磁盘、磁带）上，才会受到保护，但在互联网领域，你所写的东西通过机器来帮助你阅读，也就构成了“附着在载体上”这个法律要件。以美国“花花公子”案为例，这是第一个涉及计算机网络纠纷的版权案子。“花花公子”杂志诉 Star ware 公司从网络上取得其 53 张照片资料，并将之放在 CD-ROM 上贩卖而侵犯了其版权。法院经审理、判决“花花公子”胜诉。通过这个案子可以看出，版权的概念在网络环境下必须得到新的扩展。

其次在商标法上，也会面临新环境下的适用问题。在这方面，不同的国家规定不同。美国奉行的是先使用原则，即谁首先使用这个名称，谁就获得相关的权利。但网络上的域名登记问题毕竟不是简单的商标法问题，现在并没有一个明确的法律来调整这个问题。美国商务部电信与信息司于 1998 年初公布的《Internet 名称与地址的技术性管理的改进方案》，列举了七方面的问题。中国为探寻符合国际标准和适合中国国情的域名制度，于 1997 年 5 月 30 日，国务院信息办印发了《中国互联网络域名注册暂行管理办法》。目前，现有的国际知识产权法缺乏保护域名的专门制度，但是，巴黎公约、伯尔尼公约和 TRIPS 协议（与贸易有关的知识产权协议的简称）等主要的国际知识产权法所规定的基本原则与规则，可能对建立域名的知识产权国际保护制度起指导作用。Internet 国际协会与美国及全球产业界、Internet 用户等最近也已达成初步协议，成立新的全球性管理顶级域名机构。这说明国际社会正在加紧努力，协调这一基础性领域内错综复杂的问题。

这里，还要讲一讲管辖权问题。一般从民诉方面来讲，起诉需在侵权发生地，但错误和误导性的信息有时候你根本无法知道它是从哪里冒出来的。他可能打一枪换一个地方，他把信息输送上去之后，马上关机，你就不知道他在哪儿。就传统的法律而言，提出了一个新课题:“到底在哪儿起诉?”从传统的民法理论来看，实际上对原告不利，因为在被告所在地或侵权发生地起诉，有时候原告离他很远，对原告的起诉权不利。但在联网系统里面，由于不知道被告（向联网里输送信息的人）具体在哪个地方，反而对原告起诉有利，因为原告既然不知道被告在哪儿，原告就可以随便挑选从法律上和地点上对他最有利的地方起诉。这样，就形成了美国法律上讲的 FIM 效应。但根据一般原则，还是应该在因网络里的诽谤及错误等信息引起伤害的地方起诉。

本章小结

本章主要阐述了电子商务中的法律问题，重点介绍了电子商务交易安全的法律保障如消费者权益与保护、电子商务中的隐私保护、电子商务环境下的网络道德与网络犯罪问题等，同时也介绍了电子商务涉及的知识产权问题。

本章检测

1．产生电子商务法律问题的原因有哪些？
2．电子商务交易安全的法律保障主要包括哪些方面？
3．电子商务涉及的知识产权问题涉及哪些方面？
4．电子垃圾邮件现象产生的因素有哪些，主要有哪些解决措施？

第 11 章　电子商务案例及分析

学习要点

- 掌握电子商务案例分析模型。
- 了解电子商务的商业模式、技术模式、管理模式和资本模式。
- 能应用电子商务案例分析模型分析实际案例。

本章将在对电子商务的基本概念、分类及框架体系进行科学界定的基础上，对电子商务模式进行较系统的描述，对电子商务案例加以科学界定，并对电子商务案例分析的基本模式和案例分析的思路与方法进行系统阐述。

11.1　电子商务案例分析方法

电子商务案例是指在电子商务应用中，某一种电子商务模式在一定领域内的典型应用。电子商务案例分析的目的就是在全面把握某种电子商务模式应用基本情况的基础上，系统分析其商业模式、技术模式、经营模式、管理模式、资本模式的特点，提出改进意见与建议，为进行电子商务项目策划与实施积累经验。

11.1.1　电子商务案例分析模型

在进行电子商务案例分析时，一般应该遵循一定的程序，按照一定的模型（如图 11-1 所示）进行系统分析，以科学把握案例的精髓。

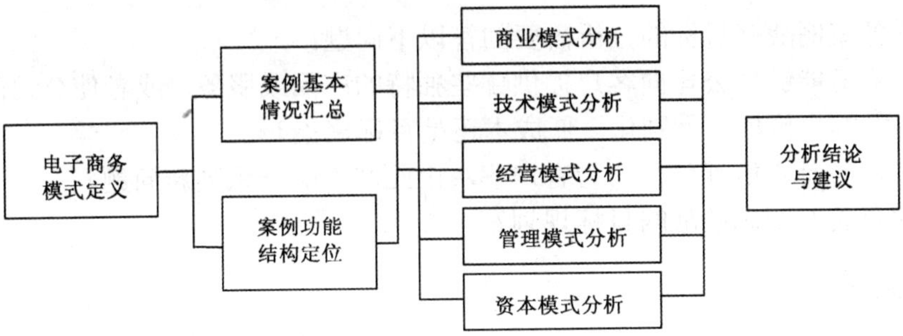

图 11-1　电子商务案例分析模型

1）电子商务模式定义

分析一个电子商务案例首先要判断其电子商务模式，把握这种电子商务模式的特征和分类，进而理解其对电子商务各利益主体的优势，为进行案例分析奠定基础。

2）案例基本情况汇总

对案例基本情况的汇总是进行电子商务案例分析的基础工作，需要通过现有文献、网络调查、实地考察、网站浏览、在线讨论列表、公司宣传材料等途径尽可能详细地收集拟分析案例的基本情况，并进行汇总整理。

3）案例功能结构定位

电子商务案例分析要对案例进行由表及里的系统分析，这就需要对电子商务案例的功能结构进行科学定位，如果可能，可以绘制电子商务功能结构图，以界定电子商务模式中所包含的各个主体（包括相关的电子商务公司、客户、供应商和合作伙伴），把握主要的信息流、资金流和物流特点，明确该电子商务模式对各主体的功能以及每个参与方所能获得的利益。

4）电子商务模式分析

在对电子商务案例进行功能结构定位的基础上，要就案例的商业模式、技术模式、经营模式、管理模式、资本模式分别进行系统的分析，以掌握电子商务模式的内涵，为进行电子商务项目策划积累经验。

5）结论与建议

对案例的电子商务模式进行总结，并提出改进商务模式效果的建议，为进行电子商务项目设计积累经验。

11.1.2　电子商务的商业模式

影响一个电子商务项目绩效的首要因素是它的商业模式。关于电子商务商业模式的具体内容参见第 2 章，电子商务的商业模式分析主要包括以下内容。

1）战略目标

对电子商务案例战略目标的分析需要回答以下问题：

（1）电子商务能够使公司向客户提供哪些独特的产品或服务，或者使公司的产品或服务具有哪些独特的客户价值，差别化、低成本还是目标聚集？

（2）电子商务是否能够使公司为客户解决由此产生的一系列新问题？

（3）公司是否有明确的战略目标规划？

2）目标客户

进行电子商务案例的目标客户分析，需要回答以下几个问题：

（1）电子商务能够使公司接触到哪些范围的客户？是面向全球的客户还是一定地理范围的客户？是面向商家还是面向消费者？

（2）公司的客户具有什么特点？

（3）电子商务是否改变了原有的产品或服务？

（4）公司对各类客户分别提供哪些产品或服务？

3）收入和利润来源

进行电子商务案例的收入和利润来源分析，需要回答如下问题：
（1）公司原有的收入来源有哪些途径，电子商务使公司收入来源产生了哪些变化？
（2）公司实施电子商务后有哪些新的收入来源？
（3）公司收入来源中，哪些对公司的利润水平具有关键性的影响？
（4）哪些客户对哪些收入来源作出贡献？
（5）公司利润的决定因素有哪些？

4）价值链

进行电子商务案例价值链分析，需要回答以下几个问题：
（1）公司进行了哪些关键的活动来保证为客户提供价值？
（2）电子商务的实施，需要公司必须进行哪些新的活动？
（3）电子商务如何提高原有活动的进行水平？
（4）这些活动是否与客户价值和服务的客户范围一致？
（5）这些活动之间是否相互支持，并且利用了行业成功的驱动因素？

5）核心能力

进行电子商务案例的核心能力分析，需要把握以下几个问题：
（1）公司拥有的能力是什么？
（2）公司实施电子商务需要哪些新的能力？
（3）电子商务对公司已有的能力有哪些影响？
（4）公司的这些能力有哪些是其他公司所难以模仿的因素？
（5）公司如何才能保持它的竞争优势？
（6）公司在形成和保持这些竞争优势的过程中，采用了哪些营销战略？

11.1.3　电子商务的技术模式

在所有的电子商务项目中，都需要合理规划其技术模式。电子商务的技术模式是支撑电子商务系统正常运行和发生意外时能保护系统、恢复系统的硬件、软件和人员配置系统。从技术模式中涉及的主体及其关系来看，电子商务的技术模式框架如图 11-2 所示。

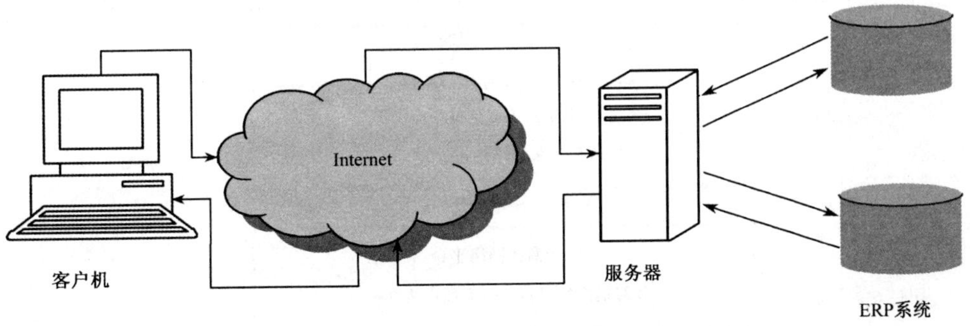

图 11-2　电子商务的技术模式框架

1）通信系统

通信系统是用来连接公司内不同部门以及供应商、客户、结盟者、政府、第三方服务商等商务活动主体的系统。在通信系统中，计算机通信网络的构建是关键，计算机通信网络是多台独立的计算机通过有形或无形的介质连接，在网络协议的控制下实现资源共享。其中采用 TCP/IP 通信息协议的 Internet、Intranet、Extranet 构成了以国际互联网为基础的公司内部以及公司之间的通信网络。在具体构建通信网络时可以选择宽带专网、电视网、电话网等网络通信技术。

2）计算机硬件系统

计算机硬件系统是电子商务的重要基础设施，是电子商务技术系统的支撑体系和各种应用软件的重要载体，包括服务器和客户机两个方面的硬件系统。其中服务器是存储文件和其他内容的硬件组合，客户机是为存取和显示内容而配置的硬件组合。

3）计算机软件系统

计算机软件系统包括系统软件和应用软件等。

4）其他专用系统

其他专用系统是指在电子商务应用中所使用的商品扫描系统、支付刷卡系统、企业资源计划（ERP）、客户关系管理（CRM）、供应链管理（SCM）等专用系统。

从电子商务的应用层次上来划分，电子商务的应用体系如图 11-3 所示。相应的电子商务的技术模式中包括计算机网络、电信网络、有线电视网络为主的电子商务网络平台，以基本的安全技术和 CA（认证中心）体系为主的电子商务安全体系，以电子货币、信用卡、智能卡为主的电子商务支付系统，以网上购物、网上银行、电子订货、电子市场等为主的电子商务应用系统。

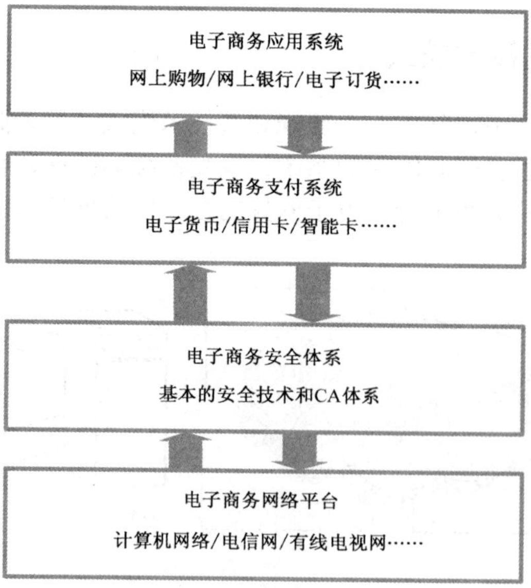

图 11-3 电子商务的应用层次

5）电子商务案例的技术模式分析的几个方面

（1）公司电子商务应用的总体技术结构图是什么？
（2）公司电子商务应用中网络和通信系统的结构与技术水平。
（3）公司电子商务系统中计算机硬件系统的配置情况。
（4）公司电子商务软件的选择与应用情况。
（5）公司商品扫描系统、支付刷卡系统、企业资源计划（ERP）、客户关系管理（CRM）、供应链管理（SCM）等专用系统的应用情况。
（6）公司电子商务网站的安全解决方案和使用的安全技术。
（7）公司电子商务的支付技术应用情况。

11.1.4　电子商务的经营模式

电子商务的经营模式是公司面向供应链，以市场的观点对整个商务活动进行规划、设计和实施的整体结构。

企业电子商务系统的内部经营模式如图 11-4 所示。建立在 Extranet 基础上的供应链管理（SCM，Supply Chain Management）和客户关系管理（CRM，Customer Relationship Management）是企业电子商务的具体运用，以 Internet 为支撑体系的企业资源规划（ERP，Enterprise Resource Planning）是企业电子商务的基础和具体运用。三者使企业所有的商务活动协调完成，为企业开展 B2B 或 B2C 电子商务奠定了基础。而通过建立在 Intranet 基础上的业务流程重组（BPR，Business Process Reengineering），连续、不断地对企业原有的业务流程进行根本性的思考和管理创新，则是应用 SCM、SCM 和 ERP 的基础和组织保证。

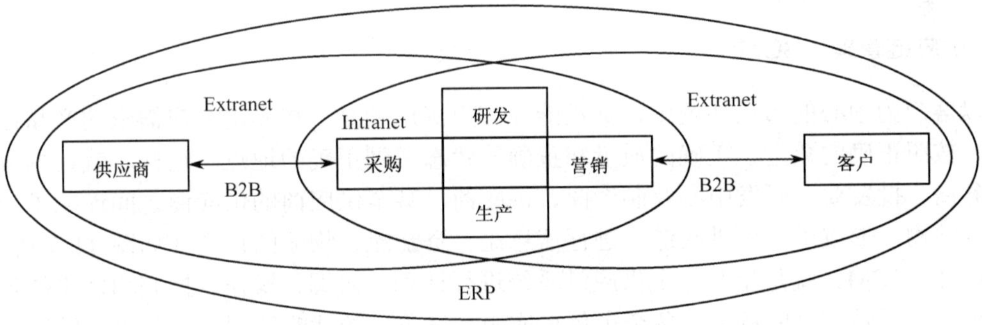

图 11-4　企业电子商务的内部经营模式

1. 客户关系管理（CRM）

客户关系管理（CRM）作为完整的企业信息化解决方案，帮助解决以客户为中心的经营管理问题，使企业准确把握和快速响应客户的个性化需求，并让客户满意、忠诚，以保留客户，扩大市场。尽管不同的 CRM 产品包含有不同的功能模块，但是，从客户满意出发，其功能基本包括客户数据管理、客户价值管理、客户服务管理、客户沟通管理四个方面（如图 11-5 所示）。

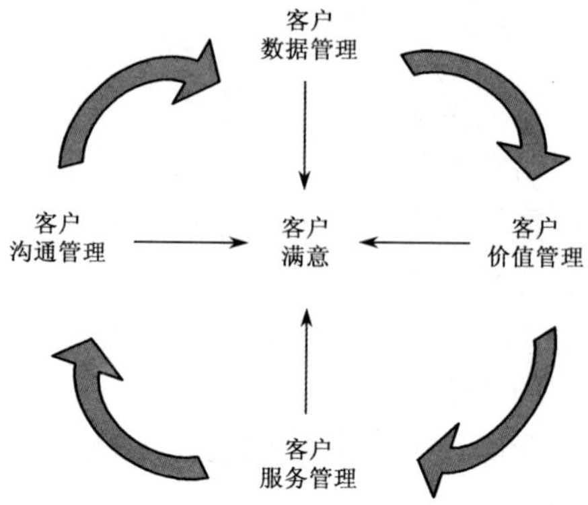

图 11-5　CRM 功能结构图

客户数据管理是 CRM 的基础，通过多个源头对客户数据进行捕捉，并将其存储到客户数据库中，通过提取、处理、解释、产生相应报告，为满足客户的个性化需要提供依据。

客户价值管理是 CRM 的重要内容，通过对客户数据管理积累起来的客户信息数据进行分析，可以对客户进行分类，以掌握不同客户的需要，细分客户需求市场，区别不同客户对企业的价值，采取不同的市场、销售和服务策略。

客户服务管理是 CRM 的核心，根据客户价值管理的结论，就可以对客户提供订购管理、发票/账单、销售及营销的自动化管理、客户服务等。

客户沟通管理是 CRM 的门户，通过客户呼叫中心、电话交流、网上交流、电子邮件、传真信件、直接接触等途径，企业可以和客户保持互动沟通，既为客户满意提供了条件，又为客户数据管理积累了信息数据。

2. 供应链管理（SCM）

在以客户为中心的市场环境中，真正能使客户满意的是，将满足客户需求的产品在正确的时间、按照正确的数量、正确的质量和正确的状态送到正确的地点。这样，就在顾客、零售及服务商、批发商、研发中心及制造商、供应商，甚至供应商的供应商之间连成了一个完整的网链结构，形成了一条供应链，进行信息流、资金流、物流的传递（如图 11-6 所示）。供应链管理（SCM）就是指对整个供应链系统进行计划、协调、操作、控制和优化的各种活动和过程，目标是使供应链上的各个主体形成极具竞争力的战略联盟，并使供应链运行的总成本最小或收益最大。

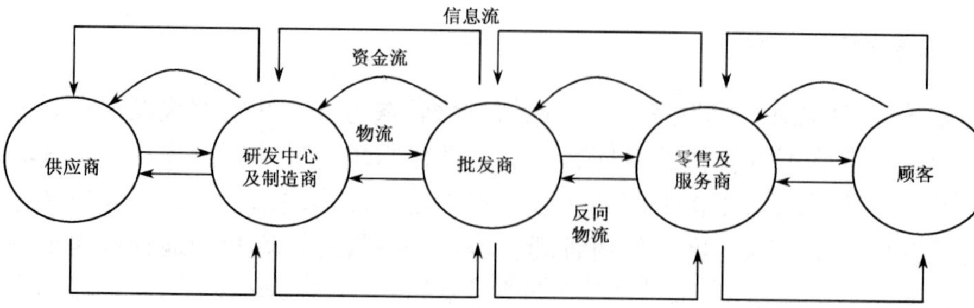

图 11-6　SCM 内容结构图

在供应链中，各个环节之间都是一种客户关系，每一个成员都是其他成员的客户。总体来讲，企业的供应链可以分为三个层级：企业内部的供应链，描述了企业中不同的部门通过物流参与企业的增值活动，这些部门被视作企业内部供应链中的客户或供应商，对企业内部供应链的管理重点是控制和协调部门之间的业务流程和活动，消除部门间的沟通障碍，削减成本，对内外客户的需求和市场变化做出快速反应；企业间的供应链，是由物料获取并加工成中间件或成品，再将成品送到消费者手中的一些企业和部门的供应链所构成的网络，使多个企业能在整体的管理下实现协作经营和协调运作，实现资源和信息共享，从而大大增强了该供应链在整个市场中的整体优势，并增强每个企业的核心竞争力；全球市场间扩展的供应链，是企业通过 Internet 与它在全球范围内的客户和供应商之间进行沟通，有效地管理企业的供应商和客户，使企业获得更多的商业机会。

3. 企业资源计划（ERP）

在以客户满意为导向的企业电子商务体系中，CRM 系统侧重于管理企业的客户，SCM 侧重于管理企业的供应链，这些都是企业的重要资源，作为企业资源计划系统，建立在信息技术基础之上的 ERP 的管理对象就是企业的各种资源和生产要素，而这些资源在企业运行发展中相互作用，成为企业进行生产活动、满足客户需求、实现企业价值的基础。ERP 能使企业的这些资源始终围绕客户进行配置，在生产中及时、高质量地完成客户的订单，最大限度地发挥这些资源的作用。

ERP 系统是将企业的物流、资金流和信息流进行全面一体化管理的管理信息系统，一般包括生产控制、物流管理、财务管理、人力资源管理等通用模块。但是，从客户满意出发，ERP 的最大价值在于使现代企业的大规模定制生产得以实现，构建了客户满意的微观基础。

在进行电子商务案例的经营模式分析时，需要进行以下几个方面的考察和分析：

（1）交易前分析。客户搜寻商品和服务信息的渠道与方式有哪些？商品展示采取什么方式？客户与公司的信息交流采取什么方式？

（2）交易中分析。商务咨询洽谈的方式与途径是什么？交易订单签约方式是电子化的还是纸质的？

（3）交易后分析。交易的货款支付采取何种方式，具有什么特点？商品的物流配送采取哪种方式，具有什么特点？公司提供什么样的电子化服务方式？

（4）商务工具分析。公司在电子商务活动中是否采用了 SCM、CRM、ERP 等系统，效果如何？

11.1.5　电子商务的管理模式

电子商务的管理模式是从组织上提供的为保证系统正常运行和发生意外时能保护系统、恢复系统的法律、标准、规章、制度、机构、人员和信息系统等结构体系，它能对系统的运行进行跟踪监测、反馈控制、预测和决策。

1）企业电子商务组织的演进及其特征

企业实施电子商务的重要步骤是在公司组织结构上进行科学设计，以适应电子商务的要求，从组织发展的角度来看，企业电子商务的组织形式演进如图 11-7 所示。

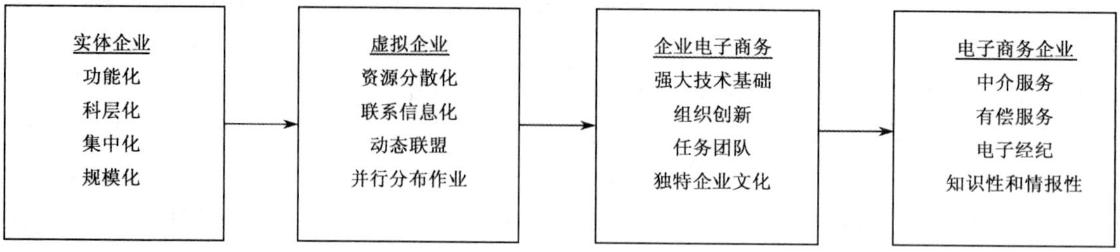

图 11-7　企业电子商务组织的演进

2）企业电子商务的组织形态

（1）虚拟企业。一个虚拟企业是由一些独立公司组成的临时性网络。这些独立的公司包括供应商、客户，甚至竞争对手，他们通过信息技术组成一个整体，共享技术、共担成本，并可以进入彼此的市场。虚拟组织没有办公中心，也没有组织章程；没有等级制度，也没有垂直体系。战略联盟、核心能力、诚信、组织重建是虚拟企业创立和运行的四个基本要素。

（2）企业电子商务。企业电子商务就是指传统企业通过计算机技术、通讯技术、网络技术三大技术平台来配置资源，进行生产经营的一种组织形式。活动、资源、制度、目标构成了企业电子商务的四种重要的组织要素。企业电子商务组织是网络型的组织结构，打破传统理念与地理、产品范围，形成跨地区、跨国界的经营，进入全球化的网络经济领域，是管理层次少、控制幅度大、同层次组织之间平等互利、控制幅度以目标需求为限、纵横联系密切、像一棵棵大树组成大森林那样纵横交织体系的扁平化的组织体系。

（3）电子商务企业。在企业实现商务电子化的同时，商务主体直接交易便捷性得到了空前提高，交易成本大大降低。电子化交易手段大大扩展了交易主体的选择空间，并加速经济全球化进程，交易主体之间"多对多"的交易关系推动"全球网络化供应链"的形成。纯粹的电子商务企业是组成全球网络供应链的一个重要环节，其目标是通过提供交易信息和交易平台公共服务，提高交易主体之间的交易效率。

3）企业电子商务的管理流程

电子商务系统的有效运行都要以科学的业务和管理流程为前提。传统的业务流程往往本应属于整体而被分割在不同职能部门，或本应分散而又被聚合在一起，难以适应以顾客导向、竞争激烈、市场变化为特征的企业经营环境，更难以将与电子商务有关的先进的管理思想和技术根植在企业的经营管理中，因此，进行业务流程重组（BPR）就成为企业实施电子商务重要的基础工作。

BPR 管理思想是美国管理大师 Micheal Hammer 和 James Champy 于 20 世纪 90 年代初提出的，其目的是要对企业的业务流程进行彻底的变革，建立高效的运作机制，从而使企业在激烈的市场竞争中，缩短产品生命周期，降低成本，提高客户的响应度，使客户满意。要使企业的业务流程重组为客户满意提供组织保证，就要正确理解面向客户满意的业务流程的内涵，科学设计以客户为导向的业务流程。

所谓业务流程，就是企业以输入各种原材料和顾客需求为起点，直到企业创造出对顾客有价值的产品或服务为终点的一系列活动。顾客关心的只是流程的终点，但企业必须安排好整个流程，构成一套以客户为导向的流程体系（如图 11-8 所示）。

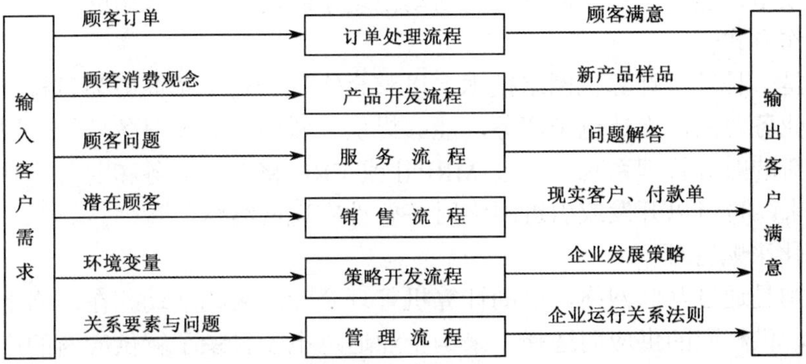

图 11-8　企业业务流程

（1）订单处理流程。输入的是顾客的订单或某些需求意向，输出的是顾客在正确的时间、正确的地点、以最优的价位获得的正确的产品或服务、顾客的付款单以及顾客的满意。

（2）产品开发流程。输入的是顾客的消费观念、消费欲望和消费倾向，输出的是能够满足顾客个性化需求的新产品样品。

（3）服务流程。输入的是各类客户需要了解和处理的问题，输出的是问题的解决方案，并使客户满意。

（4）销售流程。输入是潜在的顾客，输出的是得到满足的现实客户和付款单。

（5）策略开发流程。输入的是企业的社会使命、客户需求变化等内外环境的各种变量，输出的是基于客户满意的有关企业发展的各种战略与策略。

（6）管理流程。输入的是企业内外环境中的各种关系要素和问题，输出的是企业运行的各种关系法则和办法，这一流程涉及企业各种资源的规划、组织和控制，以及企业各个部门之间依次接受产品和服务的内部客户关系的协调。

总之，实施 BPR 如同“白纸上作画”，这张白纸应是为客户准备的，首先应当由客户根据自己的需求填满，其中包括产品的品种、质量、款式、交货期、价格、办事程序、售后服务等，然后企业围绕客户的意愿，开展重建工作，以适应企业实施电子商务的需要。

4）企业电子商务的资源管理

企业电子商务活动需要对企业的各种资源进行优化配置和管理，以保证企业电子商务系统发挥最大的功效。企业电子商务资源可以分为人力资源、财力资源、物力资源、信息资源、无形资产以及客户关系资源。

（1）企业电子商务的人力资源管理。企业人力资源管理就是指在企业电子商务运作中对人力资源的取得、开发、利用和保持等方面进行计划、组织、指挥和控制，其直接目标就是保证人本管理思想在企业得以实现，终极目标就是实现企业的电子商务发展战略。

企业电子商务人力资源管理的实施，要进行适应网络经济要求的职务分析、电子化招聘（网上招聘）、电子化培训与在线学习、电子化沟通、电子化考评等工作。同时，还要建立用工制度、虚拟员工的行为规范、评估制度、薪酬制度等企业电子商务人力资源管理的相关制度。

（2）网络财务管理。电子商务使企业财务管理突破了时空的界限，降低了财务管理活动的成本和财务成本，也使企业的财务管理活动出现了新的风险，要求财务管理能够实现新的管理模式和工作方式。

网络财务是一种基于计算机网络技术，以整合实现企业电子商务为目标，以财务管理为核心，财务、业务协同，支持电子商务，能够提供互联网环境下财务核算、财务管理及其各种功能的、全新的财务管理系统。通过 MRPⅡ或 ERP 将企业业务和财务，物流和资金流、信息流集成起来，也可以开发或引进网络财务软件实现网络财务管理。

（3）电子化采购管理

电子化采购是通过互联网络，借助计算机管理企业的采购活动。在网络上公布所需产品或服务的内容，供相应的供应商选择，采购企业通过电子目录了解供应商的产品信息，通过比较选择合适的供应商，下订单及后续的采购管理工作。

（4）电子商务的服务管理

电子商务的机遇需要靠优质的服务去把握，客户的选择标准将会集中于服务，电子化交易呼唤人性化服务，服务是维护客户忠诚的基本条件，服务是增强员工凝聚力的重要因素。对电子商务的服务要求是：快速响应，满足个性化需求，独特的网站设计，一流的客户服务提供者。

电子化服务的实现方式有自建方式和外包方式两种，自建方式是公司自己建立网站，独立提供服务；外包方式是选择虚拟主机或服务器托管，进行标准化的电子化服务。

5）电子商务案例管理模式分析需要分析的几个方面

（1）公司电子商务组织采用何种形式，具有什么特点？

（2）公司的业务流程具有什么特点，是否适应电子商务的要求？

（3）公司的人力资源管理、财务管理、采购管理、服务管理等专业管理是否采用电子化的手段，有什么特点？

（4）公司电子商务管理具有哪些方面的管理制度和奖惩制度来保证电子商务活动的正常进行？

（5）公司电子商务网站的服务有效性如何？即客户能否迅速找到常见问题的答案；能否迅速回复客户的服务请求；网站内容能否随着客户的反馈而不断更新；是否提供 E-mail 服务，把站点的最新更新信息传递给访问者；最有用最常用的信息是否首先展示给访问者；是否知道经常光顾网站的是谁，他们对哪些信息感兴趣；是否建立了一些方法，来分析访问者对产品和服务的需求；能否经常听到客户对站点的正面或反面的评价；是否能及时地捕捉到本公司员工的想法，并把他们的想法在网站公布出来；网站是否为客户和员工提供了网上讨论的功能，并定期进行收集整理等。

11.1.6　电子商务的资本模式

电子商务的资本模式包括从电子商务资本的进入、运作到退出的整个结构。公司电子商务的资本模式主要有风险投资型资本模式和传统投资型电子商务资本模式两种。

1）风险投资型资本模式

风险投资是由职业金融家的风险投资公司、跨国公司或投资银行所设立的风险投资基金投入到新兴的、迅速发展的、有巨大竞争潜力的企业中的一种权益资本。在这种投资方式下，投资人为融资人提供长期股权投资和增值服务，培育企业快速成长，数年后再通过上市、兼并或其他股权转让方式撤出投资，取得高额投资回报。

风险投资型的电子商务资本模式，是指风险投资对电子商务公司的直接投资，或已经建立电子商务网站的电子商务公司吸引风险投资的介入。这种风险投资一般在电子商务公司创业阶段就进入，因而也被称为创业投资。

成熟的风险投资发源于美国，而且曾经取得了令人瞩目的成功，许多电子商务公司得到大量的风险投资的支持，从而得到了快速的发展。20 世纪 90 年代末以来，我国的电子商务和因特网服务领域也开始吸引国外的风险投资。

2）传统投资型电子商务资本模式

传统投资型电子商务资本模式是指传统企业通过各种形式进入电子商务领域，将资本引入电子商务公司或因特网服务公司。

我国传统投资型电子商务资本模式主要有以下几种形式。

（1）传统企业建立网站，实现企业上网。随着 Internet 的飞速发展和我国企业上网、政府上网公司的启动，许多传统企业尤其是国有企业，纷纷建立自己的网站，实现了企业上网，在网上发布信息，进行广告宣传或业务洽谈，已经形成了电子商务的雏形。但是，这类企业网站总的来讲，投资少，没有形成规模，网站的整体水平不高，未能充分开展电子商务活动。

（2）传统企业直接投资电子商务。这类电子商务资本模式主要指一些实力比较雄厚的大企业，投资开发自己的网站，并且实现在线交易。这类网站基本具备了企业电子商务的功能，其显著特征是实现了网上订购，但是，网上支付和电子账户等功能还未能实现。

（3）政府或企业投资专业电子商务网站与网上商品交易市场。这类网站往往是针对某一行业，由政府或实力雄厚的企业投资组建，而向某一行业提供电子商务交易平台和面向更多行业的网上交易平台。

（4）传统企业和电子商务网站间的资本联合，实现传统企业与电子商务的结合。这种电子商务资本运作模式有两种情况，一是一些虚拟网站参股传统企业组建电子商务网站，二是传统企业收购虚拟网站，从而进军电子商务。

（5）电子商务公司之间的并购。这种并购是电子商务公司竞争中的一种手段，并购者希望通过并购迅速发展自己。用捆绑的方式提高公司的知名度，而且通过并购吸引到其他公司的大量人才，最终目的在于吸引更多的投资，为下一步的发展奠定基础。而被并购的公司往往缺乏进一步的资金支持。这种电子商务的资本运作方式是电子商务的发展趋势和走向成熟的重要步骤。

3）电子商务案例资本模式分析时需要考虑的几个方面

（1）公司电子商务网站的资本来源属于风险投资还是传统的产业资本，主要有哪些来源渠道。

（2）公司电子商务网站的资本来源如果是风险投资，其投资主体是哪些，其投资运作进入那个阶段，具有哪些特点。

（3）如果公司电子商务业务属于传统投资型资本模式，是采取何种投资形式，其运作过程具有什么特点。

11.2 电子商务案例

11.2.1 东方热线

有人说：以“服装”著称的浙江省宁波市吸引了中国乃至世界的目光，然而在宁波享有盛名的“东方热线”却把宁波与世界的目光对接。“东方热线”走出了电信网站在 ICP 方面的成功经营模式，走出了以网站为窗口辐射全市信息化的成功之路。那么“东方热线”到底是怎样做活电信网站的？

1．靠机制

对于一个人来说，性格即命运；对于一个企业来说，机制即命运。虽然这是最普通的企业家都明晓的道理。一个地级市的电信网站却以日点击率高达 2500 万次的访问量跃居国内综合性网站的前列，成为宁波市最大、最受欢迎的大型多媒体信息和娱乐网站，从成立之初仅有 800 万注册资金的宁波公众信息产业有限公司，壮大成为拥有 4000 多万元净资产、面向国内外企业、提供国际互联网接入、信息发布和大型网络数据的知名公司。

机制能够充分发挥作用的前提是围绕“管理创新”进行一系列的资源整合：以严格的制度凝聚团队；通过绩效评估激发市场意识、竞争意识和服务意识；通过各种培训，增强“学习”的创造力；通过企业自身的信息化，提升管理的科学性与规范化。这一系列的管理措施为“东方热线”品牌的腾飞注入源源不断的动力。

2．靠忠诚

在 DOT．COM 圈子里流传着“美国在线”的发迹史：美国在线如何由一个名不见经传的弱小网络公司取代 Prodigy 和 CompuServe 一跃成为该市场的霸主？通过调查发现，美国在线的企业设计经历了几个不同的阶段，但它始终关注一个中心目标：让所有人，而不仅仅是对技术感兴趣的人，都得到在线服务的利益。

不能武断地认为“东方热线”克隆了美国在线的做法。但是，失败者各有各的原因，成功者却有惊人的相似之处。东方热线始终把用户看做最宝贵的资源，他们在密切关注用户的基础上，加强“东方热线”内容服务创新，凭着对用户的忠诚铸造了网络品牌。

正如美国在线创始人史帝夫·凯斯所说的那样：“美国在线关注的不是技术，而是要成为一个大众媒体，成为普通客户日常生活的一部分。”同样，这也是“东方热线”最信奉的理念：融入大众，成为一个大众媒体，切入到普通百姓日常生活的一部分。用户的选择决定了“东方热线”的内容和风格：友好、丰富、多样化。“东方热线”分析用户的实际需要，提供丰富多彩的在线服务。随着网络用户的剧增，“东方热线”不断提升带宽容量，让用户自由自在地在“东方热线”上穿梭。

引起用户的关注要用用户喜欢参与的活动来带动。“宁波市首届资深网友座谈会”、“东方热线”网上有奖征集徽标活动、历时 3 个月的“星际争霸”网络游戏联赛、“东方热线”车迷驾车郊游活动等，都让用户感觉到“东方热线”的组织力与凝聚力。

3．靠内容

不管是哪种媒体，内容的多样化、个性化都是引起受众兴趣的首要条件。当人们把网络看成现代生活的一种重要的新兴媒体的时候，它同样遵循着这个最为普通的法则。“东方热线”也不例外。在聊天室的构造方面，“东方热线”更加注重功能和互联的强大；在游戏方面，“东方热线”注重游戏的新意、独特与变化；在个性化服务方面，“东方热线”推出了个人主页、虚拟社区、免费邮箱、免费域名等多项服务；在个性化栏目方面，“东方热线”更加关注与市民密切相关的生活需求。

“东方热线”承担着宣传宁波的责任。自 2001 年以来，“东方热线”与新华通讯社合作，每天为市民送上 300 多条权威的、实时更新的新闻信息。此外，它还配合各大媒体，对宁波市节庆活动作专题宣传报道，并充分发挥了公司网站信息高效、快速、面广的优势。

4．靠应用

用培训刺激需求是宁波公众信息产业有限公司落下的第一个棋子。自宁波公众信息产业有限公司成立之日起，先后多次举办培训活动，累计到现在，已编制互联网培训教材四本，接受免费培训的人数达 8000 名。该公司的一系列免费活动有效地培育了互联网市场，使得 163、169 网络用户急剧上升。

宁波公众信息公司沿着市政府的思路，着力于政府上网、企业上网工程建设，努力促进宁波电子商务发展。在政府上网工程方面，为市政府、环保局、海关、农业局等 30 个政府部门建立了网站。在企业上网工程方面，借助强大的硬件设施和技术力量，为 3000 多家企业建立了网站和电子商务平台。

5．靠多元化的思路

当一个网络公司的机制走向完善、用户的信誉度增强、内容的丰富性加大、品牌效应已经产生等条件具备之后，能否做大做强就看它能否有效地整合这些资源挺进广阔市场了。东方热线在此基础上走出了一条“宽带领头，多元化并举”的发展之路。

为使宽带快速地服务市民生活，宁波公众信息产业有限公司将 ADSL、VDSL、LAN 的业务介绍、特点，如何申请、应用、安装等内容发布于“东方热线”显要位置，供市民随时查阅；设立预约登记窗口，通过网络平台登记安装 ADSL，既方便了用户，又能根据市场情况动态地调整网络资源。

发展宽带需要好的内容刺激，“东方热线”不断创新发展各类新的网络业务，在全国率先推出了在线直播、VOD 点播、网络电视、网络电台、MTV 音乐点播及其他宽带网络增值服务。

随着品牌知名度的不断提高，宁波公众信息产业有限公司充分利用自身的技术和专业特长合理地把业务触角伸向了网络服务、软件开发、系统集成、空调销售服务四个相互关联的领域。这种多元化经营组合的模式，使公司的资源得到了较大程度的开发及合理高效的统一配置，形成一个有机整体，显著地提高了公司的运营效率。

在系统集成方面，以网络和软件技术为优势，上百万的大型工程项目接踵而至。

在软件开发方面，以电信部门大型数据库管理为主，逐步向网络软件、OA 软件、电子商务软件方向发展。

在空调销售服务方面，已承接和完成了浙江移动、南京电信、宁波电信、福建八闽、漳州公安等大型空调系统工程项目。此外，空调维修维护规模也不断扩大，新承接了宁波移动、宁波邮政及宁波电信鄞郊分局的空调维修维护工作。

此外，在工程项目实践中，在系统集成方面和软件开发方面，与许多著名的公司建立了良好的合作关系，相互促进了业务的发展，实现共赢。

11.2.2　招商银行

早在 1997 年，当国内大多数人对互联网还很陌生的时候，招商银行就敏锐地意识到互联网将带来新的发展机会和巨大的拓展空间，因此率先建立自己的网站，开始对网上银行的发展进行探索。最初是把银行账务查询、银企对账等服务功能搬上了互联网，之后逐步扩展业务范围，经过几年来不断完善和发展，招商银行已经在国内网上银行中成功地树立了“一网通”的品牌，至今仍然保持着领先地位。

目前“一网通”已形成了以网上企业银行、网上个人银行、网上支付、网上商城、网上证券五大产品系列为主的网上银行服务体系。

网上企业银行是“一网通”最早开通的网上银行产品，从推出到现在已更新了 3 次版本。经过不断的完善，网上企业银行目前可以为企业客户提供账务查询、定活互转、转账支付、发放工资、内部转账、信用管理、银行信息通知、子公司账务查询等功能。招行的网上企业银行实现了与电子汇兑系统的无缝对接，率先在国内同业中实现了系统内资金的瞬间达账。针对企业对 B2B 网上交易真实性和安全性等问题的担忧，招商银行还首创了“网上信用证”功能，信用证的申请、开立、传递、查询、打印等所有业务流程均可以在网上完成。网上企业银行充分满足了企业对资金实施有效管理和监控的需求，为企业加强账务管理、提高办公效率提供了有力的技术支持。招商银行已先后为朗讯科技、爱立信、诺基亚等世界著名的高科技企业及国内的联想集团、中国联通、青岛海尔、长城电脑等知名企业提供了网上企业银行服务。

网上个人银行面向个人客户，将银行的服务从柜台延伸到客户家里，提供 365 天 24 小时的大部分非现金银行业务。客户通过连接互联网的电脑进入招商银行“一网通”网站，就可以进行账务查询、转账、汇款、缴费和修改密码等个人业务的处理。

个人银行大众版的客户可以直接进入招行网站，凭借账户号、银行卡卡号、密码等身份识别要素，通过电脑系统的验证后使用多项功能。专业版在大众版功能基础上增加了网上同城转账、异地汇款、国债投资、外汇买卖、自助贷款等功能。专业版采取严密的数字证书体系，运用数字签名技术和基于证书的强加密通信，确保客户身份认证和数据传输安全，是一个面向专业人士和大客户的服务系统，运行以来，特别受到客户的青睐。

网上支付是招商银行向个人客户提供的网上购物、消费、在线结算的服务。新浪、网易、搜狐等国内知名的网上商家都已成为招商银行的网上特约商户，并将招商银行网上支付作为首选或推荐使用的结算工具。

招商银行的网上商城系统包括两种类型的网上商户，一种是自建网上销售系统的特约商户，另一种是通过招行网上销售平台上网的商户。国内知名的电子商务站点绝大部分已成为招商银行商户。商城的商品种类包括书籍、音像、百货、机票、医疗、电器、报刊等。

网上证券是招商银行联合证券公司共同开发，专门为客户提供证券业务服务的。通过这个系统，客户“一卡通”或活期存折账户与证券保证金账户对应，客户在进行深圳、上海股市的证券买卖时提供 24 小时转账便利。网上证券服务系统同时提供实时（及盘后）行情查询、资金清算、信息查询等多项服务功能。

在网上银行的发展过程中，招商银行有过很多成功的案例。这里选择 3 个例子，分别从网上支付、网上企业银行和网上个人银行的应用角度进行介绍。

案例 1　南方航空公司网上购票

中国南方航空股份有限公司是国内三大航空公司之一，经营的航线在中国航空公司中最为广泛。1999 年 9 月，招商银行与南方航空公司签订了网上购票合作协议，首次开通了国内网上购票业务。2001 年，双方又合作开通了电子客票网上购票业务。

电子客票改变了传统的机票形式，是普通纸质机票的一种电子映像。客户从网上购票后，无须取得传统的纸质机票，可直接凭身份证到机场办理登机手续。

招商银行向南方航空公司提供的支付方案包括了面向散客的 B2C 网上支付和面向团体客户的 B2B 网上支付。

对个人客户，只需要登录南航网站选购机票，点击招商银行"一卡通"付款，然后输入卡号、支付密码，便可以完成票款支付。

对团体客户，招行为网上航空购票项目设计了专门的"团体网上支付账户"方案，并专门为南航电子客票业务度身定做了"电子客票网上支付卡"。团体客户登录南航指定网站购票，使用"电子客票网上支付卡"付款。

在南方航空网上购票的发展中，招行凭借技术优势和优质服务，以网上支付为南航提供了重要的结算支撑。同时，招商银行与南方航空公司还先后在广州、北京、上海等地开展了联合营销活动，特别针对旅行社、机票代理商等团体客户推荐团体网上购票业务。通过联合营销，网上购票交易额大幅上升。按南航公司的推广计划，南航还将开通十几个城市的电子客票业务，网上购票预计将占开通城市客票总量的 10%。

招商银行与南方航空合作开展网上购票业务，实现了航空公司、消费者和银行三赢的局面。

对航空公司来说，通过互联网可增加机票销售渠道，提高市场份额，大幅降低运作费用；网上购票减少了代理费用和人力费用，其营销成本仅为传统客票成本的 10%左右，同时可加速票款周转，提高财务透明度；推广网上购票还可以提高航空公司信息化水平，提升企业形象。

对消费者来说，网上购票至少可以享受到与传统机票销售点相同的价格，免除了现金交易的麻烦，还可以直接到机场办理乘机手续，省时省力。

对银行来说，为航空公司提供网上支付结算，既提升了网上银行和金融电子商务技术和品牌，也争取了企业的存款机会，拓展了中间业务，增加了银行收益。同时，通过加强与航空公司的深度合作，还可以吸引大批优质客户。

案例 2　海尔集团网上信用证业务

海尔集团是中国最大的家电生产企业。1999 年末，海尔集团制定了大力发展电子商务的重大决策。海尔电子商务的开发，为招商银行与海尔合作带来了机遇。

海尔集团的物流推进部负责全集团的采购，在海尔物流本部每月的对外付款中，现汇只占 10%，其余付款基本采用银行承兑汇票。基于传统的结算手段，海尔的财务人员工作十分繁忙，需要抽专人负责分拣银行承兑汇票，安排对分供方的付款，浪费了大量的人力物力；而海尔的供货商在为海尔供货的几个月后，要到海尔排队取款结算，有的还需要从外地特意赶到青岛，很不方便。

根据海尔的结算需求，招商银行设计了以网上信用证作为解决网上支付远期汇票问题的办法。海尔以银行承兑汇票向招行质押，并向招行申请，根据付款金额对分供方出具网上信用证，由招行负责通知海尔分供方客户。海尔分供方接到通知后，携带规定的单据到当地招行领取信用证，并根据自身资金需要自主选择结算方式，到期承付或融资。

2000 年 9 月 27 日，招商银行在青岛举办了网上银行演示会，招商银行青岛分行只用几分钟的时间，就在演示会现场，为海尔集团开出了国内第一张付款期限为 6 个月、金额为 60 万元的网上人民币信用证。网上信用证业务彻底解决了海尔需求，为企业提供了极大的便利。

案例 3　网上个人汇款

网上个人汇款是网上个人银行专业版中的一项功能，2000 年 7 月份招商银行完成了开发，在行内进行了一段时间的试运行，2000 年 11 月开始向客户推广。业务开通以来，交易量迅速上升。

在个人银行专业版推出之前，客户如果需要向其他人的账户转账或向外地账户汇款，只能到银行柜台办理。专业版推出以后，客户坐在办公室或家里，在网上输入收款人的开户银行、账号、姓名等信息，招商银行就可将资金转入收款人账户。转账范围可以是招商银行，也可以是其他银行；可以是同城，也可以是异地；可以汇入个人账户，也可以汇入企业的银行账户。同时，招商银行还特别设计了批量转账汇款功能，如果客户需要经常向多人汇款，只需一次录入收款人信息，也能够做到多次同时向多人汇出资金。如果收款账户是招商银行的“一卡通”，汇入的资金可以实时到账。

11.2.3　携程旅行网

携程旅行网的创始人有四位：沈南鹏、季琦、梁建章及范敏。据说携程旅行网创办起源于一次旅行：一向喜欢旅游的梁建章有一次带女友在一片森林中郊游，因为没有向导，结果两人在黑森林中迷失了方向，经过一个晚上才找到出路。正是这次历险，使他感觉到国内旅游市场信息不畅，从而发现了其中的商机。1999 年，他们回国组织几个志同道合的朋友便创办了携程旅行网。

经过七年的艰苦努力，携程已越过最初的创业瓶颈，驶上健康发展的快车道，带着 5000 名员工，以及全国成千上万的旅游爱好者，去追寻他们的梦想。时至今日，携程旅行网在北京、广州等地有 10 个分公司，并在 36 个城市有分支机构，并于 2003 年 12 月 9 日在美国纳斯达克成功上市。作为中国领先的综合性旅行服务公司，已向超过 1000 余万注册会员提供包括酒店预订、机票预订、度假预订、商旅管理、特惠商户以及旅游资讯在内的全方位旅行服务。

在携程注册的英文商标“ctrip”中，每一个字母都代表了一个独特的意念：Customer，客户（以客户为中心）；Team Work，团队（紧密无缝的合作机制）；Respect，敬业（一丝不苟的敬业精神）；Integrity，诚信（真实诚信的合作理念）；Partner，伙伴（伙伴式的“多赢”合作体系）。综合起来就是：以客户为中心，以团队间紧密无缝的合作机制，以一丝不苟的敬业精神、真实诚信的合作理念，来创造一套“多赢”的伙伴式的合作体系，从而共同创造最大的价值。

在这五个理念中，最重要的就在于第一个。公司现任 CEO 范敏先生在接受“第一财经”节目采访时说：“我们公司每一个动作都是围绕客户，怎么去给客户提供真正客户所需要的增值服务，怎么去让他在我们这边得到超过他的期望能够得到的需要，这是核心。”

携程旅行网就像新浪、搜狐等网络门户整合了传统媒体新闻产品与资源一样，通过中间市场把供应商和消费者连接起来。作为一个独特的资源整合者，携程一只手掌控着全国 1000 万会员客户，另一只手，则与全国数千家酒店、所有的航空公司紧密相连。携程扮演着航空公司和酒店的“渠道商”角色，业务核心以机票、酒店预订为主，靠发放会员卡吸纳目标商务客户，同时后台依赖庞大的电话呼叫中心作预订服务。这就是典型的供应链系统集成管理，通过供应链的系统集成能力来实现价值增值。

国内旅游市场发展至今，旅游者早已不再满足上车睡觉、下车拍照等行军式的出游方式，游客对旅游体验、旅游舒适度的要求越来越高。为了履行为顾客提供“完美旅程体验”的承诺，针对在旅途中遇到的各种可能的意外和风险，携程旅行网近几年连续不断地推出了好几项在业界有影响力的人性化的服务。

2004 年年底的海啸后，携程对外宣布正式建立“自然灾害旅游体验保障金”，基金总额为人民币 100 万元。当时，海啸期间所有参加携程普吉岛自由行的会员均安全返回，同时所有产品订购费用也获得了全额退还。这项基金用于在发生不可预测的自然灾害时，经济补偿旅游体验受实质损害的携程“自由行”会员。

随着中国旅游市场和消费者的成熟，越来越多旅游爱好者希望能够尝试以自助游的方式走出国门。相对国内自由行，海外自由行的难度要更大，而语言则成为最为担心的问题之一。携程在短时间内嗅到了游客的需求，率先在东南亚等国推出了 24 小时中文热线服务，为海外自由行客人壮胆。游客在海外目的地期间，可方便地拨打当地的中文热线，了解景区租车、娱乐信息，以及相关旅游问题的咨询，遇到护照遗失等意外事件，一样可以通过中文热线协助解决。其中文服务均是与当地有规模有实力的供应商合作提供，客人可以通过电话方便地咨询当地的交通，景点，餐饮，娱乐等相关问题，除了正常的电话费率以外，不需要支付任何额外费用。

携程深刻意识到，品牌及商誉是企业的无形资产，是企业经过多年的发展积淀下来的宝贵资源，也是实现可持续发展的重要保证。所以一开始，携程就自始至终实施商标品牌战略，早在公司成立不久的 2000 年 1 月，便在 39 类申请注册了中英文组合商标，2002 年又申请注册了“CTRIP”英文商标，同时，为了维护公司的商标专用权，依法管理商标，提升公司无形资产的价值，依据我国《商标法》及有关规定，公司还特别制定《商标管理暂行办法》，对商标进行规范化的管理。

11.2.4　瀛海威

成长于新世纪的新一代网民，也许已经不知瀛海威之名了。但是，对于早期的中国互联网从业者，瀛海威曾是一面标志性的大旗，一家曾经名声如日中天的互联网先锋企业。

1996 年深秋的一天，北京白颐路口竖起了一面硕大的牌子，上面写着：“中国人离信息高速公路还有多远？向北 1500 米。”——前方向北 1500 米，就是瀛海威的网络科教馆。

这是张树新为瀛海威打出的广告，其口气之大，一夜之间便令瀛海威在中关村地区迅速扬名。那时候，信息高速公路、互联网对大部分人来说还是崭新的名词，而瀛海威已经开始提供上网服务。从这天起，这块大广告牌成为很多人对早期中国互联网的一个经典记忆。

8 年以后，它悄无声息地被吊销了执照，人们甚至不知道这家公司是何时关门的。

从北京 114 的查号台里，已经查不到瀛海威的电话；在 Google 上，也很少检索到它最近两三年的信息，它本来有一个网站，也早已关闭，找熟悉 IT 圈的人士打听，都不知它现在何处办公。

有一个网站（www.oihw.com）在顽强地提示，瀛海威确实存在过。这是一个怀念老瀛海威的民间网站，浏览者主要是一些瀛海威旧部。在网站上瀛海威的蓝色 LOGO 下写着："常回家看看，回家看看……去日留痕。"

瀛海威的兴衰似乎正验证了一句老话，"其兴也勃焉，其亡也忽焉"。

1995 年 5 月，瀛海威成立，最初的发起人主要有张树新、姜作贤、刘杰等人。拥有媒体从业经历的张树新显示了在宣传推广上的卓越能力，瀛海威迅速获得了惊人的知名度。据当时的媒体报道，瀛海威"就像传教士布道一样，向中国人宣讲何谓 Internet"。

张树新的目标是做中国首批的互联网接入商（ISP）。但是，当时市场环境远未成熟，中国全部上网人数还不到 8 万人。次年 1 月，号称中国第一个全国网的 chinanet 才正式开通。在大部分中国老百姓并不知互联网为何物时，除了 ISP 外，瀛海威还要肩负着培育市场的 Internet 概念的"普及商"，并要负责内容制作，充当 ICP 的角色。

1996 年 9 月，中国兴发集团对瀛海威进行投资，瀛海威的总股本变为 8000 万元。在强大的资金支持下，这个小公司迅速成长为中国互联网的标杆。当年底，瀛海威已经成为北京知名的 ISP。后来一度成为中国互联网首席富豪的丁磊的个人 BBS 就曾经挂在瀛海威的网站上。

瀛海威更大的梦想是构建一张大网，这个宏大理想曾被视为将"书写着中国 ISP 传奇"。

但是，不成熟的市场环境很快让瀛海威意识到自己面对的困难。

拿到 8000 万元投资后，张树新想做的第二件大事就是组建自己的网络。瀛海威以重金租用了两条通信线路，一条是卫星线路（VIST），另一条是国家数据专线（DDN）。公司上下一心，夜以继日地建网。

在瀛海威的计划里，1997 年要在全国建起 20 个城市结点，1998 年达到 40 个，让这些城市的用户可以自由漫游。不过，即使不算通信线路的费用，每个结点的开办费用都在 200 万元至 300 万元；8000 万元其实花不了多久。

1997 年春天，全国大网和上海、广州等 8 个城市的结点开通。

但是，中国电信的一记重拳，让瀛海威的这些努力几乎立即付之东流。同年，中国电信进入互联网络接入市场。它并不提供任何内容，也没打算培育市场，但低廉的 Internet 访问价格就足以使瀛海威的"大网"身价暴跌。

而且中国电信是国内电信业的老大，它负责整个价格体系的制定。瀛海威既需要租用它的线路，又要和它竞争。像中国早期绝大多数 ISP 一样，瀛海威选错了对手。在中国电信的挤压下，到年底时，瀛海威已经出现巨亏。

当然，张树新的冒进和对市场的乐观判断，让瀛海威雪上加霜。事后有媒体评价说张树新对企业形象宣传游刃有余，当企业转入实质性经营后，却明显后劲不足。

"网上延安"项目就是败笔之一。当时，张树新曾计划把延安的历史、现实、人物故事都放在互联网上，吸引全国中小学生观看，以此来增加收入。为此公司花费巨资，终于将 200 个网页，500 幅图片，十多万字的"网上延安"上网了。但遗憾的是，点击率非常低。

有人评论说，张树新始终没有明白，老百姓究竟需要一张什么样的网。

另外，自 1995 年 9 月开通以来，瀛海威始终有个技术问题没有解决，就是经常掉线，为此顾客的投诉非常多。这一缺陷想改正过来并不难，可拖了两年还是没有人做。因为公司关心的是更大的项目，比如，"网上交费系统"，这在当时非常超前。

为了开发此系统，一个留美博士后关在屋里做了 8 个月，完成后却被束之高阁。

也曾有人提出过瀛海威应该向雅虎式的门户网站转型。张树新的属下曾遗憾地评论说，因为女主人的固执，进入误区的瀛海威并没有抓住转型的机会。用一家媒体的描述，张树新是“在大雾中领跑”。

1998 年 6 月，由于亏损严重，并且后继资金匮乏，大股东兴发集团与张树新产生冲突。危机四伏中，张树新黯然宣布辞职。1999 年瀛海威宣布融资成功，来自中国香港的意科最终控制了瀛海威，并将张树新等股东排挤出局。

此后，瀛海威又经历了一系列业务重组、管理变革等沉浮。2001 年，瀛海威开始大量裁员，公司的业务发展一直举步不前。至此，它开始渐渐淡出了人们的视线。彼时，中国互联网界的明星企业早已变成在纳斯达克上市的新浪、搜狐和网易们。三年后，一代互联网先锋瀛海威彻底从人们的视野中无声地消失了。

11.2.5　美特斯·邦威

从温州起家、现大本营扎根上海的著名休闲服装品牌美特斯·邦威取得了引人注目的业绩：2006 年销售额达 40 亿元，但全年累计的应收账款却只有区区几十万元。没有自己的工厂，没有自己的专卖店（少数大城市的大型形象店除外），却掌控了 200 多家面料厂、辅料厂、成衣厂和 1800 多家遍布全国的加盟店，克服了服装业库存积压和被拖欠货款的“顽疾”。

美特斯·邦威到底靠什么，能使董事长周成建足不出户即可实时掌控和号令全国庞大的生产经营和销售网络，并使企业的应收账款水平保持在如此之低的水平？其成功经验，可以概括为：“一种模式，三大法宝。”一种模式指虚拟经营模式，三大法宝指“品牌、设计和面向企业联盟体的电子商务平台”。

1．虚拟经营：与耐克媲美

美特斯·邦威创立于 1995 年。创立之初，只有注册资本 50 万元，十几个人。美特斯·邦威老板周成建以温州人特有的商业嗅觉，在 20 世纪中期看准了年轻人需要价格相对便宜一些的休闲服装的市场空白，将自己定位在休闲服饰市场，推出 T 恤、夹克，结果生意非常好，1995 年销售收入达到了 500 多万元。

销售形势一片大好，美特斯·邦威的服装品种也越来越多，但自己工厂已经没有能力去生产这么多品种。怎么办？美特斯·邦威干脆把自己仅有的一个工厂关了，将生产外包给广东的生产能力过剩的服装厂。

美特斯·邦威同时开始走出温州，到杭州、上海自己投资开直营的专卖店。但是，网点的异地扩张，一方面资金跟不上，另一方面管理跟不上。美特斯·邦威又退回温州，在上海缩小规模，引进代理商，发展代销店。

这就是美特斯·邦威虚拟经营模式的雏形。但当时美特斯·邦威的管理层自己也不知道这就是在国际上很流行的虚拟经营模式，只是碰到没有厂房，就找别人代工，没有开店的资金和管理能力，就发展代理商，遇到一个难题，解决一个难题。

2．初尝电子商务好处

在虚拟经营模式下，随着企业规模变大，最后能否健康运转，实际上靠的是面向整个产业链上下游的电子商务平台。

美特斯·邦威的电子商务之路始于 1996 年。从 1996 年到 2000 年，美特斯·邦威自主开发了第一代电子商务系统，包括仓库信息管理系统、专卖店和分销管理系统、财务管理系统、生产进货管理系统和办公自动化系统。

随着美特斯·邦威第一代电子商务系统的逐步上线，从 1995 年到 2000 年，订单交货周期由 15 天下降到 8 天；应收账款周转天数从 30 天下降到 2 天；专卖店由 10 家增加到 400 多家；销售额由 500 多万飙升到 5.1 亿元。到 2001 年，美特斯·邦威的销售额增长到 8.7 亿元。

美特斯·邦威也从一家拥有 2 家工厂数百工人的制造企业，转型成没有一台缝纫机，只有电子商务系统、品牌运作和研发设计的“虚拟企业”，打造了可以与耐克相媲美的“虚拟经营”模式。

3. 打通产业链的电子商务平台

20 世纪 90 年代末兴起的互联网技术，革命性地重塑了电子商务的发展方向。在支撑企业发展方面立下汗马功劳的第一代电子商务系统，也遇到了巨大的难题。第一代电子商务系统采用的是结构化的软件设计思路和 C/S 结构，遍布全国各地的各分公司、代理商、专卖店都有各自独立的数据库，无法通过互联网即时互联互通互相访问，C/S 结构、各个孤立的信息平台的弊端日益显现，运行和维护成本在大幅攀升。

经过近一年的自我痛苦思考和思想斗争，2001 年，在集团主管 IT、物流、生产运作的副总裁王泉庚说服了集团管理层，放弃老一代电子商务平台，决定重新全面规划和自主开发新的、基于 Web 架构的电子商务平台。

通过聘请郭富城、周杰伦等明星代言和大打央视广告，通过与欧洲研发设计机构合作，美特斯· 邦威形成了自己强大的品牌和设计能力，形成了以其为核心的企业联盟体。美特斯·邦威的第二代电子商务系统（URP），就是面向企业联盟体，打通整个产业链条的电子商务平台，具有两个关键特点：

（1）基于互联网时代最先进的 Web 架构，全面面向虚拟经营经济联盟体，完全整合产业链条上的五个主体：品牌商（即作为品牌盟主的美特斯·邦威）、面料厂、外协制造商、加盟商和物流承运商，实现了产业链的一体化。力求真正给品牌盟主企业的四类客人提供一站式的电子商务高效服务。

（2）实施最高级别的应用大集中模式（供应链实时快速反应模式），即在数据库及软件底层，五个市场主体的业务流程、数据是完全整合在一起的，真正在供应链上达到实时的应用联动。

4. 门户中的高效联盟体

在外部专家普遍不看好的情况下，美特斯·邦威用了两年半的时间，到 2003 年全部完成了新系统的开发和面向五个联盟体市场主体的实施推广工作。美特斯·邦威第二代电子商务平台的主要系统构成如下所述。

（1）在企业内部，美特斯·邦威 ERPⅡ系统将企业进销存、人财物全部整合在一起，实现了企业的生产、市场、销售、财务一体化。与 ERP 相结合的还有产品生命周期管理系统

（Product Life Managerment，PLM）、商品企划系统（Merchandise Plan，MP）。商品企划系统主要用于做商品计划。而在产品生命周期管理系统中，可以同步看到从设计师的服装创意概念设计、技术设计、面料开发、样衣制作和最后提交生产系统的整个流程。商业智能系统（Business Intelligence，BI）是给企业高层管理者提供决策支持的报表分析系统，使用 BI 可以从各个角度对企业经营管理活动进行分析，比如，分析成本结构，分析流程等待及流程衔接时间等。

（2）在企业外部，美特斯·邦威面向产业链合作伙伴、顾客及大众的电子商务平台主要具有以下四个门户：

a. 工厂门户：美特斯·邦威的上游外协工厂在全国有 200 多家，包括面料、辅料和成衣厂。美特斯·邦威站在工厂的角度，同时结合作为品牌盟主的管理需求，将自己与工厂的业务流程整合在一起，工厂可以通过互联网直接登录美特斯·邦威的电子商务门户，实时查看生产计划、物料需求、往来账结算，实现从服装创意设计、面料采购、生产过程、产品质检入库及出库销售、物流配送和财务对账等整个供应链全过程的协同工作。

b. 加盟商门户：实现了百分之一百的对全国 1800 多家加盟连锁店的管理和掌控。加盟店犹如美特斯·邦威内部的一个部门一样，加盟专卖店的整个业务流程与美特斯·邦威的产供销和财务结算，完全是一体化，实现了网上实时下单、实时配送跟踪、实时结算和对账。

在美特斯·邦威总部，还安装有一个综合大型电子屏幕，可以实时通过电子商务系统看到全国各大门店的现场，并且可以 360 度观看，可以动态和静态地观看，还可以实时视频对话和指导店面设计陈列。总部还可以查看全国加盟店系统当天交易情况，不同地区加盟店经营指标对比分析，同一地区的两个或多个加盟店经营状况对比分析，甚至任何一个加盟店当天发展的 VIP 会员档案、消费情况、积分情况。

c. 网上购物门户：美特斯·邦威正在规划研制面对终端消费者的 B2C 网上购物平台和视频多媒体购物平台，未来消费者足不出户即可享受到购物的乐趣，随意搭配自己喜欢的产品，并在网上下单，自己只需要在家中坐等衣服送货上门。

d. 面向大众的企业网站：美特斯·邦威还拥有面向一般大众的企业新闻网站。

到 2006 年底，以美特斯·邦威为核心的整个企业联盟体人员，加起来近 10 万人。如此庞大的网络，如此复杂的联盟体，离开一个强大的、四通八达的电子商务平台，其管理难度可想而知。

敏捷的第二代电子商务平台不仅使订单处理、财务结算等均从原来老系统至少两三天，变成了实时完成，而且订单交货周期由老系统的 8 天下降到 2006 年的 3.3 天。

11.2.6　腾讯 Q 币

在腾讯，几乎所有的服务都需要通过一种叫做“Q 币”的符号付费。

腾讯最赚钱的增值业务是什么？一是给“虚头八脑”的头像在 QQ 商场里面买服饰，珠宝等，年轻人认为这很酷。另外，就是给 QQ 宠物买“茶爽牙膏”。

1．Q 币的起源

2002 年 3 月 QQ 的注册用户数突破 1 亿的时候，腾讯的主营收入仍来自无线，运营商对

SP 政策的阴晴变换让腾讯吃尽苦头。如何对一些服务收费成了摆在腾讯面前的一个难题。腾讯的最大用户群是学生，他们只能支付几元的小钱，但用户不会愿意为了这点小钱不停地跑到邮局汇款。

付费通道是腾讯公司必须解决的问题，而且必须既顺畅，又能方便获得。

2002 年 5 月，腾讯公司开发了虚拟货币系统，代表符号定名为“Q 币”，被定义为 1 个 Q 币代表 1 元人民币，即现在网民口中说的“兑换”。用户付费后通过等值面额的卡号、密码与 QQ 号关联进行“充值”。

2. 渠道的秘密

学生们可不愿意为了 5 元钱不停地跑邮局，那么秘密在于：电话充值最方便，但电信代收费成本高达 50%；实物卡遍地可买，可回款慢而且发行成本高；银行卡倒是手续低廉，可惜孩子们没有。

Q 币被设计出来，腾讯最初采用了在无线业务上合作多时的电信运营商的代收费业务。这使腾讯终于有了无线增值以外的收入。不论固话还是移动运营商提成比例都在 50%以上。

腾讯最喜欢让用户采用哪种渠道付费？答案显然是银行卡。

腾讯与多家银行一拍即合，合力推此项业务，凡是通过银行卡充值的用户可以得到 9 折优惠。

其次是网游销售渠道：虚拟卡和实物卡。腾讯公司把全国划分为十个行销区域进行管理。对于 Q 币卡的发行，腾讯采取代理商制，代理商可有 10%～15%的利润。他们基本都有自己的销售平台，例如，北京云网、骏网等。这已是比较扁平化的渠道，据联合购买网的一位工作人员介绍，从他这里再批发虚拟卡最低也只能拿到 8.5 折，还必须 50 个以上。

实物卡的回款慢，发行成本更高，除了制作费用外，代理商和销售终端都会从腾讯分享一部分收益。在北京一个并不热闹的街角报亭，面值 30 元的 QQ 收藏卡最低售价是 29 元，每张卡摊主可赚一元多，每 10 天随报纸与邮局结一次账。而剩下的钱也不能全部进入腾讯的腰包，邮局还会有一部分截留。

目前，QQ 实物充值卡网络已经遍布电脑城、邮局、报亭、音像软件店、书店、商场，甚至便利店。

随着腾讯发展壮大，开始有能力扩大渠道中的利润。为了节省渠道成本，腾讯用 8.8 折优惠来促使包月用户使用银行卡付费。针对那些懒得每月充值续费的用户，腾讯又开通了“一点通充值”——将 QQ 号和用户银行卡账户绑定，当 Q 币、Q 点低于一定数值时，银行卡会自动向 QQ 账号按设定数值充值。腾讯用积分赠送一个月服务的方式力推此业务。

在腾讯内部，Q 币是单向流动的。用户一旦充值便无法再将 Q 币兑换回人民币，于是用户花掉 Q 币的速度以及是否愿意持续使用 Q 币，都决定着腾讯的生存状况。

3. Q 生活

腾讯公司的“可怕”之处在于，即使一些流行起来的游戏或者其他创新工具并非由该公司创造，也无关大碍，它所需要做的只是“拷贝”而已，放到 QQ 上自然会有用户为之买单。腾讯面临的难题只是：在众多项目中先复制哪个产品能赚更多的钱，以及如何把他们与 Q 币设计联系在一起，好让人们付费。

QQ 秀是基于 QQ 平台的虚拟形象设计系统。用户可以用 Q 币在 QQ 秀商城购买虚拟服饰、珠宝首饰、场景来装扮自己在 QQ、QQ 聊天室、腾讯社区中的虚拟形象。它的原始创意来自韩国。

但没有哪家公司像腾讯这样认真地将之发扬光大，在产品的再度开发和经营中充满了对用户心理的分析、掌握和利用，超越了简单的复制。

在腾讯网站上花“Q 币”如流水的用户中，相当一部分人正是寻求心理上的满足：追求个性的少年希望自己的形象与众不同，他们会选择周杰伦式的发型和表情；爱美的女孩则更愿意为会眨动的眼睛付费。腾讯公司显然洞悉了这些需求，或者说在引导用户按照这种思维方式消费。

他们不辞辛劳地将现实生活中的所有细节搬到 QQ 虚拟世界中，甚至为 QQ 宠物提供“茶爽牙膏”。

QQ 秀从两三元到七八元不等，一身打扮少说也要二三十元。然而正是这些小打小闹汇集成腾讯巨大收入。

MSN 与 QQ 之间的区别：MSN 是工作交流工具，QQ 则是一种生活方式。

QQ 宠物是腾讯利用用户心理需求最典型的产品之一。腾讯通过多种渠道向用户免费赠送 QQ 宠物，并千方百计地让 QQ 宠物像个有生命的小动物：程序会引导用户为宠物起名字、喂食、洗澡、上学长大。“我没有任何食品哦，带我去买一些食品吧”，这样的话会不时出现在用户电脑桌面一角。

4. 一切皆为商品

带“8”的 QQ 号码每月 10Q 币，而且，30 天不续费还得收回。连可口可乐的标志在游戏中出现也要额外付费。

在腾讯，所有服务都是商品。

最基础的资源是 QQ 号码。除普通 QQ 号码网民可以免费获得，那些带“8”字或者“情侣号”则明码标价每月 10 个 Q 币，一旦用户过期未续费或主动关闭，号码将被立即停用，30 天内未续费，该 QQ 号码将被腾讯回收再次出售。

那些其他网站免费提供的服务，腾讯则将它们打包成了“会员”服务——每个月缴纳 10 元的会员费可以使用全套二三十项功能。为了让用户多充值，QQ 实物收藏卡最低面值已从 2005 年的 10 元增长到 2007 年的 30 元。

腾讯尽量缩短道具或物品的使用时间并限制使用范围，以便用户快速消费增加购买频次，QQ 空间购物券和 QQ 秀购物券会在每月月底被清空，QQ 空间购物券仅限于在 QQ 空间里购买装扮空间物品和音乐库音乐等。

该公司还力争让用户在游戏上的钱只进不出，给“QQ 幻想”（腾讯的一款游戏名称）充值时，系统会自动把充值卡中的余额一次全部充入，不允许选择充值额度。腾讯还规定 Q 币与游戏币之间的兑换比例：1Q 币可兑换 1 万个游戏币，但 1.5 万游戏币才可兑换 1Q 币（坦白地说，这一行为近似于掠夺）。

当然，这也许只是腾讯希望用户尽量用完游戏币的鼓励政策，而且此政策在 2007 年沸沸扬扬的网络禁赌风潮中已经停止，但腾讯在商业运作上的驾轻就熟已是中国互联网有目共睹的事。

5．Q 币的未来

Q 币的成功并不意味着腾讯公司的业务体系完美无缺。

如今，腾讯 Q 币是否会带来其他金融问题也是业界争论的焦点。在腾讯的每一个角落，Q 币都是“硬通货”，这家公司驾轻就熟地让 Q 币成为各种业务的支付方式，其范围甚至扩大到腾讯公司外部。例如，可以通过腾讯提供的系统号码为超女投票，甚至可以购买杀毒软件。

尽管腾讯公司也受到了这样或者那样的诘难，但它依然是中国互联网界最赚钱的公司之一。据统计，70%～80%的中国互联网用户都注册了 QQ 账号。在其顶峰时期，有超过 2000 万的用户同时使用 QQ，一天的信息发送量更是多达 30 亿条。“开始接触网络的学生会在一个月里都用上 QQ”，北京新街口一家网吧老板唐雷告诉记者，中国几乎所有网吧里的每台机器都必装这个软件。

11.2.7 阿里巴巴

上世纪末，全世界的网络经济热极一时，电子商务也从美国向中国渗透。在这股热潮中，马云在应邀参加一次亚洲的电子商务大会上却发现：在市场经济成熟的美国，各行业前三大公司掌握着绝大多数的市场和资源，基本上所有的电子商务都是为这些大公司服务。但中国 99%的企业都是中小企业，市场经济环境与美国迥然不同，这就决定了中国要发展电子商务就只能为中小企业服务，它不应该是美国电子商务的 B2B （Business To Business）概念，而应是商人对商人（Businessman To Businessman）的模式。

马云当时就认为，中国加入 WTO 只是时间问题，通过互联网建立商务网站，可以帮助中国企业出口，也帮助国外企业进入中国；另外，中小企业和民营经济是推动中国经济高速发展的重要力量，中小企业使用电子商务是一种趋势。基于这两点考虑，1999 年，阿里巴巴正式创立，开始承载马云“帮助中小企业成功”这一最初设想的使命。

1．营造电子商务信任文化

马云认为，在 B2B 领域，最终决定胜负的不是资金或技术，而是“诚信”。国内在线支付系统的不发达、邮政网络的滞后、诚信环境的缺位，使得安全支付成为电子商务发展的一大瓶颈。

这一认识离不开 2001 年中国网络诚信危机的背景。2001 年，中国的网络环境浮躁风盛，许多网络公司纷纷从免费网络服务向收费服务转型，单方面撕毁了之前承诺的免费协议，网络信用初显脆弱之态；而该年末当时“声名煊赫”的 B2C 网站 My8848 的轰然倒塌，更将网络信用推向崩溃，发展初期的中国电子商务遭遇到了诚信困境。

阿里巴巴就在这样的环境下，开始重塑网络信用。2002 年 3 月，阿里巴巴和信用管理公司合作，启动了“诚信通”计划。该计划主要通过第三方认证、证书及荣誉、阿里巴巴活动记录、资信参考人、会员评价等 5 个方面，来审核申请“诚信通”服务的商家的诚信。该计划实施的结果显示，诚信通的会员成交率从 47%提高到 72%。这是用传统手段，而非技术手段来解决了网络商家之间的信任问题。

在阿里巴巴构建的商务平台上，诚信通档案是诚信通会员必填的基本信息。它用来展示会员的一些基本诚信情况，由四个部分组成：A&V 认证信息、阿里巴巴活动记录、会员评价、证书及荣誉。

A&V 认证信息包括公司注册名称、地址，申请人姓名、所在部门和职位，并同时需要出具相应的工商部门颁发的营业执照等。提供商业信息的企业，必须首先通过这个认证。

阿里巴巴活动记录是指某一网商在经营过程中的信用表现，及其与阿里巴巴共同参与诚信体系建设的时间。时间愈久，愈能证明该网商的诚信度。

会员评价是指在商务活动中，合作方的会员对企业进行的评价。为了避免企业会员之间的恶意攻击，阿里巴巴有两大法宝：一是只有诚信通会员才能拥有评价的权力；二是评论以后相互留档案，不可以匿名，必须公开。

另外，诸如 ISO 体系等行业认证也成为诚信通会员重要的参考要素，并且阿里巴巴会用优先排名、向其他客户推荐等方式，来奖励那些诚信记录良好的用户。

在向商家提供服务的基础上，阿里巴巴每年向“诚信通”会员收取 2300 元的会员费。针对商家都希望自己的商品在搜索中排在第一位的心理，阿里巴巴推出了另外一项收费服务——“搜索关键字竞价”。企业可以通过竞价排名锁定关键词，让自己的产品在众多的商品中排名靠前，从而获得更多的商业机会。

据调查统计，有 85%的买家和 92%的卖家，会优先考虑与诚信通会员合作，诚信通会员的成交率也是普通会员的 7 倍。但这种信用服务体系也存在缺陷，比如，一些企业不大愿意公开信用评价，在合作双方完成交易后，无论双方满意与否，基于不愿付出时间成本以及不愿苛求等心理因素，他们可能选择以沉默方式代替公开评价。而且网站会员能否公正、客观地评价对方信用，仍需要考验。一些企业为了增加诚信指数不择手段，与那些根本没有业务往来的企业互换好评，常常会出现一家诚信指数本来很低的企业在几天之内就跃升到前几名。

如果要建立完善的诚信认证模式，应该让买家可以了解及监控供应商过往的交易记录，或者说让供应链环节上的服务商、供应商、所服务的客户，以及媒体对该供应商进行全面的评价，或许能比较彻底地解决这个问题。

2．“中国供应商”服务

这一创新的业务模式主要面向出口型的企业，依托网上贸易社区，向国际上通过电子商务进行采购的客商推荐中国的出口供应商，从而帮助出口供应商获得国际订单。其服务包括独立的“中国供应商”账号和密码，建立英文网址，让全球 220 个国家逾 42 万家专业买家在线浏览企业。

目前，中国供应商的会员费是 6 万元/年～12 万元/年，通过阿里巴巴注册的中国供应商有 1 万家左右。以 6 万～8 万的会员费来估算，阿里巴巴每年收取的会员费就达 8 亿元，这成为阿里巴巴收入的主要来源。

但由于阿里巴巴迅速扩大“中国供应商”会员数量，使得网上商品趋于雷同。一般前来阿里巴巴询价的外国买家，常常货比三家，不轻易下单。加之透明的价格，使得供应商以低价作为最后手段进行竞争，这样更让国外买家深感价格的波动，即使决定下单，量也不大。海外买家质量不高，直接影响着“中国供应商”的会员收入，因此阿里巴巴也在积极发展其他增值业务。

3．安全的电子支付工具——“支付宝”

为解决电子商务支付环节的安全问题，2003 年 10 月，阿里巴巴首先在淘宝网推出了独立的第三方支付平台——“支付宝”，正式进军电子支付领域。

“支付宝”的运作流程是：买家在确定购物后，先将货款汇到支付宝，支付宝确认收款后通知卖家发货，买家收货并确认满意后，支付宝汇款给卖家完成交易。买卖双方通过支付宝进行交易不收取任何费用，在交易过程中，支付宝作为诚信、中立的第三方机构，起到了保障货款安全及维护买卖双方利益的作用。

2005 年 2 月，支付宝又推出了“全额赔付”制度，对于使用支付宝而受骗遭受损失的用户，支付宝将全部赔偿其损失。支付宝又将全额赔付制扩展至阿里巴巴及所有采用支付宝支付工具的电子商务公司。主动全额赔付以保障用户利益，目前，在国内电子商务网站尚属首例。这一制度一方面显示了阿里巴巴解决电子商务支付问题的决心，也表现出对“支付宝”产品的绝对信心。

截至 2007 年 3 月底，使用支付宝的用户已经超过 3600 万，支持使用支付宝交易服务的商家已经超过 30 万家，涵盖了虚拟游戏、数码通信、商业服务、机票等行业。

阿里巴巴独特的 B2B 商业模式带来了丰厚的收益：2003 年，阿里巴巴实现了每天收入 100 万元；2004 年，实现每天利润 100 万元；2005 年，实现每天税收 100 万元。2006 年淘宝网全年交易总额就突破 169 亿元，这一数字超过易初莲花（100 亿元）、沃尔玛（99.3 亿元）在华的全年营业额。

据易观国际《2006 年第 4 季度中国 B2B 市场季度监测》的数据显示：2006 年第 4 季度 B2B 市场规模（交付价值）达到 6.29 亿元，环比增长 39.53%，阿里巴巴、环球资源、慧聪网三家在线交付价值中位居前三位。

借助互联网，阿里巴巴创立了自己独特的经营模式：一是向全球买家展示中国企业，二是向中国企业提供国际买家，将中国企业以往的商业习惯向更高一级的行为阶层推进，使他们迅速地向网络商务靠拢，从而为海外企业所熟悉。

尽管中国的电子商务环境还存在着诸多不尽如人意之处，阿里巴巴却用独具中国特色的 B2B 商业模式，帮助许多在现实商务环境中受限的中小企业，找到了走出困境的途径。

11.2.8　淘宝 VS 易趣

电子商务正在走进寻常百姓家，带来变化的正是淘宝、易趣这样的个人交易网站。这种用户对用户（C2C）的交易模式自 2000 年兴起后，交易网站也成为风险投资争相靠拢的对象。

中国互联网络信息中心此前发布的《2006 年中国 C2C 网上购物调查报告》显示，根据购物人数与购物频度计算，截至 2006 年 3 月，北京、上海和广州三城市的 C2C 网上购物消费者为 200 万人。作为目前国内最大的 C2C 交易平台，淘宝网宣称其商品保有量已达到了 2800 万件，日交易量达 4700 万元。在短短的 6 年时间里，中国的 C2C 网站由一家发展到多家，并不断有新鲜血液注入。创立于 1999 年的易趣网在 C2C 网站的发展史上功不可没。

1．广告战

从 2003 年淘宝诞生之日起，易趣就采取了地毯式的广告攻势，大资金投入，企图压倒性地遏制淘宝的发展，按照惠特曼的预期，中国在线拍卖市场的战争将在 18 个月内结束。就如同中国的抗日战争一样，面对如此强攻，淘宝采取从农村包围城市的策略，通过各种广告联盟在数以千计的个人网站上投放广告。与此同时，淘宝的广告也出现在城市的地铁、公共汽车上。

以年度成交总额这个指标来衡量，在 2004 年年初，淘宝网的占有率仅为 7.8%，易趣占有率则高达 72.4%。不过广告战之后，到 2004 年年底，淘宝网在中国在线拍卖市场上的占有率攀升至 25.7%，易趣为 64.3%。

在接下来的时间里，尽管几乎所有初始优势都在易趣这一边，但淘宝比分却在不断上升。比枯燥的数字更能说明问题的是微软的选择：2004 年底，为了与马化腾的 QQ 争夺市场，微软宣布为它的即时通信工具 MSN 寻找一批合作伙伴，其中有一项就是为 MSN 寻找一个 C2C 网络公司作为合作伙伴。微软在全球选择的都是 eBay，但在中国，他们经过多次考察后，认为淘宝是最优秀的，因此他们最终选择了淘宝而不是易趣作为 MSN 的合作伙伴。

2. 关于收费

"收费是我们的优势，收费是市场的过滤器，只有收费，卖家才会认真处理自己的商品，市场才会进入良性循环。"原易趣 CEO 邵亦波自信地说。而此前，淘宝 CEO 孙彤宇曾经表示，易趣过早收费，导致中国 C2C 电子商务发展过慢。淘宝创建之初便宣布 3 年不收费，而当初坚守收费阵地的易趣认为，促进有效交易才是集聚人气最有益的方式，早在 2001 年第三季度易趣便开始收费。易趣 COO 郑锡贵曾说易趣要肩负起净化市场的重任。淘宝则认为，C2C 网站当前的重任是用免费来培育市场、壮大市场。

2001 年，易趣开始收取交易服务费，商品登录费以及推广费用，造成了 40%的顾客流失。免费，被认为是淘宝当初成功"虎口夺食"的法宝。孙彤宇认为要"以培育市场为目的，不要急着去收钱"。毕竟买家欢迎"免费的"，淘宝的人气就是这样积累起来的。

孙彤宇打了一个比方：红酒刚开始进入中国时，人们喜欢用雪碧兑着喝，现在已很少有人这样喝了。如果当时一定要按西方的喝法来享用红酒，可能红酒很难在短期内打开中国市场。时机很重要，好的东西关键在于什么时候端上来最恰当。面对淘宝的步步紧逼，在免费还是收费的争执中，易趣也不断调整其收费标准，直至象征性的收费。至此，易趣从 2001 年 7 月份开始至今，坚持了 6 年的"商业模式"已基本被放弃，与竞争对手淘宝一同站在"免费"平台上展开肉搏，国内网络拍卖市场也随之回归"免费时代"。

3. 服务本土化

为何淘宝能够后来者居上？马云说："eBay 也许在海里是条鲨鱼，但我是长江里的一条鳄鱼。如果我们在大海里对抗，我肯定斗不过它；但如果我们在江河里较量，我们能赢。"淘宝可以打赢易趣，因为这里是中国。换句话说，淘宝赢在它的本土化上。就如同在日本惨败给雅虎一样，易趣在中国遭遇了更符合中国消费理念的淘宝。

为了方便买家和卖家之间的沟通，淘宝为用户提供良好的沟通方式。网上交易与传统方式不同，买卖无法面对面接触，因此沟通就显得更加重要。例如，易趣为了控制收费，要求买方必须在拍下商品之后才能与卖方联系，且不支持私下沟通。而淘宝网通过"淘宝旺旺"这一类似 QQ 的聊天工具，使买方和卖方可以在线直接交流，甚至可能通过聊天成为朋友，这很符合中国人做生意的习惯，因此深受买卖双方的欢迎。在为淘宝会员打造更安全高效的商品交易平台的同时，也全心营造和倡导了互帮互助、轻松活泼的家庭式文化氛围，让每位在淘宝网进行交易的人，交易更迅速高效，并在交易的同时，交到更多朋友，淘宝成为更多网民网上创业和以商会友的最先选择。

在"安全支付"问题上，易趣又迟了一步，他们轻视了这个在美国因为有着完善的信用机制而不成问题的问题。面对淘宝“支付宝”在支付领域的春风得意，易趣坐不住了，2004年10月28日，易趣“安付通”闪亮登场。2005年8月，易趣与eBay旗下全球领先的在线支付工具“贝宝”实现全面对接，同时“安付通”也与“贝宝”进行对接。使用安付通有安付通保障基金保障货款安全，使用贝宝则享受全部赔付。

免费一直是淘宝对付易趣的杀手锏，而易趣现在取消了所有的交易服务费，使得这场烧钱抢夺市场的C2C恶战变得更有悬念。鉴于日本的C2C市场已经彻底输给雅虎，易趣如果再输给淘宝，eBay将失去亚洲市场的绝大部分份额，显然这不是eBay想要的，所以eBay很可能会如惠特曼曾声称的“易趣要什么给什么，要多少给多少”，在充分授权的同时给予充足的资金支持。然而，一旦竞争时间过长，易趣的持续高额支出将严重影响eBay的股市表现，如果易趣不能在本土化上做得够好的话，其命运可能跟雅虎中国如出一辙。

淘宝目前虽然处于领先地位，但是随着中国C2C市场的成熟，eBay积累的资源将带给易趣更多的帮助，易趣对中国市场也将有更加深入的了解，届时淘宝的本土化优势也将面临一定的挑战。易趣和淘宝，谁能笑到最后，让我们拭目以待。

本章小结

本章对电子商务模式进行较系统的描述，对电子商务案例加以科学界定，并对电子商务案例分析的基本模式和案例分析的思路与方法进行系统阐述，并提供了8个电子商务实际案例。

本章检测

1. 试说明电子商务案例分析模型的构成状况。
2. 以案例一，“东方热线”为例，分析地方门户网站的关键成功因素。
3. 分析案例二，找出招商银行网上银行的业务特点，成功之处。
4. 分析案例五，思考瀛海威为什么会成为Internet时代的先烈？
5. 分析案例四，谈谈移动电子商务的发展趋势。

参 考 文 献

[1] 宋文官，马笑蓉，编著. 电子商务实训. 北京：高等教育出版社，2004.

[2] 黄敏学，等主编. 电子商务概论. 北京：高等教育出版社，2002.

[3] 陈文汉，主编. 电子商务物流. 北京：机械工业出版社，2005.

[4] 郑春藩，主编. 物流信息管理. 杭州：浙江大学出版社，2004.

[5] 成栋，等译. 电子商务（第六版）. 北京：机械工业出版社，2006.

[6] 宋玲，杨卫东，史颖波，等. 电子商务——21 世纪的机遇与挑战. 北京：电子工业出版社，2000.

[7] 杨坚争，主编. 电子商务网站案例评析. 西安：西安电子科技大学出版社，2001.

[8] 王理平，等译. 电子商务：管理新视角（第二版）. 北京：电子工业出版社，2003.

反侵权盗版声明